刘国光

经济论著全集

（计划经济向商品经济和市场经济转型过渡时期的探索 1990—1992 年）

第 9 卷

知识产权出版社
全国百佳图书出版单位

目录

劉國光

谈当前经济的几个热点问题[*]

（1990年7月）

1990年是我国经济发展重要转折的一年。这一年，我们即将基本完成第七个五年计划，着手进行第八个五年计划和今后十年规划的建设。我们是在治理整顿的过程中跨入90年代的。我国经济的治理整顿已经进行了两年多，如何估量这两年的治理整顿工作？现在，我国的经济是否已走出低谷？如何看待与启动目前仍然"疲软"的市场？这些问题是现在经济界人士谈得最多的话题。下面谈几点个人的看法。

一、如何估量治理整顿工作？

怎样估量治理整顿取得的进展，这关系到我们对治理整顿进程的把握和对20世纪90年代经济发展、经济改革的安排。这种估量还不大一致。比方说，治理整顿的任务是不是已经到位？就有不同的看法。控制总需求，即对投资需求、消费需求的总量控制，是我们治理整顿首先碰到的一个核心问题。那么，总需求与总供给现在是不是已经达到了平衡？有的同志认为，现在治理整顿已经到位了，差不多了，物价稳住了，速度也低了，而且已经

---

* 1990年7月初在国家统计局召开的半年形势座谈会以及几次讲演会上的发言，曾以答记者问形式发表于1990年11月23日《经济日报》理论探索版，题为《刘国光谈经济发展热点问题》。

发生了市场的"疲软"。还有的同志认为，治理整顿不但到位，而且已经越位了，现在的问题不是需求过旺，而是货币不足，因为紧缩已经过头，所以要放松。但是更多的同志认为，治理整顿还没有到位，还要继续努力才能达到预期的目标。

我同意后一种意见。从国家统计局提供的材料来看，1989年经过大力压缩基本建设投资，压缩集团消费和其他消费需求，按当年价格计算，总需求和总供给已接近基本平衡。1990年，社会总需求的矛盾进一步缓解，也就是比1989年更宽松了些。再看看物价的走势和货币回笼情况。1990年上半年零售物价指数是3%，而1989年上半年的物价指数是25.5%，降下来的幅度相当大。上半年回笼的货币为248亿元，比上年同期多回笼190亿元。有些同志据此判断，现在对需求总量的紧缩控制，已经大体到位。这种看法只是基于当年即期的供求关系平衡，有局限性。应该看到发生了好几年的通货膨胀、寅吃卯粮等情况以及多年积累下的总供需差额，包括外债、内债以及沉淀在居民手中的现金、存到银行里的储蓄。我们知道，到1989年年底外债已达到400多亿美元，内债800多亿元人民币，结余购买力即储蓄存款加上手持现金7000多亿元人民币，1990年还在大幅增长。如果把这些情况都考虑进去，再加上前一段时期为启动经济注入贷款较多的滞后影响，潜在的通货膨胀压力增大，那么当前的总供给和总需求平衡的基础是很不稳定的、很脆弱的。目前确实存在某些局部的市场疲软现象，市场上有些东西卖不掉。需要调整宏观调控的力度和方向，有针对性地解决市场疲软问题。但是，有些同志在报纸、杂志上提出总量紧缩已经到位，甚至已经过头。我个人认为，还是不要渲染为好。因为这会给人们造成错觉，造成错误的导向，认为治理整顿已经差不多了，可以重新放松总量控制、全面放松银根，这样我们就可能重蹈1986年、1988年的覆辙。那两年我们就是在紧缩了之后，下面哇哇叫，什么滑坡了，什么疲软了，领导上顶不住,一下子放开,通货膨胀重新腾空而起。我们观察目前的形势,不能盲目乐观。要在继续坚持搞总量控制的前提下,把治理整顿的重点,从总量控制转到解决更深层次的问题,即结构调整和提高效益上来。这方面的问题还远远没有解决。即使现在供求总量已经达到基本平衡,也不等于治理整顿的任务已经完成了。因为治理整顿的任务,按照1989年党的十三届五中全会的决定,一共列了6条,医治通货膨胀达到总量平衡只是治理整顿的一部分任务。6条还有些没完成,比如调整产业结构和产品结构,发展还很缓慢。再比如消灭财政赤字,现在的情况是赤字还在扩大。再比如建立计划经济与市场调节相结合的宏观管理体系,也是治理整顿的6个目标之一,现在距离这个目标还很远。这些目标单靠行政性的总量紧缩,压缩总需求是不够的,还要有更强有力的改革措施。看来在治理整顿的几个主要目标当中,有的可以在预定的时间内完成。比方用3年或更多一点时间,消除经济过热,缓解通货膨胀,保持经济适度增长。至于要调整不合理的产品结构,调整由于经济过热而产生的产品结构的不合理,也可以在治理整顿期间有一定的进展。至于产业结构,是较大的调整问题。产业结构的合理化,经济效益的全面提高,还有财政困难的根本解决,还有宏观调控体系的建立,这样一些治理整顿的目标,就需要更长时间,而不是单纯靠治理整顿,或是在治理整顿期间就能完成的。需要在第八个五年计划期间,甚至还需要在第九个五年计划期间继续进行,逐步完成。

二、当前经济是否已走出低谷?

关于当前的经济形势,大家议论的另一个热门话题是:我们的经济是不是已经走出了低谷?过去经济过热,调整下来,到了低谷。那么现在是否已经走出来了。

1990年4月以来，各个部门、各个地方贯彻七届全国人大三次会议的《政府工作报告》的精神，积极落实调整宏观控制力度的措施。总体上讲，国民经济现在朝好的方向发展。从全国工业生产的运行来看，1989年9—12月，徘徊了好几个月；1990年1—2月还比1989年同期下降0.9%；从3月起，工业生产开始走出徘徊下降局面，这是就全国范围而言，各省市有早一点、晚一点的。3月开始，增长速度开始回升，与1989年同期相比，二季度增长4.1%，三季度增长5%，1—10月累计增长4.1%，其中10月份比上年同期增长12.7%。按这样的势头，1990年原计划增长6%是可望接近完成的。由于1989年下半年工业生产的形势是往下走的，而1990年的工业生产形势是逐步回升的，因而增长的同期比率，越到后来越大。所以全年平均增长6%的计划指标，是能够完成的。从工业生产的趋势来说，可以说已经走出了谷底。

那么整个国民经济可不可以说走出了谷底呢？现在我们的提法是：已经度过了最困难的时候。第一个标志就是刚才讲的，工业生产从3月起逐步回升。第二个标志是农业生产形势很好，突破了前几年的徘徊局面，取得了全面丰收。预计1990年全年粮食总产量将达到8500亿斤。第三个标志就是市场价格总的来看保持稳定的态势。物价上涨率，1988年是18.5%，1989年是17.8%，1990年上半年只有3%，1—9月份平均只上涨2.3%，原计划1990年全年物价上涨率14%~16%，看来实际情况要好，用不了那么大的上涨率。应该利用这个形势，出台一些价格调整和改革措施，因此，到年底，物价还要上涨一点。看来，全年物价上涨率不致超过4%~5%，这就比1989年的形势大大好转。第四个标志就是1990年的进出口贸易基本上扭转了前几年的逆差，国家现汇的结存恢复到100亿美元以上。出口的情况比较好，国内市场的疲软由国外出口的增长上弥补过来。国内市场疲软的现象也正在逐渐地缓和。从6月份开始，商品零售额已由下降转为增长，从10月份开始，农村消费品市场摆脱了前9个月持续下降的困境。展望第四季度，销售进入旺季，加上国家已经出台的一些微调措施将逐步到位，市场情况会出现新的转机。

低谷和谷底是有区别的，谷底是最低点，低谷是指低水平的一个区段。可以说，我们的经济虽说已越过了谷底，但还在低谷中艰难地爬坡。这是因为我国经济目前还有不少困难和问题。主要表现在：市场销售不畅问题没有完全解决，尽管已有所缓解，但产成品资金积压仍在增加。虽然银行贷款增加，贷款支持了企业生产，但产品积压在库里，还是积压资金，造成资金困难。这就使得企业效益继续滑坡。企业效益滑坡，利税减少，亏损增加，整个国家财政的困难就更加重了。这些困难和问题有内在的联系，简单说，市场销售不畅造成产品积压，产品积压造成企业效益滑坡，企业效益滑坡造成财政困难的加剧。这是从现象上看呈现出来的问题。这些现象背后隐藏着经济结构上的弊病和经济机制中的缺陷，这是经济生活中更深层次的问题。

三、如何认识和解决"市场疲软"？

对于造成"市场疲软"和销售不畅的原因，现在有种种不同的分析和解释。报刊讨论中举出了多条原因，基本上有两种看法：一种看法，现在的"市场疲软"是总需求紧缩过度，货币不足；另一种看法，"市场疲软"是结构问题，不合理的产业结构、产品结构不适应于我国经济调整以后的需求结构。我个人认为，所谓"市场疲软"问题看来被夸大了。我们长年习惯于供不应求的卖方市场的局面。打破这种局面，以形成一个供略大于求的有限买方市场和相对宽松局面，这是推进改革之所需，是我们要努力以赴的。经过两年的调整，目前出现的所谓"市场疲软"，在一定意义上正是这样一种有限的买方市场。总的来说，这是一件好事，是有利于鞭策我们加快改革的步伐的。当然，某些市场销售不畅的问题确实存在，需要正确对待和处理。从全国总的情况来看，引发市场销售困难，恐怕结构上的原因是主要的。因为当前出现的"市场疲软"，并不是全面的疲软。有的产品销售仍然非常旺盛，只要花色品种对路，一些新的、多功能产品在市场上很抢手。有些产品销不出去，主要是结构性的疲软。原因在于多年来形成的生产结构严重失调，特别是前几年经济过热，造成消费超前，需求过旺，消费结构扭曲，刺激起生产结构的扭曲，大家都抢购家电等高档的产品，实际上购买力没那么高。当消费需求过旺的时候，这种扭曲看不出来，被掩盖了。一些企业素质不高，产品质量不好或是产品不对路，然而在消费需求过旺时也可以卖出去。质量不好的、缺胳膊断腿的家具、冰箱，都有人买。一旦总量控制，需求结构恢复正常以后，原来扭曲的生产结构就暴露出来，出现销售不畅的问题。所以解决结构性市场疲软问题，从根本上说应该继续在控制总量的同时，侧重在调整经济结构，改善企业经营管理，提高企业经营效益上多下功夫；在提高产品质量和促进生产适销对路产品上多下功夫。

但是，也要看到，经济结构的调整和企业效益的提高，需要有一个过程，这个过程是和改革分不开的。还应看到，我们现在也存在某些正常需求不足的问题，如某些生产资料和投资性产品的销售疲软，包括一些机电产品、建筑材料等，需要采取一些启动市场的有效措施。因此，需要调整宏观控制的力度和方向，有选择地、适当地注入一些资金，以刺激某些需求，启动市场。从1989年第四季度以来，我们增加流动资金的贷款，主要投入生产环节和流通环节，投入大型企业，还有商业、物资部门等，解决它们的债务周转和产品收购等问题。用这样的办法来启动市场，看来是起到了一定作用。1990年3月以后经济逐步缓解回升，就是出现的效果。但也没有完全收效，作用显示得比较慢，而且流动资金的贷款增加得越多，库存产品的积压也越多。现在流动资金贷出去的，大概有2/3积压在产品库存的增长上。清理三角债也是前清后欠，因为产品销不出去，债收不回来。产生问题的原因就在于，流动资金贷款的投向和所启动的主要是中间性的支付（企业与企业间的支付），而不是投向最终需求。所谓最终需求，一个是指固定资产的投资需求，另一个是指消费需求，包括个人消费、集团消费。而目前市场销售不畅主要不是中间需求的疲软，而是最终需求的疲软。

　　前一时期，有的同志提出要调整银行贷款的结构，适当增加固定资产投资贷款。这意见有一定道理，当然也有争论，银行有的同志不完全赞同。适当增加固定资产的投资，有助于启动市场。因为固定资产投资的连带效应（也就是经济学上所讲的乘数效应）比较大。按照投入产出的计算，投入1亿元的固定资产投资，可以带动2亿多元的工业产值，可以带动4000多万元的消费品需求，因为固定资产投资有40%转化为建筑工人工资以及投资品工业，如建材、机电工业的工人工资，变为消费者需求。有选择地适当增加固定资产投资，还有利于贯彻产业政策，促进结构的调整。当前，我们应先促进产品结构的调整，因为产业结构的合理化调整需要大量投资，需要更长的时间。对于产品结构的调整，我们可以运用现有生产能力来进行一些技术改造，花的投资不多。自1989年第四季度以来，我们已适当调整宏观调控的力度和方向，继续坚持这个做法是很必要的。1990年3月，七届全国人大二次会议上也提出，固定资产的投资额，1990年比1989年有所增长。1989年的固定资产投资额是4100亿元，1990年再增加400亿元，达到4500亿元的规模。考虑到建筑材料、工资等上涨因素，实际工程的规模、数量保持1989年的水平。这种微调，很有必要。

　　1990年7月间，国务院为了使当前的经济形势进一步朝好的方向发展，决定采取5条措施，包含增加技术更新改造贷款50亿元，还有着重解决重点建设资金不足的措施，其他如调整利率、微调价格、清理三角债以及支持农业等措施也都很重要。这些措施陆续出台，对于进一步缓解市场疲软，促进经济回升，将会起到应有的积极作用。因此，尽管当前经济形势困难不少，但前景是向好的方向发展。

这里有必要强调一下，我国当前的"市场疲软"，不同于其他国家稳态式的有效需求不足，也不意味着我国经济已经从短缺的经济转变为过剩的经济。从中长期的发展来看，因扩张性冲动而引起的需求过旺的可能性在我国经济是深深扎根的，依然存在的，而且一有信号就排浪式地出现。所以在目前社会总需求有所松动，并且适当调整宏观控制力度和方向的条件下，更要注意宏观的引导，避免重蹈需求过旺的覆辙。

解决当前治理整顿中出现的迫切问题，首先要采取上面所说的治标的短期办法，但短期办法的功能毕竟有限，而且有些问题不是出现在短期的指导和操作上，还有更深层的原因，即发展战略上的原因和经济体制上的原因。特别是在解决产业结构和经济效益的问题时，我们就不能局限于短期的考虑，必须要有中长期的考虑，特别是要有深化改革方面的考虑。

对"八五"计划期间我国经济发展若干问题的思考[*]

（1990年8月）

刚刚过去的20世纪80年代，是中国经济发展很重要的十年。在这十年中，我们贯彻执行党的十一届三中全会制定的"以经济建设为中心，坚持四项基本原则，坚持改革开放"的基本路线，在经济建设和经济改革方面，都取得了明显的进展。当然，过去十年，我们在经济发展和改革当中，也遇到了许多矛盾、困难。1984年以来由于指导思想上有过一些失误，到了1988年，出现了比较严重的通货膨胀和经济秩序的混乱现象。为了解决这些问题，在第七个五年计划的最后两年，不得不进行治理整顿。两年来，由于做了大量的艰苦细致的调整工作，我们在治理整顿方面已经取得明显的阶段性成效。我们即将基本完成第七个五年计划，正在满怀信心地跨入90年代，准备着手进行第八个五年计划和十年规划的经济建设。

我们经济建设的发展战略，过去采取的实际上是一个速度型的、数量型的或叫外延型的发展战略，即以追求产值、速度为主同时也是以投入为主，主要靠投入大量的人力、物力和资金来扩大生产规模，因此又是外延型的。从这种速度型、数量型和外延

---

[*] 1990年8月27日在广州市"计划与市场调节相结合问题"研讨会上所作学术讲演的部分记录。其摘要曾以"刘国光谈'八五'期间的经济发展问题"为题目在《香港经济导报》1990年第32期发表。

型的发展转变为效益型、质量型、内涵型的发展，即转变为主要不是靠投入，而是靠技术的进步、管理的改进来发展经济。这样一个发展战略转变的任务已在第六个五年计划的初期提出来了。党的十一届三中全会后，我们一再提出，我国经济的发展一定要转变到提高经济效益的轨道上来。发展战略的转换正如同经济体制的转换是我国经济20世纪80年代的两大转换。发展战略的转换和经济体制的转换在80年代我们都取得了一定的进展，但都远远没有完成，90年代还要继续进行下去。对"八五"期间和今后十年我国的经济发展，讲几点个人看法。

一、速度问题

"八五"期间和整个20世纪90年代我国的经济发展，要采取中速增长的政策。不能追求过高的速度。这主要同我们90年代的奋斗目标有关系。90年代我国经济发展的奋斗目标就是要实现邓小平同志讲的"三部曲"发展战略的第二步目标，即在80年代国民生产总值已经翻了一番的基础上，90年代再翻一番，人民生活从温饱水平过渡到小康水平。2000年我国人口将达到12.8亿或13亿左右，在这么多的人口的国家实现人民生活达到小康水平，这是世界上前所未有的，不能不说是一个宏伟的任务。所谓小康水平就是丰衣足食、比较富裕的生活，既包括物质生活的改善，也包括精神生活的充实。如果我们从1980年算起，20年实现国民生产总值翻两番，平均每年需要增长7.2%。前十年我们以9.5%的速度提前完成了第一个翻番，这样，从1991年算起，我们以5.5%到6%的速度就可以实现第二个翻番目标，分解到工业上每年7%~8%的速度，农业每年3%~4%的速度就可以了。所以我们不要追求过高的速度。对90年代再翻一番的提法还有一种理解，就是不以1980年为基数，而以1990年为基数，到2000年再翻一番，那就需要每年以7.2%的速度。这两种理解在讨论中都有人提出来，不论怎样都要避免片面追求过高的速度，这一点是很重要的。这样我们就可以防止由于追求过高的速度而过量地发票子，防止加剧通货膨胀，我们可以在物价的走势上腾出余地，腾出空间来进行必要的价格调整，价格改革和其他方面的改革，比方说，我们可以设想，把由于通货膨胀带来的物价上涨率控制在2%~3%以内，而包括结构性调整在内的全部物价上涨率保持在一位数，即10%以内，在工资和福利上给以补助，广大群众还是可以承受的。这样我们就可以腾出6%~8%的物价上涨率来进行必要的改革。因为物价的改革和物价的调整要带动整个物价上涨的水平。以往我们的初级产品，农产品、矿产品、粮食、客运票价以及一些服务性的产品的收费价格低得不能再低了，引起许多不必要的浪费，这些东西要适当地调整价格。不调整，我们的国民经济就很难搞好。而要调整就会带动整个的物价上涨，我们要把通货膨胀压到最低限度，这就要求把速度压到比较平稳才能做到。否则我们腾不出空间来进行物价调整和物价改革，理顺我们的经济关系。进行这种改革和调整的前提就是要防止发展速度过高，避免出现新的折腾。

我们在制订第六个、第七个五年计划时，速度指标也不是很高的，但在执行过程中往往超过，一再引起经济过热。我们现在治理整顿的任务还没有完成，有一些部门，有一些地方就在争项目，争投资，准备大干快上，最近各地方争上石化工业，形成石化热。这样必然带来规模大、效益差，重犯急于求成的毛病。所以我们这次一定要吸取过去的教训，不但在制订"八五"计划和十年规划期间要实事求是，速度定得比较合理，而且在短期计划、年度计划以及经常性的宏观调控当中，要注意采取有效的措施，严格控制投资的规模和信贷投放的规模。只有发展速度保持在中速，我们才能保持一个相对宽松的经济环境，以便在

"八五"期间以至"九五"期间顺利地进行经济体制的改革和经济结构的调整，否则我们再一次追求高速度，使经济再一次发烧，通货膨胀和物价猛烈地上涨，经济就不能稳定，那样，经济改革和经济调整都谈不上，现代化的进程将受到很大的障碍。所以速度是一个很重要的问题。

二、结构问题

理顺产业结构是当前经济发展当中一个突出的问题，现在，我们的农业、交通、运输、电讯、能源、原材料等基础工业、基础设施发展滞后，这已经成为经济发展的严重障碍。我们实现90年代的战略目标难点不在速度上，因此注意力不要放在这上面，难点和关键在于经济结构的调整和经济效益的提高，我们必须把调整产业结构作为第八个五年计划乃至第九个五年计划期间经济发展的中心和一项突出的任务。调整产业结构，实现产业结构的合理化，首先要处理好工业和农业之间、轻工业和重工业之间、能源原材料和工业之间以及交通、运输、电讯同国民经济发展之间的关系。

在农业和工业关系方面，必须采取重大的措施，改变目前农业生产徘徊，农业基础脆弱、后劲不足的被动状况。我们从1984年农业达到最高峰以来，前几年一直徘徊不前，直到1989年才有所突破。粮食生产1990年预计可以达到8400亿斤，但由于人口增长更快，现在我国人均口粮730~740斤，仍未恢复到1984年的水平。由于人口不断增长，要保持人均粮食的现有水平，每年要增加100多亿斤粮食。如果考虑人均占有量的提高和经济发展各方面的需要，在今后十年中粮食生产至少要上两个大的台阶，即从现在的8000亿斤多一点的粮食综合生产能力到1995年上升到9000亿斤，2000年上升到1万亿斤。这样就要求每年增加的幅度更大。为了达到这一目标，除了大力推进科技兴农和继续深化农村的改革以外，必须增加对农业的投入。前几年，我们对农业形势过于乐观，使农业投入大大减少，国家对农业投资占总投资比率大大下降，这个局面必须扭转过来。今后工业的发展应该靠工业自身的积累，不能再靠挖农业的积累。过去工业化的道路，工业化原始积累的资金来源，不论资本主义还是社会主义的工业化，都是靠挖农业起家的。我国的工农剪刀差是多年的问题，十年来我们的剪刀差有所缩小，但近两年又有所扩大，我们一方面要继续改变低价收购农产品的路子，使农业能够靠自身的能力扩大再生产；另一方面，国家也要扩大对农业投资的比重，使农业投资逐步恢复到10%以上。

在重工业和轻工业的关系方面，过去我们长期片面发展重工业的方针，经过十年的改革，已经得到了纠正，更多地注意到农业和轻工业的发展，而且正在向另一个方向倾斜，造成我们有些基础产业和基础设施的落后，所以在"八五"到"九五"期间，在重、轻关系上，重工业的发展要适当超前。这是因为：

第一，这几年来，产业结构不合理的情况主要是交通运输、能源、原材料的发展滞后影响了整个经济的发展。

第二，国民经济总体技术水平落后。20世纪90年代我们要进行大规模的技术改造，也需要重工业的支持。

第三，农村工业化的趋势不可逆转。农村人口从农业向非农业转化的势头还要继续。现在，农村剩余劳动力大约有1亿人，到2000年将达到2亿人，要从农业向非农业转化，这就需要为进一步发展乡村企业，为大量的转移人口提供技术装备。

第四，农业本身的进一步现代化也需要重工业提供更多更好的生产资料。

第五，城乡住宅建设的持续增长，建设材料、建筑产品要求数量增加、质量提高。

第六，消费品工业结构的变化。消费品工业从冶金工业，化工工业那里提供的原材料越来越增加。

由于这许多原因，所以从"八五"到"九五"期间，重工业的发展，相对于轻工业要适当超前，不然的话我们就没有后劲了，我们要进一步发展农业、轻工业，以及对国民经济的技术改造，否则就没有实力了。但我们不能像以前那样，以牺牲农业和轻工业来发展重工业。而要同时重视农业和轻工业的发展。发展轻工业的重点不应放在发展速度上，而应放在改进产品质量、提高产品的档次、增加花色品种、降低物质消耗上，更好地满足国内市场和扩大出口的需要，为国民经济提供更多的积累。近几年来，我们把轻工业和重工业的增长速度是不是持平作为轻重工业发展关系是否合理的一个标准，这是缺乏科学依据的。根据我国20世纪80年代的轻重工业的发展情况和90年代经济发展的需要，"八五"期间重工业的增长比轻工业的增长要高出1~2个百分点，这可能是比较合理的。

交通运输和电讯事业是我们历史上欠账最多的，在现阶段是最为严重短缺的卡脖子的部门，所以我们在"八五"和十年规划期间，除了农业以外，交通运输业和通信建设事业应当放在基础产业补短任务的第一位。至于能源、原材料的产品也是短缺，其原因一方面是由于加工工业发展速度太快，所以能源原材料就相对滞后，满足不了加工工业的需要；另一方面是由于国民经济技术进步缓慢，资源利用效率低，能源原材料消费浪费太大。我国1986年的能源消耗相当于日本的1.86倍，而国民生产总值仅相当于日本的13.9%。这种比较中当然有一些不可比因素，但是差距如此之大，反映了我们能源利用的效率之低。因此，缓解能源同原材料、同加工工业的矛盾，也应该采取双向的办法，一方面对能源、原材料等基础工业进行倾斜、补短的政策，即重点增加这些部门的投资；另一方面更要注意对加工工业和整个国民经济技术的改造、技术升级的方针，减少能源原材料的消耗。为此，我们必须加快机电工业的技术改造和产品更新，用先进的技术产品来装备和改造国民经济的传统工业部门，使国民经济建立在更加先进的技术基础之上。

在产业结构调整上，我们还要抓创汇产业，特别是加工制成品出口产业。同时要努力发展进口替代的产品，加速国产化进程，使许多进口产品用国内产品替代。要有重点地培育和发展新兴的产业和高技术产业，加快发展第三产业，尤其是第三产业中劳动密集型和技术密集的行业，应使这些行业发展的速度高于第二产业。作为一个后进的国家——中国的发展，不可能重复欧美国家三次产业发展的道路，一步一步慢慢地走，而应充分利用现代科技发展的成果，使现代化进程的两个阶段合二为一，即在发展第二次产业的同时尽可能加快第三次产业的发展。十年改革以来，我国第三次产业的发展是比较快的，第三次产业的发展占整个国民生产总值的比重，1978年为23%，1988年为26%；在劳动就业中所占的比重，1978年为11.7%，到1988年为18%。从产值上看，变化不大，主要是因为价格扭曲，服务行业、运输、房租的价格都低。这个数字比起一些发展中国家还是很低的，如印度的第三次产业在1987年是40%，南朝鲜占到46%，而我们才百分之二十几。因此，我们在90年代应当大力发展第三次产业，来吸纳更多的劳动力，并提高整个国民经济的服务水平。

三、区域经济的布局问题

区域经济的布局问题也是一个结构问题，即在经济地理空间上的结构问题。我们国家幅员大，各省市的地理位置、资源、基础设施、人力条件等都不一样，相应的经济发展程度也不一样，历史上就形成了各有特色的地方经济。但我国是以公有制为基础的社会主义国家，全国的经济和市场体系必须是统一的，在这样一个前提下，发挥中央和地方两个积极性。各个地方要根据自己的优势发展经济，不应当也不可能每一个地方都建立一个自我封闭的、结构趋同的经济体系。而目前却普遍存在着并且日趋严重的地区分割、市场割据，搞大而全、小而全的不合理状况，特别是地方封锁的问题在最近市场疲软的情况下更有所发展。在"八五"期间要采取有力措施，坚决消除地区封锁和地方保护主义，促进国内市场的统一，促进商品市场和生产要素市场的形成，加快资金、技术、劳动力和商品在各个地方的合理流动，提高资源的地区配置的效益。根据资源的条件和生产的特点，可以按照全国范围、大经济区范围和省、自治区、直辖市三个层次来规划经济。有些方面必须在全国范围内搞一盘棋，如小轿车的发展，只能全国统一部署，统一布局，不能各省市都搞。又如乙烯的生产布局要根据全国对化纤对塑料的需要来进行统筹规划，不能每省都搞一套。所以，有的要在全国范围内统筹安排，有的可以在大的经济区域进行安排，有的如某些农业，某些轻工业和日用工业等，可以由省、自治区、直辖市在中央统一政策指导下安排，以便把国民经济的统一性同地区经济的特殊性密切结合起来。

在区域经济的布局上，目前有比较大的争论，沿海地区强调梯度发展战略，为沿海经济发展创造更好的条件。而内地则反对梯度发展战略，强调缩小差距，要求实行逆梯度的发展战略，即把投资重点转到内地去，转到内地有资源的地方去。根据产业政策的要求，我们要采取适度倾斜和地区协调发展相结合的方针，来正确处理沿海与内地的关系，东部、中部、西部三个经济地带的关系，这应作为我们"八五"计划和"九五"计划区域发展的基本战略，即适度倾斜和协调发展相结合。

"八五"和"九五"期间，沿海开放地区要继续发展，进一步开放，如果在这些地方能够吸引外资打开新的局面，跨上新的台阶，无疑就会进一步扩大沿海同内地的差距。但是，从战略上考虑，地区的优势不能不利用，沿海又不能不发展，因此我们要及时地考虑相应的区域补偿政策，就是要在财政、税收、价格、市场等方面对后进地区、对内地进行经济补偿，这样来发挥地区之间的互补作用。

对沿海开放地区实行的适度倾斜政策，要与产业结构的高度化、开拓国际市场为目标，推进技术的升级和出口创汇。所以对沿海应限制它配置耗能高、用料多、运量大的建设项目，要把现在耗能、耗料高的企业和产品，凡是有条件的都要逐步向内地能源和原材料丰富的地区转移。特别是沿海开放地区的开发，要注意尽力而行，循序渐进，防止再一次一哄而起，造成新的紧张和损失。在20世纪80年代中期出现过这样的情况。现在这种现象已经又有苗头。特别是上海浦东地区的开发提出以后，很多地方竞相效尤，提出赶追的目标，提出攀比优惠条件，在出租、出让土地上竞相优惠，使肥水外流，这个情况必须引起注意。要审时度势、量力而行，避免全面铺开。"八五"期间集中搞好上海浦东开发区，充分发挥上海和长江沿岸经济资源的优势和技术优势，所以对各地的互相攀比效尤中央应该加强宏观控制。

中西部资源的开发战略应该同东部沿海的外向型发展战略互相连接、互相促进。要逐步建立起这样一个地区分工格局：中部西部生产原材料并且进行粗加工，东部则以其原来的技术优势进行精加工、深加工，并通过横向经济联系，向中部、西部返还资金、返还技术，进一步带动中西部的发展。所以要加强沿海地区对内地的辐射和支援，要为21世纪资源开发战略重点西移，做好各项准备条件。国家对重点产业的支持要区别优势地区和一般地区，要重点支持那些建设条件和技术条件比较好的地区，也就是要把产业优惠和地区优惠结合起来，并且要突出产业优惠。比如沿海开放地区，我们不应对所有的产业优惠，而且应对高技术产业、技术密集产业和出口创汇产业进行优惠，其他行业不予优惠；而对内地，凡是国家需要重点发展的产业也应该实行相应的优惠政策，所以我们在产业优惠和地区优惠相结合的方针下应突出产业优惠。

四、积累和消费的问题

20世纪90年代我国面临着既要还债，又要建设，又要改善人民生活的多重任务。考虑到第八个五年计划期间外债的来源可能性要小于第七个五年计划期间，而还债的负担要大于第七个五年计划期间，所以"八五"期间国民收入的积累率看来要低于"七五"时期。"七五"计划期间前四年的积累率平均为34%。整个80年代我们积累率平均为30%。80年代的积累率有个变化过程就是前低后高，初期时由以前的高积累降到26%，但到"七五"后期又上升到35%，整个80年代平均为30%。"八五"期间的积累率比第七个五年计划期间要低一点，但比整个80年代平均水平要高一点，即高于30%，低于34%。从我国投入产出系数来看，每百元的积累可产生的国民收入，第五个五年计划是24元，第六个五年计划是41元，第七个五年计划是47元。根据测算，第八个五年计划和第九个五年计划如果能保持高于30%，低于34%的积累率，我们就可以既保证国民收入的增长速度5%~7%，又能有足够的余地用来调整产业结构和改善人民生活。

"八五"期间的消费基金大体保持在现有的比例上，即占国民收入的67%~68%，也就是说我们的消费基金总额要同国民收入同步增长，而人均的国民收入由于人口的不断增长而不能与国民收入同步增长。根据有关部门的初步测算，"八五"期间的个人消费平均每年可增加3%左右，低于第七个五年计划的人均国民收入增长速度，也低于过去十年平均的增长速度，但是高于党的十一届三中全会以前二三十年的平均增长速度。

关于积累率是否保持略高于30%的水平，现在也有不同的看法。有一种意见认为，近几年消费膨胀，积累率不宜再降低了；另一种意见认为消费水平总的并不高，建议把积累率降到30%以内。现在看来，"八五"期间需要加强基础产业的建设，加强国防建设，加速技术改造的工作，这些都需要积累、投资，因此积累率难以下降得过多。把积累率保持在略高于30%的水平，仍然可以使消费水平继续有所提高，也不至于继续发生经济过热的问题，所以看来还是要保持积累率略高于30%的水平。

现在比确定积累率更为重要的问题是合理地调整积累结构，提高积累资金的使用效益。积累基金的使用不仅要服从产业政策的指导，也要有利于经济的发展由速度型向效益型的转变。在第七个五年计划期间，我们已进行了大规模的投入，建设了大批的项目，为此我们借了内债、外债。这些项目少部分已投产，大部分还没有发挥效益，在第八个五年计划期间要利用过去投资的成果。第八个五年计划期间的经济建设的一个重要方针就是要少搞新项目，多搞技术更新、改造，以发挥已建成的项目的潜力。

随着人民收入和消费水平的提高，社会的储蓄也以更快的速度发展，这是符合经济规律的。1979—1989年，居民储蓄总额每年平均增长26%，大大超过平均消费水平年增7.7%的幅度。居民储蓄逐渐成为我们全部储蓄和全部积累的一个主体。我国建设的资金来源从过去的以国家积累为主逐渐转向以社会积累为主。1979年，政府和企业的储蓄，在我们的全部储蓄中占75%，到1989年降到35%以下，这就要求我们在运用资金时注意到这一情况，我们要大力提倡勤俭，鼓励储蓄，在任何情况下都要鼓励储蓄，所以我们要保持实际储蓄的利率为正数，即储蓄的名义利率要高于物价上涨率。现在我们调整储蓄利率，是因为我们的物价上涨率下跌了，但是利率的下调，不能调到物价上涨率以下。我们在任何时候都要保持储蓄利率为正数，鼓励储蓄。不能因为暂时的市场的缘故，而盲目地刺激消费需求。许多国家、许多地区经济起飞，主要靠的是居民储蓄，日本、"台湾"都是如此。我国目前资金短缺，尤其应该如此。居民的储蓄是不是危险的？对此有争论，因为目前居民储蓄有6000亿元，手中现金有2000亿元，这是不是老虎呢？有的说是，有的说不是，两种看法都存在。我的看法是，居民储蓄既是老虎，又不是老虎，那要看经济形势如何。如果经济形势比较稳定，物价趋于平稳，它就不是老虎，居民就愿意储蓄；如果经济形势不稳，通货膨胀又再起，物价大幅度上涨，利率又变成负的，存款不能保值，存款利率低于物价上涨率，那时它就要变成老虎了。所以我们不能掉以轻心，要努力采取一些措施，把这个可能性的老虎，延期的消费基金，或叫结余的购买力转变成稳定的积累率源泉。所以，我们在"八五"期间要采取积极的措施，要实行金融资产的多元化，比如，开办住房的储蓄，开办预购商品的储蓄，开办各项保险事业，扩大各种债券、股票的发行，增强居民金融意识，使结余购买力成为稳定的积累的源泉。特别是股票，可以经常在市场上流转，成为经常的资金来源。要增强居民的金融意识，使这一购买力成为稳定的积累的源泉，不至于冲击市场。当然，金融市场的改革是一个很复杂的问题，需要同企业的改革联系起来进行。为了支持重点产业的发展和重大的技术改造投资，我们除了适当地提高中央控制的财政积累资金的比重以外，有必要建立有利于资金积累、资金集中的融资体制，使社会的积累、社会的资金能够流向重工业，流向基础产业。这样可以减少国家直接投资的负担。建立让资金合理地流动的机制，是我们"八五"期间面临的一个任务。

"八五"期间和20世纪90年代经济发展中，我们还要继续解决群众关心的收入分配中的两个重要问题，一是分配不公的问题，二是分配实物化倾向的问题。解决分配不公，要制定政策的界限，对于效益高，贡献大的，勤劳致富的要奖励支持；对于由于市场和非市场的两种机制而形成的不合理收入就要用经济杠杆来进行调整，非法收入要坚决打击、取缔。通过整顿把不合理的收入差距缩小，合理的收入差距还要鼓励、维持。收入分配实物化的倾向，即不通过货币而通过实物，进行的分配。这部分量大面广，包括各种实物的福利津贴，住房、医药等待遇。一些单位，特别是企业，为逃避奖金税就大量发实物，这是一种变相的工资、非工资收入。这种实物化倾向很严重，难以控制。另外，医疗住房都不在工资之内，是多年的问题。因此这方面的改革党政机关要带头，改变社会上认为一部分党政机关干部的货币工资含金量大的印象。通过医疗制度、住房制度等一系列的改革，要开货币工资的前门，把非货币的福利待遇并入货币工资中，堵住实物分配的后门，使得隐性的实物分配变为显性的货币分配。

打破地区封锁必须依靠深化改革*

——《东方时报》记者专访
（1990年10月1日）

地区封锁，与改革的方向背道而驰

地区封锁，或称市场分割，有人称为"诸侯经济"，与改革的方向背道而驰。改革的方向是发展商品经济，发展横向联系，这样可以更好地使各个地区互相发挥各自的资源优势、地理优势、技术优势、人才优势，实现更合理的资源配置，从而使我们国家整个经济的发展更有效益。而地区封锁却妨碍地区之间的分工协作和全国的发展。本地的资源不让出去，外地的产品不让进来，实质上是在保护自己落后的东西。这不符合我们改革的方向。结构合理，资源配置合理，是我们经济发展的方向。在体制上，我们要形成一个统一的市场，互通有无，各自发挥自己的优势。

地区封锁的原因

造成地区封锁的原因很多。价格体制、财政体制，加上当前市场的一定程度的疲软。

一是 因为价格不合理，调出的初级产品价格低，而经别人加

 * 本文系《东方时报》记者刘国利专访，发表于该报。

工的产品价格高，所以有资源的省市都要自己加工，即使技术水平不行也要自己搞加工。不然的话，让别人加工自己捞不着，不是明摆着吃亏吗？

二是财政体制。财政上实行包干体制，"分灶吃饭"，这对发展经济，对调动地方上的积极性有一定好处。但另一方面，"分灶吃饭"、财政包干，在政企不分的条件下，企业下放给地方后，地方政府跟经济的、跟企业的关系更紧密了。我们要实行政企分开，而现在政企并没分开。为了解决地方的财政收入问题，解决地方资源的加工、开发以及劳动就业，地方政府很自然地要搞加工的东西。彩电也搞，冰箱也搞，啤酒也搞，乳胶手套也搞，纺织、化工什么都搞，都想自己搞成大而全、小而全。因为大而全、小而全，税利有了，劳动就业也可以解决。这么一来，原料就不能给别人了，并且还得"抢"原料。形成了一方面是封锁，另一方面是"大战"，这就促使了物价上涨。而且，大而全、小而全还形成产业结构趋同。各省、自治区、直辖市的经济现在没有什么特点，都是些加工工业，机械、电子等。各个省市都这样搞，不仅不能发挥各地的优势，而且重复生产，重复引进，有些东西的生产能力大大超出市场需要，包括国内市场的需要和国际市场的需要。如乳胶手套、易拉罐、彩电、冰箱等生产线，许多地方都上，这样就形成生产能力超过市场需求的局面。这是前几年"经济过热"中形成的。经济过热的时候，大家见到就买，好像都不要钞票了，生产能力就这样"鼓"起来了。到了紧缩，解决通货膨胀，马上显出疲软来了。一疲软，各地要保护自己的东西，哪怕自己的东西落后，也不让别人先进的进来，有的省、市有明确的红头的、白头的文件下发，禁止多少种产品进来；或者是要进来，也在各方面卡一下。

所以，简单地讲起来就是：第一，价格不合理；第二，在政企不分情况下实行财政的分灶包干、强化地方的利益，发展起

打破地区封锁必须依靠深化改革

来"短平快"的大量加工性的企业；第三，是疲软，更促使各地采取自己的措施来关门。最近我们在讨论横向联系。地方保护主义、经济封锁，是横向联系的大敌，是发展商品经济的大敌，是我们建立统一的社会主义市场的大敌。大敌当前，我们必须要把它打破。

如何解决地区封锁

首先针对疲软产生的封锁问题，中央应当明令不允许各个地方搞经济封锁，用法令来规定。这当然是一个方面，中央已有了一些考虑。但光有这个，可能也不行，还要从体制上来解决。譬如，价格要合理化。初级产品价格应当提高，价格应放开的就放开；不能放开的，也要很好地管起来，按市场的规律管起来。不允许各自为政，搞"大战"。初级产品、原料要提价，加工产品的比价要合理化。

更重要的是财政体制。地区封锁，或称"诸侯经济"的产生与财政包干体制有关系。我前面讲过，在一定时期，放权让利对调动地方积极性有好处。但是目前过了头。目前财政收入占国民收入的比重、中央财政收入占整个财政收入的比重，都大大降低了，中央的调控能力减弱了。我们要使财政收入占国民收入的比重提高，同时使中央财政占整个财政收入的比重也提高。我们财政体制要改革，税收体制要改革。从企业体制改革看，企业要实行税后承包、税后还贷。要进行税制、税利上的改革，保证国家的财政收入。

另一方面是财政上，中央与地方关系的调整。现在人们提出把包干制过渡到分税制，划分中央与地方的事权，相应地划分财源、财权。税收，将来一部分是国税、中央税，还有一部分是地方税，另外还有共享税。目标是过渡到分税制，保证中央得大头。同时，确定中央对地方的财政支援、补贴的制度。历来各个国家都是中央财政占财政收入的大部分，地方占小部分。地方财政不够，中央给予补贴，我们却相反，是中央财政不够向地方借钱。

实行包干制向分税制的过渡，这个事情不能做得太急。太急了，就会影响地方的既得利益，即这些年改革地方已经得到的利益。要逐步向分税制过渡。人们想把分税制与包干制结合起来，叫作分税包干制，在"八五"期间实行。然后到"九五"期间完全过渡到分税制。这是大家议论的问题，也是探索的方向。与此同时，很重要的一条——抓紧企业改革，政企要分开。地方政府主要是搞基础设施、经济管理、服务、公共事业。办经济还是得企业自己。企业和政权职能要分开。国家的管理职能有两个：一个是管理经济，一个是管理资产。这也要分开，现在没有分开。现在财政部下面成立国有资产局，刚开了个头。国家管理经济是作为政权机构的一个职能来管理，主要是宏观控制。作为所有者的职能，国家又是老板，是全民所有制的代表。这两个职能要分开。现在我们设立资产管理局，就是专门管理资产的。这个资产的管理，同企业经营的权限划分要进一步地研究。这是产权的关系。企业怎样才能真正成为自负盈亏、独立自主、不再依靠国家吃"大锅饭"的实体，这与改革要同时进行。不然的话，财政与企业的经营搅在一起，包干制向分税制过渡也很难实现。

包干制向分税制过渡，中间经过分税包干制，同企业改革是结合在一起的。从政企不分的状况过渡到完全的政企分开，中间实行税利分流。税，是国家作为政权管理机构向企业征收；利，是国家作为所有者通过资产管理的形式，用投资、股票、股份、国家所占的控股取得的。利税分流，税后承包、税后还贷，逐步向这个方向过渡。现在我们是税前还贷、税前承包，就是把税也包了。税收是个调节工具，税收一包，就起不了这个调节作用，反而起了逆调节作用，造成想限制的东西反而限制不住。所以，回过头来讲，地区封锁"诸侯经济"是个很要不得的东西，一定要把它纠正过来。因此，一是要解决市场疲软的问题，同时国家要严格制定法规来禁止各个地方搞地区封锁；二是价格改革要抓紧并逐步实行；三是财政体制的改革，包括税收、中央与地方的财政关系等；四是企业的体制也要改革，把现在政企不分的、"两权"不分的体制改掉，进一步沿着政企分开、"两权"分开的方向进行企业体制的改革，把国家对经济管理的职能和作为所有者的职能区别开来，使企业能够逐步地成为真正自负盈亏、自我发展、自我约束的这样的实体。总之，要实行一系列的配套改革，才能最终地解决地区封锁的问题。

认清形势　深化改革*

（1990年10月30日）

近两年的宏观经济紧缩已经取得有目共睹的成效，但新一轮需求膨胀的根子并未消除；在调整紧缩力度的同时，坚持总量控制仍十分必要。

我国经济最困难的时期已经度过，已经走出谷底，但仍然没有摆脱低谷状态，还是在低谷中艰难爬坡，还面临着一系列的经济困境和难题。

我国经济摆脱困境步出低谷并转向持续稳定协调发展的真正出路在于不失时机地加大改革分量，促进宏观调控体制、市场机制、企业体制等方面改革的深化。

如何判断和评价经过近两年治理整顿的目前经济形势，是人们普遍关心和共同感兴趣的问题。对此，我的基本看法是：

一、宏观紧缩已经取得明显成效但总量控制丝毫不能放松

近两年来，国家实施了以收紧信贷规模、控制货币供给、压缩基建投资、削减集团消费、控制居民个人收入增长等为主要内容的宏观经济紧缩政策，扭转并改善了严峻的经济形势。基于此，不少人认为，通货膨胀得到治理，过高的经济增长受到抑

---

* 原载《金融时报》。

制，紧缩已经到位；甚至有人认为，前一阶段下药过猛、降温过快，导致了明显的经济滑坡、市场疲软和通货不足，紧缩已经"越位"。

究竟怎样看待近两年的经济紧缩呢？不可否认，近两年的宏观紧缩已经取得有目共睹的成效：一是过猛的物价涨势逐月减弱，1989年零售物价总水平比上年上涨17.8%，涨幅略低于上年，截至1990年6月底，年通货膨胀率已下降到3.2%，达到1985年以来的最低水平；二是过度的货币投放得到控制，1989年货币发行210亿元，大大低于上年680亿元的水平，1990年上半年，净回笼货币248亿元，比上年同期多回笼195亿元；三是过大的供需矛盾有所缓解，1989年社会供求差率由上年的16.2%缩小为8%左右，1990年上半年国内供给大于需求的正差率比1989年同期还有所扩大。但是，并不能就此简单地得出紧缩已经到位、总量控制可以放松的结论。因为，一方面，尽管近两年当年的供求矛盾有所缓解，但多年积累下来供求失衡的格局并没有根本地改变，社会总需求特别是潜在需求仍然很大。7000多亿元（银行储蓄存款加上居民手持现金）的结余购买力以及庞大的内外债仍然构成对社会总供给的巨大潜在压力；另一方面，尽管过度的货币投放已得到控制，但货币发行的压力依然很大，主要表现在1990年银行信贷增幅较大，使全年控制货币发行的难度增加，以及信用回笼取代商品回笼成为近期货币回笼的主要渠道，也潜伏着不可等闲视之的隐患；再一方面，1990年以来物价上涨率的大幅度降低，在很大程度上是采用行政手段（如专营、冻结物价等）强行管制的结果，是价格关系继续扭曲，尤其是形成通货膨胀的体制根源和内生机制尚未遏制和消除条件下的非正常现象，现行体制中仍然存在的自我膨胀机制，随时都可能造成需求"反弹"，价格回升，尤其是在目前市场疲软，各方面困难重重的条件下，"反弹"的推动力更加强盛。

刘国光

经济论著全集

第
9
卷

因此，在紧缩已经见效的情况下，更要保持清醒、冷静的头脑，更要警惕新一轮需求膨胀的出现；对紧缩到位的观点，我认为也不宜过分渲染，以防止造成错误导向——全面放松银根，刺激新的通货膨胀。在目前总供求平衡的基础很不稳定和极其脆弱的条件下，在调整紧缩力度的同时，坚持总量控制仍十分必要，不然的话，就很容易重蹈1986年和1988年的覆辙。

二、我国经济已经走出谷底但仍在低谷中艰难爬坡

依我看，我国经济最困难的时期已经度过，已经走出谷底。依据是：（1）工业生产从3月份起逐月回升，扭转了自1989年9月份开始的工业生产徘徊下降的局面；（2）农业生产形势喜人，夏粮丰收已成定局，只要不出现大的自然灾害，可望取得全年好收成；（3）进出口出现了顺差，1990年以来采取了扩大出口，控制进口的措施，扭转了前几年逆差的格局，1—6月份，出口257亿美元，进口231亿美元，进出口相抵，出口大于进口26亿美元；（4）市场物价呈现相对平衡态势。

尽管如此，我认为，我国经济仍然没有摆脱低谷状态，还是在低谷中艰难爬坡。具体表现在：第一，市场销售尚未摆脱下降局面。1990年上半年，社会商品零售总额比上年同期下降1.9%，尽管下降幅度在缩小，但还没有变为正增长，市场仍然是处于疲软状态。第二，在工业生产缓慢回升的同时，由于市场销售的下降，工业生产企业的产品大量积压，产成品资金占用继续增加。预算内国营工业企业，1989年全年产品资金增长80%，1990年前6个月产成品资金达到1067亿元，比上年同期增加347亿元，增长48.2%，也比年初增加188亿元。第三，市场疲软和产品积压的必然结果是企业经济效益的普遍低下。预算内国营工业企业，6月

末亏损企业户数达12 502个，亏损面扩大为33%，亏损额1—6月累计127亿元，比上年同期增加60亿元，增长88.9%；可比产品成本在1989年上升22.4%基础上，1990年前六个月又上升了5.8%；实现利润总额比1989年同期下降55.5%；销售利税率仅为14.3%，比1989年同期回落3.2个百分点。第四，企业经济效益差又必然造成财政收支状况恶化。1990年1—6月，国内财政收入比1989年同期增长10.5%（若扣除特别消费税和国家预算调节基金收入中的翘尾因素，只增长5.7%），但财政支出却比1989年同期增长12.2%，收支相抵，赤字达到11.4亿元。按惯例，上半年节余偏少，在下半年特别是第四季度支出将远远大于收入的情况下，1990年的财政状况更加令人忧虑。

从上述现象中直观地判断，产品积压、效益下降、财政困难都直接导源于市场疲软，可以认为市场疲软是造成目前我国经济困境的源头。而市场疲软的原因，从表层看是最终需求不足，但从深层考察，市场疲软仍然是结构性的，即不是全面疲软。这种结构性疲软主要是多年来生产结构严重失调造成的，特别是前几年经济过热引发的消费需求超前，消费结构扭曲带动、刺激起来的生产结构的扭曲，在经济过热、需求过旺时这种扭曲是被掩盖了，一遇紧缩调整，需求恢复正常，这种扭曲就暴露为局部市场疲软的现象。所以，目前市场疲软同某些最终需求不足有关，但更主要的是由于产业结构和产品结构的不合理，不能适应市场需求结构的发展变化造成的。市场疲软是一个极其复杂的经济现象，消除或缓解应有一个过程，不能操之过急和急于求成，不能奢望市场会在某一天突然好转。当然，当前要积极落实政府提出一系列启动市场的微调措施，以促使我国经济进一步摆脱目前的困境，继续向好的方向发展。

三、我国经济的真正出路在于不失时机地加大改革分量

对于市场疲软，适当增加某些最终需求，以启动市场，复苏经济，渡过眼前难关，是非常必要的。特别是适度增加固定资产投资需求，即在坚持控制投资总规模的前提下，通过投资结构的调整，适度增加对短线部门、基础部门、重点建设项目、急需的技术改造项目以及出口产品部门等的投资，具有特别重要的意义和作用。一方面，可以增加部分对生活消费品的需求（在一般情况下，投资的40%将转化为消费需求），减少商品积压；另一方面，能够通过增加对生产资料部门的生产需求，促进这些部门生产，增加有效供给的产业，加速经济循环，刺激经济回升；再一方面，更为重要的是通过增量调节，促进产品结构、产业结构的调整，为国民经济的长远发展奠定基础。另外，在集团消费和城乡居民个人消费方面也可以相应采取一些措施，增加最终需求。

但是，如果在调整经济结构、改革经济体制方面不能取得突破性进展，而完全寄厚望于通过总量调整以改善目前经济状况，无论是从增加投资入手还是从刺激消费出发，都不可能真正达到目的。

基于此，我认为，我国经济冲破阴霾摆脱困境步出低谷并转向持续稳定协调发展的真正出路在于不失时机地加大改革分量，转换经济运行机制。应该利用目前供求矛盾缓和、经济环境相对宽松的有利条件，促进改革的深化。在宏观调控体制的改革方面，要真正建立起行之有效的宏观经济调控机制，也就是逐步建立符合计划经济与市场调节相结合原则的，综合运用经济、行政、法律手段的宏观调控体系，有步骤地推进由直接控制为主向间接控制为主、由行政手段为主向经济手段为主的转换。以此为

刘国光

经济论著全集

第
9
卷

原则，财政税收体制、金融体制及收入分配体制等方面都要进行相应的改革。在市场机制的改革方面，要逐步建立起反应灵敏的市场运行机制。目前的重点，一是要利用相对宽松的市场环境，推进价格改革，逐步调整一些明显不合理的价格结构，包括提高一些明显偏低的农业、能源、原材料、交通、运输等价格和放开彩电、冰箱等部分耐用消费品价格以及供求关系趋于缓和部分仍然实行双轨制的生产资料价格，理顺价格关系；二是逐步消除地区封锁和市场分割与封闭，促进全国统一市场的发育和形成。在企业改革方面，构筑真正自主经营、自负盈亏的、充满生机和活力的微观经济基础。目前着重要理顺产权关系，搞好企业组织制度的建设，在允许和鼓励企业兼并、租赁和组织企业集团的同时，创造条件向企业股份制过渡。

经济发展与经济改革*

（1990年10月）

我们现在已经进入20世纪90年代了。在我们的经济工作上，面临着三大任务：一是治理整顿，二是经济改革，三是经济发展。目前对于处理这三者之间关系的问题，有三种设想：第一种认为应当尽快地结束治理整顿，转入发展，转入改革，认为治理整顿已经到位；第二种意见认为治理整顿还没有到位，还要继续进行，等到经济根本好转之后，再抓改革与发展；第三种设想是认为还要继续治理整顿，但在这一过程中，应当把整顿、改革与发展这三者统筹兼顾，协调推进，特别是要加强改革的分量。前两种设想是把治理整顿同改革发展对立起来，割裂开来，不符合我们的实际要求，看来还是应该选择第三种设想。

我国最近几年陷入经济上的困难，是由许多种因素在比较长的时期内造成的。我们走出这一困难，不能急于求成，只能逐步缓解。当然，我们不能坐等经济自动好转。因此，我们要把这三个任务很好地衔接起来。目前，治理整顿的任务还没有完成。第八个五年计划的前两年，我们在治理整顿上的任务还很重，无论是总量平衡，还是结构调整，任务还很重。所以我们在这两年应当把治理整顿放在一个很重要的位置上，同时要加大改革的分量。要把改革逐步加重，在治理整顿结束之后，成为"八五"和"九五"期间工作的重点。"八五"期间在经济发展方面要保持

---

* 原载《社会主义若干问题十五讲》，新华出版社1990年版。

中等速度，要进行经济结构，特别是产业结构的调整。那么，保持中等速度，是为了创造或保持一个稳定的经济环境，这样才能保证经济体制改革和经济结构调整，有一个比较好的环境，能够顺利地推进。这样就可以为我们20世纪90年代经济的振兴与21世纪的大发展创造与准备条件。

一、关于治理整顿的问题

从1988年秋天，十三届三中全会决定实行治理整顿以来，已将近两年。怎样估量当前的经济形势，也就是说怎样估量治理整顿的进展，关系到我们对于治理整顿进程的把握和90年代整个经济发展与经济改革任务的安排。目前我们已经过将近两年的治理整顿，还是取得了显著的经济成效的，通货膨胀与过热的经济已经缓解。但是还有很多困难，人们对形势的看法各有不同，比如对治理整顿是否到位，特别是对于治理整顿中的需求总量紧缩是否已经到位的问题。有的同志认为已经到位了；有的同志认为已经"越位"了，需求已不足，要刺激需求了；还有的同志认为没有到位，需求总量大于供给。从国家统计部门提供的材料看，1989年按现价计算的社会总需求，包括投资和消费的需求，同社会总供给相对，已经达到基本平衡，这是通过压缩基建投资规模与集团购买力，紧缩各种开支达到的。1990年上半年的统计，总供给大于总需求，但是每年的财政与信贷投资都集中在下半年，上半年的总需求的增长率比较小，而集中在下半年。因此，每年的上半年，总供给一般都大于总需求。1990年上半年的总供给大于总需求的正差率要高于1989年同期。再考虑到其他因素，如物价上涨的趋势、走势，货币回笼的情况，也是趋向好的方向发展。上半年物价上涨与1989年同期相比，增加3.2%，1989年的上半年比1988年的上半年上涨了25.5%；可见已大大缓解，说明需求已经压下来了。上半年的货币回笼248亿元，比1989年同期多回笼了195亿元。而且1990年上半年物价上涨率的3.2%，主要不是需求的拉动，而是我们自己主动调价。从这些统计数字与经济发展的趋势看，需求的总量紧缩已经到位。但是这只是就当年的当期的总需求与总供给的关系来看的。如果我们不仅看当年即期的供求平衡关系，而且考虑到历年积累下来的需求大于供给的差额，包括我们的内、外债，内债800多亿元人民币，外债400多亿美元，再加上7000多亿元的节余购买力（其中5000多亿元是居民储蓄，1000多亿元是手存现金），这都是国家发的票子和银行对居民的负债，把这些都考虑在内，当前总供给与总需求的平衡基础仍然很不稳定，很脆弱。尽管我们目前确实存在某些即期需求不足，局部市场疲软的现象，但是所谓总量紧缩已经到位的观点，我们认为以不要渲染为好。这样一提会引起人们丧失警惕，从而放松对于需求总量的控制，就会重蹈1986年和1988年的覆辙。现在要求放松的舆论一开，物价又重新涨起来了。当前要在继续坚持总量控制的前提下，掌握好宏观调控的力度，要把治理整顿的重点，从总量控制转到更深层次的结构调整和效益提高。我们历年积累下来的问题要靠结构调整，靠提高效益来解决。

治理整顿应当以总量控制为重点，控制总需求，控制投资规模与集团消费。转到更深层次就是要调整不合理的结构，产品、产业与经济结构，还要提高经济效益。

即使当年的即期的供需总量达到平衡，也不能说治理整顿的任务已经到位，因为治理整顿，按照1989年十三届三中全会提出的六条整顿目标，抑制通货膨胀，实现总量平衡只是我们一部分目标。还有一些目标，比如逐步消灭财政赤字、调整产品和产业结构，也是治理整顿的任务和目标，但是现在进展得很缓慢。还有建立计划经济与市场调节相结合的宏观调控体系，这个目标现在还很远。达到这些目标，单靠前两年行政式的总量紧缩，压缩总需求，还是不够的，还要有更强有力的改革的措施。有的目标要在治理整顿阶段逐步达到。比如消灭财政赤字，调整由于经济过热而扭曲的产品结构，就应当在治理整顿期间完成，但是还有一些任务，十三届五中全会所制定的任务，如产业结构的调整，就不是短时间内可以完成的。这要花很大力量和很多投资。再如建立计划经济与市场调节相结合的宏观调控体系的任务，作为一项深化改革的任务，也不是治理整顿期间所能完成的，需要在"八五"期间以至更长的时间继续进行。

关于当前经济形势所议论的另一个问题，是我们的经济是不是走过了低谷。1990年4月以来，各地贯彻执行七届人大政府工作报告的精神，积极落实各项经济措施，国民经济继续朝好的方向发展。从工业生产的运行情况看，1989年9—12月一段时间，工业生产增长速度开始徘徊、下降，1990年1—2月又比1989年同期下降大约1%（0.9%），从3月份开始摆脱徘徊下降的局面，工业增长速度逐月回升。如果同1989年同期相比，3月份增长1.4%，4月份增长2%，5月份4.3%，6月份5.9%，上半年平均比1989年上半年增长2.2%。据说我们下半年能够维持5月、6月的日常水平。1990年计划增长速度的6%可以完成或超过。所以工业生产可以肯定走出了谷底，整个经济已度过了最困难的时候，其标志一是工业生产已从3月份开始略有回升；再就是上半年的农业生产形势很好。夏粮获得了历史的、空前的丰收，如果农业上支农的措施能按计划完成，天气上又没有重大灾害的话，1990年农业前景是比较好的；此外还有市场物价保持稳定的走势，进出口贸易1990年上半年扭转了逆差，出口情况很好，比1989年增加将近40亿美元；市场疲软现象趋于缓和。展望下半年，建筑施工一般在下半年进入旺季，加上国家已经出台的，提高棉花、油料、烟叶、糖料等合同的收购价格，以及各种到期的债券、国库券的还本付息比1989年增加100亿元之多，这些都有利于提高城乡居民的购买力，特别是国家采取微调价格、利率等措施的陆续出台，对于改变居民消费心理，也将会起积极作用，有助于缓解即期需求不足。1990年零售总额预期也会增长，这些情况说明，我国经济最困难的时期已经度过，走出了谷底，但不能说已经走出了低谷。谷底只是最低点，我国经济仍在低谷中艰难地爬坡。目前困难仍然不少，主要问题在于，一是市场销售不畅的问题，虽说市场疲软有所缓解，但是还没解决，产成品的资金积压还在继续增加，企业效益滑坡，国家财政收入困难加剧，这些困难有内在联系，源出于销售不畅与市场疲软。销售不畅与市场疲软如何发生的？有两种看法，一是认为即期需求不足，购买力不足，紧缩过度；二是认为不是需求不足，而是结构不合理，产品不对路，价格不合理，或花色品种不多，质量不好，人们不愿购买。从全国来看，这两种原因都有，看来主要还是结构上的原因。李鹏总理在1990年国务院第九次全体会议上指出，当前出现的市场疲软并不是全面的，是结构性的疲软。这种结构性的疲软主要是多年来形成的，工业结构严重失调，特别是前几年经济过热而造成需求消费超前，消费结构的扭曲所带来的生产结构的扭曲。从根本上说，解决市场疲软继续应在控制总量的同时，侧重在深化改革上多下功夫，以调整经济结构，提高企业效益，促进企业生产适销对路产品、改善企业经营管理。

　　调整经济结构和提高企业效益需要有一个过程。与此同时，对于确实存在的某些正常需求不足也需要一些启动市场有效措施。要在继续坚持总量控制的前提下，有选择地、适当地输入和注入一些资金，以刺激某些需求，这样做也是必要的。从1989年第四季度以来，我们就开始这样做了，就是增加流动资金贷款，投入生产环节和商业环节，用这种办法来启动市场看来收到了一些效果，但未完全收效。流动资金贷款增加越多，产成品库存资金积压增加也越多，清理三角债也是前清后欠，其原因在于流动资金贷款的投向和启动主要是中间性需求，而没有投向最终需求，包括固定资产投资需求和消费需求，而市场疲软主要不是中间需求，而是最终需求。所以克服疲软的现象，有的同志认为要调整银行贷款的结构，适当增加固定资产贷款，这个意见是有一定的道理的，增加固定资产投资有助于启动市场。因为固定资产投资的连带效应即经济学上所讲的乘数效应较大，按照投入产出的计算，投入一万元的固定资产投资，可以带动二万多元的工业产值和四千多元的消费需求。有选择的适当的流动固定资产投资，也有利于贯彻产业政策，实现结构的调整。当前为了促进产品结构的调整，需要更多更新改造方向的投资。1989年第四季度以来适当调整宏观调控的方向和力度，要继续坚持下去，这是必要的。最近国务院第九次全体会议上为了使当前的形势进一步朝好的方向发展，李鹏同志讲的几条措施中就包括了增加技术更新改造贷款；当然还有其他几条措施也很重要，包括调整利率，微调价格，等等。至于适当增加消费需求，除了上述用投资需求来带动以外，有的同志主张降低储蓄利率。我认为这个事情做起来要慎重，现在物价上涨率降低了，储蓄存款利率就显得相对高了，现年的定期存款率10.8%，而1990年上半年的零售物价指数是3.2%，明显高于市场物价指数，这当然不利于启动市场。但是调低利率一定要同物价改革连带考虑，如果我们利用当前宽松的时机，推出物价改革的措施，我们的物价指数就不能保持在3.2%的水平，而需要一定的上涨率。1990年原来计划零售物价指数是14%，看来是来不及用完了，那么下半年出台的措施，物价指数保持在10%以内。如果我们把储蓄利率也降到10%以下，那么又会形成负利率或零利率，这就不利于稳定储蓄。对于启动消费品市场最重要的是采取对不适销的产品减价，调整产品结构，改善产品质量和功能，增加花色品种，并调整消费需求结构。我国的市场疲软不同于其他国家稳态式的有效需求不足，也不意味着我国的经济已从短缺经济转变为过剩经济。从中长期的发展来看，需求冲动引起的过旺的需求可能性在我们经济里面是深深扎根的，依然存在的，而且一有信号，便会排浪性地出现。在目前社会需求开始松动并适当调整宏观调控的力度的条件下，注意宏观引导，避免重蹈需求过旺的覆辙，引发新的经济过热。总之，解决当前治理整顿中出现的问题，首先要采取治标的短期办法，但短期办法的功能毕竟是有限的，因为有些问题不只出在政策指导和操作上，还有更深层次的原因，就是发展战略上的原因和经济体制上的原因。解决今后的结构调整和效益的提高必须要有中长期的考虑。

二、关于"八五"期间的经济发展问题

我国过去采取的是速度型、数量型、外延型的发展战略，从这种概念转变到效益质量型的发展战略，20世纪80年代初已经提了出来。发展战略的转换正如经济体制的转换一样，还远远没有完成，要在90年代继续完成。这里有几个问题简单地说说。

第一，速度问题。"八五"期间经济发展要保持中速发展。20世纪90年代的目标就是要实现三步发展的第二步，争取国民生产总值再翻一番，基本上实现小康水平。每年年均递增速度只要7.2%就可以了，前十年以9.5%的速度提前实现翻一番，90年代只要5%~6%的速度就可以实现第二步目标，工业每年6%~8%就可以了。所以我们不宜追求更高的速度。这样可以避免由于追求高速度而过量地发票子，造成通货膨胀。就能腾出余力、空间来进行价格改革和其他改革。现在在治理整顿任务来完成，就有些部门、地方互相争项目、争投资，由此必然会带来效益差，重犯急于求成。在"八五"期间一定要在短期的年度计划和经常的宏观管理中采取有效的措施，严格控制投资规模和信贷规模。发展速

度保持中速，才能保持宽松的经济环境，以便"八五"期间以至"九五"期间进行体制改革。

第二，结构问题。产业结构的理顺是当前经济发展当中的突出问题。农业、交通、运输、电信、能源，原材料等基础工业、基础设施的滞后，已经成为经济发展的严重障碍。实现20世纪90年代战略目标的难点不在于速度上，力量也不要用在这方面上。难点和关键在于调整结构和提高效益上，必须把调整产业结构作为"八五"乃至"九五"经济发展的中心环节。调整产业结构，实现产业结构合理化首先要处理好工业与农业、轻工业与重工业、能源、原材料与加工工业之间以及交通、运输、电信同国民经济之间的关系。在农业与工业关系方面，现在我国人均口粮730斤，要保持这个水平，每年要增加100多亿斤。必须增加对农业的投入，今后工业发展应该依靠工业自身的积累，不能再挖农业积累。过去工业化的原始积累是靠农业。我们要改变过去低价收购农产品的路子，农业能够靠自身能力扩大投资，国家也要提高对农业的投资比重。在重工业与轻工业关系方面，过去片面发展重工业经过十年来已经得到纠正，而且正向另一方向倾斜。在"八五"到"九五"期间，重工业的发展应当适当地超前，这是因为：一是这几年从产业结构不合理的情况来看，能源、原材料、交通运输发展失衡，影响了经济的发展；二是国民经济总体技术水平落后，90年代要进行大规模的调整，也要重工业的支持；三是农村工业化的趋势不合理，非农人口的趋势无法控制，这就需要为大量的转移人口提供技术装备；四是农业本身进一步现代化，需要更好的生产资料；五是城乡住宅建设持续增长，要求建筑产品的数量增加质量提高；六是消费品工业产品结构的变化需要冶金、化工等工业部门提供的原材料急剧增加。在"八五"到"九五"期间，重工业的发展相对于轻工业要适当超前，但不能像以前牺牲农业、轻工业来发展重工业，注意农业、轻工业的发展。把轻、重工业的增长速度是否持平作为衡量轻、重工业发展的关系是否合理是缺乏科学依据的。根据80年代我国轻、重工业的情况和90年代经济发展的需要，"八五"期间重工业的产值比轻工业要高出1~2个百分点，这比较合理。交通运输与电信事业在现阶段短缺是严重的。能源、原材料产品也是短缺的，这一方面是由于加工工业发展过快，能源、原材料相对迟缓；另一方面是由于国民经济技术进步缓慢，资源利用效率低而造成的。因此，缓解能源、原材料与加工工业的矛盾应该采取双向的办法。一方面对基础产业进行倾斜、补短的政策；另一方面要注重加工工业技术升级的方针，减少物耗和能耗。为此，我们必须加快机械工业的技术改造和产品更新，用先进的企业产品来改造和装备国民经济各个部门，把国民经济建立在先进技术的基础上。

　　第三，区域经济布局问题。要实行适度的倾斜的区域性的发展政策。目前，区域经济发展有比较大的争论，沿海地区强调梯度发展，要求给沿海地区发展创造更有利的条件。内地强调缩小差距，要求实行逆梯度的发展战略，把投资重点转移到内地。我们经济工作的中心在沿海和内地之间多次摇摆，造成重大的损失。在"八五"期间，区域发展战略和政策不宜做大的变动，而应该在第七个五年计划的基础上进一步完善，适当地调整。根据产业政策的要求，采取适度倾斜和地区协调发展相结合的方针，应该作为第八个五年计划和第九个五年计划区域发展的基本战略。沿海开放地区和经济特区在吸引外资方面，打开新的局面，引向新的台阶，会扩大沿海和内地的差距，应考虑相应的区域补偿政策。在财政、物价、税收等方面，对内地进行经济补偿，发挥互补的作用。同时要消除区域间的封锁，促进统一市场的形成和发展。"八五"期间要解决全国市场四分五裂的状况，发挥地区资源、技术等优势的作用，加快资金、劳动力和商品之间的合理流动，来提高资源的配置效益。

对沿海开放地区实行适度倾斜，以产业结构高度化、开拓国际市场为目标来推进技术升级和出口创汇。应该限制在沿海地区推行耗能高、用料多、运量大的建设项目，将能耗料耗高的项目逐步向内地资源充裕的地区转移。沿海开放地区的开发，要量力而行，循序渐进，防止再次一哄而起，造成新的膨胀。现在这种现象已经有苗头了，特别是浦东开发区提出来以后，很多地方竞相效尤，攀比优惠条件。最近李鹏总理在国务院全体会议上讲到对外开放时，特别强调要审时度势，量力而行。"八五"期间集中力量搞好上海浦东开发区，充分发挥上海和沿江地区经济资源的优势。中央对各地的互相攀比效尤要加强宏观控制。

中西部的资源开发战略应该同东部沿海地区外向型发展战略互相连接，互相促进，初步建立起这样一个分工战略，就是中西部生产原材料以及粗加工，东部进行深加工，然后再向中西部返回资金和技术，进一步带动中西部地区的经济发展。国家对重点产业的支持应该区别优势地区和一般地区，重点支持技术改造条件和建设条件比较好的地区，把产业优惠和地区优惠结合起来。在沿海开放地区给予优惠不应该是所有的产业，优惠应该限于国家要求重点发展的高技术产业。在内地如果分重点发展的产业也应该给予优惠。把地区优惠和产业优惠结合起来，要突出产业优惠。

第四，积累与消费问题。20世纪90年代我国面临着还债、建设和改善人民生活多重任务。"八五"期间外债的来源要少于"七五"期间，还债的数量高于"七五"期间，看来积累率要低于"七五"时期。从投入产出的经验系数来看，每百元的积累可以增加产值的收入，第五个五年计划是每百元产出是24元收入，第六个五年计划是41元的收入，第七个五年计划前半年是46元。"八五"与"九五"期间，如果能保持30%的积累率，我们就可以既保持6%的生产速度，又有足够的余力进行产业调整。积累资金的使用不仅要服从结构调整的需要和符合产业政策的要求，也要考虑整个经济由速度型向效益型转换。因为在第七个五年计划期间我们已进行了大量的投入，建设了大批的项目，这些投资还未充分发挥效益。所以"八五"期间经济建设重要的方针是少搞新项目，多搞技术改造，充分发挥已经建成项目的潜力。在消费基金方面，消费基金的总额大体上保持现有的比例，即67%~68%。消费基金同国民收入同步增长，但人均的消费不能同步增长。"八五"中期居民收入每年增长2%~3%，使居民收入每年有所改善，改善幅度低于国民收入的增长幅度，随着人民生活水平提高，居民储蓄也随之增长，是符合规律的。我们现在建设资金的来源、构成从政府积累为主转向政府积累与社会积累并重。应用资金方面应转向间接的融资渠道，在任何时候坚持勤俭，鼓励储蓄，坚持利率为正数。居民储蓄是不是危险的，我认为既是老虎又不是老虎，当风平浪静的时候，稳定增长，它不会跑出来；当速度过高，建设规模过大，价格过高，通货膨胀过甚，保值保不住，它就跑出来了。要努力把它稳住，把延期消费转化成为稳定的积累源泉。在"八五"期间要采取积极措施，实行金融资产多元化，使居民增加金融意识，使结余购买力成为稳定的积累，不至于冲击市场。为了支持产业的发展和重大的技术改造，除了中央控制的财政积累的资金，还要依靠社会积累，这种机制有利于资金积聚、资金集中。

在"八五"期间应该解决群众所关心的收入分配不公的问题和实物化的倾向，这是个人收入分配的两大突出的问题。对于分配不公要制定政策界限，对效益高贡献突出，勤劳致富的给予奖励支持，属于市场和非市场的两种分配体制形成不合理的差距，要利用经济杠杆进行调整。通过整顿把不合理的高收入降下来。改变社会上认为党政领导干部的货币工资含金量大的现象，开辟货币工资的前门，堵塞货币工资的后门，包括住宅商品化等。

三、关于改革问题

在开始的时候，我讲了20世纪90年代我们经济面临的三个任务，就是治理整顿、经济发展和经济改革。下面，我来讲讲改革的问题。前头我讲了在90年代，在"八五"期间，在我们治理整顿还在进行的时候，我们就要逐步加大改革的分量，用改革来推进治理整顿。在"八五"的中后期，我们要继续大力推进改革，为21世纪经济的大发展准备体制方面的条件。

首先，我要讲讲为什么我们从现在起就要逐步加大改革的分量。可以从以下几个方面来说明这个问题。

第一，我们从实现三步走的战略的第二步来看，难点不在于数量、速度，我们的难点、关键在于结构和效益。这就要调整结构，使经济结构合理化，提高经济效益。现在调整结构、提高经济效益遇到了很大的障碍，在治理整顿中，总量控制方面取得了一定的成效。而结构调整和经济效益提高的障碍主要在于体制方面的原因，在于管理体制和经济运行机制，这包括价格的扭曲。在广东、广州方面，价格已放开许多，但就全国来讲，这种价格扭曲的状况还未有很大的改变。还有财政收入分配方面的过度分散，还有企业预算软约束等问题，如果我们不克服这些经济体制上的缺陷，那么我们调整结构，提高效益的目的是难以达到的。而经济体制、经济机制的转换，只有通过深化改革来实现。如果20世纪90年代的后期，我们要在调整经济结构和提高经济效益方面有所建树，取得进展，那么，在90年代前期，就是说在"八五"期间，应该着力解决深化改革的问题。

第二，从当前的政治任务来看，维护国家政治社会的稳定，是压倒一切的头等大事。而经济稳定又是政治稳定和社会稳定的基础。我们不仅要着眼于近期的稳定，而且还要着眼于长期的稳定。在近期稳定和长期稳定之间是有矛盾的。我们国家当前经济生活中有许多矛盾，许多难题，比如我们要控制需求，平抑物价，但又产生了市场疲软，生产下滑；又比如现在提出松动银根、刺激需求，但又担心产生需求过旺，带动物价上涨；财政收入的两个比重过低，国家财政收入在国民收入中占的比重过低，原来是百分之三十几，现在是百分之二十都不到，这大大低于苏联东欧国家，也不及资本主义国家；再就是中央财政占财政收入的比例过低，过去是百分之六七十，现在只有四十几。昨天曾牧野同志讲放权让利，放权让利还是应当肯定的。当然，下一步的改革是不是还是提放权让利，这个可以研究。过去十年主要是搞放权让利，这当然是应当肯定的，但度的问题应当研究。那么我们现在说要提高两个比重，又怕挫伤地方和企业的积极性，经济生活中的这些两难问题，某些有利于近期稳定的措施，不一定有利于长期稳定；而有利于长期稳定的措施，又可能导致近期的不稳定，比方说冻结物价，就可能导致财政赤字、价格扭曲等；一些有利于长期稳定的措施，如淘汰一些、关闭一些落后的、效益长期低下、无法扭转的企业，要关停并转。破产法的实施，没有这个，产业结构的调整就谈不上，但这又涉及社会稳定的问题。因为我们还没有一套社会保障制度和措施。又如"八五"期间我们是紧缩还是放松的矛盾，稳定物价还是理顺物价的矛盾，积累与消费的矛盾，等等。这都与近期的稳定和长期的稳定的矛盾有关系。正确处理近期稳定和长期稳定的关系，也就是要协调好稳定、改革和发展这三大任务之间的关系。我们提出这么个思路，就是用改革促进稳定，在稳定中求得发展。只有这样，才能有长期的、牢靠的稳定，才能有持续、稳定、协调的发展。在稳定、改革和发展的链条当中，改革是关键的一环。不抓紧改革这一环，而要求发展、求稳定，特别是要长期稳定的发展，这无异于缘木求鱼。

第三，从当前治理整顿的进程来看。从1988年第四季度我们开始治理整顿的时候，当时我们面临着严峻的问题。认为过去以放权让利为主要内容的改革，方向是对的，是必要的，这对于调动地方和企业的积极性起到了作用，但度是不是需要研究。放权让利的度是不是还有需要完善的地方。在调整的初期，由于中央调控能力的减弱，暂时多一点集中，多一点计划，适当增加中央和国家控制的比重，更多采取一些行政性的措施，这在当时是需要的，因为可以争取时间，使过热的经济比较迅速地降温，可以进一步地调理。有一些行政措施，如关闭市场、实行专营、冻结物价或者变相地冻结物价，这些只能是临时性的、非常规的手段。这只能在短期内采用，不能长期采用，否则会阻碍正常的运行。比如采取补贴性的办法来冻结物价，会产生物价一时稳定的效果，但这会加大财政的赤字，不利于总量平衡，又会加剧价格的扭曲，不利于产品结构和产业结构的调整。这种办法难以持久，而且有悖于治理整顿的初衷。治理整顿要求控制总量、实现总量的平衡，结构的调整，采取行政的办法可以暂时收效，但最终会与治理整顿的目标背道而驰。现在在通货膨胀的势头得到了控制，总量紧缩初见成效的背景下，一些临时性的非常规手段应该逐步减少或者放弃，尽可能采取经济的手段，尽可能加大改革的分量，这样做有利于我们推进治理整顿任务的完成，使总量平衡和结构调整的任务得以完成，也有利于消除海外人士的误解。

"六·四"以后，对我们的一个误解，就是改革的停滞和倒退。这种误解是可笑的，我们要从行政手段逐步转为经济改革的手段来消除这类误解。

第四，从实现经济持续、稳定、协调发展来看。几十年来，我们的经济屡次地发生大起大落，根子有两个，一个是经济政策的失误，另一个是经济体制的缺陷。政策失误主要是在经济发展指导思想上急于求成，片面追求过大的建设规模和过高的增长速度。贪大求快，但往往不顾国力，超过国情，国民经济承受不了，就跌了下来，造成严重损失，严重挫伤了干部群众的积极性。经过调整，情况稍有好转，又容易头脑发热，发现新一轮的大干快上，大起大落。五中全会总结了40年的经验教训，提出要牢固树立持续、稳定、协调发展的指导思想。这个思想不仅治理整顿时期要坚持，治理整顿以后也要长期坚持。至于经济体制的缺陷，一方面主要是存在于传统的经济体制当中和现有的经济机制当中，那些促使总量膨胀的一些固有的弊病，如投资饥饿，数量驱动，追求速度，在大锅饭的体制下争投资、争物资、争外汇。改革以后，放权让利方向虽然正确，但是，出现了投资主体的多元化，渠道的多元化，使得投资饥饿的弊病不仅没有克服，而且增加了。另一方面，微观的约束机制不断弱化，财务约束软弱，负盈不负亏的体制，基本上没有改变，微观经济的约束机制没有建立起来，宏观经济的调控机制也没有建立起来。在新的间接调整机制没有建立起来的时候，就削弱了直接调控手段；在企业和地方的自我约束和自我调控能力还没有完全树立前，中央的调控能力大大削弱，以致造成前几年经济过热和秩序混乱的局面。治理整顿经过一年的时间，前几年的政策失误已经得到了逐步的纠正，持续、稳定、协调发展的思想已逐步树立起来。所以，中央目前对于放松，虽然各方面呼声很大，但非常谨慎。持续、稳定、协调发展的方针要坚持，政策上不能再重蹈1986年上半年放松导致下半年通货膨胀的教训。现在有了新的发展指导思想，这样有可能防止我们政策上的失误。但光有正确的指导思想，不能完全保证"六字方针"的顺利实现，因为我们现在的体制，仍然是一种内在冲动的机制，包括投资的膨胀和消费的膨胀，自我约束的机制没有建立起来，就像弹簧一样，治理整顿期间用行政手段约束着，在治理整顿任务完成以后，如果行政管理一旦放松，就可能重新反弹，就如目前的市场疲软问题，下面压力一大，如果一下子放松了，很危险。这方面过去有过经验教训，我们的机制不断地反弹，口子一开，有时便会产生排浪式的冲击。因此，我们除了要坚持治理整顿的方针，牢固树立治理整顿的思想，掌握调整政策的力度，避免再发生政策失误之外，更重要的是要克服体制上的弊病，加紧机制本身的改革。只有这样，我们才能保证不仅在治理整顿时期，而且在治理整顿之后，长期保护经济持续、稳定、协调的发展。

从可能性上看，随着治理整顿取得成效，为深化改革提供了相对宽松的环境。我们可以也应该利用当前有利的环境，积极推出一些适宜于出台的改革措施。比如1989年我们在价格结构方面，适当提高了粮食、棉花的合同收购价格，盐和棉制品的价格，客运票价有了较大幅度的提高，又提高了外汇牌价。这些措施如果在前几年经济过热时出台，可能会火上加油，引起物价暴涨。1988年，我们原来准备调整钢材、煤炭的价格，后来由于抢购、提款等，未能实现。这说明改革需要相对宽松的环境，如果环境搞得很紧，物价涨得很厉害，那是搞不下去的。改革究竟需要什么样的经济环境，过去曾是争论的热点。20世纪80年代初期，大家认为是需要相对宽松的环境。1984年以后情况变了，认为改革是能在紧张的环境中进行，因此就有通货膨胀有益论，用通货膨胀来刺激经济的增长。1987年、1988年变本加厉。经过实践，才认识到改革还是需要一个相对宽松的环境，所以1989年出台的措施没有引起激烈的反应。这证明经过治理整顿，经济环境相对宽松，加大改革分量不仅是必要的，而且是可行的。所以，我们要利用当前的有利时机，进一步推出一些原来由于环境过紧，通货膨胀压力过大而不宜推出、不敢推出的改革措施。不仅市场物价的改革要推进，而且企业机制的改革和宏观经济的改革也要推进，逐步加大有计划的商品经济在我们整个经济中的覆盖面。这样的改革不仅要为当前的治理整顿服务，而且还要着眼于经济的长期持续、稳定、协调发展。既然我们在治理整顿期间要逐步加大改革的分量，而且出现了宽松的经济环境，那么"八五"的中期、后期，我们发展速度保持中速，严格控制货币的投放，严格控制基本建设的规模和信贷资金的投放，那么，我们就会继续有一个比较稳定的环境，更可以加大改革的步伐。"八五"中后期，经济工作的一个工作重点，就是要为"九五"期间的经济大发展奠定体制上的基础。以上讲的是为什么要加大改革分量的问题，这个问题在广东、广州已不是一个问题了，广东人、广州人对改革开放很积极，通过改革开放得到的益处太大了。

四、关于计划经济与市场调节的问题

这在改革中是一个中心问题。在我们的经济改革中有两个大问题，一个是所有制问题，所有制的结构，所有制的多元化，所有制以什么为主，包括国营企业的改革，等等。另一个是运行机制的改革，如计划与市场、宏观和微观。计划与市场问题，是我们经济运行机制改革的核心问题，它牵涉到企业改革，牵涉到市场、物价的改革，也牵涉到宏观和财政、银行的改革。这个问题很大，我在这里只讲一个简单的思路。

这个问题简单地讲就是一个计划与市场的关系问题。党的十一届三中全会以来，我们已经过去了11年了，几年来年年讨论。上溯到1956年，陈云同志在我国社会主义改造时期已提出过这个问题。再上溯到20世纪20年代苏联实行新经济政策时期，就已开始讨论这个问题。我国实行经济改革以来，每次重要的会议，重要的文献，领导同志重要的讲话，对计划与市场关系的认识都有一些不同的提法。比如有计划调节与市场调节的提法，也提过计划经济与市场经济相结合。计划经济与市场调节相结合这个提法是1989年6月9日在接见军以上干部时提出来的，后来在新中国成立40周年讲话时也提过，最早还是在1981年十一届六中全会《关于建国以来若干历史问题的决议》就有这个提法。现在重新提出，而且在七届人大三届会议报告中有规范性的阐述。看来，随着社会主义经济建设的发展和经济体制改革的深入，这个问题还将长期讨论下去。我在1983年的一篇文章中说过，这是一个世界性的问题，也是一个要长期争论的问题。对于计划与市场关系的一些比较具体的问题，我们不必急忙做出结论，约束后人，也不要约束当代人。实际上，这个问题要通过实践进行不断的探索，我们只能找出适合于当时条件的答案。不要搞一个公式，当然，为了便于讨论，我们可以搞一些提法。没有一个政治家、理论家敢说他已经把这个问题解决好了。在我们传统的社会主义经济学里，是否认两者可以结合的，西方的一些经济学家也有不同意见。最近在北京开了一个研讨会，一位匈牙利的经济学家就认为不可能结合；但另一位法国人讲，可以结合。我们当然认为是可以结合的，否则，就不会开这个会了。1990年李鹏总理在七届人大三届会议的政府工作报告中，有关计划与市场的五点阐述，就是根据近几年的实践经验，特别是当前治理整顿的实际情况提出来的，是适合于当前治理整顿和深化改革的需要的答案。特别是第三条中讲道：计划与市场的三种结合方式，即指令性计划，指导性计划与市场调节的具体运用和配合比例关系，应该根据不同所有制性质，不同产业、不同企业、不同产品、不同社会生产环节和领域，特别是根据不同时期的实际情况，经常进行必要的调整。我们当前在治理整顿期间，就正在或已经在对计划与市场的比例作一些调整，这几年调整的方向是：针对过去改革过程中，中央调控能力削弱的情况，在计划与市场的关系上，多搞一点计划，多搞一点集中，多用一点行政手段，包括冻结物价、扩大指令性计划和物资调拨范围，适当集中一些物资和财政的权限。一般来说，在经济发展遇到困难或紧急情况时，可能都需要进行这样的调整，不仅计划经济国家是如此，市场经济国家也是如此，如战争时期，自然灾害时期，经济危机时期（美国20世纪70年代初期的经济危机时期，尼克松政府采取了冻结价格的政策。前年，美国一位夏威夷大学的教授到北京讲课，他说他就是当时政府管制物价工资的幕僚）。总之，这些时期都必须强化集中计划与直接调控手段。这当然是指非常时期的现象，而在正常的经济发展时期和经济改革进程中，看来还是要按照党中央1985年关于"七五"计划的建议和十三大报告中提出的宏观调控体系的改革方向前进，即从直接调控为主转向间接管理为主。这一重要论点最近没有多提，但我认为也没有否定。当然，这是就整个国民经济的整体而论的大趋势，并不是指某些产业、产品和某些社会生产环节和领域来说的。

所谓从直接管理调控为主过渡到间接管理为主，是什么意思呢？就是要更多地利用市场机制。我们过去传统体制是排斥市场机制的产品经济、自然经济的传统体制，我们的改革就是要引进市场机制，把它改过来。这样的改革就是市场取向的改革，更多地采用市场调节的办法。所以，从某种有限制意义上说，我们的改革可以说是市场取向的改革。这样的提法有些同志不赞成，我还是这样看。相对于过去排斥市场机制的传统体制而言，我们的改革可以说是市场取向的改革。当然，这种市场取向的改革不是取向到资本主义市场经济上去，而是坚持以公有制为主，是有计划指导和宏观控制的市场取向的改革。这一改革在中国取得了巨大成就。这是不能否认的。而且在市场取向越大的地方，取得的成就就越大，如广东。世界银行最近的"中国经济备忘录"指出，由于采取了一个务实的改革政策，中国这八年所取得的成就是任何一个社会主义国家所不能比拟的。世界银行驻京代表送旧迎新时，搞了一个招待会，他们的老代表讲话，是一个菲律宾华裔，叫林里庚，说中国十年成效是数千年没有过的，他有幸参与了这一变化。我1990年到过苏联，相比之下，我们的变化很大，苏联经济改革叫得很凶，实际上经济情况很糟。我遇到了一个过去的同学，叫布尼契，是个院士，我问他苏联搞了几年经济改革，怎么还是这个样呢？他说苏联的改革不是失败了，而是还未开始。当然这是指经济改革，政治改革他们这几年乱哄哄。当然，我们也不能迷信市场机制，它有许多缺陷，不是什么问题都能解决的，如环境问题、公平问题。只依靠"看不见的手"调节不行，要有计划指导。前几年由于忽视宏观调节机制的建立和完善，就遇到了很大困难，又不得不重新进行大的调整，事实证明了这一点。因此，计划与市场关系必须处理好，片面强调任何一方面都不行。当前，必须继续推进以市场为取向的改革，争取在"八五"后期，基本能理顺价格，而且还要消灭市场分割现象。财政包干这种形式当然起了作用，但出现了市场分割、市场封锁，这是影响经济效益和资源配置的重要因素。与此同时，要加快其他有关方面改革的步伐，使得计划经济与市场调节更好地结合起来。

关于计划与市场结合的方式，过去有多种提法。这次七届人大三次会议政府工作报告中分为指令性计划、指导性计划和市场调节三种形式，这最初也是党的十二届三中全会提出来的，这次又从一个新角度，把这三种都作为计划与市场结合的形式，具有新意，并有了发展。理论界过去对计划与市场的关系，也有多种说法，如板块式结合、渗透式结合和有机结合。那么，有机结合就不是两块了，而是只有一块了，也就是昨天曾牧野同志论证的，十三大提出的"国家调控市场、市场引导企业"，国家通过调控市场来引导企业，这是计划和市场的一种内在结合。现在看来，板块式的结合也是要长期存在的，因为即使我们在过渡到间接调控为主的宏观管理情况下，还是有直接管理部分的存在。因为有些非常重要的、关系国计民生的产品，自然垄断性产品，供给和需求弹性都很小的产品，还是要国家管起来。对有些关键部位、关键部门、关键产品还要直接管理。但国家计划直接调控的这一部分，总的趋势是尽可能减少，除非遇到我前面所讲的经济紧急危机状况、战争状况，这个时候应强调直接管理计划。当然，实行直接计划调控也要考虑市场供求关系，也要考虑价值规律的要求，因此板块结合和渗透结合是根本分不开的。但是，直接调控这一块不能完全按市场供求、价值规律来解决问题，如果能真正完全按照市场供求、价值规律来解决问题，也就不需要直接调控了，可以转为间接控制。强制性行政干预，直接管理部分之所以需要存在，是因为市场不是万能的，有些长远的利益，全局的利益不可能按市场供求和价值规律来办事。因此，国家直接调控部分，不适用"国家调控市场，市场引导企业"的公式，就这个意义说这个公式没有普遍性，没有覆盖全社会和整个国民经济的意义。但是在间接调控的范围内，不管提不提也好，现在不是说不提了吗，但实际上还是绕不开这个公式的。

需要强调指出的是，计划与市场之间无论采取什么结合形式，我们都需要尊重价值规律，这是一个核心问题。制订计划如果不考虑价值规律的作用，一定会出现失控。我们国家这几年县以上的固定资产投资项目，审批权都在政府手里，都是计划机构审批的，160条彩电生产线，97条电冰箱生产线以及无数的各种生产线，都是计划部门或者是政府审批的，同样造成失误。前面讲不能迷信市场，我们也不能迷信计划，我们要尊重价值规律。人们只看到眼前利益，没有研究市场的长期供求变化趋势，没有考虑价值规律的要求，因此计划在这个问题上，它是受一定的限制。早在1956年，孙冶方提出的"把计划和统计放在价值规律的基础上"的观点，现在仍然有生命力。当然，他受当时的环境、时代的局限，讲的不是市场价值规律。我们要尊重市场价值规律，这比孙冶方讲的更进一步了。这样做，我们就能使计划经济与市场调节结合得更好，从而使国民经济沿着持续、稳定、协调发展的轨道顺利前进。

在中国生态经济学会第二届理事会年会上的讲话[*]

（1990年11月15日）

1980年由老一辈经济学家许涤新同志，会同一些经济学家和生态学家倡议开展生态经济问题研究，建立生态经济学。1983年中共中央1号文件提出了"严格控制人口；合理利用自然资源；保持良好生态环境"三项政策作为发展农业生产和进行经济结构调整的前提。强调了生态建设与经济建设之间的战略关系。1984年成立了中国生态经济学会。在学会成立时，万里同志代表党中央、国务院出席祝贺，并发表了长篇重要讲话，当时提出了三点工作方向：（1）进一步认识解决生态经济问题的迫切性；（2）正确认识生态经济和国家建设的关系；（3）加强领导推动生态经济工作。六年来，学会根据这些指示进行了大量工作：组织科学家参加我国重大生态经济问题的研究，参与了很多地区及行业的生态经济规划及有关政策的制定；举办了多次学习班；发行了"生态经济"杂志和"生态经济通讯"；开始了国际交往与交流。经济建设必须和生态建设相结合的思想，目前已日益为各级领导同志和广大群众所接受。国家将重大生态建设问题列为"六五"重大建设项目。地区开发，如长江中上游以水电为中心的地区开发、黄淮海地区的开发、渤海湾地区开发等，都在规划

---

* 原载《生态经济通讯》1990年第12期。

经济建设的同时，将生态建设放在重要地位。在农业生产实践上，全国各地经历了农业生态户、生态村的探索，现在正在向生态县、生态地区和江河流域综合治理发展。这些都说明了全国生态经济工作取得了很大成绩，这为生态经济工作向深度发展奠定了基础。

尽管如此，生态经济问题仍然是我国经济建设中的薄弱环节。我们的工作仍然十分艰巨，任重道远。在这次理事会全体会议时，想就几个问题及今后工作提几点意见供大家参考。

一、在我国经济建设中生态环境问题仍然十分严峻

我国的生态建设还刚刚起步，或者还处于规划阶段。就我们学会的工作来说，对生态经济学理论研究得不够深透，宣传得还不够广泛。在经济工作中对资源与环境的保护还不够有力，生态环境是边治理边破坏，治理是局部的，在抓紧的地方也取得了明显的效果，而破坏则是广泛的。这几年的经济高速度发展，不少地方是以生态破坏和资源的浪费为代价的，而这些生态破坏必将严重影响经济建设的持续发展和子孙后代的生存与发展。

生态破坏及当前存在的生态经济问题是多方面的，就对当前经济建设最受影响的问题，简单讲讲以下六个方面：（1）森林破坏严重，造成大量水土流失；（2）地下水超额开采及水资源的严重短缺，引起一系列生态环境问题；（3）沙漠化；（4）土壤自然肥力下降；（5）环境污染；（6）高投入低效益。下面就这六个方面，稍作一点说明。

（一）森林破坏和水土流失

我国黄土高原区，由于历史上长期植被破坏和地貌土壤的特

性，一些流域的水土流失极重，其土壤侵蚀模数高达3960~6641吨/平方公里·年。长江中上游的相当大的范围，森林覆盖率由20世纪50年代初期的40%左右，下降到目前的20%左右，个别流域仅有10%左右。土壤侵蚀模数1271~3092吨/平方公里·年。以当地生产粮油糖总产量与土壤流失量相比，每斤粮油糖生产是以47~53斤泥沙的流失为代价换取的。对我国西南一带土层不是很厚的石质山区，这么多的泥沙流失，长此以往会出现无土可种的不堪设想的局面。流失的土壤随河水转移，在流速减缓的平原沉积，从而抬高河床、堵塞河口，影响河水宣泄能力。同时，湖泊、水库也因泥沙沉积严重危及其调蓄作用与寿命。如洞庭湖三十年来平均每年泥沙沉积达1.1亿吨，目前湖面大大缩小，湖底抬高已超过附近某些县城，调控洪水的能力大大下降，再遇大洪水其损失不可估量。又如目前中国大陆最高水坝的乌江渡水电站，五年泥沙沉积量为原设计标准五十年的沉积量。水土流失不仅对经济有很大影响，也关系大片地区的安危。

（二）地下水超采，水资源短缺

平原区随着经济发展出现地下水超额开采，不仅在我国北方已比较普遍，长江流域一些经济发展快的地区也同样出现水资源短缺。华北大平原的海河流域每年地下水超采达50亿立方米以上。地下水超采引起地下水位逐年下降，形成地下水下降漏斗，进而引起湖泊减小乃至消失，地表下沉，水质污染，以及因水循环破坏和土壤水减少造成的地区性干旱化发展。

全国近年水旱灾害频率增多，范围扩大，与20世纪50年代相比，80年代水旱灾害的受害面积增加82%，成灾面积增加90%，它是水土流失和地下水超采的生态破坏加剧的结果，已造成区域自然系统抗灾能力明显降低，国民经济损失增大。

（三）沙漠化发展

我国干旱、半干旱地区沙漠化土地扩展1400—1500平方公里/年，受影响达11个省区。一些地区沙漠化发展，如新疆的塔克拉玛干沙漠与库姆塔格沙漠正在逐年相连，威胁当地公路干线113处，交通受阻，居民受害。虽然全国有一些成功的治理沙漠的典型，但令人不安的是：腾格里沙漠西缘的甘肃民勤这个治沙典型，现在已在讨论其绿洲消失后的移民问题。沙漠化是与强度垦殖、超载放牧、大量樵柴和不恰当的开发水资源有密切关系。在干旱、半干旱地区，上游大量开发水资源造成下游和绿洲边缘植被因缺水而死亡。不恰当的灌水又会引起土壤盐渍化，"盐进人退"，盐渍化最终也导致田园村镇荒芜和沙漠化。新疆塔里木河流域绿洲边缘胡杨林20年来已减少62%。喀什绿洲30年来盐渍化土壤已增加66%。一些因为沙漠化而消失的绿洲遗迹和古城废墟，已经明确地告诉我们这种生态破坏意味着多么严重的后果。

（四）土壤自然肥力下降

大家都知道，土壤有机质是历史上长期生物残体在土壤中积累，腐殖质化而形成的，土壤有机质含量多少是土壤自然肥力高低的最重要指标之一。土壤有机质含量最多（7%~10%），自然肥力最好的黑土地区分布在东北的中北部，现在这些地区多数土色变浅、黑土层变薄（土壤有机质已下降到1%~3%）。由于农业结构不合理，目前这个地区每年各种氮素的投入量只为其输出量的71%，氮素养分赤字为29%。每年以大量土壤有机质耗损为代价换取产量。类似这种的破坏土壤肥力而取得产量和效率的做法显然是不能持久的。

（五）环境污染

随着经济发展与工业建设规模扩大，污染正日趋严重。工业生产出人民生产和生活所必需的产品的同时，也产生出废品污染物质排放给环境。城市越大，工业比重越大，其污染也往往越重。目前一些地方河流的污染已达污径比（污水：径流）1：1，只得靠外水稀释。在水源短缺地区，其水利工程常是谋求使径流尽量少流失，以保证其工农业用水和生活用水。但径流被利用后即成为污水，如果缺乏足够的污水处理能力，径流利用率高的河流很容易出现污径比高。我国水资源不足，人均占有量为2700立方米，仅及世界人均占有量的1/4，而且分布极不平衡，北方人均占有水量只有几百立方米，因而，工业废水的处理应按国家规定，对工矿建设，生产与污染处理做到三同时，保护水质，节约用水，是一个关系人民生活和生产的极为重要的问题。

（六）高投入低效益

日本总结其二十几年来的增长，大约40%靠物质投入，60%靠提高效率。长期以来，我国经济发展对效率重视不够。科学技术落后，管理水平低，产业结构失调，造成资源转化效率低。如日本的国内生产总值每1万美元（1985—1986）耗用能源折2.48吨标准煤，同期联邦德国1万美元耗用4.065吨；法国为4.019吨；美国为5.607吨；英国为5.657吨；同期中国（工农业总产值）1万美元耗用18.478吨（中国国内生产总值1万美元为29.623吨）。中国资源转化效率低不仅消耗资源多，投资大效益低，同时，单位产值对环境和资源的压力大，而且因耗用能源与原材料多更增加污染。这些说明，对我国这样一个人口众多、资源不太丰富、经济实力不强、科技管理水平落后的国家尤其需要统筹兼顾，加强生态经济研究，保证宏观决策的科学性。才能使资源环境尽少破坏，有的资源通过良性循环转化出更多的产品，保证经济持续地稳定地发展。

二、重视研究社会经济与生态环境之间的关系

通过社会发展的历史，探讨一下人类社会经济系统与自然生态系统之间的关系，我想对研究生态经济问题是有益的。这两个系统之间的关系可以划分四个时代。

第一个时代是人类完全依赖于自然生态系统的时代。那是旧石器时代，那时野果、野兽和石块、山洞是人类生态的依托，食物和安全得不到保证。

第二个时代是人类社会开始利用与改造自然生态系统时代。自新石器时代以后，人类逐步群居，草窝山洞为房屋所代替；语言、文化和宗教发展了；出现了劳动分工和以物易物的交换；开始栽种植物和驯养动物。人类社会经济系统所能利用的资源不断扩大（包括土地、矿产、木材），对资源和生态系统的改造逐步加深。到了公元前3000年的青铜时代，铜、锡等也开始被人类社会经济系统利用而成为资源；以后城市开始出现。随着经济的不断发展繁荣，人类的追求享受标准不断提高，社会经济系统对资源和生态环境的改造与压力越来越大。当时交通不便，社会比较封闭，当一个局部地区的压力超过生态系统自我调节能力的界限时，会出现局部环境的破坏，如草原破坏而沙化，森林破坏加速水土流失，土地过度垦殖与不适当灌溉的盐渍化等。生态环境的破坏最终导致文明衰落，甚至是整个民族消亡，更不用说经济受到破坏了。古巴比伦和玛雅文明的消亡都是如此。这种事例古今中外屡见不鲜。

第三个时代是经济大发展的工业化时代。随着蒸汽机和电力等动力的发展，工业化大生产出现了，经济以前所未有的速度发

展。为了追求享受与利润，不考虑各方面的后果和长远影响，以现代化手段进行大量的、强烈的资源开发，形成对生态环境剧烈的破坏，大量废弃物污染了环境。也包括通过战争占领掠夺别国的资源，和以后通过贸易手段取得别国资源并转嫁生态危机给第三世界。如为了给欧洲和日本提供木材，南美和东南亚的热带雨林资源正在走向枯竭。一位美国生态学家说："美国人吃的每一块进口牛排中都含有中、南美洲的水土流失。"尽管如此，它们本国仍然避免不了严重的生态破坏问题。美国、英国、日本等都不例外。

资源和生态环境是经济发展和工农业生产的物质基础，在社会发展早期，由于人口不多，技术水平低，文明标准也不高，破坏常呈局部的。在工业化经济发展的今天，商品贸易和经济政治往来，使生态环境问题已不限于本国之内，而越来越带有全球性，更何况各国竞相追求人均占有更多财富，家庭和个人追求现代化的标准在不断提高。人类对物质财富追求的欲望，要求生产力不断发展，科学技术不断提高，当人们的消费欲望超过了生产力发展水平的时候，就会造成对资源的掠夺和破坏。如对森林的过度采伐，对草原的过牧，毁林、毁草、围湖造田，企图获得更多的产品，相反地，却增加了灾害，危害了人类自己。可见，生态经济问题的实质是经济和文明的协调发展的问题，是人类以智力和技术合理利用自然，使产业结构协调、投入产出平衡，造成优良的生态环境的问题。社会经济的发展既受益于资源和生态环境，又受制于资源和生态环境。如果社会经济系统不能合理使用资源和正确对待生态环境，则社会经济系统将既是引起生态环境破坏的原因，又是生态环境破坏的受害者。但是协调社会经济与生态环境关系，不仅需要有社会科学家、自然科学家、很多部门的技术专家，而且要有包括美学、文学和艺术理论界参加。它是全民性的，难度很大又很迫切。世界上一些有远见的政治家和科学家已提出：生态环境问题在21世纪将是仅次于核威胁的世界第二号大问题。是未来的二十年对于人类命运攸关的大问题。英国首相撒切尔夫人1989年专程去联合国大会做报告，她强调说：生态环境问题已是当前世界第一号大问题。

经济发展不是必然会导致生态环境破坏。生态环境破坏只是由于人类只追求某些经济目标，而又缺乏现代生态意识；缺乏对资源环境的统筹关联的整体系统措施才出现的。因此，随着人类科学与文明的发展，人类正在进入自觉协调经济发展与生态建设的时代。在资源和生态环境破坏的迫使下，经济发达国家已开始采取发展经济与改善生态环境同步进行的方针，尽管对协调经济发展与生态建设这一原则，在认识上、比重上和做法上还有不少争论与分歧，但是相信为了人类自身的生存，最终会使更多的人采取明智的对策，探求建立一个以发展经济与保护资源和生态环境为目标的、高效率的整体的"生态—社会—经济—技术体系"。为此，需要通过社会道德与精神文明唤起人民的责任感，倡导适度的生活消费；需要对资源合理开发与永续利用，在生产的同时也治理利用废弃物；需要不断采取新的技术与管理，以努力提高效率；需要加强国际科技与经济协作，活跃贸易，以便各自发挥优势，并通过贸易进行互补。使资源充分发挥为人类造福的作用，使经济持续稳定地增长。我国在20世纪80年代经济发展的一开始，虽然经济还很落后，但中央提出三大前提的方针，也是要求我们进入自觉地协调经济发展与生态经济建设的时代，尽管我们不利因素多，存在问题严峻，但是我们有社会主义优越的制度，只要我们努力工作，我们的生态经济建设将会有一个良好的前途。

三、今后工作意见

前面已经说过：由于我们是一个人口为11亿的大国，资源不够丰富，科学技术和管理水平低下，宏观决策与各种政策法制不够完善。在这样的背景下，高速度经济发展带来了严重的生态环境问题，这些问题又反过来影响了经济的发展。因此，在我国的具体情况下，是不允许我们长期停留在单纯强调发展经济的。我们必须充分运用社会主义制度的优越性，加强协调经济发展与生态建设，避免生态环境和资源的严重破坏，影响到民族的生存发展。面对这样的形势，我们学会的任务是十分艰巨的。为此，我提出几点今后工作的意见。

（一）首先，要唤起全民的生态意识，将"环境、经济与社会协调发展的方针"落到实处。

目前，各级领导干部对生态经济的统一性的认识，比过去有了很大提高，但是在实际工作中，片面追求经济指标而不顾长远利益的现象还很严重，我国人口增长还是过快，经济建设中资源的浪费与生态恶化还十分严重。广大的乡镇企业由于盲目性较大，技术水平低，环境污染更加严重。因此，我们工作中首先还是需要不断宣传、贯彻中央的指示，促进生态经济协调发展。要使各级干部和广大群众懂得：我们的建设和决策，都不单纯是经济的，也不单纯是技术的。因为我们建设的对象是"生态—社会—经济—技术的整个体系"。每一项决策和建设，都是对这个"生态—社会—经济—技术体系"的干预、调节和改造。不论你的主观愿望如何，决策和建设都会导致这个牵一发而动全身的体系发生深刻的因果变化。区别只在于这些决策与建设项目可能产生良好的积极结果，或者事与愿违地得到消极的结果。为了更好地使这些决策与建设发挥积极的作用，使决策与建设在这个体系中成为兼顾经济效益与生态效益、兼顾近期效益与长期效益的最佳方案，我们需要进一步宣传普及生态经济知识，唤起全民的生态意识。加强对生态经济问题迫切性的认识，克服片面经济观点，认真贯彻落实"环境、经济与社会协调发展的方针"，因此要广泛地团结经济学家、生态学家以及其他科学技术专家，进行协作，进行学科知识组合，统一思想与步调，为持续、稳定、协调发展经济与社会主义现代化建设服务。

（二）国家的重大经济发展与建设项目，要明确必须有生态环境影响评价和生态经济论证的内容。为了我国社会主义经济持久稳定发展，那种只管生产不重视资源和生态环境遭破坏的做法，是再也不该继续下去了。因为，对资源环境和生态系统的破坏也就是对社会经济和民族发展的威胁。我们高兴地看到，目前正在进行的一些地区性发展规划或研究，如川、云、贵的长江中上游的综合经济开发治理研究、黄淮海平原的农业开发建设的研究，都在抓经济发展的同时也很重视生态环境治理问题。江西省进行的"山—江—湖"整体开发与治理的研究，明确地将生态—社会—经济—技术体系作为整体的一体化来考虑，不仅已经通过鉴定，而且已经实施，取得了成效。我们生态经济研究工作者需要对这些生态经济综合开发治理的项目积极参与，在实践中总结提高到规律性认识，丰富生态经济理论，进一步指导实践。

（三）加强生态农业的研究与建设。生态农业是一个重要的产业部门，自觉地将经济发展与生态建设相结合的典型，它为提高农业综合生产力、引导农民致富，实现农业现代化探求了一条新的道路，通过几年的实践，取得了明显的经济效益和生态效益，这两年已由生态户、生态村，迅速地发展到生态县，乃至一个地区。生态农业、生态县的建设，是发动千千万万人民搞生态经济建设，有着强大的生命力。生态经济建设已在各省、自治区、直辖市展开，并做出了初步的成绩。我们生态经济学会已与农业部、林业部、环保局、生态学会及有关部门，建立了联系，在过去工作的基础上，共同对农林牧的生态经济系统进行不同区域的具体分析，在调查研究的基础上，采取综合开发和治理的措施。同时对已做的工作进行总结，以提高生态经济的理论研究，过去的生态经济宣传工作是有成绩的，但是，今天各地已开始行动的时候，我们的学会工作就应该参加到实际工作中去，从点和面的结合中进行研究，提高理论水平，提高工作质量和工作效率。

（四）从我国经济发展的实际情况出发，从我国面临的生态平衡失控的严重情况出发，如何确定我们生态经济工作的战略方针？建议大家研究。联合国粮农组织在20世纪60年代曾提出进行绿色革命，并取得了很大成绩，如印度在60年代以前，每年都有数十万人饿死，而近十年由于进行了绿色革命，粮食产量大大提高，达到了粮食自给。但也带来了一些新问题，主要是过量使用化肥、农药、除草剂，增加了农业的投入，有的地区仅仅使用化肥就占用了农业资金的35%，化肥、农药的大量使用，也造成了土壤退化、环境污染和生态恶化，影响农业生产长期稳定的发展。因此，世界粮食理事会和粮农组织总部的专家们80年代又提出：要在对第一次绿色革命评价的基础上推动第二次绿色革命。其主要内容是用新的技术培育优质高产的良种，合理施肥，改进栽培技术和经营管理方法，调整产业结构，使工业与农业，农业中的农林牧渔因地制宜地协调发展。在山丘地区增加林草等绿色覆盖，结合工程措施，减少水旱灾害和水土流失，调节气候，净化空气，形成优良的生态环境。如何组织力量，有步骤地进行规划和实施，这是我们今后工作的中心任务。

生态经济工作是关系到社会、经济、技术多方面的工作，是综合工作、系统工作，工作是复杂的、艰巨的，国家的经济发展，对生态经济成果，要求十分迫切，希望大家共同努力，做出好的成绩来。我预祝这次会议的成功！今后工作的成功！

解决市场疲软靠深化改革*

——中国新闻社记者专访
（1990年11月28日）

经济结构失调是市场疲软的主要原因

目前的市场疲软，主要是多年来工业结构严重失调造成的。特别是前几年经济过热，消费超前，需求过旺，消费结构扭曲。这种与生产力发展水平和人均实际收入水平不相称的消费结构刺激了生产结构的扭曲。当消费需求过旺时，这种扭曲被掩盖了。前几年质量不好的产品，缺胳膊断腿的家具，冰箱都有人买。现在总量控制住了，需求结构恢复正常，原来扭曲的生产结构问题就暴露了，于是，出现了销售不畅、市场疲软的问题。

在这种情况下，出现的市场疲软，并不是全面的疲软，而是结构性的疲软，有些花色品种对路，新的、多功能的产品在市场上很抢手，销售情况很好，当然，确实也存在某些正常需求不足的问题，如生产资料和投资性产品的销售疲软，包括一些机电产品和建筑材料等。

* 本文系《中国新闻》记者贾全欣的专访，发表于该报。

采取微调措施缓和市场疲软

不能夸大市场疲软的严重性。多年来，我们盼望出现一个供求大体平衡或供略大于求的相对宽松的经济环境，由卖方市场向有限的买方市场转变，让消费者有一个比较和挑选商品的自由度，这对经济发展和经济改革都是大有好处的。

在目前的体制和机制条件下，对一些生产效益低、产品质量差的企业实行关停并转还比较困难，一些企业还在吃大锅饭。市场疲软必然会使一些企业资金积压、效益降低，国家财政收入受到影响，对此，政府采取了一些微调措施，调整了紧缩的力度和方向，以刺激需求，启动市场。

比如1989年四季度以来到现在，国家增加了流动资金的贷款，主要投入生产环节和流通环节，银行两次降低利率，并适当增加固定资产的投资和技术改革的投资。这些微调措施已经收到了成效。中国工业生产从3月份已开始回升，商品市场从6月开始回升。物价1990年前三个季度比1989年同期增长2.3%，而1989年增长率为17.8%，1988年为18.5%。

解决市场疲软靠深化改革

在市场逐步回升的过程中，由于总量平衡的基础脆弱，通货膨胀随时都会重新发生。从中长期的发展来看，因扩张性冲动而引起的需求过旺的可能性依然存在，所以，在目前社会总需求有所松动并适当调整宏观控制力度和方向的条件下，更要注意宏观引导，避免重蹈覆辙。

解决市场疲软应该在继续控制总量的同时，侧重在调整经济结构、改善企业经营管理，提高企业经营效益，要在提高产品质量和促进生产适销对路的产品上多下功夫。另外，要进一步在调整力度上适当地、有选择地放松，适当增加设备更新和技术改造投资来启动市场，同时改善产品供销结构。而所有这一切，都离不开改革的深入，因此，20世纪90年代经济发展最重要的问题，就是要加大改革的分量，没有深层的改革，就无法克服机制内部存在的缺陷，无法保证中国经济长期稳定协调发展。

90年代我国经济发展及改革趋势展望*

——《阵地》记者专访

（1990年12月1日）

记者（胡加方）：我是《阵地》杂志社记者，您能接受我的采访，我感到很荣幸。今天主要想请您结合"八五"计划和十年规划的基本思路。谈谈20世纪90年代我国经济发展和改革的趋势。

刘国光：我谈点个人的意见。我想，要谈清楚这个问题，首先应该回顾一下20世纪80年代我国经济发展和改革的情况，并对当前的经济形势有个正确的看法。

已经过去的这十年是我国经济发展中很重要的十年。在这十年中，我们在经济建设和经济改革两个方面，都取得了很明显的进展。我们国家原有的过度集中的以直接行政手段管理为主的经济体制，已逐步向开放的、有计划的商品经济体制转换。经济改革和经济发展在这十年中互相促进，使我们的国民经济步步上升，国民生产总值，1978年是3588亿元，到1989年是15677亿元，按可比价格计算，11年平均每年增长9.5%，大大高于前25年（1953—1978）平均每年增长6%的水平。人均消费，1978年城乡平均175元，1989年达到699元，按可比价格计算，平均每年增

*．原载《阵地》1991年第1期。

长7.7%，也大大高于前25年每年只增长1.6%的水平。可以说这十年，是中国经济生机最为旺盛、经济实力增长最快、人民得到实惠最多的一个时期。

20世纪80年代，我们在经济发展和改革当中，也遇到了许多矛盾和困难。特别是1984年以来，由于在发展和改革的指导思想上有过一些失误，到了1988年，出现了比较严重的通货膨胀和经济秩序混乱的现象，一些重大的比例关系陷于失调。为了解决这些问题，在第七个五年计划的最后两年，我们不得不进行治理整顿和经济调整。两年来，由于我们做了大量的艰苦细致的工作，采取了许多有力的措施，已经取得了明显的成绩。但是，当前我们经济生活中存在的问题和困难还很多，虽然总需求超过总供给的矛盾得到了缓解，但是基础很脆弱；经济结构的调整取得了一些进展，但进展比较缓慢；经济效益没有看到回升，甚至仍在下降；还出现了结构性的市场疲软。特别是一些深层次的有关经济体制和经济运行机制方面的问题还没有得到解决。这些问题都要在90年代逐步加以解决。

记者：关于当前的经济形势，有一个问题大家议论比较多，也很关心，就是我们的经济是不是已经走出低谷？

刘国光：现在，我们已经度过了最困难的时候。第一个标志是工业生产逐步回升；第二个标志是农业生产形势很好；第三个标志是市场价格总的来看保持稳定的态势；第四个标志是1990年的进出口贸易基本上扭转了前几年的逆差，国家现汇结存增加，国内市场的疲软部分从对外出口的增长上得到弥补，国内市场疲软的现象也正在逐渐缓和。可以说，我们的经济开始走出谷底，但仍然在艰难地爬坡。

记者：那么，在这种形势下，20世纪90年代我国经济面临的主要任务是什么？

刘国光：进入20世纪90年代，我国经济面临三大任务：治理整顿，深化改革，经济发展，即整顿、改革和发展。目前我们要研究如何把这三项任务很好地结合起来。我们主张三者有机地结合，是因为我们的经济陷入目前的困难，是多种因素在长时期里形成的，摆脱目前的困难不能急于求成。因此，我认为在治理整顿阶段就应把整顿、改革和发展紧密结合起来，统筹兼顾，协调推进。"八五"计划开始的一两年，还要把治理整顿的任务继续下去，同时逐步加大改革的分量，深化改革，使改革成为"八五"期间中后期经济工作的一项突出任务。经济发展的任务，是要集中力量搞好经济结构的调整，特别是产业结构的调整。

记者： 治理整顿已经进行两年多了。请您谈谈对过去两年的治理整顿工作如何估量；在20世纪90年代，如何进一步治理整顿。

刘国光： 怎样估量治理整顿所取得的进展，这关系到我们对治理整顿的进程的把握和对20世纪90年代经济发展、经济改革任务的安排。经过两年多的治理整顿，总需求和总供给已接近基本平衡。零售物价增长的幅度有较大的下降。但是，应该看到，好几年的通货膨胀、寅吃卯粮等情况，多年积累下的总供需差额，包括外债、内债以及沉淀在居民手中的现金、存到银行里的储蓄，这些都说明当前的总供给和总需求平衡的基础是很不稳定的、很脆弱的。所以，不要渲染总量紧缩已经到位，甚至已经过头。如果认为治理整顿已经差不多了，可以重新放松总量控制、全面放松银根，这样就可能重蹈1986年、1988年的覆辙。进入90年代，应该在继续坚持搞总量控制的前提下，把治理整顿的重点，从总量控制转到更深层次的问题，即结构调整和提高效益上来。治理整顿的任务，按党的十三届五中全会的决定，共列举了六条，有的可以在预定的时间内完成。而产业结构的合理化，经济效益的全面提高，财政困难的根本解决，宏观调控体系的建立，这样一些治理整顿的目标，就需要更长时间，要在"八五"期间，甚至还需要在"九五"期间继续进行，逐步完成。

记者：我国经济体制和发展战略转换，看来20世纪80年代远远没有完成，90年代必须继续进行。请您谈谈实现发展战略转换应着重研究和解决的主要问题。

刘国光：这涉及经济发展很多方面的问题，我只能简单地谈几点。

第一，谈谈速度问题。"八五"计划期间以及整个十年，经济发展要保持中速，不能追求高速。这主要同我们20世纪90年代的奋斗目标有关系，90年代我国的奋斗目标就是要实现小平同志提出的"三部曲"发展战略的第二步目标，即在80年代国民生产总值翻一番的基础上，90年代再翻一番，人民生活达到小康水平。如果我们从1980年算起，20年实现国民生产总值翻两番，每年平均要增长7.2%。前十年我们以9.5%的速度提前实现了第一个翻番。这样从1991年算起。我们以6%左右的速度就可以实现第二个翻番目标，分解到工业上每年6%~8%的速度，农业每年3%~4%的速度就可以了。所以我们不要追求过高的速度。避免片面追求过高的速度，这一点是很重要的。这样我们就可以防止由于追求过高的速度而过量地发票子，防止加剧通货膨胀，我们可以在物价的走势上腾出余地、腾出空间来进行必要的价格调整、价格改革和其他方面的改革。

第二，谈谈结构问题。理顺产业结构是当前经济发展当中一个突出的问题，也是未来十年经济发展的中心任务。为此，要处理好几个关系。

在农业和工业关系方面，必须采取重大的措施，改变目前农业生产徘徊、农业基础脆弱、后劲不足的被动状况。在今后十年中，粮食生产至少要上两个大的台阶，即从现在的8000亿斤多一点到1995年上到9000亿斤，2000年上到1万亿斤。这样就要求每年增加的幅度很大。为了达到这一目标，除了大力推进科技兴农和继续深化农村的改革以外，必须增加对农业的投入。

在重工业和轻工业的关系方面，经过十年的改革，已经扭转了过去长期片面发展重工业的状况，更多地注意到了农业和轻工业的发展。但是，目前又发生了向另一方面倾斜的问题，造成我们有些基础产业和基础设施的落后。所以，未来十年，在重、轻关系上，重工业的发展要适当超前，不然的话，我们就可能没有后劲、没有实力来进一步发展农业、轻工业，和对国民经济进行改造。

发展轻工业的重点应放在改进产品质量、提高产品档次、增加花色品种、降低物质消耗上，以满足国内市场和扩大出口需要，为国民经济提供更多的积累。

交通运输和电讯事业是我们历史上欠账最多的，在现阶段是最为严重短缺的卡脖子的部门，所以在未来十年期间，除了农业以外，交通运输业和通信建设事业应当放在基础产业补短任务的第一位。至于能源、原材料也是短缺，而缓解能源同原材料、同加工工业的矛盾，应该采取双向的办法。一方面对能源、原材料等基础工业采取倾斜、补短的政策，即重点增加这些部门的投资；另一方面要注意对加工工业和整个国民经济技术的改造，减少能源、原材料的消耗。

在产业结构调整中，我们还要抓创汇产业，特别是加工制成品出口产业。同时要努力发展进口替代的产品，加速国产化进程，使许多进口产品用国内产品替代。要有重点地培育和发展新兴产业和高技术产业，加快发展第三产业，尤其是第三产业中劳动密集型的行业，使这些行业的发展速度高于第二产业。中国作为一个发展中国家，应充分利用现代科技发展的成果，使现代化进程的两个阶段合二为一，即在发展第二产业的同时，尽可能加快第三产业的发展。因此，我们在20世纪90年代应当大力发展第三产业，来吸纳更多的劳动力，提高国民经济的服务水平。

第三，谈谈区域经济的布局问题。区域经济布局问题也是一个结构问题，即在经济地理空间上的结构问题。我们国家幅员辽阔，各省市的地理位置、资源、基础设施、人力条件等都不一样，相应的经济发展程度也不一样，历史上就形成了各有特色的地方经济。但我国是以公有制为基础的社会主义国家，全国的经济和市场体系必须是统一的，应该在这样一个前提下来正确发挥中央和地方两个积极性。各个地方要根据自己的优势发展经济，不应当也不可能每一个地方都建立一个自我封闭的、结构趋同的经济体系。为此，可以按照全国范围、大经济区范围和省、自治区、直辖市三个层次来规划经济。有些方面必须在全国范围内搞一盘棋，以便把国民经济的统一性同地区经济的特殊性密切结合起来。在区域经济的布局上，正确处理东部、中部、西部三个经济地带的关系，这应作为我们未来十年区域发展的基本战略，即适度倾斜和协调发展相结合。

沿海开放地区要继续发展，如果在这些地方吸引外资能够打开新的局面，跨上新的台阶，无疑会进一步扩大沿海同内地的差距。但是，从战略上考虑，沿海必须发展，因此我们要考虑相应的区域补偿政策，即在财政、税收、价格、市场等方面对后进地区和内地进行经济补偿，这样来发挥地区之间的互补作用。

对沿海开放地区实行的适度倾斜政策，要以产业结构的高度化、开拓国际市场为目标，推进技术的升级和出口创汇。所以对沿海地区应限制配置耗能高、用料多、运量大的建设项目，对现在耗能、耗料高的企业和产品，凡是有条件的都要逐步向内地能源和原材料丰富的地区转移。特别是沿海开放地区的开发，要注意量力而行，循序渐进，防止再一次一哄而起，造成新的紧张和损失。

中西部资源的开发战略应该同东部沿海的外向型发展战略相

连接，互相促进。要逐步建立这样一个地区分工格局：中部、西部生产原材料并且进行粗加工，东部则以其原来的技术优势进行精加工、深加工，然后再向中部、西部返还资金、返还技术，进一步带动中西部的发展。

第四，谈谈积累和消费的问题。20世纪90年代我国面临着既要还债、又要建设、又要改善人民生活的多重任务，考虑到第八个五年计划期间，外债来源可能要小于第七个五年计划期间，而还外债的负担要大于第七个五年计划期间，所以"八五"期间国民收入积累率看来要低于"七五"期间平均积累率。未来十年，如果能保持高于30%、低于34%的积累率，就可以既保证国民收入的增长速度5%~7%，又能有足够的余地用来调整产业结构和改善人民生活。

"八五"期间的消费基金大体保持在现有的比例上，即占国民收入的67%~68%，也就是说我们的消费基金总额要同国民收入同步增长，而人均的国民收入由于人口的不断增长而不能与国民收入同步增长。

现在比确定积累率更为重要的问题是合理地调整积累结构，提高积累基金的使用效益。积累基金的使用不仅要服从产业政策的指导，也要有利于经济的发展由速度型向效益型的转变，多搞技术改造，少搞新建扩建。

记者： 最后，请您着重谈谈20世纪90年代深化改革的主要问题，特别是计划与市场的关系问题。

刘国光： 好，我着重讲讲两个方面的问题。

第一，从现在起就要加大改革的分量，要使改革成为"八五"中后期乃至"九五"一段时期的一个突出任务，为"九五"后期的经济进一步振兴和21世纪的大发展准备条件。

先说加大改革分量的必要性。从实现三步走的战略目标的第二个目标来看，困难在于经济结构的合理化和经济效益的提高，阻碍主要在于经济管理体制和运行机制上的缺陷。而要完成体制和机制的转化，只有通过深化改革，只能用改革促进稳定，在稳定中求得发展。在稳定、改革、发展的链条中，改革是关键一环；从治理整顿的进程来看，在当前通货膨胀的势头得到遏制的条件下，应有步骤地放弃一些临时性的、非常规的行政手段，尽可能多地采用经济手段，进而考虑加大改革步伐；从实现经济持续稳定协调发展的方针来看，政策上的失误已初步得到纠正，但是还很不牢固，要继续掌握好宏观控制的力度和方向。而更重要的是，要克服机制内部膨胀冲动的缺陷，就必须加紧机制本身的改革。这样才能避免经济发展中的大起大落。

加大改革分量的可能性在于，经过治理整顿已经在一定程度上出现了一个相对稳定、相对宽松的经济环境，使得我们能够把改革的步子迈得更大。改革需要一个相对宽松的经济环境，但为此争论过多年，现在实践已经做出了结论。

第二，计划与市场的关系。经济体制改革总的题目是要建立社会主义有计划的商品经济新体制。从运行机制上说，就是要建立健全计划经济与市场调节相结合的体制。这是整个经济改革的一个中心问题。它牵涉到企业改革和市场、物价的改革，以及宏观管理，它包括财政金融体制、收入分配政策等方面的改革，所以这是个很大的问题。我认为，在社会主义公有制基础上可以把计划和市场结合好。目前，在经济改革进程中，要遵循党的十三大报告中提出的宏观调控体系改革的方向，即从以直接调控为主，转向以间接调控为主；宏观经济管理从以直接行政管理为主，转向以间接管理为主。其核心意思，就是政府对经济的调控要更多地利用市场机制。这些年，我们在扩大市场方面取得了很大成就，但也不能迷信市场，因为它也有很多缺陷。比如产业结构大的调整，完全靠市场不行，那很缓慢，代价很大，会出现许多危机和波折。对于环境、生态保护这类问题，如果听任市场去搞，会一塌糊涂。同样，在分配方面如果单靠市场，就会造成某些人的不合理收入过大，出现贫富悬殊和阶级差别。但同时也不能迷信计划。如果计划不考虑市场供求变化的趋势，不考虑价值规律的作用，一样会出现失控。我们国家这几年县以上固定资产投资项目，审批权都在政府手里，也都是由各级计划机构来审批。我们有160多条彩电生产线，有90多条电冰箱生产线，以及无数条乳胶手套生产线、啤酒生产线、易拉罐生产线。许多生产线的重复引进、盲目上马不都是计划部门、各级政府审批的吗？同样造成失控。总而言之，计划与市场必须很好地结合起来，片面强调任何一个方面都是不行的。

经过11年的改革探索，我们对计划与市场的认识已大大深化了。所以我们不能够再像过去一样，老是拘泥于某些字句的提法。而要总结经验，从实质上来研究、来探讨计划与市场互相之间到底怎么结合？结合的方式、途径是怎样的？这是需要我们做出很大努力的。

记者：您对我国当前经济形势的分析和对20世纪90年代经济发展、经济改革的展望，相信会使读者受到有益的启发。谢谢您对本刊的关心和支持。

刘国光：不客气。今天讲的都是个人的看法。要把这些问题搞清楚，需要广大理论工作者和实际工作者在马克思主义的指导下，继续作深入的研究、探讨，尤其是随着改革的深入发展，要逐步做出科学的阐释。借此机会，祝贺贵刊正式出版，感谢贵刊为广大理论工作者提供了一块坚持和发展马克思主义的阵地。

中国开始改革的十年*

——意大利《团结报》驻北京记者专访
（1990年12月6日）

　　我们现在正处在中共中央委员会宣布开始第八个五年计划的前夕。大家不仅在改革开放上统一了思想，而且统一了对市场经济和物价改革的认识。这表明党内和政府内各种不同的人达成了共识。改革派感到满意，因为"计划"虽然仍被强调，但"市场"已不再是言不可及的"禁区"。保守派和温和派不再心慌意乱，因为如果今后十年一切顺利，改革可能会淡化。现在的人都看到，凯恩斯的学说已经不灵了。正是由于这个原因，下一个计划很可能是个过渡性计划。根据官方数据，中国经济好像已走出1989年最差的时期：1990年工业生产增长6%，实际工资也有所增长，当然还有许多工厂已有几个月减少工时，有些只有依赖国家补贴才得以维持开工。食品店和服装店商品丰富，在那里购买东西的还有许多东欧人。所有经济学家和领导人都承认，"仍然存在许多严重问题"。

　　都有哪些问题？如何解决它们？我们来请教一下中国社会科学院副院长刘国光，他是中国最有权威的经济学家之一。他在经济总体设计方面十分大胆，而在具体步骤上又十分细心谨慎。他说："在新的五年计划中，我们将改变优先考虑的问题：以前以及最近，发展是由消费牵引的。到20世纪90年代，发展应该由投

　　* 　原载意大利《团结报》。

资牵引，我们将在农业、国防、基础设施、技术研究方面投资。这是一个长期、困难的进程。这绝不是一件轻而易举的事，因为我们不可能备足所有必需的资源，也不可能像在'七五'计划期间那样大量吸收国外借贷。在这方面，我与其他经济学家的看法不尽相同，我主张把筹集资金的基点放在大量的国内积累上，允许消费和人民生活水平的提高，但增长速度应该低于前几年。"

记者（丽娜·唐布利诺）：对此，中国人民能高兴吗？他们一直在等待和期望快速提高福利，要求增加工资啊！

刘国光：你可知道，中国人民就是如此伟大，他们从不幻想在一夜之间达到像西方国家那样的福利水平，因为这根本不可能。当然期望生活条件的改善是无可非议的，但不是一天可以做到的，需要多年的努力。

记者：刘教授，用于积累的资源也可以采取其他手段来获得，例如像薛暮桥提出的那样，提高经济体制的效率，结束对高损企业提供补贴，或结束政府对价格的控制。

刘国光：我完全同意薛暮桥的意见，效率确实是一个问题。我们有些对付低效率的手段，例如企业倒闭法，但由于缺乏一个公共保障制度，在采取激烈决定的时候，可能会引起人们的恐慌。我们应该一步一步地、谨慎地行动。关于物价问题，我认为毫无疑问应该取消同种产品的双轨制。对于战略产品、奇缺产品，应该由国家规定一个统一价格，而对于其他所有产品，应该由市场定价。对于物价改革问题，我们也不能操之过急，要等待时机成熟，这种转变将可能在第九个五年计划期间完成。现在我们谈谈另一个问题，即企业问题。我认为有必要将国家与企业、所有权和经营权分开，让企业有更多的权利，同时为建立股份制开辟道路。

记者：李鹏总理同意这种分开吗？

刘国光：至今我还没有听到他说他不同意这种做法。

记者：用漫长的时期去实现这些目标，难道您不认为改革会变成空话？

刘国光：中国不允许自己跑得太快，当然也不能跑得太慢，甚至停止不前。寻求一个正确的平衡，是我们今后十年的任务。

对当前形势的几点看法*

——在国家统计局关于全国经济形势座谈会上的讲话

（1990年12月20日）

一、对经济形势的认识

经过两年的努力，治理整顿一方面取得了明显的成效，另一方面还存在着明显的问题。明显的成效，简单地说来，总量的控制取得了效果：（1）通货膨胀开始抑制下来，特别是1990年的物价，原来预计14%~16%，现在看来到年终也只在2%~3%。（2）农业大丰收，原计划是4%，现在是5%以上。整个经济增长的速度开始回升。从1989年下半年的徘徊的状态到1990年3月份工业生产开始逐步回升，特别是9~11月回升的趋势明显。（3）外贸的情况也很好，扭转了历年的逆差，国家掌握的现汇也大大增加。（4）经济秩序，特别是流通领域的秩序，经过初步整顿，也有好转，社会比较稳定，老百姓有稳定感，不像前两年那样，人心惶惶。另一方面存在着明显的、不少的问题：（1）市场疲软，是结构性的还是总量性的？我个人看法两方面都有，主要还是结构性的，功夫要下在结构的改造上，而不能在放松总量上做文章，否则要出问题。（2）经济结构的调整不理想，主要通过增量来校正一些产品结构，效果不是很好，而通

---

* 本文根据记录整理。

过存量的调整，基本上没怎么实现，所以许多企业还是带病运转。（3）经济效益下降的局面没见回转，还在继续下降，税利下降，亏损额增加，流动资金占用天数延长。（4）财政困难，财政赤字大大超过原来的预算（89亿元）。（5）经济潜伏着再一轮过热膨胀的势头，银行信贷的规模预计2500亿元，增长20%多，大大超过经济增长率加物价上涨率，1991年的宏观指标，固定资产投资要增长14%，财政赤字初步预计400亿元，打算减到100亿元，货币投放1991年打算500亿元，贷款投放2100亿元。现在经济正在回升，而且促进宏观需求的指标还在涨，因而要密切注视，要防止新一轮经济过热的发生。总之，经过两年治理，取得了明显的效果，但很不稳固，而且存在着重新膨胀的势头，结构调整只是增量的调整取得了些进展，而存量的调整基本没有实现，效益的下降还没有扭转。特别是属于机制方面结构方面的深层问题没有解决。

二、如何看待近两年的治理整顿和曾经出现的或者说是正在走出的低谷

治理整顿取得正效应的同时出现了负效应，正效应表现在抑制了通货膨胀，人心稳定，经济秩序好转；负效应表现为存在着某些市场疲软，资金积压，效益下降，企业、地方各方面困难很多，埋怨情绪也不少，好像是治理整顿造成的，本来日子过得不错，热腾腾的，治理整顿一下子搞得不好过，所以对治理整顿到底如何看？1986年也出现过类似问题，1984年经济过热，1985年紧缩，1986年紧缩效应出现，也发生了滑坡、疲软等困难，各方面叫得很厉害，要求放松。当时不光是实际工作部门有这样的呼声，而且理论界也有，有人公开批评紧缩造成中国经济的困难，认为中国在成长时期，就应该鼓励成长，这与当

时的"通货膨胀有益论""赤字财政无害论"是同时出现的。当时决策者没有顶住，1986年下半年就放开了，经济又重新过热起来，到1987年第四季度"双紧"，"双紧"后1988年年初又搞不下去，又是各方面呼声，物价上来没关系但速度下来不行。1988年一鼓劲又上，到8月份就上不去了，8月份形成了全国性的经济恐慌，使得我们的经济正在进行的两大转换出现了卡壳，中国经济在20世纪80年代党的十一届三中全会以后，进行了两个方面大的转换：一是发展战略的转换；一是经济机制的转换。发展战略的转换，就是从过去片面追求产值、速度、数量，结构上实际搞重、轻、农次序，强调积累而不大照顾人民生活，转变为注重效益，注重人民生活；结构上由"重轻农"变成"农轻重"，积累、消费比例适当调整。另一方面，经济机制的转换，从过去的过度集中的排斥市场调节的行政管理为主的产品经济、自然经济的体制向有计划的商品经济体制的方向转变。这是80年代中国经济的两大转变。在80年代前期，以农村的改革为中心，农业的起飞为原动力，当时两个转变进行得比较顺利，1984年以后情况有了变化，特别是到了1987年、1988年，"通货膨胀有益论""财政赤字无害论""经济改革只能在紧张的环境中进行""紧张没关系"等理论出现，一反20世纪80年代初期基本统一了的认识，即改革、两大转变需要比较宽松的经济环境，在紧张的环境里没办法进行转变。到1984年以后，理论界的风向变了，有人认为我们既然是发展中国家，只能紧张，用通货膨胀刺激需求，这个意见被当时的决策人所接受，当然中间也有些反复，比如热了就搞不下去，就紧，紧了就叫，叫了又放松，到1988年变成了大的通货膨胀问题，再加上当时改革政策的出台时机也不好，1988年当时准备以钢材、煤炭等生产资料为中心搞大步的价格改革，还要解决能源交通、原材料不足的问题，当时，停三开四、停四开三，电也不足，原材料也不足，结构也要调整，但在1988年碰到了那么高的物价上涨率，居民很恐慌、经济秩序混乱，发生抢购、提款。所以我们不得不紧缩。1988年9月党的十三届三中全会决定治理整顿，这是不得已的，其目的是为了给中国经济现代化的发展战略的转换和体制的转换创造一个比较宽松的条件，不然就搞不下去，现代化的任务就实现不了，所以，中央的决策是很正确的，实际上也是得到了效果的，不搞治理整顿，中国经济发展战略的转变，从数量型转变到效益型，从外延型转变到内涵型，以及体制上从高度集中的计划经济转到计划与市场相结合，从排斥市场转变到有计划的商品经济就进行不下去，中国的现代化也就实现不了。那么经过这两年的治理整顿，确实出现了转机，最重要的是我们纠正了1984—1988年的片面追求高速度，片面用通货膨胀的办法刺激经济的发展，放松总量控制的这种政策倾向。使我们避免了类似1959—1960年的"大跃进"那种大破坏的危机现象，我们及时地扭转了出现的危机，说明中国共产党是更成熟了。否则继续下去，不治理整顿，那就会出现大破坏，不仅危及我们的经济，还会危及政治。幸运有1988年的治理整顿，物价逐渐平稳，使1989年的政治危机平安过去。应该认识到，治理整顿为我们的两个转换逐步提供了较宽松的经济环境，来之不易，基础也很薄弱，我们如何保持，这是下一步的问题。应该看到，现在是多元体制，很多部分都市场化了，我们缺乏在这种新的过渡的体制下进行调整的经验，同时，我们也没有及时充分利用调整中出现的有利的形势，推出一些结构调整和体制改革的措施，所以导致了目前的问题。这里有经验问题、政策不配套问题，在这个过程中，出现的低谷，出现的困难，引来了很多的批评，很多的抱怨，这本来是可以理解的，但也应该有个正确的对待，低增长和衰退，毕竟不是件好事，紧缩导致周期性低落。经济运行的周期性低落是必然的现象，即使在经济不大起大落时，在一般性的经济结构调整时，经济起伏也是不可避免的，那么在中国经济的特殊的大起的情况下，必然有个大落来弥补。因为，经济增长从长期来看，它受到资源条件的限制，升的大，落的也大，其增长限度是一定的，客观规律不能违背，不能急于求成。所以大落也是我们的急于求成所付出的代价，这样的代价为我们经济健康化，为我国经济的两大转换创造一个相对良好的发展环境；像1958—1960年的代价就是饿死人，现在我们就避免了，特别是从1989年10月到1990年国务院及时采取了一些微调的措施，逐步地启动，尽管我们在启动的力度和方向的选择上不一定很妥当，不完全得法，但是总的来讲，这些微调措施在一定程度上，限制了我们经济谷底的深度和低谷的长度。深度就是1989年从9月份以后徘徊不前，10月有点负增长，1990年1~2月有点负增长，3月以后便开始是正的增长，这就不像1961—1962年，是20%~30%的负增长，不仅限制了深度，也限制了低谷的长度，低谷的时间不是很长，从1989年第三季度开始到1990年第一季度。从第二季度便开始逐步地从低谷回升。所以，这些措施尽管在启动上有缺陷，但一定程度上限制了低谷的深度和长度，在不太长的时间使经济回升，使我们经济在大方向上，还是在向良性循环的方向回转。当然，走向良性循环的方向仅有些微调的措施和一些其他的行政的措施是不够的，特别是不能够单纯地靠放松信贷，单纯依靠总量的刺激，这是一种治标不治本的做法，而且还会带来危险。这种危险已经在重新萌芽了，关键问题是治本，治本还是要在结构上，尤其是机制上来找药方，结构的调整和机制的转换在治整期间就要开始抓起来，把治整和经济发展、经济改革三大任务很好地协调起来，结合起来。

三、对治理整顿与改革、发展关系的看法

治理整顿还没有完，前些时候有到位不到位的争论，现在看起来，一致的意见是没有到位，尽管对总量的紧缩是不是到位还存在不同的说法，但治理整顿总地讲起来还没有到位，还要继续进行。治理整顿的两个阶段，第一个阶段前两年主要是降温降速、总量紧缩、制止通货膨胀；第二个阶段，就要转入以调整结构、提高效益以及进行宏观机制的完善为主。从第一个阶段转向第二个阶段，要实行三个转变：一是第一阶段，速度从过高转向低速；在第二个阶段，要从低速转向中速增长，不能重新转到过高速度去。二是第一阶段以总量紧缩为主转向第二阶段以调整结构、提高效益为主，但巩固总量紧缩在第一阶段所取得的成绩，仍是第二阶段非常重要的任务。三是在前一阶段特别是在总量紧缩上，以行政办法为主取得了一些总成效，但结构效益不佳，所以在第二阶段的治理整顿中，要把以行政办法为主转到以经济的办法为主。第二阶段，现在从时间上看还有一年多。治理整顿在党的十三届五中全会中提出了六个目标：（1）降低通货膨胀率；（2）控制货币发行；（3）财政收支平衡；（4）提高效益，经济适度增长；（5）改善结构；（6）建立宏观调控体系。现在看来，这六个目标，在治理整顿期间，有的是可以完成的，如（1）（2）；有的目标是部分的完成，比如某些产品结构的扭曲得到调整，但有些大的问题，如产业结构的调整以及宏观调控体系的建立，财政收支的平衡，难度很大，恐怕在一二年内解决是有困难的。有些任务，特别是（3）（4）（5）恐怕是长期的，是"八五"乃至于20世纪90年代要继续解决的问题。这个问题，在治理整顿当中作为一个目标是可以的，但只能是有限的，所以在今后的一两年内，一个是要巩固第一个阶段的总量控制成

果；另外，产品结构上有所调整，经济适度增长，由低速转入中速。至于产业结构调整，效益提高，宏观调控机制建立那是更长期的，在治理整顿期间我们只能开个头。在治理整顿期间，90年代的前一两年工作还是以治理整顿为主，一个是巩固总量控制的成果，再一个是速度正常化，由低速转入中速，再在产品结构上进行一些调整，同时进行一些力所能及的发展和改革的任务。到"八五"的中、后期，基本上结束治理整顿的阶段性任务，转到发展和改革的任务中。在继续的发展和改革中，我们还要把治理整顿中没有完成的任务继续完成，如治理整顿中已经提出的任务，包括赤字的消灭、效益的提高、结构的合理化及新的宏观机制的建立，这些任务本来也就是发展和改革的任务，这是治理整顿与发展、改革的关系。至于发展与改革两者的关系，首先要明确发展的内容，无外乎是三个：（1）总量的增长；（2）结构的合理化；（3）经济效益提高，90年代我们的主题不是增长速度，国民生产总值增长速度现在看来，6%就可以实现第二步的战略目标（GNP翻一番，人民生活向小康过渡），中国人好像天生的就有这个上速度的本事，也有上速度的机制，6%的速度不是大难题，难题在效益、结构，90年代的主题是优化结构、提高效益。经济发展中速的增长（6%）不但是为了实现第二步发展的战略目标，也是为了不要大起大落。平缓的波动是不可避免的，体制改革和结构调整就需要这种相对稳定的环境，这就是说发展要为改革创造这样一个相对稳定、宽松的环境。另一方面，发展本身所要解决的问题是总量的稳定增长和效益的提高。特别是90年代，效益的提高和结构的完善，需要改革来完善机制，来促进结构的完善和效益的提高，如果机制上不转过来，还是那种扭曲倾斜很不合理的机制，大锅饭、软预算、投资饥饿的机制，那么结构就调不过来，效益就提不高，到头来，总量的大起大落仍然不可避免，那它还是个内在的膨胀的机制。所以90年代发展的重点是解决好结构的完善和效益的提高，同时保证总量的增长不要大起大落，要做到这一点，那就必须要由改革来创造一个机制条件。所以三者中，改革是个关键，三者关系中要突出改革，在治理整顿期间特别是到第二阶段要逐步加大、强调改革，而且要逐步适时地加大改革的分量，用改革来促进长期稳定的发展，用改革促进稳定，在稳定中求发展，这样，我们才能有真正的持续、稳定、协调的发展，实现我们的战略目标。这是对三者关系的看法。

四、改革发展不要急于求成和紧迫感的关系

搞改革和经济建设在速度上不要急于求成，但对机制素质的提高，经济结构优化、效益提高又要有个紧迫感。急于求成与紧迫感是一个主题的两个方面，搞经济建设和经济改革不能急于求成，所谓急于求成是说人们企图超越客观规律所构成的限制来达到自己的目的，不尊重客观规律，主观脱离客观。就这个意义来说，任何事情都不能急于求成。搞经济建设违背客观规律，其损失之大，我们是有教训的。盲目地急于求成，遇到很大的障碍，欲速不达，想快反慢，使我们丧失了许多时机，扩大了与世界先进水平的差距。改革方面，也是如此，因为经济体制的构成、运行、变迁也有个内在的规律，比方说不能下一道命令，就会有一个市场，市场的培育还要有时间。如深圳、上海搞证券交易市场，我看股票市场搞早了，现在没多少上市的股票，深圳上市的只有5家股票，上海上市的只有7家，求大于供，抢的结果，股票的价值比原值成倍、十倍，甚至会上百倍增长，谁有机会谁发财，这是因为企业的股份制改革没有相应地上去，脱节了。所以改革必须遵循规律，要配套，不能急于求成。改革所必须遵循的规律，是指改革本身的策略、战略都要遵循经济机制变革的规

律。这里，我想强调的一条是，改革必须有一个相对宽松的经济环境，这是一个有争论的问题，对此理论上争论现在可以画句号了。在经济过热，通货膨胀的情况下改革不能成功。我们强调改革、发展不能急于求成，只是强调尊重客观规律，而不是说凡事都要拖上一万年，"伤筋动骨一百天"，但对于开了膛的人，大夫就要争分夺秒地进行手术，不能再拖。所以，紧迫感也是尊重客观规律的需要，强调不失时机加大改革的分量这也是一种紧迫感。现在经过两年治理整顿，有了一个相对宽松的环境，并不是垂手而得的，是经过了努力，付出了代价的。传统机制的缺陷之一，在于它所包含的膨胀的机制，这种机制经过十年改革，虽然有所改进，但膨胀的机制并没有消除，在某些方面还有所加强，这种膨胀机制和膨胀政策造成的紧张的经济环境，经过1988年开始的治理整顿，付出代价之后，现在大体上出现了相对宽松的环境。

目前，所说的市场疲软，这个问题可能被夸大了，当然有市场疲软，这需要调整结构，要适度地启动，但整个问题被夸大了。某些问题是我们没有着手解决，应该淘汰的没有淘汰，产品卖不掉，所以就疲软。但是总地讲来，市场疲软，意味着出现了供大于求的有限的买方市场，这正是我们的改革在某种意义上所要追求的环境，这样的环境有利于增加改革的压力和动力，这是一个推动改革、来之不易又稍纵即逝的时机，搞得不好，以后通货膨胀再起，机会又会"丧失"。当然我们不希望这样，我们要用稳定的速度来保持这个环境。所以我们要在深化改革方面利用这个时机，这两年，特别是1989年第四季度以来的价格改革，确实利用了这个时机，出台了不少的动作，动作多，幅度大，但引起的振动比哪年都小，运价、外汇都调了两次；1990年的物价上涨率不到3%，但这个时机是不是我们充分利用了？对此也有不同的看法。1990年上半年的物价涨幅是3%，全年计划是14%~16%，

6月底在北戴河统计座谈会上，我提议是否利用这个时机多推进一些改革，比方说价格的调整与放开，不需要14%~16%的物价涨幅，可以控制在10%以下。而实际上不到3%。这说明我们物价的改革还没有充分地利用时机，有5~7个百分点可用，双轨制有些可以并轨，但没有利用，这就是紧迫感不够。如果1991年再出台，恐怕困难就会大一些，但这个时机也没有完全过去，我们要抓住时机，适时、适度地推进改革。强调加大改革的分量，这也是紧迫感。客观规律、客观形势不许我们贻误，如果不抓住时机进行一些理顺、调整，这与急于求成是犯了同样的错误，也会给我们的经济生活带来不良后果。在改革问题上的紧迫感，不仅是抓改革的时机问题，而且是关系到我们民族前途，社会主义事业命运的一个大问题。1981年以前，邓小平同志在《目前的形势与我们的任务》中提到过："要在本世纪实现四个现代化，从今年的元旦起只有二十年，如果四个现代化不在80年代做出决定性的成绩，那就等于遭到了挫折，二十年时间看起来很长，人生一晃就过去了，所以我们要从80年代的第一天开始就必须一天也不耽误，专心致志地聚精会神地搞四化的建设。"重温此话，还是有强烈的现实感。20世纪90年代要集中力量，用改革（用机制的转换）搞好结构的调整和效益的提高，这样才能为中国经济的振兴，为21世纪中国经济的大发展，准备经济体制和经济实力的条件，根据科学院国情组的测算，21世纪20~30年代，我国将进入人口的三大高峰：总人口增长、老年人口增长、劳动人口增长三大高峰，而在20~30年代，各方面的自然资源接近极限，再加上生态环境、粮食紧缺等一系列的长期制约因素，我们生存和发展的挑战十分严峻。因此，现实给我们的余地很狭小，发展的机会，有人说是最后的机会；有人提到球籍问题，简单谈就是要有紧迫感。小平同志说过：我们一定要一定能拿今后的大量事实来证明，社会主义优于资本主义制度，这要表现在许多方面，但首先要表现在经济发展的速度和效果方面，没有这一条，再吹牛也没有用。最重要的宣传还要看经济的发展，经济不搞上去，没有说服力，1989年的政治风波，国际国内的政治形势是非常严峻的，我们终于站住了，其中很重要的一条就是十年的改革，使我国的经济取得了很大的成就。"满意多于不满意"，人民生活大大提高，广大工人、农民还是满意的，他们还是想巩固社会主义制度，完善社会主义制度，因此我们可以看清，制度是否优越，最后还是要看经济，为了社会主义前途和命运，我们的改革必须只争朝夕、不能含糊，这是涉及我们社会主义命运的问题，否则我们的情况就会变成为了维持眼下的稳定，不敢大胆改革，不知不觉地贻误了时机，丢失了长期稳定的基础，铸成根本性的大错，所以从社会主义命运的前途来看，我们对经济改革更要有紧迫感。

五、改革的目标和方向

改革的目标和方向要坚持党的十一届三中全会以来的一系列的决议，正确的都要坚持。总目标是要建立有计划的商品经济的新体制，这是党的十二届三中全会上提出的，有计划商品经济的提法我们要坚持，我们要把过去排斥、否定商品经济的体制改成有计划的商品经济体制，从运行机制上就是要建立健全计划经济与市场调节相结合的机制，改革的目标和基本方向这个问题是理论上已经解决的问题，一再为党的十一届三中全会以来的一系列的决议文件所确认，在这个问题上，不要再徘徊再犹豫，作无谓的争论，应当坚定地遵循党的十二届三中全会关于经济体制改革的决定和六中全会关于"七五"计划的建议和党的十三大报告中一再阐明、指出的方向来推进改革。党的十二届三中全会提出有计划的商品经济，党的十二届六中全会关于"七五"计划的建议提出宏观管理以直接控制为主转变为间接控制为主，党的十三大报告里，关于间接控制为主的部分提出一个公式，"国家调控市场，市场引导企业"。间接控制为主，指的是一个方向，为主并不是一切，还有一部分要国家直接来管。但为主这个方向是党的文件所定下来的。传统体制是一种产品经济和自然经济的体制，以高度集权排斥市场为特征，对这种体制进行改革，建立有计划的商品经济的体制，改革的基本取向就是从排斥市场转向引进市场机制，所以其基本取向是市场取向，但这种市场不是以私有制为基础的、无政府的市场经济，而是以社会公有制为基础的各种经济成分并存，有计划指导和宏观控制的市场取向。宏观调控体系的改革方向就是从直接调控为主转向间接调控为主，宏观经济的管理要从直接行政管理为主转向间接经济管理为主，所谓间接管理就是通过市场来管理，当然这个市场不是无政府的市场，不是私有制为主的市场，而是以公有制为主体，有计划调节，有宏观控制的市场。从十一年的改革历程看，什么是正确的改革取向，这是清楚的，这些年中国经济搞得很活，成绩很大。苏联前几年没有认真搞市场取向的改革，所以现在经济很糟，市场上空空如也。现在又来个大转弯，提出500天、300天进入市场经济，事实上是办不到的。比较看来，中国的取向是对的，现在速度在回升，经济在回升的部分，主要是与市场关系密切的部分；离市场关系比较远的，利用市场比较差的经济成分、地区，经济恢复的速度就是慢；而联系市场比较密切的包括乡镇企业、三资企业以及其他成分就快。另外从地区上也表现出来，东南沿海是市场取向最大的地方，恢复得最快，这是实际已经证明的东西，我们不要回避。当然，我们有计划的商品经济，既要重视计划的完善，又要重视引进市场机制，所以在基本取向的问题上，我们是要坚持市场取向但不能迷信市场；我们要坚持计划经济，但也不能迷信计划。要破除两种迷信，首先不要迷信市场，市场是看

刘国光

经济论著全集

第

9

卷

不见的手在调节，不要以为价值规律可以把一切事情办好，我们尊重价值规律，同时也不要把一切事情都让给价值规律，至少有三件事情不能让价值规律去自发地调节，一是大的产业结构的调整，在短的历史时期内，10~15年，把我们的结构调整到高度现代化，如果让市场去自发形成的话，那就很缓慢，而且还要经过许多大的反复、波动、损失、危机，这要付出很惨重的代价；二是环境保护，生态平衡，如果这让市场调节的话，那我们会对不起子孙后代；三是公平与效率的关系，特别是社会公正的问题，也不能让市场来实现社会的公正。市场是不会实现公正的，市场是平等竞争，它有利于促进效率，但也会引起分化，这个要防止，这与我们的社会主义信念不一致。可以让一部人先富起来，带动大家富起来，但要防止两极分化，分配不公问题变成了当前我们现实的社会问题，影响大家情绪，这需要用计划来适当调节。所以市场改革的取向，不是纯粹的完全的市场经济的方向，这种纯粹的市场经济，在资本主义国家都在变，它们也有政府干预，我们社会主义的商品经济，更不能迷信市场，在强调市场取向的同时，要重视计划的指导，重视宏观的调控，就是要看到陈云同志讲的"笼子"的作用，陈云同志曾把计划与市场的关系比为"笼子与鸟"的关系。

"鸟笼"是不是可以用这个词？这是一个形象的比喻的用词，不是不可以用。笼子可以有各种各样的，可以大，可以小；看什么产品、什么部门、什么情况，笼子便可放大、也可缩小；笼子可以是钢来做的，刚性很强；也可以是橡皮做的，有弹性的；指令性计划是刚性的，指导性计划就是弹性的。国外哪个国家都有笼子，财政预算这就是一个笼子，财政政策、货币政策、利率政策都是笼子，利率提高了，经济活动的笼子会变小；利率降低了，笼子就会变大。美国的计划性在某些地方比我们还强，他们对城市的增长进行管理，特别是城市土地利用的管理，到处都有笼子。我们搞市场调节，但也要有计划指导，要有政府干预，这就是笼子。

所以要搞市场取向，但不能迷信市场，要加强计划管理，计划管理的有些技术性的东西要向别人学习，比如增长管理，已经成为一门学问，需要学。另外一方面，我们要坚持计划经济，但也不能迷信计划，认为计划是全职全能的。做出的计划是完美无缺的，必须推行。迷信计划同样会犯错误，如果计划不考虑价值规律，不考虑市场供求变化，同样会出现失控。这方面经验教训很多。近几年，县以上的固定资产投资项目，都是各级政府计划机关审批的，160多条彩电生产线，90多条电冰箱生产线等，造成很大浪费。所以计划一旦发生失误，会发生更大的失误更大的损失，而且不大容易避免，计划工作也是人做的工作，有信息上、利益上的局限性，信息的收集传递在我国比较落后；利益上，部门和地方都可能有本位主义，中央综合部门也有局限性，它看全局但看不到具体；地方和部门看到具体但看不到全局，都有局限性，计划工作人员掌握的信息不可能完全准确，也可能只看到今日的利益，看不到市场长期、全面的变化要求，所以，我们说要坚持计划经济的制度，因为计划经济能使我们总揽全局，控制解决市场上的一些缺陷，把市场引导到更好的方向上去。另外，我们也不能迷信计划。在计划与市场的结合中，不能片面地强调任何一方面。

至于计划、市场如何结合，怎么提法，这是多年来争论不休的问题，有提计划与市场相结合，有提计划经济与市场经济相结合，有提计划调节与市场调节相结合，有提计划经济与市场调节相结合，有提市场机制与计划机制相结合，说法很多，很难有定论。在提法上不必急忙做结论，做结论会约束后人和当代人，可以讨论，但正式的文件，要按中央的提法。计划与市场的问题是一个长期的实践问题，没有一个人敢说他把这个问题解决好了。因为人类经济的发展还没有成熟到那个阶段，我们现在能做的是根据我们的实践来总结经验，来提出适合于当时条件的想法。现在的提法是计划经济与市场调节相结合，照这个提法就行了。现在来谈这个问题，水平应该比十一年前提高一些。十一年前，刚开始，一点经验也没有，开始认为两者是对立的，后来认为可以结合，经过十一年的实践，现在就不能再拘泥于某些字句某些提法，纠缠于概念问题。市场、计划的概念，本身的内容已经发生很大变化，更丰富更复杂了。就计划而言，过去讲计划是三条：（1）计划只能是指令性计划，计划是法律是指令；（2）国家计划无所不包、覆盖一切，宏观、微观、人财物、供产销；（3）计划只能通过指标来管理，特别是通过实物指标——生产量、调拨量。现在计划的概念以及内容实际已经变了：（1）计划不仅仅是指令性计划，可以是指导性、政策性计划，如产业政策；（2）计划不是包罗万象的，主要管总量的平衡，管大的结构的调整，微观的事情，主要让市场、企业去搞；（3）计划不主要是通过指标，特别是实物指标（当然必要的实物指标还是要）。现在主要是价值量的指标，总量的平衡、投资、消费、一二三产业增长速度、农轻重等都是价值概念，而且实现计划的手段主要不是靠一些调拨指标、限额指标，主要用价值手段和经济杠杆，用价格、利率、汇率来体现。因此计划的概念在变，比过去的简单的概念丰富得多了，市场的概念也是如此：（1）过去认为市场同公有制、同计划不相容，现在认为相容了；（2）过去的市场只是在计划的缝隙内存在作为计划补充的东西，主要的是某些消费品市场，而大部分的产品是调拨的，指令的，配额和定量的，真正的商品，即有货币就可买的没有多少，且必须有计划的凭证配额才能灵。生产资料更不用说了，在理论上是排斥在商品之外的东西。现在的情况不一样，现在几乎是全部的消费品进入市场，生产资料也越来越市场化，商品市场已经不是一个补充了，而是一个很大的份额；（3）过去想也没想到还有一个叫作生产要素的市场，现在资本、劳务、技术、信息和房地产市场逐步在生活中出现，在理论上被接受，逐步形成一个叫作社会主义市场体系的概念，这就大大不是十年前所讲的市场了。所以计划、市场的概念，经过十年的改革，经过实践与理论的探索与发展，在计划与市场的认识上已经大大地前进了，在这个基础上，再来讨论计划与市场的关系，就不要再纠缠在原来的老一套的概念上了，要更开阔、更灵活地看待这个问题。我不太赞成现在讨论究竟用何种提法，计划经济与市场经济、计划调节与市场调节，等等，有人认为计划经济是制度问题，市场调节是个手段问题，这是不同层次的东西，结合不起来，我以为这样的争论没有多大意义，不必去争论。要做的是具体的研究，在当前的情况下，计划机制与市场机制如何更好地结合，如何培育市场，加强计划。具体结合有各种提法，角度不同。如指令性计划、指导性计划、市场调节；板块式、渗透式、融合式；"国家调控市场、市场引导企业"；等等。这些问题可以继续探讨，总的来讲，是要建立有计划的商品经济，把我们排斥市场的单一的公有制经济变成以公有制为主体的多种形式并存的有计划的商品经济。改革有两大侧面，一个是所有制结构的改革，以公有制为主体的多种所有制的成分，其中包括国有制本身的改革，本身如何搞活，这是第一个大问题。第二大问题是运行机制的改革。第一个大问题要解决经济行为的主体，要涉及每一个单位的所有制性质、行为规则、积极性等。第二个运行机制的改革，包括宏观、微观的关系，各部门的关系，中央与地方的关系，计划与市场的关系，核心问题是计划与市场的关系。这也是一个很大的问题，涉及全部改革的各个方面，涉及企业改革、市场改革、宏观管理的改革，需要我们从理论界到实际部门，下大力量，总结十一年来的改革经验，深入探讨，把20世纪90年代的改革进一步推进，实现"八五计划"和十年规划中关于改革的提法：基本上建立新的计划经济与市场调节相结合的新的经济体制。如果真正能在90年代实现这句话，不是写在纸面上，那还是要下很大功夫，下很大的决心的，需要我们努力推进改革的深化，理顺机制，为今后经济的持续、稳定、协调、高效的发展，为实现现代化奠定机制的基础。

再谈计划与市场的关系问题*

（1990年12月）

　　经济体制改革总的题目是要建立社会主义的有计划的商品经济的新体制。从运行机制上说，就是要建立和健全计划经济与市场调节相结合的体制。这是整个经济改革的一个中心问题。我们经济体制改革中有两大方面的问题：一个是所有制的改革问题，包括所有制结构的调整，以公有制为主体的所有制多元化问题，以及公有制本身的改革，涉及政府、企业、个人之间的关系。这些问题属于经济行为主体方面的改革，包括政府、企业，也包括个人，最主要的行为主体当然是企业了，所有制改革的核心是企业改革。另一个是经济运行机制的改革，包括整个经济怎样运转；生产、分配、交换、消费之间的关系；各个部门，各个地区的关系；市场调节和计划调节的关系；宏观经济和微观经济的关系等等，这些都属于运行机制的问题。其中计划与市场的关系问题，是经济运行机制改革的一个核心的问题，它牵涉到企业改革，牵涉到市场和物价的改革，也牵涉到宏观管理，包括财政金融体制、收入分配政策等方面的改革，所以这是个很大的问题，这里只能简单地讲一点思路。

　　计划与市场的关系问题，不是一个新问题，党的十一届三

---

*　本文的部分内容曾在1990年5月16日《求是》杂志社召开的"关于计划经济与市场调节相结合问题"的讨论会上，以及其他几次座谈讲演会上讲过；部分内容曾在《求是》1990年第12期发表过。此为根据几次座谈会记录整理出的文稿。

中全会以来，我们已经讨论十一年了。如果向上继续追溯，1956年社会主义改造基本完成的时候，陈云同志最早提出了计划与市场的关系问题。再往前，20世纪20年代苏联实行新经济政策的时候，就曾讨论计划与市场的关系问题。改革开放以来，党中央、国务院的许多重要会议和文献，还有重要讲话，更不用说理论界了，对于计划与市场的关系有过各种不同提法，比如：计划调节与市场调节相结合，计划经济与市场经济相结合，计划机制与市场机制相结合，计划经济与市场调节相结合，等等。我们最近强调的是最后一种提法。看来随着社会主义经济建设的发展和经济体制改革的深入，这个问题还将要长期地讨论下去。我在1983年发表的一篇文章中说过：计划与市场的关系问题，是一个世界性的问题，也是一个长期争论下去的问题。对于计划与市场关系的一些比较具体的问题，包括一些具体的做法、提法，我们不必急忙做出结论来约束后人，也不必约束当代人。实际上，这个问题我们只能通过实践进行不断的探索，做出适合于当时情况的回答，不要搞一个固定的公式。当然，为了便于讨论，我们可以有一些提法，比如我们现在讲的计划经济与市场调节相结合。目前没有一个政治家或理论家敢说他已经把计划与市场问题解决好了，因为人类关于这方面的经验积累还未完全成熟，还在探索当中。在传统的社会主义经济学里面，曾否定两者是可以结合的，认为两者是对立的、互相排斥的。西方一些经济学家也有多种意见。不久前在北京召开了一次国际学术研讨会，一位匈牙利经济学家讲，计划与市场不能结合，不可能结合，因为他的国家就没有结合起来。一个法国经济学家却说，可以结合。他也是根据他们国家经验，法国在搞一些指导性计划。所以，看法不一样。我们认为，在社会主义公有制基础上，可以把计划与市场关系结合好，当然要经过努力，经过探索。1990年在七届人大三次会议的《政府工作报告》中，关于计划与市场关系的5条阐述，就是根

再谈计划与市场的关系问题

据近几年的试点经验，特别是根据当前治理整顿的实际情况提出来的，是适合于当前治理整顿和深化改革的答案。特别是这5条中的第3条讲道：计划与市场有三种结合方式：指令性计划、指导性计划和市场调节的具体运用和配合比例关系，要根据不同时期的实际情况，对计划与市场的关系进行必要的调整。我们当前在治理整顿中，已经和正在对计划与市场的比例作一些调整，近两年调整的方向大体是：针对过去改革过程中放权让利过多，中央调控能力削弱的情况，在计划与市场的关系上，多搞一点计划，多搞一点集中，多用一点行政手段，包括冻结物价、扩大指令性计划和物资调拨分配的范围，适当扩大一些物资和资金的集中权限，这些都是必要的。一般来说，在经济发展遇到困难或紧急的时候，都可能需要进行这样的调整。不仅中央计划经济的国家是如此，就是西方实行市场经济的国家也是如此。比如在战争时期的统制经济，在自然灾害、经济危机时加强政府干预和统制。美国20世纪70年代初期，在发生经济危机、严重通货膨胀时，尼克松政府就曾采取冻结物价和工资的政策。1988年美国有一位夏威夷大学教授到北京讲课，说他就是尼克松政府当时管制物价的幕僚。任何国家在非常时期都必须强化计划或行政干预。但在经济正常发展时期，特别是我们在经济改革进程当中，看来还是要按照党中央在1985年关于"七五"计划建议中和党的十三大报告中提出的宏观调控体系改革的方向，从以直接调控为主，转向以间接调控为主；宏观经济的管理，要从以直接的行政管理为主，转向以间接的经济管理为主。这个重要的论点最近没有多提，但我认为也没有否定，现在还有重新强调的必要。当然，这是就国民经济整体而论的大趋势，并不是指某一个具体的产业、具体的产品和某一个具体的生产环节。具体环节要作具体分析。

所谓从直接管理、直接调控为主过渡到间接管理、间接调控为主是什么意思呢？我个人体会，就是政府对经济的调控要更多地利用市场机制，通过市场来调控。我们过去传统的经济体制是排斥市场机制的，是一种产品经济，或是自然经济的体制。我们的经济体制改革就是要把传统体制改过来，引进市场机制，同时改进计划机制，这样的改革就是市场取向的改革，也就是更多地采用市场调节的办法。所以从某种意义上说，我们的改革可以说是市场取向的改革。这样的提法有些同志是不赞成的，我一直还是这样看。相对于过去的排斥市场机制的传统体制而言，我们的改革就是市场取向的改革。当然，这种市场取向的改革不是取向到资本主义市场经济中去，而是坚持以公有制为主体，有计划指导和宏观控制的市场取向的改革。这种改革在中国取得了巨大的成就，这是不能否认的。而且，市场取向越多的地方，改革所取得的成就也越大，这也是不能否认的。在沿海地区、开放地区，如广东等地，都可以看到这种成功的实践。世界银行最近搞的中国经济备忘录，说中国人采取了一个务实的改革政策，中国这11年所取得的成就，是任何一个社会主义国家所不能比拟的。这话说对了。为什么中国1989年能经受住风波，与此有关系。1990年2月，我们中国社科院经济学家代表团访问了苏联。应沙塔林（后被任命为苏联总统顾问委员会成员）邀请，开了一个研讨会，作了一些考察、比较。我的印象，我国的变化和成就很大很大。苏联的改革宣传很猛，实际经济上很糟，货架上确实是没有多少东西，和中国市场是一个鲜明的对照。当然我们也是经过十多年的改革才有今天。中国市场有这么丰富的家电、食品、衣着，而苏联是非常地缺乏。最近有人从苏联回来，说那里的经济形势比我们去的上半年更糟，国民经济总产值下降，原因就在于他们这些年没有认真地搞市场取向的改革。我在莫斯科遇到了一个过去的同学，他现在是苏联科学院院士。我问他："你们搞改革也不少年了，怎么这个样子？"他回答很机智："我们经济改革不是失败了，而是还没有开始。"他们政治改革这几年花样很多，结局如何，还要观察。

我们讲我国市场取向的改革取得了很大成就，但千万不可由此而片面夸大市场的作用。在改革的取向问题上，我们要坚持市场取向，但不能迷信市场；我们要坚持计划经济，但不能迷信计划。要破除两种迷信，首先不要迷信市场。市场是看不见的手在调节，不要认为市场和价值规律可以把一切市场办好，我们尊重价值规律，同时也不能把一切市场都让给价值规律自发调节。市场机制有许多缺陷，不是什么问题都能解决的。在我看来，市场起码有这样几件事解决不好，甚至解决不了。一是产业结构大的调整。我们要求在比较短的历史时期内，比方说十年或十五年使我们的产业结构实现高度现代化，如果让市场自发去调节的话，那就很缓慢，要经过许多大的反复和波折，要付出惨重的代价。当然，市场机制可以解决一些小的产品结构调整的问题。二是防止出现不公平竞争和垄断行为。这也是市场机制本身解决不了的；反之，市场机制本身就是大鱼吃小鱼的机制，完全自发的自由竞争必然导致垄断。三是对于生态平衡、环境保护这类问题。如果任凭看不见的手去指挥，那要带来灾难性的后果，使我们对不起子孙后代。四是公平高效率的关系。市场机制也是处理不好的，在收入分配方面，如果单靠市场机制去调节，必然引向贫富悬殊和两极分化，与社会主义原则背道而驰。当然我们反对平均主义，主张让一部分人先富起来，带动大家共同富裕，但不能收入差距过分悬殊，两极分化。这就不能完全放给市场取向，而要有计划的调节和政府的干预。所以市场取向的改革不是纯粹的，完全以市场经济为方向，这种市场机制甚至在当代资本主义国家也不能完整地存在，它们也有政府的干预，有的也有某种意义的计划指导。我们社会主义的有计划的商品经济，就更不能迷信市场，所以在强调市场取向改革的同时，要重视计划的指导和宏观的调控，也就是说，要重视"笼子"的作用。

把计划与市场的关系，比喻为笼子与鸟的关系，不过是一种形象化的说法，正如同后面我将要讲到"计划"的概念可以有多种不同的含义一样，对于"笼子"也可以有灵活的理解。"笼子"有各式各样的，可以大，可以小；看是什么产品，什么部门，什么情况，"笼子"可以放大，可以缩小。它可以是用钢铁做的，刚性的；也可以是用塑料、橡胶材料做的，弹性的。指令性计划就是刚性的，指导性计划就是弹性的。有些外国人，看到我在一篇文章中提到"鸟笼"的比喻引起人们探讨的兴趣就指责我主张"鸟笼经济"。我对他们说，无论哪个国家管理经济都必须有"笼子"。各国的财政预算就是一个很硬的"笼子"。不久前我在美国，正好碰上美国国会否决了政府的预算，弄得行政当局几乎没有钱花，很着急，经过折中解决了。这个"笼子"还是很厉害的。他们的财政政策、货币政策，都是某种意义上的"笼子"。联邦储备银行通过公开市场，调整再贴现率等手段，把全国经济活动的"笼子"一会儿放大，一会儿缩小。在某些方面，美国的计划"笼子"比我们的还硬，比如对城市经济的"增长管理"就是一种。针对市场缺陷而实行的计划调节或者政府干预，这种意义上的"笼子"是现代国家之所必需，值不得成为自以为聪明的人取笑的话题。当然，"鸟笼"毕竟是一种形象化比喻的说法，接受不接受这种比喻的说法，无疑只能属于个人的偏好和选择。

上面讲了坚持市场导向改革，但不能迷信市场。现在再讲另一方面，坚持计划经济，但不能迷信计划。不要认为计划是全智全能、完美无缺的。迷信计划同样会犯错误，如果计划不考虑国情国力，不考虑价值规律，不考虑市场供求变化趋势，同样会出现大问题，这方面我们过去的经验教训很多，大起大落，比例失调，宏观失控，都与我们计划工作的缺陷有关。这些年县以上固定资产投资项目，审批权都在政府手里，都是由各级计划机关来审批的。那么多的彩电生产线、电冰箱生产线、啤酒生产线、乳胶手套生产线、易拉罐生产线，许多生产线的重复引进，盲目上马，不都是各级计划部门，各级政府审批同意的吗？同样造成失误失控。要看到，计划工作也是人做的，计划工作也有信息上的局限性和利益上的局限性。计划工作要靠信息，信息的搜集传递，这方面我国还是较落后的，即使将来电子计算机普遍运用了，也不能说信息就非常完善了。那么多产品，那么多消费者，情况又在不断变化，信息始终存在局限性。而且，利益关系也有局限性，因为不是这个部门就是那个部门，不是这个地区就是那个地区，不是站在这个角度就是站在那个角度，都受到一定利益关系的约束。所以政府的领导和计划工作人员并不是万能的、精确的。他们掌握的信息不可能完整准确，也可能只看到部分眼前的利益，看不清市场长期的供求变化趋势，考虑不到价值规律的全部的要求，这样做出的计划和决策往往导致很大的失误。总而言之，计划与市场必须结合起来，片面强调任何一个方面都是不行的。而且在计划与市场的结合中，既要注意充分发挥计划与市场两者各自的优点和长处，又要注意克服它们各自的缺陷与短处。这就需要我们对计划与市场的关系，做出进一步的认真的研究。

现在我们研究和讨论计划和市场的关系，已经不是十一二年前的水平了。改革刚刚开始时讨论这个问题，要从计划与市场的A、B、C谈起。现在经过11年的探索，我们不必那么讲了，而且计划和市场本身的概念也有了很大的变化，比过去更加丰富了。拿计划的概念来说，过去认为：第一，计划只能是指令性计划，斯大林曾说过：计划不是预测，计划是命令，必须完成。第二，计划是无所不包的，是管制一切的，宏观要管，微观也要管。人、财、物、供、产、销都要管。第三，计划就是指标管理，主要是通过实物指标来管理，如产品。生产指标，物资调拨指标，

刘国光

经济论著全集

第9卷

分配你多少物资，要你生产多少产品，通过这些实物指标来实现。那么现在我们的计划概念已大大地变化和丰富了。第一，计划不单单是指令性的，还有指导性计划、政策性计划，比如产业政策也是一种计划指导；第二，计划不是无所不包的，国家计划主要应该管大的问题，管宏观的问题，至于微观的、企业的问题，主要应让市场、让企业自己去管；第三，计划不都是指标管理，而且计划指标主要不是实物指标，而应是价值指标，如总量的控制，大的结构控制，农、轻、重，一、二、三产业，总需求、总供给，投资、消费，这些都是价值概念。另外，我们实现总量控制和结构调整，也主要靠价值杠杆，靠价格、汇率、税收这些东西。从实物指标转为价值概念，大大改变了计划概念的内容。

同样，我们现在所理解的市场，也和过去的理解大不一样。第一，过去认为，市场同公有制经济是不相容的，只能存在于私有制经济中。现在认为，公有制经济也要有市场的运作，市场与公有制是可以结合的。第二，过去认为，市场和计划是对立的、排斥的；你要加强计划，就要减少市场，你要发展市场，计划就要缩小。现在认为，计划和市场是可以结合的。第三，过去认为，商品市场如果有的话，是在计划经济下缝隙中作为补充的部分，是很小的一部分消费品市场，而很大一部分定量供应或凭票证才能购置的消费品，不是真正意义的商品，也不进入真正意义的市场。现在除了极少例外则是整个消费品都在市场化。生产资料过去不认为是商品，现在生产资料的流通也越来越多的市场化。第四，过去做梦也想不到的社会主义经济里面还有什么生产要素的市场，根本没有这个概念。现在则是要素市场逐步发展，包括资金市场、劳动市场、房地产市场、信息市场、技术市场，等等，逐渐形成社会主义市场体系的概念，这在11年前是根本不可想象的事。当然，这类市场从理论认识到实际政策还很不完善，还在形成发展中。市场概念所包含的内容，大大丰富了。

总之，经过11年的改革探索，我们对计划与市场的认识已大大深化了。所以我们不能够再像过去一样，老是拘泥于某些字句的提法。比如，到底是计划调节与市场调节相结合的提法好，还是计划经济与市场经济相结合的提法好；还是计划经济与市场调节相结合的提法好；还有计划机制与市场机制相结合的提法，等等。有的同志不大赞成计划经济与市场调节相结合的提法，认为计划经济是指制度，市场调节是手段，是调节的方式，不是一个层次的东西，这怎么能够结合呢？我觉得现在讨论这些问题没有什么意思，不要去纠缠某些具体字句、提法，而要总结经验从实质上来研究，来探讨，计划与市场相互之间到底怎么结合？结合的方式、途径是怎样的？要把问题引到这个方面来。

关于计划与市场的结合方式，过去也有过多种提法。有的提法着眼于理论模式，有的提法着眼于管理操作。1990年七届人大三次会议的工作报告中提出，计划与市场的结合方式有三种：指令性计划，指导性计划，市场调节。这三种形式并不是新的提法，1984年党的十二届三中全会关于经济体制改革的决定曾提出过。但这次有新的角度，有重要的变化。过去认为，指令性计划就是计划调节，就是计划这块的，与市场没有什么关系；而市场调节则是市场这一块的，跟计划没什么关系；至于指导性计划可以说是计划与市场的结合。那么现在把这三种形式都认为是计划与市场结合的方式，只是结合的程度不同。其一，指令性计划是计划与市场的结合方式，因为指令性计划也要考虑市场供求和价值规律的要求。其二，指导性计划更不用说了，需要考虑市场问题，要通过经济杠杆和市场手段来实现。其三，市场调节那部分也离不开国家宏观计划的调控。宏观政策管理制约着自由市场那一块，这涉及货币发行、税收政策。简而言之，过去认为三种方式不都是计划与市场的不同结合方式，一种是计划的，一种是市场的，中间一个才是计划与市场结合的。现在认为，这三种形式都是计划与市场相结合的形式。从这一点来说，现在的提法比过去有新意，有所发展。上述三种形式是从管理操作角度提出的。过去理论界对计划与市场结合也有多种说法，如板块式结合、渗透式结合、有机结合。这是从理论模式角度提出的。所谓板块式结合，就是计划与市场两块界限分明地拼合。传统体制中计划不考虑市场因素，比如计划价格，很主观地就定了；自由市场是计划外面作为补充的一块。所谓渗透式结合，就是计划一块要考虑市场供求因素，市场一块要受计划控制的约束，两块界限就不大分明，有点模糊，但还是两块，你中有我，我中有你。所谓有机结合，就不是两块了，计划与市场融为一体，也就是党的十三大提出的公式：国家调控市场，市场引导企业。这样就把计划与市场融在一起了，是一种内在结合，过去也叫有机结合。现在看来，即使是板块式结合，也是要长期存在的。曾有这样的观点，改革的发展就是从大一统的计划统制发展到计划与市场的板块式结合，再从板块式结合发展到渗透式结合，然后再发展到有机结合。现在看来，板块式结合也是要长期存在的，因为即使我们将来过渡到宏观管理以间接调控为主，国家还是要保留一部分直接管理，因为有一些非常重要的、关系国计民生的企业、产品、部门、部位，特别是一些自然垄断性的产品，供给需求弹性很小的产品，国家还要有一定的直接管理。就是资本主义市场经济的国家，对于一些与生态环境有关的问题，对一些公用性的事业，也是进行直接管理的。但直接管理这一块，总的趋势是尽可能减少，除非遇到危急状况如战争、自然灾害等，在紧急状况下，更应当强调直接的计划管理或政府干预。当然，实行直接的计划管理这部分，也要尽可能考虑市场的供求关系，考虑价值规律的要求。因此板块结合同渗透结合是根本分

再谈计划与市场的关系问题

不开的，界限分明的纯板块结合过去曾有过，但今后不会再有。但是，直接调控这一块不可能完全按照市场供求和价值规律的要求解决问题，如真正能完全按照市场供求和价值规律的要求来解决问题，那就不需要什么直接的调控了，都可以转为间接的调控了。强制性的行政干预，直接的计划控制之所以必须要存在，就是因为市场调节不是万能的，有些长远的全局的问题不可能完全按照市场供求和价值规律的要求去办事，必须要国家的直接干预。而国家直接调控管理的这一部分，既然是国家直接管企业生产和建设，就不适用"国家调控市场，市场引导企业"这个公式。当然国家要"考虑"市场，但不是"通过"。从这个意义上说，这个公式没有普遍性，没有覆盖全社会和整个经济活动的意义。但是在间接调控的范围内，不管提也好，不提也好，都是通过市场来管，通过调节市场来引导企业，这个公式是绕不过去的。

建立和健全计划经济与市场调节相结合的体制，涉及企业的改革，财政体制、金融体制的改革，市场物价体系的改革，这些改革还同社会保障制度、保险制度、劳动就业制度的改革密切相连。《企业法》《破产法》通过了，却很难施行。我们天天喊调整结构，但却很难调整，其中一个原因就是缺乏健全的社会保障制度，保险制度、调整多了就要引起社会动荡的问题。当然所有这些领域的改革中关键问题还是两个：一是企业、所有制改革，二是市场物价改革。过去不是有争论吗？究竟是市场物价改革主要，还是企业、所有制改革主要？我认为这两方面的改革都很重要。所有制、企业方面的改革，是经济行为主体方面的改革；另一个是运行机制的改革，核心的问题是计划与市场问题，要培育市场，发育市场，促使物价合理化。没有物价的合理化，经济主体行为的合理化也不可能。所以要双管齐下，不能纠缠谁是主要的，谁不是主要的，应该是互相配合的。当然在时间上、时机上，有时侧重这一面，有时侧重那一面。我是一贯两边讲的，在国外我也跟人家讲中国两派的意见。他们说，你讲来讲去，两边都有道理，你究竟是哪一派？我说：我哪一派也不是，我主张双管齐下。在具体的掌握上像弹钢琴一样，轻重缓急随时调节。

加强生态经济学研究，促进国民经济持续、稳定、协调发展*

——在生态与环境理论研讨会上的讲话
（1990年）

20世纪70年代末80年代初期，我国老一辈经济学家和生态学家，共同倡议开展生态经济问题研究。1980年，我国已故著名经济学家许涤新提出了建立中国的生态经济科学，至今已整整十年了。在这十年中，我国的生态经济学有了很大的发展，中国的生态经济学学科体系已经初步建立起来，并在推动建立全民生态经济意识和用生态经济学理论指导我国社会主义经济建设上发挥了作用。现在已经进入90年代，新的历史时期给生态经济学提出了新的任务。它要求对一些重大生态经济理论问题进行新的探索，并在此基础上对我国经济建设进行更有力的指导。这就为我国生态经济学的发展开辟了广阔的天地。这次研讨会是生态与环境经济理论研讨，生态与环境本身就是统一的，生态经济学和环境经济学又是姊妹学科，你中有我，我中有你。生态与环境经济理论密切联系起来进行研究，必将推动这一领域理论研究的继续深入。下面我对我国生态经济学的发展问题提几点看法。

---

* 这篇讲话记录得到过中国社会科学院农村发展研究所王松霈研究员的协助。

一、生态经济学是当代社会经济发展的要求

科学是实践的产物。一切科学归根到底都来源于实践，生态经济学的产生也不例外。

当前世界经济的发展已经进入一个新的历史时期。人口迅速增长，科学技术不断进步，社会生产力日益提高，在此基础上形成了高度的物质文明和精神文明。但是在经济发展中，由于人与自然生态环境之间的关系处理得不正确，因此也出现了各种严重的生态经济问题。例如，美国20世纪30年代，由于乱砍滥伐原始森林和破坏草原发展经济，使土地遭受严重侵蚀，在1934年就出现了严重的"黑风暴"，席卷了全国2/3地区，一次就刮走了3亿多吨土壤，使全国冬小麦一年就减产102亿公斤。之后各方面的严重生态经济问题越来越频繁地出现。据有关方面估算，地球表面最初原有森林76亿公顷，60%的地面为森林覆盖。截至目前只有26.4亿公顷，森林覆盖率只有20.7%，而且还在以每年2000万公顷左右的速度减少。世界的水土流失日益严重，沙漠和沙漠化面积已占陆地面积的30%，沙漠化面积每年扩大600万公顷以上。城市"三废"的排放和污染日益严重。不少生态环境问题已经超越国界，成为全球性问题，例如世界性的酸雨、气候变暖和臭氧层破坏等，都越来越严重地影响人类社会经济的发展以至人类的生存。

我国的各种生态经济问题也很严重。森林遭到乱砍滥伐，造成了严重的水土流失。我国的黄土高原几乎成了不毛之地，一些流域的水土流失极重，其土壤侵蚀模数高达3960~6641吨/平方公里·年。长江中上游的相当大的范围，森林覆盖率由20世纪50年代初期的40%左右下降到目前的20%左右，个别流域只有10%左右。土壤侵蚀模数也达到1271~3092吨/平方公里·年。地下水超

采，水资源严重短缺。华北大平原的海河流域每年地下水超采达50亿立方米以上，并形成了地下水"漏斗"。南方长江流域一些经济发展快的地区也同样出现了水资源短缺。沙漠化在发展。我国干旱、半干旱地区沙漠化土地每年扩展约1500平方公里，受影响达11个省区。同时土壤自然肥力下降，近海渔业资源衰退，城市和工业污染严重，也出现了大面积的酸雨严重危害，等等。

所有这些问题，既是生态环境问题，又是经济问题。这些严重问题的出现大都是由于人们的错误经济思想和错误的经济行为造成的，它们的解决也需要人们在正确的经济理论指导下，通过调整和纠正人们自己的经济思想和经济行为来实现。当代社会经济发展的实践对经济原理论发展提出了新的要求，由生态学和经济学相互结合、渗透形成的生态经济学就应运而生。列宁早在1914年就曾经指出："从自然科学奔向社会科学的强大潮流，不仅在配第时代出现，在马克思时代也是存在的。在20世纪这个潮流也同样强大，甚至可以说更加强大了。"（《列宁全集》第20卷，第189页）生态经济学是生态学和经济学交叉形成的一门新兴边缘科学，它的产生还是反映了自然科学和社会科学两大类科学相互结合和渗透的这一发展趋势。

生态经济学的产生，为我国的社会主义经济建设提供了崭新的指导思想。从历史上考察，人与自然之间的关系已经历了三个发展阶段，即蒙昧的阶段、对立的阶段和掠夺的阶段，现在已经进入第四个阶段，即和谐的阶段。人与自然的关系，从无知、对立走向掠夺，又走向和谐，这是客观发展的必然趋势。人类社会经济的发展是依赖于自然生态系统的基础进行的，一切经济活动既要受经济规律的制约，也要受自然规律的制约。因此实现生态与经济的协调应该是新的历史时期指导我国社会主义经济建设的一个最基本的指导思想。实现这一协调既是当代人生存和发展的需要，又是我们的子孙后代生存和发展的需要。这一崭新的指导思想的建立对我国社会主义经济建设具有十分重要的意义。

1984年2月，在中国生态经济学会成立大会上，当时的国务院副总理万里同志出席大会并且作了重要讲话，强调了用生态经济协调的观点指导我国社会主义经济建设的重要性。他指出，生态经济问题是我国社会主义建设中的一个战略性问题。这方面的工作搞得好坏，关系到我国现代化建设的全局。当前提出重视研究生态经济问题和中国生态经济学会的成立，与近年来我国其他一些组织建设，都是我们国家在这个方向开始觉醒的表现。当前要把保持生态经济平衡作为一项重要原则，来指导我们的经济工作，并把它作为一种指导思想，贯彻到各种经济工作中去，使我们的各项经济建设都建立在符合生态经济平衡的更稳固的基础上。他的讲话明确指出了实现生态与经济协调发展的重要意义和加强生态经济学理论研究的重要性。

二、我国生态经济学研究取得了可喜的成绩

20世纪80年代是我国生态经济学初步建立和发展的时期，学术思想活跃。十年来生态经济学理论的发展有以下三个特点：一是发展快。在80年代中期对生态经济学的一些基本理论范畴即开始了热烈的讨论，并且有了比较快的进展。二是规模大。除专业的科研和教学人员外，大量的从事实际工作的同志以至工人农民，都不同程度和以不同形式参加了生态经济学有关理论的学习和探讨。三是涉及面广。它的研讨普遍存在于经济、生态、环境、农业、工业、林业、水利、水产、地矿以及流通、消费、人口、社会等各个领域，我国生态经济学新学科初步理论繁荣的局面已经出现。

十年来生态经济学理论研究取得了可喜的成绩，突出表现在

以下三个方面。

（一）生态经济学基本理论范畴基本确立

生态经济学是一门新兴边缘学科。建立本学科特有的基本理论范畴是本学科存在和发展的基础，同时也有较大的难度。十年来我国的生态经济学研究在这方面做了大量的工作，提出了生态经济现象、生态经济关系、生态经济系统、生态经济结构、生态经济功能、生态经济平衡、生态经济调控和生态经济效益等基本理论范畴，并结合实际论证了它们的存在、特征、实质和作用机制，这些基本理论范畴的建立，对实际工作有重大的推动作用。

（二）生态经济学学科体系初步形成

我国老一辈的经济学家和生态学家提出的生态与经济相结合等重要理论观点为生态经济学的理论建设提供了先导，十年来经过多方面的深入研究，我国生态经济学的学科体系已经初步建立。万里同志在1984年中国生态经济学会成立大会上代表党中央、国务院提出了积极发展我国的生态经济学和培养大量生态经济人才的任务。根据这一客观需要，1985年在深入讨论的基础上产生了我国第一份集中集体智慧、反映我国研究水平的生态经济学大纲，这是我国建立生态经济学学科体系的初步尝试。在此基础上，1986年又继续进行了生态经济学大纲的讨论，编写出版了由许涤新任主编的《生态经济学》专著。这本专著获得了有关方面的奖励，并且被国家教委定为全国高等院校统编教材。这标志着我国的生态经济学学科体系已经建立起来。生态经济学是一门新兴学科，我国的生态经济学研究才有十年的历史，这个学科体系必然还是初步的，今后要在此基础上争取不断完善，使之逐步更加成熟起来。

（三）提出了一批研究成果

十年来，在老一辈经济学家和生态环境学家的带动培育下，一支以中青年为骨干、老中青结合的生态经济学理论队伍已经建立并迅速成长起来。十年中提出了一批有价值的研究专著和论文。1985年出版的《生态经济问题研究》和《中国生态经济问题研究》两本论文集推动了我国生态经济学的研究。十年来的大量研究成果既包括理论生态经济学方面的著述，也包括生态经济学原理和生态经济学各分支学科如农业生态经济学、城市生态经济学，以至生态经济统计研究等方面的著述。除许涤新同志主编的《生态经济学》外，还有例如刘思华的《理论生态经济学若干问题研究》、马传栋的《生态经济学》，以及《农业生态经济导论》《农业生态经济学》等等，可以说是我国生态经济理论研究的最初一批代表成果。

（四）在指导实践上起了积极作用

研究生态经济学理论的根本目的在于应用。实践是丰富生态经济学理论的源泉和检验其是否正确的唯一标准。我国的生态经济学研究一开始就坚持了与实践密切结合的正确方向，十年来在指导实践上发挥了有力的作用。例如，国务院明确提出了"环境、经济与社会协调发展"的方针。对这个方针的提出，我们的老一辈生态环境、经济学家和全体生态经济研究工作者的理论研究是起了积极作用的。我国的生态农业理论研究已经走在世界的前列，作为现代农业的一种生产方式，在我国农业生产实践中的指导作用越来越大。近年来，我国城市生态经济理论的研究也比较快地发展起来。城市生态经济已经成为城市规划和建设不可缺少的组成部分，城市生态经济理论在城市建设和发展中日益起着明显的作用。与此同时，生态经济学研究的普遍开展，对建立全民的生态经济意识和提高全民的生态经济素质起了越来越大的积极作用。这是最基础的作用，具有重大而深远的意义。

三、进一步发挥生态经济学在我国经济建设中的作用

20世纪90年代将是我国生态经济学大发展，并在理论指导实际上取得广泛成就的时期。它的实现，要求我们做更多的工作，并重视以下几点：

（一）充分认识生态经济学理论研究的重要性

生态经济学是具有重大现实意义的新兴学科，但是各种现实的生态经济问题必须要有正确的生态经济学理论作指导，只有这样才能避免发展经济上的各种片面做法和短期行为，把局部、目前的经济利益和全局、长远的经济利益结合起来，在生态环境与经济统一的基础上实现国民经济的持续、稳定、协调发展。那种就事论事、忽视生态经济理论研究和指导的认识和做法是不对的。为此，要进一步加强生态经济学的理论研究，不断完善生态经济学的学科体系，真正建立起适合中国具体特点的生态经济学，使之能够对我国经济发展的实践进一步做出更有力的指导。

（二）认真贯彻理论联系实际的原则

实践是理论研究的起始点，又是理论研究的落足点，因此生态经济理论研究必须有明确的实践观点，这是生态经济学理论研究能否取得真正的成果和这些成果能否在经济建设中切实发挥作用的关键。从这一点出发，生态经济学理论研究必须要树立参加实践和为实践服务的观念，具体来说，要树立为经济建设服务的观念和为实际工作部门服务的观念。这种服务既是我国社会主

义经济建设的需要，又是生态经济学学科建设本身的需要。经济建设的发展必须与生态环境的状况协调，这是当代经济发展的特征；我国的经济建设必须要有生态经济学的理论作指导，这是新的历史时期社会经济发展的需要；这一点已经被一个时期来世界各国的经济发展实践所证明，也为我国新中国成立以来四十多年的经济发展实践所证明。同时生态经济学的理论也只有与经济建设密切结合，即在为现实的经济发展服务中才能发展。应当看到，在我国社会主义经济建设中，生态经济学与经济建设的实践相结合，为经济建设服务的天地是十分广阔的。经济发展与生态环境协调的重要战略指导思想和理论，不但中央需要，省市需要，县乡企业直到生产经营者都需要。这种经济与生态环境协调发展的理论及其具体原理和原则，也普遍涉及各个产业和部门，包括农业（又包括林业、牧业、渔业）、土地、水利、工业、交通和环境保护等，并普遍关联到生产、分配、交换、消费等国民经济再生产的各个领域。生态经济学是一门理论性很强的经济科学，又是一门实践性很强的经济科学。它的学科性质和特点决定了它的为实践服务的特点。生态经济学理论工作者要加强为实际工作服务的观点，实际部门也欢迎并主动要求这种服务。两个方向密切结合，生态经济学指导实践的作用必将充分切实地发挥起来。

（三）普及生态经济学理论知识

生态经济建设是亿万人民群众的事业，最终要依靠广大人民群众的力量来完成，因此开展生态经济学理论研究不但要有明确的实践观点，而且也要有明确的群众观点。据此，生态经济理论研究应当把向广大人民群众传播生态经济学理论知识作为自己的一项重要任务。万里同志在中国生态经济学会成立大会上的讲话中就明确指出：开展生态经济研究要做到专业性研究与群众性的研究相结合。生态环境关系到每一个人，经济发展也关系到每一个人。因此生态经济问题是个群众性的问题。只有生态经济学的理论知识为亿万群众所掌握，变成群众的自觉行动，我们的生态环境才可能有根本性的好转。生态经济理论研究要把推动群众性的生态经济问题研究开展起来，首先要认识建立全民的生态经济意识对我国社会主义经济建设事业的极端重要性。亿万人民群众是建设社会主义的基本力量，他们的生态经济意识建立和提高了，必将成为推动我国经济与生态环境协调发展的一股洪流，使这一协调真正能够实现。其次，开展这一研究，要适合广大群众的需要，采取适当的形式。当前我国的广大人民群众（包括各行各业和各部门），是迫切需要生态经济学理论知识武装的，而我国至今还没有一套生态经济知识的普及丛书，与形势发展的要求很不适应。这方面的工作，生态经济理论研究会就应该承担起来，组织各方面的生态经济理论研究力量把它完成。我认为这也是我国当前生态经济学理论建设中的一件大事。在整个生态经济学理论研究和理论建设上，提高与普及两个方面不能偏废。20世纪90年代，生态经济学研究在理论提高的方面有大量的工作要做，我们期待着生态经济理论研究在这方面做出成果来，并有高水平的专著和论述问世。同时在理论普及方面也有大量的工作要做，我们也期待着生态经济理论研究和生态经济理论研究会在这方面也做出卓有成效的成绩，切实促进我国亿万人民的生态经济意识能有一个很大的提高。这两个方面的工作同时开展，将会在我国的社会主义经济持续、稳定、协调发展中做出更大的贡献。

展望90年代的中国经济*

（1991年1月9日）

1. 我们现在正在从20世纪80年代进入90年代。90年代将是我国社会主义现代化建设过程中非常关键的时期。这是由当前国内国际形势决定的。从国际看，旧的国际格局已经打破，新的格局尚未形成或正在形成，国际政治、经济斗争和综合国力的竞赛非常激烈，我们面临的国际形势很严峻，但是在风云变幻多端的国际环境中，我们中国仍然有比较大的回旋余地，在国际形势一片混乱中处于一种比较主动的地位，有可能在最后十年或更长时期争取一个有利于我国现代化建设的外部环境。从国内看，我们在80年代开创了社会主义现代化建设的新局面，在社会生产、综合国力、人民生活、科教文建设、体制改革等方面取得了明显的成就，这为90年代我国经济和社会的发展奠定了比较坚实的基础。我们曾经受住了经济和政治上的严峻考验，但是在经济结构和经济效益上，在人口压力、资源限制等方面还存在着许多矛盾和问题，制约着我们今后经济和社会的发展。总之，90年代我们既面临着严重的挑战，又有着许多好的机遇，我们能不能抓住机遇，迎接挑战，巩固和发展80年代已经取得的成就，大力推进经济振兴和社会进步，这直接关系到我国社会主义的兴衰成败，关系到

---

* 1991年1月9日在中国社会科学院与新华社联合举办的《中国与世界：90年代中国经济展望》研讨会上的发言提纲。原载《学习与研究》1991年第2期。

中华民族的前途和命运。

2. 今后十年我们在社会经济发展上的重要任务，是要实现我国现代化建设的三步发展战略的第二步目标：到20世纪末，使国民生产总值比1980年翻两番，人民生活从温饱过渡到小康水平，并把我国国民经济的整体素质提高到一个新的水平。90年代经济发展的重点和难点主要不在于数量和速度，而在于经济结构的合理化和经济效益与质量的提高。而我们知道，目前，阻碍着结构调整和经济效益提高的深层症结，主要在于经济体制和经济运行机制中存在的种种缺陷，这些缺陷的克服，关键在于把经济改革进行到底。所以，为了完成90年代的第二步战略目标，并且为21世纪向第三个战略目标前进做好准备，今后十年特别是第八个五年计划时期的经济工作，我以为必须十分突出深化改革的问题。我国关于十年规划和"八五"计划的建设，提出了这十年要初步建立适应于社会主义有计划商品经济发展的新经济体制和经济运行机制，明确规定了改革的基本方向、主要任务和措施，这将大大推进90年代我国经济体制改革的深度和广度。

3. 在跨入20世纪90年代门槛的时候，中国的经济面临着三项任务：治理整顿、经济改革和经济发展。我们是在继续治理整顿期间研究制定十年规划和"八五"计划的，因此要正确处理好治理整顿、经济改革和经济发展三者的关系。中共十三届三中全会和七中全会确定的治理整顿的方针，经过两年多的贯彻执行，已经在总量控制等方面取得明显的阶段性成效。但是，中共十三届三中全会提出的治理整顿的六项目标还没有完全实现，经济结构不合理、经济效益差，经济体制关系不顺等深层次问题尚未得到根本解决，治理整顿任务仍然艰巨，必须继续抓紧进行。但是，六项目标不可能全部在治理整顿期内完成，有些要在更长期的发展与改革中来完成。"八五"头一年或者稍长一点时间，要以治理整顿为主，继续巩固抑制通货膨胀，促进农业丰收和工业回升，以及对外贸易改善等方面的成果，把治理整顿的重点从总量控制为主转为结构调配等深层次的问题上来。在继续治理整顿中深化改革，求得发展。在治理整顿基本完成以后，要转入发展与改革为主，同时还要完成治理整顿中遗留下来的任务，其中如结构的改善和效益的提高，本身就是发展任务题中应有之义，也必须依靠深化改革来完成。至于经济发展与经济改革的关系，我觉得过去在"七五计划建议"中关于这个问题有一段话讲得比较好，今天还有现实意义，值得重提一下，大意是说，经济改革与经济建设（发展）要互相适应，互相促进，从根本上说，改革是为建设（发展）服务的，从当前说，建设（发展）的安排要有利于改革的进行。为了改革的顺利进行，必须合理确定经济增长率，防止盲目攀比和片面追求产值产量的增长速度，避免经济生活的紧张和紊乱，为改革创造一个很好的经济环境。这里讲的改革所需要的良好的经济环境，也就是社会总需求和总供给要基本平衡，或供给略大于需求，保证必要的后备和机动。只有这样，我们才能有相对宽松的环境，以利于改革的进行。当前，经过两年多的治理整顿，大体上已出现这样的一个有利于推进改革的相对宽松的环境，所谓的"市场疲软"在一定意义上就是这样一个相对宽松的环境。今后十年如果我们能够保持适当的增长速度而不去追求过于紧张的速度，我们也就能够继续保持一个相对宽松的环境，我们应当抓住这样的有利时机，加快改革的步伐，为90年代以及21世纪我国经济的持续稳定协调、高效的发展奠定经济体制和运行机制的基础条件。

4. 20世纪90年代中国经济将要发生的变化是80年代中国经济大变化的继续。中共十一届三中全会以来中国经济发生了巨大的变化，其意义不亚于1949年后的变化。这个变化从理论上说可以概括为互相联系的双重转换，一是经济发展战略的转换，一是经济体制的转换。发展战略的转换就是从原来的速度型、数量型、外延型、粗放型的经济发展战略转变为效益型、质量型、内涵型、集约型的发展战略。经济体制的转换就是从原来的产品经济、自然经济为基础的，排斥市场机制的集中计划经济体制转变为计划与市场相结合的有计划的商品经济体制。这两重转换在80年代开了一个头，在十年中取得了一定的进展，但是曲曲折折，整个过程还远远没有完成，90年代还要继续深入进行下去。这在"八五"计划和十年规划的建议中得到了反映，"建议"把结构调整和经济效益的提高放到比经济增长速度更重要的地位，把结构调整、加强农业、加强基础工业和基础设施、改组改造加工工业、加强科技教育事业作为今后十年的"八五"时期的建设重点。把技术改造放到比新建扩建更重要的地位，以及把节约能源材料放在比对于能源、原材料部门实行投资倾斜更为重要的地位，等等。这都体现了向内涵型、效益型发展战略的进一步转换。而在经济体制转换方面，则明确提出了今后十年要初步建立有计划商品经济的新体制，并且在企业改革、市场改革、物价改革以及宏观调控体系改革等方面，沿着有计划指导、有宏观控制的市场取向的改革方向，规定了一系列深化改革的任务和措施。比如我们重新肯定了缩小指令性计划的范围，扩大指导性计划、市场调节的范围，再次肯定了企业的改革要以政企分开为方向，价格的改革要逐步缩小国家定价的范围，扩大市场调节的范围，宏观管理要从直接调控为主转向间接调控为主，等等。这些都是为有计划指导、有宏观控制的市场取向改革规定的一系列深化改革措施。以上所述的所有经济发展和经济改革重点任务的完成，将把我国经济从中共十一届三中全会开端的大变动中进行的双重模式转换大大推向前进，使我国的社会主义经济制度更加完善、健全，使我国社会生产力的发展更加蓬勃、兴旺，这样我国社会主义优越性就能够得到更充分发挥，具有更大吸引力，我们伟大的社会主义祖国就更能巍然屹立在世界的东方。

谈谈逐步加大改革的分量*

——《特区时报》驻京记者专访
（1991年1月18日）

从现在起，就要把治理整顿和深化改革结合起来，逐步加大改革的分量，使深化改革成为"八五"中后期及至"九五"一段时期的一个突出任务。

"八五"期间，改革是第一位的。当前特别要注意不能把改革限制在一个从属的和次要的地位，湮没在一些发展的任务下面。

记者（韩志国）：近一个时期，您一直在强调从现在起就要逐步加大改革的分量，使之成为"八五"中后期的一个突出任务，请问，这是出于什么样的考虑？

刘国光：党的十三届五中全会以后，我一直在强调这个问题，我的这种看法是建立在对经济形势的客观分析的基础上的。第一，治理整顿已见成效，供需总量已基本平衡，但基础还比较脆弱，经济运行中的更深层次的结构调整和提高效益的问题已经日益尖锐地凸显出来了。经济效益的提高和经济结构合理化调整的障碍，主要在于经济管理体制和经济运行机制上的缺陷，包括价格机制的扭曲、财政收入分配上的过于分散、企业的"大锅饭"、软预算约束，等等。不克服这些体制和机制上的缺陷，调整产业结构和提高经济效益的目标是难以达到的。而经济体制、

管理体制和运行机制的转化，只有通过深化改革来实现。如果要在20世纪90年代的后期，在结构调整和效益提高上真正有所建树，那么在90年代的前期，也就是在"八五"期间，就要着力解决深化改革的问题。第二，经济稳定是社会和政治稳定的基础。"八五"期间，我们面临着紧缩和放松的矛盾，稳定物价和理顺物价的矛盾，制止通货膨胀和保持一定速度的矛盾，积累和消费的矛盾。"八五"期间，又要还债，又要建设，又要加强国防，又要实现小康水平，这些问题都纠缠在一起。这些矛盾，都同近期稳定与长期稳定的矛盾有关。经济生活中的两难问题，往往表现为着眼于近期的措施可能不利于长期稳定，而某些有利于长期的措施又导致近期的不稳定。要解决好这个矛盾，就必须处理好稳定、改革与发展的关系。我的看法可以用两句话来概括：用改革来促进稳定，在稳定中求得发展。这样才能有长期的、牢靠的稳定，才能有持续、稳定、协调的发展。在稳定、改革、发展的链条中，改革是关键的一环。如果不抓改革这一环而求稳定、发展，特别是长期稳定和持续发展，不过是缘木求鱼。第三，在当前通货膨胀的势头得到遏制的条件下，应有步骤地放弃一些临时性的、非常规的行政手段，尽可能多地采用经济手段，这就必须考虑加大改革的步伐。第四，四十年来，我国经济进程中屡次发生大起大落，特别是最近一次大起大落，我们现在仍在爬坡。问题的根子之一是现行的存在着内在的自我膨胀冲动的经济机制。一旦行政管制放松，总需求膨胀的机制马上就会出现反弹，因此，必须加紧机制本身的改革。

记者：加大改革的分量，有个分量大小和力度强弱的问题，如果改革的分量不加大到足以使经济的力量抵制和战胜行政力量的程度，那么不但改革的措施难以奏效，而且随时还会出现体制复归的问题。

刘国光：是这样。要注意不能把改革限制在一个从属的、次要的地位，湮没在一些发展任务下面。20世纪90年代发展任务首先是调整结构和提高效益，没有改革，就不可能很好地实现这些任务。

改革需要一个相对宽松的环境，这样的环境目前已经具备。应当利用当前有利时机，推出一些适合出台的改革措施。

记者：您上面谈的四个方面都是为什么要加大改革的分量，那么，深化改革是否有现实的条件呢？

刘国光：这个问题涉及改革的环境问题。改革究竟要有一个什么样的环境？这是个争论多年的问题。20世纪80年代初期，多数同志已统一到这种观点：改革需要一个相对宽松的环境，不能搞得速度太高，不能搞得通货膨胀、物价上涨，在紧张的环境下搞不了改革。这些年来的改革实践，已充分证明了这种观点。现在经过治理整顿，可以说在一定程度上已出现了一个相对宽松的环境。我们应当利用当前的有利时机，推出一些适于出台的改革措施。从现在起就要加大改革的步伐，治理整顿阶段过去以后，"八五"要继续保持一个中速，不要追求高速，采取一切措施稳定这个速度。这样就可以保持一个稳定的、相对宽松的态势，就可以把改革的步子迈得更大，从而更好地理顺经济体制和各方面的关系，为我国经济在"九五"时期和21世纪大振兴、大发展提供一个良好的经济体制条件。

计划与市场的关系是经济运行机制改革的核心问题。要重新强调从直接控制为主向间接控制为主转变这个重要论点。

记者：在您看来，深化改革的方向和重点应该是什么呢？是否还应遵循"三位一体"公式，即企业改革、建立市场体系和把直接控制转向间接控制？

刘国光：经济体制改革的总题目是要建立社会主义的有计划的商品经济的新体制。从运行机制来说，就是要建立和健全计划经济与市场调节相结合的体制。这是整个经济改革的中心问题。

其中，计划与市场的关系是经济运行机制改革的一个核心问题，它牵涉到企业改革、市场和物价的改革，也牵涉到宏观管理，包括财政金融体制、社会分配的政策等方面的改革。关于计划与市场的关系问题，要遵循党中央在关于"七五"计划建设中和十三大报告中提出的宏观调控体系改革的方向，就是说，要从直接调控为主转向间接调控为主，从以直接的行政管理为主转向以间接的经济管理为主，这个重要的论点有重新强调的必要。它的意义是政府对经济的调控要更多地利用市场机制。相对于过去的排斥市场机制的传统体制而言，我们的改革可以说是市场取向的改革。当然，这种市场取向的改革不是取向到资本主义市场经济中去，而是坚持以公有制为主体，是有计划指导和宏观控制的市场取向的改革。这个改革在中国取得了巨大的成就，这是不能否认的。而且，市场取向越多的地方，改革所取得的成就也就越大，这也是不能否认的。当然我们讲市场取向的改革取得了重大成就，但也不能迷信市场机制，因为市场机制也有很多缺陷，不是什么问题都能解决。前几年由于忽视了宏观调控机制的建立和完善，因而发生了通货膨胀和市场混乱，使我们不得不进行大的调整。这个事实教育我们不能迷信市场，但同时我们也要注意不能迷信计划。如果计划不考虑市场供求变化的趋势，不考虑价值规律的作用，一样会出现失控。

记者：谈到计划与市场的关系，还有一个重要问题，那就是如何认识"国家调节市场，市场引导企业"这个公式。

刘国光：对这个公式要进行具体分析。在我看来，即使我们过渡到宏观调控以间接管理为主了，国家还要保护一部分直接管理，如对一些非常重要的关系国计民生的企业、产品、部门，特别是对一些自然垄断性很强的产品和供给弹性很小的产品，国家还要有一定的直接管理。总的趋势是尽可能减少，除非遇到经济危机的状况。实行直接的计划管理这部分，也要尽可能考虑市场的供求状况，考虑价值规律的要求。但这部分既然是国家直接管理企业的生产和建设，就不适用"国家调节市场，市场引导企业"这个公式。当然，国家要"考虑"市场，但不是"通过"。从这个意义上说，这个公式没有普遍性，没有覆盖全社会和整个经济活动的意义。但是在间接调控的范围以内，不管提也好，不提也好，都是通过市场来管，通过调节市场来引导企业，这个公式是绕不过去的。

谈谈逐步加大改革的分量

90年代深化改革的理论思考*

——《文汇报》记者专访

（1991年1月26日）

一、从放权让利到注重经济机制的转换

记者（周锦尉）： 我们注意到，我国的不少经济学家从1989年年底开始就提出在治理整顿中加大改革的分量。这次七中全会通过的《建议》在深化改革方面有哪些重要的意见？

刘国光： 七中全会通过的《建议》中，深化改革的分量是比较重的。文件提出了在20世纪90年代将初步建立社会主义有计划商品经济新体制的战略目标；提出指令性计划的范围要缩小，指导性计划、市场调节的范围要扩大；在市场体系等方面，要扩大生产资料市场，发展资金市场、技术市场、信息市场和劳务市场，房地产市场也要发展；企业经营机制改革，尤其是搞活国有大中型企业被放到了很重要的位置，提出要坚持实行政企职责分开、所有权与经营权分离的原则，还提出股份制试点要继续进行，金融体制改革中要扩大股票和债券发行，在有条件的大中城市可建立证券交易机构，这在上海、深圳已先走了一步。另外，宏观控制等方面也作了不少改革的设想。总之，中国经济只有坚持改革开放，才有可能迅速振兴，《建议》正是突出了这一点，号召全国人民为之努力，迎接历史性的挑战。

* 原载《文汇报》，《上海改革》1991年第2期转载。

记者：《建议》标志着我国社会主义建设和经济体制改革将进入一个新的发展阶段，那么，与过去的十多年改革相比，这个"新阶段"在经济体制改革方面又"新"在哪里呢？

刘国光：这只能作个总体的比较。我想在改革总的策略选择上应该说有一点新的变化。前十多年的改革取得了巨大成就，从企业改革、市场培育、宏观控制三大方面都有重大进展。然而，前一轮的改革较多地偏重于放权让利和物质刺激，而新一轮的改革则应把重点转到经济机制的转换上来。过去十多年的放权让利，除了农村的联产承包责任制寓利益调整于机制转换之中外，从城市企业的利润留成、经营承包制，到某些省市的财政包干，都侧重于利益调整，而不注重机制转换的问题。当然，放权让利有好处，就是能够在一定程度上调动地方、企业、个人的积极性。但过于偏重这一点，也带来弊端，它使得国民收入分配过分向地方、企业、个人倾斜，国家与中央的财力和调控能力被削弱。偏重放权让利，就像打"吗啡针"一样，时间长了，又得加"剂量"，再"放"点，再"让"点，承包问题上反复出现一收一紧，就是一种反映。而发展到现在，国家已无利可让了。因此，今后十年的改革要注意从转换机制上动脑筋。因为这个问题不解决，即使放权让利再多，我们还是一个软预算机制、大锅饭的机制，一个负赢不负亏的机制。国营大中企业为什么活不起来，原因固然很多，但主要是个机制问题，1991年要作为一个大问题来解决。从现在经济回升的比例中看，三资企业、乡镇企业、私营个体经济占的比重较大，而国营大中型企业则回升乏力。当然国有企业与它们有一个不能公平竞争的问题和负担较重的问题。但是，我们现在的国有企业不可能搞优胜劣汰，这么多重复引进、重复建设，效益很差也不能"关停并转"。这样，我们讲要遵循价值规律，实际上却是一个不要优胜劣汰的"价值规律"；我们讲要调整、改革，实际上却是要求不触动已经形成的利益格局的"调整改革"。转换机制就要碰这些老大难问题。《建议》中不少改革措施触及了机制转换。然而注重这一点，难度比单纯"放权让利"大得多，还得群策群力作艰苦的探索。

二、企业改革要逐步实现四个"分离"

记者：全会公报上说，继续增强企业特别是国营大中型企业的活力，对我国经济的发展和社会主义制度的巩固，具有特别重要的意义，您认为搞活大中型企业的关键在哪里？

刘国光：在前十多年，我们在国有制内涵改革出路的探索中，提出了所有权与经营权分开的思路。这一思路无疑是对传统国有制理论的一个重大突破，它也给包括承包制在内的各种强化经营权改革试验提供了理论依据。这次文件中重申了"两权分离"的问题，这是对以往改革实践和理论的肯定。然而，总结过去的经验，我以为，过去我们更多地论证两权分开的必要性和合理性，而没有充分地注意两权分开的现实可能性，更没有解决如何分开和分开后的新机制建设问题。这些问题需要进一步研究清楚。

"两权分开"理论涉及国营企业的产权关系，属于一个关键的核心机制问题，我们应在此理论成果的基础上，进一步探索理顺国营企业产权关系的理论问题。据我的研究，这一产权关系其实应该涉及四个"分离"。所谓四个"分离"，其一是政府所承担的政权管理者职能与财产所有者职能分解。也就是作为政府权力职能的宏观控制，比如经济政策、经济法规的制定与运用，同政府作为国营企业的代表，通过国有资产管理部门和投资控股机构行使所有者的职能要区分开来，从而改变两个职能系统紊乱和相互牵制造成的所有者缺位的局面。其二是政府职能与企业职能要分开。也就是通常所说的"政企分开"。其三是所有权与经营权的分开。使企业成为自主经营、自负盈亏、自我约束的相对独立的经济实体。但是，企业光有经营权，还不能真正做到自负盈亏、自主经营；作为法人实体，企业还应对其所营运的资产具有"法人所有权"，这样就需要第四个分离，即"终极所有权"与"法人所有权"的分离。所谓"终极所有权"，就是企业最终的所有权，主要属于国家，包括中央政府部门、地方政府部门以及其他社团或基金会。而企业这个单元则应该有"法人所有权"，企业作为法人实体，代表它的"终极所有者"，具体地处置企业财产，使企业以法人制度为依托，有效地行使经营自主权。倘若我们能从制度上、经济手段上将这四个"分离"明晰化了，国营企业的产权关系将走出新的一步。比如，我们现在搞承包制，就是政企分开的一种很初级、很不完善的形式。现在由于市场不规范、价格不合理，企业困难很多，只能暂时推行这种制度。这次文件提出要完善承包制，还要搞"利税分流、税后承包、税后还贷"，这也是企业改革的一种深化。其中利税分流就同国家作为管理者职能（收税），与作为所有者职能（分享盈利一部分）的分开有关。至于"分税制"则是同划分与理顺中央与地方政府职能关系有关。"利税分流"与"分税制"在"八五"期间还是试点，"九五"期间应该推广完成。产权关系的改革还包括股份制、租赁制的试点等等，这方面的思路还不是很清楚，还需要探索。

三、从某种意义上说，经济体制改革是一种市场取向的改革

记者：发展社会主义商品经济，市场是微观、宏观经济的中介，是企业经济活动的出发点和产品实现场所，又是宏观调控信号的来源地。您对20世纪90年代我国市场体系和机制的发育有何

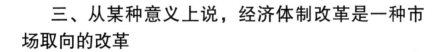

预测?

刘国光： 从总体上讲，改革使我们的传统体制呈现出重要变化，从过去的以产品经济、自然经济为基础的高度集中的计划经济体制，向计划与市场相结合的有计划的商品经济过渡。从一定意义上讲，我国的改革可以说是一种市场取向的改革，改革的成果就是我国经济在市场取向上的进步。我们知道，由于改革前所有制单一化、"越大越公越纯越好"，那时运行机制实行的主要是指令性计划和直接的行政控制，在本性上是排斥市场的。改革以后，我们的所有制结构多样化了，公有企业的自主权扩大了，就为它们能按照市场规律活动创造了前提。另外，我们的市场体系和机制也在发育，从消费品市场，到生产资料市场，再到生产要素市场。宏观控制从直接管理为主逐步向以间接管理为主过渡。间接管理无非是通过市场，用经济手段来进行的管理。这些变化处处表现了改革的过程是市场取向不断发展的过程。当然，这里所说的"市场取向"并不是以私有制为基础，而是以公有制为主体的，不是"取向"到无政府的、盲目的市场经济上去，而是"取向"到有计划指导和宏观控制的市场体系上去。我以为，市场机制，通俗讲叫市场经济，作为一种经济运行方式，它是社会化、商品化过程中所必需的，并不是区别资本主义和社会主义的标志，两种制度都可以利用市场机制。那么社会主义区别于资本主义的标准是什么呢？邓小平同志早就说过是"公有制"与"共同富裕"这两条，我认为是十分正确的。

实践也证明，从国外看，与前苏联东欧比较，我们改革以后，市场十分丰富，经济生活相当活跃，就是与市场取向的进步有关。从国内看，哪个地区、哪个企业市场取向越多，经济就越活跃。这是明摆着的事实。今后十年的改革应该继续朝这个方向努力，也就是继续发展有计划指导的、有宏观控制的市场取向的改革，在前十多年已有相当程度发展的基础上进一步发展这种改革，并制定出一个大致的规划。改革前我国的计划调节几乎覆盖整个经济生活，市场只是存在于大一统的计划经济的某些缝隙之中。经过十多年改革，现在大体是计划和市场调节各占一半，当然各个领域又不一样，工农业产品中农产品市场调节比重高些；工业品中日用消费品的市场调节比重较高些，工业生产资料的市场调节比重低些。那么，再经过五年、十年，应该怎样呢？我认为趋势是市场调节的比重还会增高一些，比如"八五"期间将增加若干个百分点，到"九五"期间2000年，再增加若干个百分点，当然任何时候都不能达到100%，因为总还有一些自然垄断性的产业与部门，一些供求弹性很小的重要产品等，还得由国家直接控制。至于"市场取向"的步子哪个领域大一点，哪个领域小一点，这要区别不同地区、部门、产品和经济部位，定出不同的规划来。我还以为，"国家调控市场，市场引导企业"这个改革的目标"公式"，在间接控制的领域还是适用的，而在直接控制领域不适用，所以，这个公式没有涵盖整个经济生活的意义。

四、辩证地处理好稳定、改革与发展的"三角关系"

记者：经过前一阶段的治理整顿，我们遏制了过热的发展势头，经济形势趋于稳定。今后十年要深化改革，如何避免前些年经济发展不稳的毛病，处理好稳定、改革与发展的关系呢？

刘国光：这里有一个长期稳定与近期稳定的关系问题。前两年，由于要解决治理整顿的一些紧迫问题，我们的改革步子不能大。我们得考虑到近期的经济稳定和社会稳定。但是，如果由于考虑当前的近期的稳定，必要的改革措施不敢出台，或已经形成的利益格局一点也不触动，要实现机制转换就很困难。由此会隐藏着、孕育着长期的不稳定。所以，一方面要加大改革的步伐，一方面又要注意近期稳定所能承受的能力。但是，在采取缓冲措施，包括行政上的补贴、行政管制时，应注意使这些措施不要妨碍中长期改革的进行，这关系到长期的稳定。至于稳定、改革、发展的关系，我们可以用两句话来概括："用改革来促进稳定（中长期的稳定）；在稳定中求发展。"这样，才能使国民经济持续、稳定、协调、高效地发展。注意，这里"高效"两字是我在"持续、稳定、协调"六字外另加的。"高效"表现国民经济素质、质量的提高，我们与发达国家展开竞赛，速度是一个方面，最终的是素质问题，包括劳动生产率、技术进步、管理水平、人的素质等等。20世纪90年代特别要强调这一点。

记者：那么，治理整顿与经济发展的关系有什么变化呢？

刘国光：《建议》中提出：在"八五"第一年或者更长一点的时间还要以治理整顿的任务为主，在治理整顿中开始执行"八五"计划规定的发展任务；然后转入发展为主，治理整顿还没完成的任务，比如六个目标的结构、效益、财政赤字等方面的问题一下子解决不了，应在发展和深化改革中继续完成。但治理整顿作为阶段性任务将在1991、1992两年后告一段落。而"发展"无非是三个问题：总量的稳定增长、结构的合理化、效益的提高。它们既是治理整顿的任务，也是发展任务题中应有之义，它们又要靠深化改革来推动。由此看来，治理整顿、深化改革和经济发展的关系是：治理整顿争取了近期稳定，稳定为改革创造了良好的环境，改革又为经济的长期稳定发展奠定体制的基础，而经济发展也要为改革创造一个相对宽松的环境，以利于改革措施的出台和实行。总之，改革既要注意近期稳定的承受力，也不能因为担心近期稳定，对必要的改革措施"足将进而趑趄，口将言而嗫嚅"。为近期稳定采取的措施，应避免为长期改革、深化改革设置障碍，应辩证地处理好这些关系。

记者：今天您在谈深化改革中很突出机制转换，我理解，机制转换会触及既有的利益格局，对人们的心理冲击较大，如何妥善处理好这个问题呢？

刘国光：是的，机制转化确实是一种触及利益格局的改革，难度很高，但不迈出实质性步子，破产法、政企分开、两权分离、分税制、利税分流、劳动人事制度、住房医疗制度等福利制度的改革都无从做起。我以为，对此，政治上要有决心和胆量，敢于触动利益格局，经济上则要有保证措施，如暗补改明补，配套进行社会保障制度的改革，等等，以尽量减少社会震动，保障社会稳定。而对于利益格局的触动，不仅限于增量上，而且也要考虑存量（既得利益）上的调整。一点也不动，我们就很难前进。

五、90年代改革开放的走向呈北移的趋势

记者：您对浦东开发在整个改革大局中的战略意义，有何见解？

刘国光：浦东开发是我国改革战略中的重要一步棋，这对带动开发长江腹地的资源优势、技术优势、人才优势是很重要的，对带动全国经济的发展也是很重要的。我感到，各地不能因浦东开发而互相攀比，向国家争优惠条件。国家的力量有限，到处"开发"，搞不起。浦东开发意味着改革发展的一种新趋向。如果说20世纪80年代、"六五""七五"期间，改革开放以华南最为活跃的话，那么，90年代改革走向将北移，可能在长江流域更为活跃，这对上海来说就是一个机遇。当然华南的改革也还在发展。

浦东开发也涉及与内地的关系问题，就是要处理好沿海与内地的矛盾。一部分人、一部分地区先富起来的政策还要坚持。贫穷不是社会主义，但少数人、少数地区富也不是社会主义。我们

不能忘记坚持共同富裕。这次七中全会精神强调这一点。当然我们不是搞"平调",但沿海地区的改革开放,要为带动内地共同富裕做出贡献。据说上海将以第三产业为中心搞改革开放,我以为值得试试,上海过去曾经是东亚的国际商业金融中心。上海还可以通过与外资合作与横向联系,突破股份制的难关,还有证券市场培育也要创造和积累经验。目前正在上海进行的住房制度改革很有意义。我认为,房改是20世纪90年代的大事,应作为大题目来搞。房改是大事可以从三个"大"来看:(1)它是改革上的大事,因为它是我国重要福利制度上的改革,若能打破缺口,就可以为其他福利制度的改革创造经验;(2)住房建设作为经济发展的枢纽产业,是发展中的大事,一些发达国家将建筑业、钢铁业、汽车业作为三大支柱产业足可以证明住房建设的地位;(3)也是人民生活中的大事,房改涉及每家每户,是人们消费结构变化的主导因素,住房问题又是我国达到2000年小康水平的主要内容。我们殷切希望,上海在房改等改革中为全国创造经验,这也是上海人民为90年代的全国发展和改革的一种奉献。

再论加大改革的分量*

——《经济社会体制比较》杂志记者专访
（1991年1月）

记者： 前些天，我们看到您在《经济日报》的答问录，您认为1990年是一个不平凡的年头，是我国经济发展重要转折的一年，我国经济的治理整顿已经取得了重要的阶段性成果。同时，您又认为治理整顿的任务还没有完成，更深层次的问题，即结构调整和提高效益的问题还远没有解决。我们想这正是人们最为关注的问题，希望能听到您的分析和意见。

刘国光： 回顾即将过去的一年，难道会有人怀疑治理整顿取得了阶段性成果吗？过热的经济降温了，通货膨胀控制住了，出现了有限的"买方市场"。但是，我们应该看到，几十年来，我国的经济长期未能摆脱"放、乱、收、死"的循环。今天治理整顿取得的重大成效来之不易，这为我们跳出"放、乱、收、死"的循环提供了一个良好的时机。在当前的经济形势下，如何彻底跳出这个怪圈，为我国经济的持续稳定协调发展铺平道路？我的看法仍然是，根本出路在于改革。应当不失时机地逐步加大改革的分量。

记者： 可是有人认为，当前的主要矛盾是市场疲软的问题，或者说，销售不畅吧，似乎您对此是有不同的看法的。

---

* 本文系《经济社会体制比较》记者肖梦、春霖的专访，发表于该刊1991年第1期。

刘国光：是的，我的确有些想法，今天可以借这个机会再次谈谈我对市场疲软的实质的认识。怎样看待当前存在的市场疲软？目前大致有两种看法：一种看法认为市场疲软主要是由于总需求紧缩过度，货币供应不足所致；另一种看法则认为市场疲软主要是由于不合理的产业结构、产品结构不适应我国经济调整以后的需求结构，因而属于结构问题。

首先要明确的是，市场疲软，或者说销售困难，是经济调整所不可避免的正常现象。当一个经济发展过热，总需求膨胀，通货膨胀率居高不下时，使经济降温，走上正轨的唯一办法是实行紧缩，而对需求高度旺盛的经济实行紧缩当然会造成市场的疲软，使销售发生困难。否则经济调整当然也就无从谈起了。多年来，人们对供不应求的卖方市场习以为常，治理整顿开始前我国经济过热又处于一种相当高的水平，这些因素极易使人们夸大市场疲软的严峻程度。我认为，市场疲软的问题也的确被夸大了。

客观地观察治理整顿两年以后的市场状况，不可否认，在许多场合，市场销售不畅的问题确实存在，需要正确对待和处理。这方面的议论和呼声已经很多了。然而，同样不可否认的事实是，当前的市场疲软并非全面的疲软，不仅不同产品的市场销售困难程度不同，而且还有一些产品的销售相当旺盛甚至很抢手。这就清楚地表明，市场疲软主要的是一种结构性疲软。我国经济结构多年来形成的失调和扭曲未能彻底消除，前几年的经济过热又造成了需求过旺、消费超前，需求的总水平中包括了虚假的幻觉，结构上则出现了扭曲。这种包含虚假成分的高需求水平加上扭曲的需求结构，通过一个不健全的市场信息系统对生产者的预期产生了影响，加剧了生产结构的扭曲。这种扭曲在经济过热的环境中被过旺的需求掩盖起来了，生产者在市场上看到的是消费者几乎到处在抢购家用电器和高档商品，产品质量差照样有人买。然而经济一旦紧缩，虚假的需求一旦消失，就会水落石出。

需求总水平下降，需求结构正常化之后，生产结构的扭曲就充分展现出来了。

确认市场疲软的实质是结构性疲软，就意味着结构调整才是解决问题的根本出路。当然，作为应急的和治表的措施，调整宏观控制的力度和方向，有选择地、适当地注入资金来刺激某些合理的需求，启动市场，都是必要的，并且已经收到了一些成效。然而，值得强调的是，市场疲软的实质是结构性疲软这一事实意味着，我国经济中并没有出现在其他国家经济中存在的稳态的有效需求不足，并没有由短缺经济转变为过剩经济，并没有从资源约束型经济转变为需求约束型经济。如果一味注入货币，希图以总量扩张为主要手段来启动市场，势必推动新一轮的通货膨胀，蹈入新一轮的"放、乱、收、死"循环。跳出这一循环的出路在于，在采取恰当措施调整宏观控制力度和方向的同时，尽快推动生产结构的调整。

记者：问题在于结构调整说了好多年了，为什么却收效甚微呢？

刘国光：结构调整自然是一项说起来容易做起来难的工程。在我看来，困难主要表现在两个方面：第一，能不能下决心花代价调整？第二，依托什么样的体制实现调整？20世纪90年代以来，我曾多次指出，我国经济四十年摆不脱大起大落的循环，原因有二：一是政策失误，二是机制缺陷。经过两年的治理整顿，前几年的政策失误已得到纠正，浅层次的问题已经解决。然而，机制缺陷问题并没有解决，现行的体制仍留有传统体制中推动需求膨胀和结构扭曲的弊病，治理整顿迄今主要是用行政手段把过热的需求压抑下来，一旦由于政策转向或机制缺陷导致需求再度膨胀，失去当前买方市场的条件，结构调整就又将成为一句空话。实现结构调整只能依托一种在改革中形成的新的体制，能不能下决心调整结构的问题在这个意义上也就是一个能不能下决心改革的问题。这不光是我一个人的意见，经济学界老前辈薛暮桥也提出要抓住时机调整，并认为此次调整应当小心谨慎，但也不要过分害怕。我想还有不少经济学家都是持这种看法的。

所谓过分害怕，下不了决心，是因为生产结构调整同社会经济稳定之间存在某种矛盾。调整结构必须触及一些人的既得利益，必须启动优胜劣汰的机制。否则，扭曲的生产结构中与合理需求结构相比已经过大的那部分生产能力就压不掉，效益低下、管理混乱的企业就垮不掉。因此，用落实"破产法"和坚决执行关、停、并、转的办法来实行结构调整，不可避免地会造成某些"不稳定"因素。

记者：这早就是一个两难的选择问题，决心是很难下的。我们曾听到某种批评说，人们现在幻想创造两个奇迹，一是没有优胜劣汰的价值规律，一是谁的利益也不触动的调整。其实，难于下决心就是担心造成某些"不稳定"因素。

刘国光：的确，稳定对我们来说是至关重要的，一旦失去稳定的社会经济环境，我们将一事无成。不过，必须强调的一点是，我们所要的稳定，不能只是近期的稳定，更重要的是长期的稳定。因此，我们必须提出一个问题：一个经济长期稳定的基础是什么？在我看来，除了避免政策上的失误之外，基础在于经济体制和运行机制。经济的运行及其稳定性是有其客观规律的，如果体制中包含着导致不稳定的机制缺陷，那么，无论人们的主观愿望如何，无论采用何种非经济措施，只要不能消除这些机制缺陷，经济的不稳定迟早总会降临，而且会反复出现。客观经济规律是无情的。从更深刻的意义上说，甚至政策失误也有其体制根源。四十年来，我们曾三番五次地批评盲目追求高速度的指导思想，然而，一旦气候适宜，盲目追求高速度和经济过热的病症却总是要卷土重来，这样的多次反复不是偶然的。

所以，我们无法回避一个严峻的选择：只要短期稳定还是更要长期稳定。如果不敢触动既得利益，不敢启动优胜劣汰机制，仅靠注入货币、刺激需求来维持那些应该淘汰的企业的生存，短期内也可以维持一个相对稳定的环境。然而，当需求扩张到对这些企业来说市场已不那么疲软，日子已经可以过得去的时候，稳定也就告一段落了。随之而来的必然是新一轮的通货膨胀和经济过热，也就是新一轮的不稳定。应当说，这绝非危言耸听。为了启动市场，已经投放了空前规模的流动资金贷款，如果再考虑到固定资产投资逐步到位，各方面大干快上的愿望和压力，那么人们不无理由担心：目前的经济形势中已经潜伏着物价再度快速上涨的危险。要避免长期发展中的不稳定，唯有抓住时机消除现行体制中存在的导致不稳定的机制缺陷。而这就势必要求我们敢于下决心触动一些既得利益，真正启动优胜劣汰机制。这样做在短期内会增加经济中的不稳定因素，却可以换来长期的稳定发展。对于短期内可能出现的不稳定因素，我们在采用临时性有效对策时，也要注意不为进一步深化改革增加障碍。总之，在稳定、发展与改革三者关系中，还是要抓改革这个关键环节：以改革来促进稳定，在稳定中求得发展，这样才能有真正的持续稳定发展。

记者："以改革来促进稳定，在稳定中求得发展"是您的一贯主张。您过去也曾多次强调过改革和建设都不能急于求成。不过，据我们所知，人们对您强调"不能急于求成"有一些不理解，从20世纪末实现四个现代化这一战略目标任务着眼，恐怕需要"只争朝夕"吧？而且，您刚才谈的看法中也贯穿着一种强烈的紧迫感，您可否就此进一步解释一下您的观点？

刘国光：很高兴你们能坦率地告诉我，有人对我的提法有不同意见。其实，急于求成与紧迫感可以说是一个主题的密不可分的两面。的确，我一向认为搞经济建设和改革都不能急于求成。所谓急于求成，就是说人们企图超越客观规律所构成的限制来达到自己的目的。因此，急于求成的实质是不尊重客观规律，主观脱离客观。从这个意义上说，不仅改革和建设，做任何事情都不能急于求成，都要尊重客观规律。经济发展有自己的客观规律，搞建设急于求成，违背客观经济规律，所造成的损失有目共睹。四十年来，急于求成的盲目性使我们丧失了多少时间？为了攀"高"求"快"而被迫进行国民经济大调整也不止一次了，其中的教训实在应当记取。经济体制的构成、运行和变迁也有其客观规律，改革也必须遵循这些规律，不能急于求成，这方面，我们前几年也吃过亏。改革必须遵循哪些规律？我们不涉及更多的，就拿其中很重要的一条来说吧：改革必须有一个相对宽松的经济环境。在经济过热、通货膨胀的紧张环境下，改革是不能成功的，这不仅是理论研究的结论，而且已为事实所证明。

当然，强调不能急于求成，只是强调要尊重客观规律，不要试图超越它的限制，而不是说凡事都可以拖上一万年。譬如医生治病，"伤筋动骨一百天"，讲的就是一种客观规律，要一个昨天才摔断腿的病人今天就下地走路，无疑是急于求成。但是，对一个躺在手术台上胸腔已经打开的病人，医生的手术就必须争分夺秒，尽快完成，而不能拖上十天半月，这是按客观规律办事，而不是急于求成。

记者： 现在我们理解您的意思了，您强调的是既要尊重客观规律，又要有紧迫感，可以这样说吗？

刘国光： 可以。不过要看到，要有紧迫感本身就意味着"尊重客观规律"，尤其是现在。我前面谈到，经济体制改革只有在一个相对宽松的环境下才可能成功，这是一条必须遵循的规律。我强调要不失时机地加大改革分量，就是说我们必须遵循这个规律。大家都知道，从时机上来说，目前这样一个相对宽松的经济环境并不是唾手可得的。传统体制的机制缺陷之一就在于它所包含的膨胀机制，改革虽已十一年了，但在现行体制中这种膨胀机制缺陷并未消除，某些方面还有待加强。1988年面临着这种机制缺陷和政策失误共同造成的过于紧张的经济环境，党中央决定实行治理整顿，以便为改革创造一个相对宽松的环境。在付出了巨大代价之后，这样一个环境已经大体形成。目前所说的"市场疲软"，在一定意义上意味着出现了供给略大于需求的有限买方市场，这正是改革所需要的，我们几年来努力以赴、梦寐以求的环境。可以说，这是推进改革的一个来之不易而又稍纵即逝的好时机。一年来，我们在改革方面已经采取一系列措施，比如，两次调整了汇率，铁路运价、农产品收购价也作了调整，重新放开一些商品的价格，等等。这些措施都不同程度地收到了良好效果，在此基础上，我们应当进一步加大改革的分量。因为目前这个好时机要长期维持下去是很费劲的，代价也是很大的。客观的经济规律要求我们必须果断地抓住这个宝贵时机来推进改革，否则就会犯和急于求成同样性质的错误，很可能后果更为严重。

记者：我们很赞同您的论点，在目前的经济形势下，在改革问题上的确应当有紧迫感。

刘国光：我说的实际上不仅仅是一个当前的问题。改革问题上的紧迫感实质上是在民族前途、社会主义事业的命运问题上的紧迫感，我想这一点值得特别强调。

记得十年前，小平同志曾就"目前的形势和任务"说过这样一段语重心长的话："我们要在本世纪实现四个现代化，从今年元旦起，只有二十年，就是80年代和90年代。如果四个现代化不在80年代做出决定性的成绩，那它就等于遭到了挫折。……二十年，时间看起来长，一晃就过去了。所以，我们从80年代第一天的元旦开始，就必须一天也不耽误，专心致志地、聚精会神地搞四个现代化建设。搞四个现代化建设这个总任务，我们是定下来了，决不允许再分散精力。"重温小平同志的告诫，对我们不是仍然具有强烈的震撼力吗？对今后的十年，不是依然有着明确的指导意义吗？只有抓住这十分关键的十年，也就是"八五"时期和20世纪90年代，集中力量用改革来理顺经济机制，搞好经济结构的调整，这样才能为90年代后期的经济振兴，为21世纪我国经济的大发展来准备经济体制和经济实力方面的条件。根据有关方面人士的测算，中国将在21世纪20—40年代相继进入人口三大高峰（总人口增长高峰、老年人口增长高峰、劳动年龄人口增长高峰）；自然资源将接近承载极限；再加上生态环境、粮食供需缺口等一系列长期制约因素，摆在我们面前的生存与发展的挑战是十分严峻的。因此，现实留给我们的未来回旋余地是狭小的，调整时间是很紧迫的，发展机会几乎可以说是最后的。

从社会主义的前途来说，我们也不能没有紧迫感。我还是要提小平同志十年前就讲过的话，他说："我们一定要、也一定能拿今后的大量事实来证明，社会主义制度优于资本主义制度。这要表现在许多方面，但首先要表现在经济发展的速度和效果方面。没有这一条，再吹牛也没有用。"事实证明，小平同志的论断是完全正确的。我们为什么能够渡过1989年的风波？其中很重要的一条就是我们经过十多年改革，经济取得了巨大成就，人民生活大大提高了。因此，广大工人农民是基本稳定的，他们所想的还是要巩固社会主义制度，改革社会主义制度！由此我们可以看得很清楚，制度是否优越最终还是要看经济情况，为了社会主义的前途、社会主义的命运，我们在改革问题上必须"只争朝夕"，而不能"足将进而趑趄，口将言而嗫嚅"。否则，很可能在为维持眼前稳定的同时，却不知不觉地丢失了长期稳定的基础。这样就将铸成根本性的大错。

记者：您这样来分析改革的紧迫感的确是很深刻的。不过，怎样推进改革，也是一个很大的课题。您主张不失时机地推进改革，那么在您看来，改革的目标和方向是什么呢？

刘国光：经济体制改革总的题目是要建立社会主义的有计划的商品经济新体制。从运行机制上说，就是要建立和健全计划经济与市场调节相结合的体制。改革的这个目标或基本方向，在经济理论界是一个已经解决的问题，也一再为党的十一届三中全会以来的一系列决议、文件所确认。传统体制是一种产品经济或自然经济的体制，以过度集权、排斥市场为根本特征。对这样一种排斥市场的传统体制进行改革，建立有计划的商品经济体制，改革的基本取向很自然的是市场取向。当然，这绝不是取向到资本主义的市场经济，而是以公有制为主体，有计划指导和宏观控制的市场取向。拿宏观调控体系来说，按"七五"建议和十三大报告的精神，改革的方向是要从以直接调控为主，转向以间接调控为主；宏观经济的管理，要从以直接的行政管理为主转向以间接的经济管理为主。所谓从直接管理、直接调控为主过渡到间接的经济管理、间接的调控为主是什么意思呢？我个人体会，就是政府对经济的调控要更多地利用市场机制，通过市场来调控。

从十一年改革的历程来看，什么是改革的正确取向也是非常清楚的。世界银行不久前搞的中国经济备忘录，说中国人采取了一个务实的改革政策，这十一年所取得的成就，是任何一个社会主义国家所不能比拟的。这话说对了，凡是最近到苏联、东欧去过的人都会得到鲜明的印象，中国市场是丰富的，这是我们十一年来市场取向的改革所取得的重大成就。回顾刚刚过去的历史，这些成就的取得是由于引入了更多的市场机制，还是由于强化了指令性计划、行政命令和"大锅饭"呢？看一看近年来我国经济中最具活力的沿海地区、开放地区以及农业、乡镇工业等部门，它们的经济活力不正是来自市场取向的改革吗？

在基本取向问题上，我认为有必要做的事情是破除两种迷信，坚持市场取向，但不能迷信市场；坚持计划经济，但不能迷信计划。一定要避免片面性，片面强调任何一方都是不妥当的，要把计划与市场两个方面很好地结合起来。这里我只想说明一点，现在我们研究和讨论计划和市场的关系，已经不是十一二年前的水平了。改革刚刚开始时讨论这个问题，要从计划与市场的ABC谈起。经过改革十一年的探索，我们不必再像过去一样，老是拘泥于某些字句的提法。而且，计划与市场本身的概念也有了很大的变化，比过去更加丰富了。这个问题我在别的场合讲过多次，不再重复了。既然我们对计划与市场内容的认识已大大改变，我认为我们不必再用老的观念在一些提法问题上进行烦琐的纠缠，而应当用更大的力气来总结改革十一年来的经验，从实质上来研究，计划和市场到底怎么结合，结合的方式、途径是怎样的，这个命题仍需继续努力，不断地寻求计划和市场融合的途径。

总之，在当前的经济形势下要彻底跳出"放、乱、收、死"的循环，使我国经济走上长期稳定持续发展的坦途，根本出路在于果断地抓住当前的有利时机，加大改革的分量，推进有计划指导和宏观控制的市场取向的改革。尽管这样做有一定的代价和风险，但舍此别无他途。

如何保证中国经济长期稳定发展*

——中华人民共和国国际广播电台记者专访
（1991年1月31日）

经过这两年的治理整顿，目前中国经济环境比较宽松，应抓住这个有利时机，逐步增加改革的分量，以保证中国经济能够长期稳定发展。

20世纪90年代，我们要实现国民生产总值第二个翻番，人民生活要从温饱转到小康水平。实现这一目标，经济速度的问题不是主要问题，只要保持每年6%的增长速度就可以了。主要是经济要比较稳定发展，不要大起大落。另外，更重要的是调整经济结构，使产业结构合理化，并提高经济效益。但是我们现在经济体制上的毛病，阻碍着经济的稳定发展，阻碍着经济结构的调整，阻碍着经济效益的提高，必须通过改革，克服经济体制上的缺陷，逐步建立新的经济体制，也就是有计划的商品经济新体制。

四十年来，中国经济常出现大起大落，不能长期稳定发展，主要有两个原因。

一个原因是政策失误，急于求成；另一个原因是经济机制本身有缺陷，企业吃大锅饭，负盈不负亏，大家都想多搞点投资，这样容易引起经济过热，到一定程度承受不住就得跌下来。经过这两年的治理整顿，把过去政策上那种急于求成的错误纠正过来

---

* 根据中华人民共和国国际广播电台记者林卫理的《时事报道》广播稿整理。

了，并提出要持续、稳定、协调发展的方针。但是光有正确指导思想还不够，还要改善机制，把经济机制中那种自我膨胀的缺陷克服过来，这样才能保证经济长期稳定地发展。

经济改革需要一个比较宽松的环境，经济速度不要太高，供求关系不要太紧张，这样改革才比较容易进行。现在，正是改革的好时机。

经过这两年的治理整顿，供求矛盾已经缓和下来，出现了相对宽松的环境，有利于我们进行改革。虽然现在也出现了一定程度的经济疲软，市场东西多了，有些商品卖不掉，积压较多，但是消费者心理比较稳定，不是见到东西就去抢购，而是在观望，在选择。在这种情况下，出台一些改革措施，比如调整物价，就不会引起太大的震动。

《中共中央关于制定国民经济和社会发展十年规划和"八五"计划的建议》提出，今后十年国民生产总值平均每年增长6%左右。这对经济改革是很有利的。

我们现在这个比较宽松的经济环境是经过两年多的治理整顿得来的，是来之不易的，所以我们要珍视，要充分利用，今后还要把它继续巩固下去。巩固之道就是要按照十年规划和"八五"计划要求的那样，使经济发展保持一个稳定的、不要太高的速度，把经济工作的重点放在调整结构、提高效益和转换机制上来，以保证国民经济能够持续、稳定、高效地向前发展。

中国经济体制改革充满机遇*

——《改革时报》记者专访

（1991年2月12日）

记者：1990年已经成为历史了。究竟怎样评价过去一年我国的经济体制改革，现在看来已是仁者见仁，智者见智，可谓众说纷纭。您是如何看待这个问题的？

刘国光：首先要说明的是，人们对1990年我国经济体制改革的评价不一，各抒己见，这本身就是一种正常现象，也是一种可喜的现象，百家争鸣嘛！从某种意义上说，很怕众口一词，一"花"独放。但是，只要论之有据，言之成理，有调查、有研究、有分析，而不是一叶障目或者站在局部的立场上片面地看问题，我想就能够得出大体一致而不是截然相反的结论。

记者：您对1990年我国经济体制改革作何评价呢？

刘国光：客观地说，1990年在治理整顿任务依然十分艰巨的条件下，经济体制改革非但没有停顿，反而在许多方面迈出了不小的步伐。比如在价格方面，出台了一系列调价措施，包括提高原盐出厂价和食盐零售价，提高糖料、油料、油脂收购价格，提高煤炭、原油、成品油、铁路和水路货运价格，提高洗衣粉、肥皂的零售价格和邮资费用价格等，据有关部门估计，这些措施共计年调价金额达600亿元以上，调价步子之大是历年所没有的；在金融方面，两次下调利率，开始注重运用利率杠杆调节国民经

---

* 本文系记者何德旭、蒋大中的专访稿，原载《改革时报》。

济活动，还有作为金融体制改革重要内容的证券市场也有了长足的进展——成立了我国大陆第一个证券交易所（上海证券交易所）。通过现代化的通信传输网络以连接全国主要城市证券公司终端的证券交易自动报价系统正式开通，以及众多信用评级公司的诞生，都使我国证券市场向标准化、规范化、科学化目标迈进了一大步；在外贸方面，人民币汇率的适时调整，外贸系统出口补贴的逐步取消，都是促使我国1990年国际收支状况明显改善的重要因素；在企业方面，承包经营责任制正在逐步完善，股份制试点进一步明确；还有在税收制度方面、计划体制方面等都有一些改革措施的出台，这些也都是有目共睹的。

记者： 有人认为1990年我国经济体制改革的步子并不算大，错过了一次极好的改革时机，您以为如何？

刘国光： 由于在1989年年底的时候，对1990年的物价上涨率估计过高（估计高达14%~16%），这在很大程度上就使我们在1990年的改革方面不敢采取大的动作，加上1990年的某些特殊原因，从近期稳定方面考虑过多，也不得不谨小慎微。这使我联想到，改革同电影、电视一样，也是一项遗憾的艺术，因为受主客观因素的影响，改革措施出台的时机、力度很难恰到好处。但总起来说，我认为我国经济体制改革在1990年还是抓住了时机，只不过是未能充分、有效地利用这次机会；尽管有些遗憾，但还是可以理解的。而且据我观察，目前这种机会并未完全错过，现在仍然可以利用机会进一步深化经济体制改革。

记者： 我记得大概是从1989年年底开始，您就在许多场合多次呼吁在治理整顿中要不失时机地加大改革分量，但从您上面介绍的情况来看，1990年经济体制改革的实际进展与您的预期尚有一定的距离。对此，您有何想法？

刘国光： 在治理整顿进行不久，我就非常明显地感到，不在深化改革方面下功夫，不仅治理整顿本身的任务难以完成，而且经济发展也将缺乏体制保证。所以，只要有机会，我就反复强调我的观点：治理整顿只是争取近期的稳定（当然是必要的）从而为改革创造一个比较良好的环境，改革又将为经济的长期稳定发展奠定体制基础，而经济发展也要为改革提供必要的条件以利于改革措施的出台和实行。在稳定、改革与发展三者关系中，稳定是条件，改革是手段，发展是目标，要通过改革来促进稳定，在稳定中求得发展。

当然，我说的改革，是有计划指导和宏观控制的市场取向的改革，是改革传统的以产品经济、自然经济为基础的高度集中的计划经济体制，向计划与市场相结合的有计划的商品经济新体制过渡，但绝不是走向以私有制为基础的、无政府的、盲目的市场经济。

值得庆幸的是，经过1990年各方面的共同努力，这些认识逐渐成为许多有识之士的共识，并再次得到肯定和确认。在1990年年底中国共产党十三届七中全会通过的《中共中央关于制定国民经济和社会发展十年规划和"八五"计划的建议》（以下简称《建议》）中，深化改革的分量是比较重的，可以说改革的精神是贯穿《建议》始终的。《建议》在总结过去十二年经济体制改革经验的基础上，指明了今后十年深化经济体制改革的方向、任务和措施。提出：在20世纪90年代初步建立社会主义有计划商品经济新体制；指令性计划的范围要缩小，指导性计划、市场调节的范围要扩大；在市场体系方面，要扩大生产资料市场，发展资金市场、技术市场、信息市场、劳务市场和房地产市场；在企业经营机制改革方面，搞活国营大中型企业被放到了很重要的位置，要坚决实行政企职责分开，所有权与经营权的分离；宏观管理体制实行直接管理与间接管理相结合，强调间接管理方向；围绕这些，还提出了价格、财政、税收、金融、计划、投资以及劳动工资等方面的改革目标。在我看来，这些都是非常正确和十分重要的，为我们今后十年的经济体制改革勾画了一幅宏伟的蓝图。

记者：您对1990年我国经济改革有什么总体评价？

刘国光：总的来看，1990年，在我国经济体制改革的历史上，是极不平凡的一年，也是值得深刻反思和认真总结的一年。这一年，我们本来预计继续面临通货膨胀的巨大压力，但物价涨幅却是出乎意料的低（仅有2%左右，是1984年以来的最低水平）；这一年，我们本来应该迈出更大一些的改革步伐，但改革的实际进展却不尽如人意；这一年，我国农业获得丰收，工商业逐步走出谷底，但市场结构性疲软迄今尚未明显好转；这一年，我们重新明确并确立了90年代经济体制改革的基本框架……回顾、反思不平凡的1990年，我们能够而且应该从中学到许多富有启迪意义的东西。

记者：您历来主张改革应该有一个相对宽松的环境。进入1991年，您认为我国经济体制改革面临一个什么样的环境？

刘国光：如果用一句话来概括，我认为，1991年对我国经济体制改革来说是充满机遇的一年。具体表现在：第一，经过两年多的治理整顿，我国经济中的浅层矛盾明显缓解，而多年积累下来的结构失衡、效益低下、体制扭曲等深层次矛盾远未解决；而解决深层次矛盾除深化改革之外别无选择。所以，这在客观上要求推进经济体制改革。第二，《建议》作为90年代我国经济体制改革的纲领性文献，为改革的推进指明了方向，使改革成为不可逆转的大趋势。第三，1990年社会总供求基本平衡、农业丰收、居民储蓄稳定增长（短期内不至于成为出笼的"老虎"冲击市场）、国际收支状况明显改善以及政治、社会的稳定等都为深化改革提供了更大的回旋余地。

与此同时，我们也应注意到，1991年经济体制改革同样面临诸多不利因素。一方面，潜在的通货膨胀压力加大，1990年为启动经济，银行贷款规模急剧扩大，再加上信贷资金使用效益差，致使货币超经济发行增加，不利于经济稳定；另一方面，财政困难加剧，1990年由于市场疲软，企业经济效益差，财政收入受到严重影响，而财政支出又呈刚性，使财政形势十分严峻；再一方面，改革必然触及既有的利益格局，而调整现存的利益格局是十分困难的。对此，我们一定要有清醒的认识，改革绝不是轻而易举，也不会是一帆风顺的事情。

记者：1990年6月份，您在接受本报记者专访时，曾谈到："在'八五'的前两年（1991—1992）还是要集中力量搞好治理整顿，改革也主要应围绕治理整顿来进行，并着重在稳定、充实、调整、改进和完善已有的各项改革。"现在看来，1991年作为"八五"计划的第一年，是否还应遵循这一原则来处理治理整顿与经济改革的关系？

刘国光：1991年是"八五"计划的第一年，也是治理整顿转入第二阶段后的关键年，尽管面临的调整、改革、发展的任务都十分艰巨，但仍然应把治理整顿放在首位，通过治理整顿为改革和发展创造良好的条件和环境，对此，《建议》也重申了这一点。《建议》指出，在"八五"第一年或者更长一点的时间内还要以治理整顿的任务为主，并在治理整顿中开始执行"八五"计划规定的发展任务，然后转入发展和改革为主。治理整顿还没有完成的任务，如结构扭曲、效益低下、财政赤字等方面的问题不可能一下子解决，应在发展和深化改革中继续完成。但治理整顿作为阶段的任务，将在1991、1992年告一段落。从"发展"的任务来看，主要是三个方面：总量平衡、结构合理和效益提高，它们无疑也是治理整顿的任务。所有这些任务的完成都要依靠深化改革。

记者：您认为1991年深化经济体制改革应该坚持什么原则或者说应该注意些什么问题？

刘国光：总结我国过去十二年的经济体制改革，经验是十分丰富的，教训也是相当深刻的，归纳起来，我觉得无论是在1991年还是在以后的经济体制改革过程中，至少应注意以下几点：一是不能急于求成。经济体制的构成、运行和变迁都有其客观规律，改革就必须遵循这些规律，而不能超越客观规律所构成的限制盲目行动。比如改革必须具备一个相对宽松的经济环境就是一条非常重要的规律，如果我们试图在经济过热、通货膨胀的紧张环境中推进改革，必然是事与愿违，难以成功，这已被无数事实所证明。二是要当机立断，不失时机。我强调不能急于求成，只是强调要尊重客观规律，而绝不是说凡事都可以拖上十年八年。对于改革来说，时机非常重要，因为一个好时机并不是唾手可得的，而长期维持或保存下去就更加困难，一方面是来之不易，一方面是稍纵即逝。所以改革必须当机立断，而绝不能犹豫不决；贻误改革时机就会犯同改革急于求成同样性质的错误，很可能损失更大、后果更为严重，这也是我反复强调在治理整顿中不失时机地加大改革分量的重要原因。三是要注重改革的配套衔接。改革作为一个极其复杂的系统工程，各子系统之间的联系异常紧密，各项改革如财政、金融、物价、企业、计划、外贸、劳动工资乃至社会保障等之间必须注意相互配套，协同推进，任何一项改革"孤军深入"都不可能成功。四是基于1990年过多的信贷投放和较多的货币供给使1991年的通货膨胀压力增加，因此，坚持总量紧缩并掌握好紧缩的力度仍是推进1991年经济体制改革的必要条件。五是由于我国财政一直面临着十分困难的局面，并且这种困难格局在短期内也不可能改变，所以，1991年乃至以后的改革要以改善而至少不是继续恶化财政状况为原则，在措施选择上也应多从增加财政收入，减少财政支出，增强财政宏观调控能力着眼，改革措施要着眼于理顺机制，绝不能再走放权让利的老路。

记者：基于上述指导思想和前面的形势判断，您认为在1991年我国应该迅速推进哪些方面的改革？并着手准备哪些方面的改革？

刘国光：鉴于1990年治理整顿的目标尚未全部达到，1991年后将继续进行治理整顿，这样，经济环境为我国1991年改革道路选择留下的空间就十分有限。所以，1991年经济体制改革自然不可能全方位展开；但这并不意味着在1991年改革完全无所作为，只要积极稳妥，我们仍有条件和可能在许多方面逐步加大改革的分量。

——价格改革是1991年最有条件深化的。其原因：一是连续两年的农业丰收，为物价稳定奠定了坚实的基础；二是经两年多的治理整顿，出现了相对宽松的市场环境；三是1988和1989两年过猛的物价上涨，提高了人们对物价上涨的心理承受能力；四是1990年物价上涨率的大幅度降低，又基本上消除了人们对通货膨胀的预期。因此，我觉得应抓住时机在1991年将价格改革向前大大推进一步。具体而言：（1）对目前已经出现供大于求的商品品种的价格，可以全部放开，对供求基本平衡的商品价格，也可以放开一部分，改变1990年价格只调不放的格局。据商业部最近对商品供求状况的抽样分析，供过于求的商品占25%，供求基本平衡的商品占60%。估计放开这两部分商品的价格不会对物价总水平产生太大的影响。（2）利用农业丰收的有利时机，改革农产品价格。对此可以有两种做法：一种做法是把粮食价格调整到销售价格与收购价格持平的幅度；另一种做法是减少城市居民的定量低价粮食供应（如2~2.5公斤）并相应较大幅度提高定量粮食供应部分的价格，这不会影响人民的基本生活需要（对低收入和特殊工种的居民家庭可以给予适当的补助）；至于对非居民定量供应粮食部分可以全部随行就市。（3）调整和放开部分生产资料价格，大幅度缩小生产资料"双轨"差距。比如对为数众多的

中国经济体制改革充满机遇

机械、电子等产品和供求平衡的原材料如水泥、玻璃等，可以放开价格变双轨为单轨；对于少数国家垄断经营的短缺而又重要的生产资料，如石油、煤炭、电力及重要有色金属产品等的价格，则可以调高价格。

——受制于财政体制和企业体制的银行体制，在1991年的改革措施上恐怕难以有大的动作，但这不排除在某些方面可以采取些行动提高金融效率，通过高效的组织和完备的制度及手段将储蓄有效地转化为投资，疏通"储蓄—投资"转化机制，提高资金的使用效益。比如：在坚持总量控制的前提下，大力调整资金投向，在压缩流动资金贷款的同时，适当增加固定资产贷款，并着力调整固定资产贷款结构，增加更新改造投资的比重；采取行之有效的措施，增强储蓄存款的约束力，鼓励长期储蓄；扩大企业债券和财政债券的发行，开发多种金融资产，促进证券市场的发展；划分政策性贷款和商业性贷款等。

——着手进行社会保障保险体制的改革。在一定意义上说，作为我国经济体制改革重要组成部分的社会保险体制改革的滞后，已经成为其他方面改革深化的主要障碍。由于缺乏切实可行的社会待业、贫困救济制度和养老、医疗保险基金制度，所以企业破产和工人失业都不可能，这样经济结构的调整和经济效益的提高也就成了一句空话。因此，着手建立社会保险保障制度已是当务之急，刻不容缓。

——加快住房制度改革步伐。住房制度改革的推进，不仅可以减少国家财政补贴、减轻财政负担，而且有利于回笼货币，筹集稳定的住房建设资金，同时还能够刺激住宅建设的发展，带动建筑业及与此有关的许多行业的发展，可谓一举数得。1991年应在总结房改试点经验的基础上，逐步推广。

——在企业改革方面，一是要继续完善和发展企业承包经营责任制，建立健全企业内在的约束机制，进一步解决好企业包盈不包亏的问题；二是要界定企业产权，坚持政企分开、两权分离的原则，继续搞好股份制、拍卖和破产以及税利分流、分税制的试点，并逐步扩大试点范围；三是在进一步完善国营企业承包制，管好用好国有资产的同时，适当调整政策，允许各种民营经济有较大的发展，为今后国营经济的进一步改革创造新的有利条件。

很显然，上述设想不可能全部在1991年完成，甚至有的不可能在1991年取得重大进展，而且改革内容也不仅限于我谈到的这些。

集中力量调整产业结构*

——《光明日报》记者专访稿
（1991年4月5日）

"八五"计划期间，能否使我国产业结构的调整取得明显成效，对于我国国民经济持续、稳定、协调发展，实现第二步战略目标，至关重要。记者就如何调整产业结构的问题，采访了中国社会科学院副院长、著名经济学家刘国光。刘国光深入分析了我国调整产业结构的难点，并提出了相应的对策。

刘国光强调指出，产业结构不合理，已成为制约我国经济持续、稳定、协调发展的重要因素。"八五"计划期间，我国应集中力量搞产业结构的调整。这既是为我国近期的经济发展之所急需，又是为20世纪90年代后期和21世纪我国经济的大发展奠定坚实的基础。

调整产业结构的主要任务

当谈到调整产业结构的任务时，刘国光认为，当前，产业结构失衡主要表现在农业、基础工业、基础设施和第三产业的发展滞后。调整产业结构，首先要处理好农业与工业之间、轻工业与重工业之间、基础工业与加工工业之间以及第三产业与其他部门之间的关系。

---

* 本文系《光明日报》记者王久英专访，发表于该报。

在工农业关系方面，近两年，农业虽然连续丰收，但基础不稳固。调整工农业关系的主要任务是，增强农业的基础和后劲，提高农业的综合生产能力。这主要通过三条途径来实现：一是稳定和完善农村家庭联产承包责任制，健全和完善统分结合的双层经营体制，建立健全农业社会化服务体系；二是抓好科技兴农、教育兴农；三是增加对农业的投入。此外，各个部门都应该加强对农业的支援。

在基础工业与加工工业的关系方面，前几年，我国加工工业发展过猛，重复建设、重复引进严重，但能源、原材料发展相对不足，致使生产能力放空。经过近几年的调整，矛盾虽然有所缓解，但从长期看，能源、原材料仍是短缺。解决这个问题的关键是，在投资上，对能源、原材料等基础工业，采取倾斜政策，尽可能增加对这些部门的投入。同时，通过技术改造和改善产业结构、产品结构，降低单位产品的能源和原材料消耗。

在轻工业与重工业的关系方面，过去十年，我国纠正了前几十年片面发展重工业的偏向，但现在重工业的发展有点不适应国民经济长期发展的需要，今后一段时间应当适当超前发展。这是因为：要加强交通、能源、原材料等基础产业，要对国民经济整体进行技术改造，农村工业化的需要，消费品结构的变化导致对冶金、化工原料需求的增加，以及城乡住宅建设适当增长要求建材生产相应跟上，等等。重工业发展适当超前，不仅是当前经济发展的需要，也是为21世纪的经济发展提供物质技术基础。

轻工业、加工工业主要是调整产品结构，提高产品质量，加速产品更新换代，适应出口创汇的需要。

第三产业应该进一步发展。我国第三产业比较落后，行业不全，服务程度低。目前，我国第三产业在国民生产总值中的比重不仅低于发达国家，也低于发展中国家的平均水平。我国第三产业占国民生产总值的26%，发达国家则已达到60%~70%。当前，特别应该加速流通领域的改革，解决买难卖难的问题。这主要包括商品流通、金融流通、信息流通等。应尽快建立高效畅通可调控的流通体系，提高整个国民经济的服务水平。

调整产业结构的主要难点

调整产业结构，既要克服调整各方面利益关系的阻力，又要消除经济体制和运行机制中的缺陷，当前应着重解决两方面的问题。

价格扭曲，是调整产业结构首先遇到的难点之一。这是因为：要鼓励发展的能源、原材料等基础工业，其产品价格偏低，甚至亏本经营；要限制发展的加工工业，其产品价高利大。在我国现行的价格体制下，要使资源从利润高的加工工业部门向利润低的基础工业部门转移，必然会遇到来自相关利益主体的阻力。

调整产业结构，涉及国家与地方、企业、职工个人利益关系的调整。地方、企业和职工个人既得利益的刚性，特别是地方利益，是调整产业结构遇到的难点之二。我国现行的财政包干体制，一方面调动了地方增收节支的积极性；另一方面又强化了地方的既得利益，国家很难根据宏观控制的需要进行产业结构的调整。各地方竭力控制本地资源，发展价高利大的加工工业。在供不应求时，争相到产区抢购原材料，发生各种"大战"；市场疲软时，又各自封锁市场。这既影响全国统一市场的形成和发展，又使各地方的产业结构趋同，难以发挥比较优势。在现行财政包干和政企不分的体制下，调整产业结构将使地方面临着一系列自身难以解决的矛盾：增加财政收入与基础工业利润低的矛盾；安置就业与基础工业就业岗位少的矛盾；所筹资金有限与基础工业所需资金较多的矛盾等。

在调整产业结构过程中，一部分不符合国家产业政策、效益低的企业将会关停并转，一部分职工将会待业。在我国社会保障体系尚未健全的条件下，这也会给产业结构的调整设置严重的障碍。

调整产业结构的主要对策

近几年的治理整顿，已经取得成效，总量不平衡的矛盾得到缓解，经济环境趋于宽松，调整产业结构的时机已经来临。目前，应抓住有利时机，克服困难，采取有效措施，集中力量搞结构调整。

对策之一，改革不合理的价格体制，理顺各种产品的比价关系。这主要包括两个方面：一是适当提高初级产品的价格，解决能源、原材料价格过低的问题；二是适当提高农产品的收购价格，加强农业自身的积累能力。因为工业体系基本建立后，也应当做到自我发展和自我完善，不再挤农业积累。

对策之二，实现财政包干制向分税制的过渡，理顺国家与地方之间的关系。我国中央与地方的财政关系，应该在明确划分各自职能的基础上，对财政收入进行分割，将事权与财权统一起来。各地方政府的职能应该是发展基础设施和公用事业，为经济发展创造良好的环境，让企业按照市场需要进行生产，而不应该是自己去搞投资，搞工商业。实行分税制，一方面可以稳定中央、地方的财力分配关系；另一方面有利于削弱条块分割，促进经济发展的横向联合，完善市场体系。

对策之三，推动企业的联合、改组和兼并。对于不符合产业政策，效益又低的企业，实行关停并转，绝不能单纯用扩大需求的办法，使那些该压的企业和产品继续发展。某些产品积压，正是迫使生产那些产品的企业关停并转的信号。否则，产业结构的调整将无法进行。

对策之四，通过完善社会保障事业，理顺国家与职工个人的关系。对于待业职工，主要是通过开展职业培训、改革就业制度、扩大待业保险范围等，使其基本生活有保障，并为调整产业结构和提高职工素质创造条件。

调整产业结构，必须利用价值规律。无论是建立合理的价格体系，还是调整各方面的利益关系，都只有通过价值规律的作用才能实现。在价值规律的作用下，那些符合国家的产业政策，效益好的企业，就可以用高质低价的产品占领市场，那些效益差的企业则会被淘汰。这既可以避免效益差的企业继续存在和发展，又可以减弱地方对结构调整的阻力。在价值规律的作用下，资源才能遵循产业结构变动的基本规律，从利润率低的部门向利润率高的部门转移，从而使产业结构趋于合理化。

调整产业结构，必须实行计划与市场调节相结合的原则。在调整产业结构方面，计划与市场可以结合得最密切。在我国有计划的商品经济条件下，对于国民经济的重大比例关系，影响国民经济全局的生产建设投资，必须有计划调节，由计划指导产业政策的实施。强制性的行政干预之所以必要，是因为在有些场合，为了全局的长远利益，不可能完全按照市场供求和价值规律的要求办事。对于各个部门和产品的内部结构，要通过市场调节，使其趋于合理化。

当然，计划调节也要考虑价值规律的要求。这是因为，过去我国的产业结构比较简单，人们最基本的生活需要比较容易满足，只要通过计划调整国民经济的主要比例关系，就会取得明显成效。现在，人们的生活水平普遍提高了，需求越来越复杂，结构问题已经深入到行业内部和产品内部，仅靠计划调节已不能胜任。制订计划，若不考虑价值规律的要求，同样会出现失控。

调整产业结构，必须经济措施与行政手段相结合。调整产业结构，不可能不触及各个方面的利益。调整各方面利益关系的原则是，既要照顾各个方面的利益，又要毫不动摇地坚持局部利益服从全局利益，眼前利益服从长远利益。经济稳定是社会和政治稳定的基础，不能只顾近期稳定，不顾我们国家的长治久安。否则，就会贻误我国目前出现的调整产业结构的大好时机。

计划与市场问题的若干思考[*]

（1991年5月4日）

一、关于加大改革分量

党的十三届七中全会通过的十年规划与"八五"计划《中共中央关于制定国民经济和社会发展十年规划和八五计划的建议》（以下简称《建议》）和七届人大四次会议通过的《关于国民经济和社会发展十年规划和第八个五年计划纲要》（以下简称《纲要》），把建立社会主义有计划商品经济新体制和计划经济与市场调节相结合的经济运行机制，作为今后十年我国经济发展战略的一项基本要求。不久前举行的全国经济体制工作会议文件指出，要抓住时机，因势利导，加强对改革的领导，加大改革的分量。"加大改革分量"，有时叫作"加大改革力度"，也有的叫作"进一步加快改革步伐"，意思都是一样，现在已经成为举国上下一致的共识。这是两年多来治理整顿的必然结果，也是进一步治理整顿和今后十年经济发展的客观要求。现在提出加大改革分量，当然不是也不应该是低估治理整顿的重要意义和成效。在治理整顿期间，我们坚持改革的方针并未改变，不少改革措施保持了稳定性和连续性，并且在理顺价格等方面陆续出台了一些比较显著的改革措施。经过治理整顿，社会总需求与总供给失衡状

---

* 在全国计划学会第二次代表大会上的发言，原载房维中主编：《计划经济与市场经济如何结合的探索》，中国计划出版社1991年版。

态已有改善，国民经济总体上向着好的方向发展。如果说在治理整顿的初始阶段，为了解决使过热经济迅速降温这样一类比较浅层次的问题，有必要多采取一些行政手段和比较集中的措施，那么在治理整顿的后续阶段中，为了解决经济结构中比较深层次的问题，就需要采取更多的经济办法，更多地涉及经济体制和机制本身的改革，因此要适时加大改革分量。

加大改革分量不仅是治理整顿取得更大成功的重要一着，而且也是实现20世纪90年代我国经济社会发展战略目标的必由之路。"八五"时期和整个90年代我国经济发展的着重点：一是在总量上保持平衡和持续稳定增长；二是在结构上实现协调发展，实现结构的合理化和现代化；三是在效益上要致力于国民经济整体素质的提高。稳定增长也好，调整结构也好，提高效益也好，关键都在于经济机制。经济机制不理顺，90年代的上述几项任务都不好解决。所以，文章最后要落到加大改革分量、实现机制转换上来。经过治理整顿，出现了相对宽松的经济环境，这也为进一步加大改革分量创造了一个十分有利的条件。我们应当紧紧抓住这个有利时机，并且在今后"八五"和十年的发展速度和建设规模的安排上，注意保持和巩固得来不易的相对宽松环境，把我国的经济体制尽快地转到有计划的商品经济的新体制轨道上去。

《建议》和《纲要》在形成过程中，吸收了各方面的意见，包括加大改革分量的意见。如果把现在公布的《建议》和《纲要》有关改革的部分，同研究"八五"计划与十年规划基本思路时的认识相比，同治理整顿前一阶段的认识相比，可以看出改革方向的分量确实加大了不少。所谓加大分量不一定是表现在字数上，而是表现在内容上。下面我举几点前些时候人们思想上不大明确，而这次《建议》和《纲要》中重新明确和进一步明确了的问题。

第一，《建议》和《纲要》明确提出了"今后十年要建立有计划商品经济的新体制"。关于在不长的时期内建立有中国特色的新体制的问题，早在中共中央关于"七五"计划"建议"中就已经提出了，当时说"力争在5年或更长一些时间建立新体制的基础"。所谓"更长一些时间"究竟多长，那时并没有界定。众所周知，后来的改革进程遇到了一些曲折，人们对于何时才能基本建成新经济体制，思想上也有些模糊。这次《建议》和《纲要》根据前几年改革的曲折历程和新的情况，明确提出了要在今后十年即20世纪内初步建立新的经济体制和运行机制，这是很鼓舞人心的。

第二，在计划经济与市场调节的关系上，有关指令性计划、指导性计划和市场调节这三种经济管理形式之间的关系，过去曾经确定的缩小指令性计划范围，扩大指导性计划和市场调节范围的改革方向，有一段时间没有提了，只强调要根据不同情况适时调整三者的配比关系。这次《建议》和《纲要》重申了缩小指令性计划、扩大指导性计划和市场调节的提法，澄清了人们对这一问题的疑虑。

第三，与上述的变化相应，在价格问题上，《建议》和《纲要》重新强调了物价改革的目的不仅是理顺价格，更重要的是建立合理的价格形成机制，除了少数重要产品价格由国家掌握管理外，大量的一般商品和劳务的价格将要由市场调节。

第四，在市场问题上，前一段时期曾经强调要扩大国家掌握物资的数量，现在重新提出扩大生产资料市场，并进一步明确提出要发展包括资金市场、技术市场、信息市场、房地产市场和劳务市场在内的生产要素市场，使之与商品市场的发展相协调。

第五，在企业改革方面，除了继续完善承包责任制外，重新提出"政企分开、两权分离"的原则作为企业改革的方向，这是一个带有根本性的问题。能不能真正实现政企分开并妥善解决两权分离中的产权组织和经营机制问题，关系到企业改革的成败乃至整个经济体制改革的成败。重新明确企业改革的这个方向是十分必要的。

第六，在宏观经济管理问题上，过去"七五"计划《建议》中开始提出的宏观管理要从直接调控为主向间接调控为主过渡，也有一段时期没有提了。这次《纲要》重新提出直接管理要同间接管理相结合，并强调要注重间接管理。不久前全国体制改革工作会议，更明白地肯定了要向间接管理为主过渡的宏观经济管理的改革方向。

第七，与各项改革相配合，着重强调了包括住房商品化在内的社会福利和社会保障制度的改革，等等。

总起来看，"八五"计划和十年规划的《建议》和《纲要》，以及不久前召开的全国体制改革工作会议有关文件，对于改革方面的阐述，可以明显看出加大改革分量的精神。它消除了前一时期人们对于改革的某些疑虑，增强了人们坚持改革的信心。说改革的分量加大了，主要就表现在上面所列举的以及没有列举的一系列加快改革的方针和措施上。这些方针措施总的精神就是根据发展社会主义有计划商品经济的要求，在坚持计划经济原则的同时，强调更多地运用市场机制、扩大市场调节范围，转向间接调控为主的宏观管理体制。

二、改革的市场导向

上述加大市场机制作用的改革取向，过去经济学界不少同志称之为"市场取向"的改革。从总体上讲，改革使我们的经济体制所起的变化，就是从过去的自然经济、产品经济为基础的、排斥市场的、过度集中的计划经济体制，向着计划与市场相结合的、有计划的商品经济新体制过渡。从一定意义上讲，这样一种改革不是不可以看作市场取向的改革。改革的成果，首先就表现在我国的计划经济在市场取向上的进步。我们知道，改革前，由于所有制结构的单一化，"越大、越公、越纯"越好，那时经济运行机制实行的主要是指令性计划管理和直接的行政控制，这种体制在本性上就是排斥市场和市场机制作用的。改革以后，我国的所有制结构出现了以公有制为主体的多元结构，公有制内部企业自主权有了扩大，这就为它们能够按照市场规律进行活动提供了一定的条件。同时，我们的市场体系、市场机制也开始逐渐发育成长，宏观管理开始注重间接管理。所谓"间接管理"，无非是通过市场、利用市场手段和价值杠杆来进行的管理。这些变化处处表现了改革的过程就是市场取向不断扩大和深化的过程。当然这里所说的"市场取向"，不是以私有制为基础的，而是以公有制为主体的；不是取向到无政府主义的盲目的市场经济中去，而是取向到有计划指导和有宏观控制的市场体系中去。有的同志把"市场取向"作为与"计划取向"相对立的概念，赋予前者所没有的"反计划"的含义，这至少是出于一种不甚精确的理解。

　　过去十多年改革的进展和成就，究竟是加强行政指令计划的结果呢？还是扩大市场作用的结果？看来答案还是偏向后者。如果我们考察比较一下，就可以看出这个答案恐怕是不错的。拿中国的改革同苏联东欧过去的改革相比，为什么中国改革以来经济生活变得相当活跃，市场商品十分丰富，人民生活得到实惠；而苏联东欧却没有做到这一点，苏联和东欧一些国家现在经济十分困难，市场商品比过去更为匮乏，为什么出现这种情况？撇开其他政治经济因素不说，很重要的一条就是这些年来中国进行了比较认真的市场取向的改革，尽管遇到了这样那样的困难和问题，但在改革中取得了真正切实的进步；而比如苏联前几年尽管改革的口号提了不少，但并没有真正认真地搞市场取向的改革。最近某些学者又来个大转弯，曾经想用300天、500天进入市场经济，看来困难很大而未果。从我们国内看，哪个地区、哪个部门、哪个企业的市场取向越大，经济就越活跃。最近经济回升中也是这种情况，回升比较快的省份、部门和地区，主要是与市场联系比较密切的部分，而离市场关系比较远的、渗入市场比较少、利用市场比较差的部分，回升就慢一些。这些都是明摆着的事实，不能回避的。这样看来，今后十年的改革，应当继续朝着前十一二年走过来的改革道路前进，就是要继续发展有计划指导、有宏观控制的市场取向的改革，在前十一二年已经取得相当程度发展的基础上，把这种改革推向前进。

改革前，我国行政性的计划管理几乎覆盖了全部经济生活，市场只存在于大一统的计划管理的某些缝隙之中。经过十多年的改革，就微观经济管理层次来说，现在计划调节与市场调节在国民经济中的领地大约各占一半，有人说市场调节部分的比例实际上已占了一多半。当然，各个领域不大一样，工农业产品中，农副产品的市场调节比重高些，工业消费品的市场调节比重次之，工业生产资料的市场调节比重低些。现在各地情况还在不断地变化，前几天报载中国最大的工业城市上海市生产资料物资流通中，依靠市场的部分达到70%，依靠计划的部分只有30%。现在很自然地提出一个问题，就是经过"八五"计划、"九五"计划，即5年、10年以后，计划与市场的配比关系会变成怎样呢？这个问题也是不能回避的，事实上，《建议》和《纲要》已做了回答，就是市场调节的范围（以及与市场因素连接更紧的指导性计划的范围）将要进一步扩大。就是说，市场调节的范围要从现在大约占一多半的基础上，"八五"期间将增加若干个百分点，到"九五"期末的2000年，再增加若干个百分点，最后达到多少，现在还很难说，但总的趋势是清楚的。我的看法是，即使到了十年末尾初步建成了有计划商品经济新体制的时候，不要说宏观经济管理领域始终将是国家计划调节的天然领地，拿微观经济领域来说，市场调节的范围不能也不应该扩大到百分之百的覆盖程度。因为，尽管将来宏观管理在新体制中达到了间接调控为主，毕竟"为主"还不是"全部"，国民经济中总还有一些关键性的部位、环节，一些自然垄断性的产业和部门，一些供求弹性极小的重要产品和服务等，还需国家直接管理起来。至于市场取向的步子哪里大点，哪里小点，这要区别不同地区、部门、产品，区别不同的情况，定出不同的规划，做出不同的安排，这当然是毫无疑义的。

三、实行市场取向，但不要迷信市场；坚持计划经济，但不要迷信计划

建立有计划的商品经济新体制和计划经济与市场调节相结合的经济运行机制，其目的就是如党的十三届七中全会文件所讲的，要把计划与市场两者的优点和长处都发挥出来。计划的长处就是能在全社会范围集中必要的财力物力人力，干几件大事，并且可以调节收入分配，保持社会公正。市场的长处就是能够通过竞争和优胜劣汰的机制，来促进技术和管理的进步，实现产需衔接。把这两方面的长处都发挥出来，这是从理论上讲计划与市场两者结合的好处。但是在实践中，两者往往结合得不好，不是把两者的优点和长处结合起来，而是把两者的缺陷和短处结合在一起了；或者我们主观上是要把计划和市场很好地结合起来，实际经济生活中却出现了既无计划，或者有计划而贯彻执行不下去；又无市场，优胜劣汰的竞争机制根本运转不起来。所以，在讨论建立计划经济与市场调节相结合的经济运行机制问题的时候，我提出两条意见：一条是我们要坚持计划经济，但不要迷信计划；另一条是我们要推进市场导向的改革，但不能迷信市场。总之，要破除两种迷信。首先讲讲不要迷信市场。

所谓市场调节，就是亚当·斯密说的"看不见的手"在调

节，价值规律在自发调节。我们应当重视价值规律，但不要认为价值规律自己能够把一切事情弄好，我们就把一切事情让给价值规律自行去调节。我想，有这么几件事是不能完全交给价值规律去管的：第一，经济总量的平衡。如果这件事完全让市场和价值规律自发去管，结果只能是来回的周期震动和频发的经济危机。第二，大的经济结构的调整。我们希望在一个较短的历史时期内，比如说在10年、20年、30年内以比较小的代价，实现我国产业结构的现代化、高度化。通过市场机制配置资源的自发途径，不是不可能做到这一点，但这将是一个十分缓慢的过程，要经过多次大的反复、危机，可能要付出很大的代价。我们等不起这么长时间的拖延，也花不起那么沉重的代价。第三，公平竞争问题。认为市场能够保证完全竞争，不过是一种神话，即使在自由资本主义时代也不可能。市场的规律是大鱼吃小鱼，必然引向垄断和不公平竞争。针对这种情况，连西方资本主义国家政府也制定反垄断法，保护公平竞争法，等等。第四，有关生态平衡、环境保护，以及经济学上讲的"外部不经济"的问题。对这一类问题的处理，市场机制是无能的，甚至是有害的，如果完全听凭市场自发起作用，那就会带来危害社会利益乃至子孙后代利益的后果。第五，公正与效率的关系问题。市场不可能实现真正的社会公正，市场只能实行等价交换和一定程度的平等竞争，这有利于促进效率提高。但是，市场自发的作用，必然带来社会两极分化，贫富悬殊。现在，在市场取向的改革过程中，这方面已经出现了某些苗头，引起社会的不安，影响人们的积极性。对此政府不能不注意，要采取有效措施，防止这种现象的恶性发展。

　　由此可以看出，至少有以上列举的几个领域，是不能完全放任交给市场那只"看不见的手"去操纵的，还必须有看得见的手，即国家计划和政府管理，来干预这些事情。所谓完全的、纯粹的市场经济，根本不是我们市场取向的改革方向。这种市场经济在西方资本主义国家中也在变化，通过政府的政策或计划干预，使之变成不那么完全、不那么典型的市场经济。提出完全市场化的改革主张，撇开意识形态方面不说，至少也是一种幼稚的想法。我们实行的是社会主义的有计划商品经济，在市场取向的改革中，就更不能迷信市场，要重视国家计划和宏观调控的指导作用，也就是要看到陈云同志所讲的"笼子"的重要作用。

1990年夏天，我在一次座谈会上讲了自己对于陈云同志经济思想的体会，提到陈云同志曾把计划与市场的关系比喻为笼子和鸟的关系，我说，这个比喻引起了海内外人士探讨的兴趣。后来《人民日报》发表了这个讲话，招来了海外报刊很多非议，称之为"鸟笼经济理论"。一些外国人士就这个问题纷纷进一步探询我的看法。我说，这有什么大惊小怪，哪一个国家管理经济都要有笼子，国家财政收支预算就是一个很硬的笼子。1990年由于美国国会和总统在几个月里未能就预算取得一致意见，10月初有好几天人们不知道美国政府是否付得起它的工作人员的工薪，国家公园和养老金管理当局面临关闭的危险，在纽约港口的"自由女神"也不得不向一切游人关闭了两天。那时我和社会科学院一个代表团正在旧金山访问，差一点遇到机场关闭不能按期飞行的危险。我对访问我的外国人说，西方国家的货币政策、财政政策，都有笼子的味道。联邦储备银行的利息率一提高，经济活动的笼子就缩小，因为投资成本提高了；利息率一降低，银根一放松，经济活动的笼子就放大了。计划的笼子可大可小，这要看部门、产品等具体情况而定。再者，笼子可以用不同的材料来做。它可以是用钢铁做的，是刚性的；也可以是塑料、橡皮做的，是有弹性的。指令性计划就是刚性的，指导性计划、政策性计划就是弹性的。我在美国看到政府管理经济的笼子，有的比我们实行计划经济的国家还要硬实。比如对城市的"增长管理"，为城市的扩张画一个圈子，只准在圈子内开发，圈子外开发要课以禁止性的高税。俄勒冈州就是这么做的。那圈子真是个笼子。把话题转回来，就是我们在实行市场取向的改革时不能迷信市场，不能忽视必要的计划指导和政府管理的作用，也就是不能忽视必要的笼子的作用。为此，我们实行市场取向的改革，本来就应当包含计划体制改革，注意加强有效的计划管理。

另一方面，我们要坚持计划经济，但也要注意不能迷信计划。迷信计划同样会犯错误。计划经济只是在公有制的基础上，提供了自觉地按比例发展的可能性，但它并不保证经常按比例发展的必然性。如果计划工作不考虑市场供求和价值规律，它同样会出现失控、失误，这方面我们的经验教训很多。在我们过去传统的计划经济中，不止一次地出现重大的比例失调，大起大落。在改革的过程中也出现过宏观失控。我国这些年，县以上固定资产投资项目审批权都在各级政府手里，都是经由各级计划机构来审批的。我们现在有一百六十多条彩电生产线，九十多条电冰箱生产线，许许多多乳胶手套生产线、啤酒生产线等，许多生产线的重复引进，盲目上马，不是各级计划部门、各级政府审批的吗？同样发生失控。要看到，计划工作也是人做的工作，凡人难免有局限性，计划工作难免有局限性，有许多不容易克服的矛盾。比如主观与客观的矛盾，这是计划工作中的一个主要矛盾。一是由于主观认识上存在局限性，对于客观情势的认识、对于客观规律的认识，都会有局限性，在这方面我们曾经犯过诸如脱离国情、超越国力、急于求成的错误。二是由于客观信息上的局限性。计划工作要依靠信息，而信息的收集与传递，任何时候都不可能完善，即使将来电子计算机经过几次更新换代，性能更高了、更普及了，也不可能把所有的经济信息及时搜集、加工、处理。三是在利益关系上、观察问题的立场和角度上也有局限性。因为计划机构、宏观管理机构，不是属于这个地区就是属于那个地区，不是属于这个部门就是属于那个部门，不是站在这个角度就是站在那个角度，他们各自代表一定的利益关系，受到一定利益关系的约束，政府领导和计划工作人员不可能是万能无误的。上述各种局限性都使他们的行为不能完全符合而可能大大偏离客观情势和客观规律，造成计划工作和宏观管理工作的失误。所以，坚持计划经济必须不断提高我们自己的认识水平和觉悟水平，不断改进改善我们的计划工作，使计划工作符合客观规律和客观情势的要求，特别是要考虑市场供求情势和价值规律的要求。

总之，我们要坚持计划经济，但不能迷信计划；我们要实行市场取向的改革，但不能迷信市场。通过计划与市场的结合，我们不仅要发挥两者的优点和长处，还要克服两者的缺陷和短处。这当然是个非常复杂的任务，需要做很多方面的探索研究。需要我们的计划部门、财政部门、银行部门，还有市场部门、商业部门、物资部门等各方面的共同努力，逐步解决好这个问题。

四、一些理论概念问题

计划与市场的关系，不是一个新问题。党的十一届三中全会以来，我们不断地讨论这个问题，已有12年了。往前上溯，1956年陈云同志在我国社会主义改造基本完成的时候，首先提出了这个问题；再往前上溯，20世纪20年代，苏联实行新经济政策的时候，也曾遇到过这个问题。我国自实行改革以来，一些重要的会议，一些重要的讲话，一些经济学者的讨论文章，对于计划与市场的关系，前后有一些不同的提法。比如说有过"计划调节与市场调节相结合"的提法，有过"计划机制与市场机制相结合"的提法，有过"计划经济与市场经济相结合"的提法，很多人把这些提法简化为"计划与市场相结合"。1989年6月19日以来，官方文件定为"计划经济与市场调节相结合"这样一个提法。中共十三届七中全会文件中在讲到这个问题的时候说，对计划经济与市场调节必须而且能够结合这一点，我们在制定或者执行政策的时候，不应该再有怀疑和动摇了，至于学术界专家学者有不同的看法可以保留自己的观点。我觉得这个意见讲得很好，我很赞成。我在1983年写的一篇文章中说过，计划与市场的关系问题，是一个世界性的问题，也是一个要长期讨论下去的问题。对于计划与市场关系的一些比较具体的做法、具体的提法，我们不必急忙做出结论来约束后人，也不必约束当代人的理论探索。实际上这个问题我们只宜通过实践，不断地探索，找出适合于当时条件的答案。比如在经济治理整顿时期对这个问题的答案，就会不同于经济正常发展时期的答案。现在没有一位大改革家或者大理论家敢说他已经把计划与市场关系问题解决好了，解决完了，因为人类历史的发展还没有成熟到这个程度来完全彻底地解决好这个问题。但是在实际工作中要有一个准绳、一个规范的说法，所以还是应当按照中央的提法去执行，不要再有任何怀疑和动摇。这不妨碍在理论上不下最后定论，不妨碍学术上的百家争鸣。

计划与市场问题的若干思考

比如，最近争论较多的这样的一个问题，尽管有些敏感，但我以为不是不可以继续讨论的，就是能不能提"社会主义市场经济"，"市场经济"是资本主义社会专有的概念，还是社会化生产和商品经济社会可以共有的概念？如果回顾一下，过去孙冶方提出社会主义利润概念时引起的争论和后来的结局，再回顾一下，改革初期对社会主义经济只可提"商品生产和商品交换"而不能提"商品经济"时所引起的争论和后来的结局，就不难预见"市场经济"这一概念最后能否在社会主义政治经济学中落户，或者只能成为被否定的少数经济学者的偏执之见。不要说社会主义市场经济的概念难以被广泛接受，就连社会主义商品经济和市场调节的概念，过去在社会主义政治经济学中也是站不住脚的。随着改革的前进，我们不断刷新理论认识，不断丰富社会主义政治经济学的内容。我们逐渐认识到，社会主义经济是公有制基础上的有计划商品经济，需要市场调节，需要把市场同计划结合起来，于是出现了种种不同的计划与市场关系的提法。

现在我们研究讨论计划与市场关系问题，已经不是十一二年以前的水平了。十一二年以前，改革刚刚开始时讨论这个问题，要从计划与市场概念的ABC谈起。现在经过十一二年的探索，我们不必那么讲了，而且计划和市场两个概念本身也有了很大的变化，其内容比过去更加丰富了。拿计划概念来说，过去认为，第一，计划只能是指令性计划，斯大林说过，计划不是预测，计划是命令，必须完成。第二，计划是无所不包的，是管制一切的，宏观要管，微观也要管，人、财、物，产、供、销，都要管。第三，计划就是指标管理，而且主要是实物指标的管理，如生产指标、调拨指标，规定你生产多少某种产品，分配你多少某种物资，通过这些实物指标来体现计划。现在，我们的计划概念已大大变化和丰富了：第一，计划不单单是指令性的，还是指导性计划、政策性计划，比如产业政策也是一种计划指导嘛。第二，计划不是无所不包的，国家计划应当只管大的问题，管宏观的问题；至于微观的、企业的问题，主要应让市场、让企业自己去管。第三，计划主要不是或者不完全是指标管理，即使有指标管理，主要也不是实物指标，而是价值指标。当然，有些少数重要的部类、部门、企业方面还需要某些实物指标，但国家计划主要抓的应当是总量的控制、大的结构控制。如总需求与总供给的平衡，农、轻、重三大产业的结构；又如投资、消费，等等，这些都要用价值指标来体现。同时，实现总量控制和结构调整，也需要价格杠杆，要用价格、利率、汇率、税率这些工具，从实物指标为主转为价值指标为主，大大改变了计划概念的内容。

同样，我们现在所理解的市场，也同十一二年以前的理解大不一样。第一，过去认为，市场和公有制是不相容的，只能以私有制为基础。现在认为，不仅仅私有制才有市场，也不仅仅资本主义才有市场，公有制经济也可以有并且需要有市场的运作，市场与公有制是相容且可以结合的。市场、市场机制、市场调节，都是社会化生产和商品经济发展的产物，它们与计划、计划机制、计划调节，都是资源配置的不同方式，不是区别资本主义与社会主义的标准。社会主义之所以区别于资本主义，不在于这些市场概念，还是要按照小平同志历来讲的两条：一条是公有制为主体，一条是共同富裕。第二，过去认为市场只能是无政府的、盲目的，是同计划相对立的、不相容的。你要加强计划，就要减少市场；你要发展市场，就要缩小计划。现在认为，市场不一定是无政府的、盲目的，它可以是有计划指导和有宏观控制的，因而计划和市场是可以相互结合的。第三，过去认为，商品市场如果有的话，只是存在于计划经济的缝隙中作为补充的部分，是很小的一部分消费品市场，而很大一部分消费品要凭票证定量供应，那不是真正意义的商品，不进入真正意义的市场。现在除了极少数例外，差不多整个消费品流通都在市场化。生产资料过去不认为是商品，现在生产资料的流通也越来越多地商品化。第四，过去连做梦也不会想到社会主义经济里面还有什么生产要素市场，土地、资金、劳动力都不是商品，怎么能够有市场呢？现在，要素市场的概念随着改革实践的发展而逐步形成，包括资金市场、劳务市场、房地产市场、信息市场、技术市场，等等，这在十一二年前是根本不可能想象的。当然，这类市场从理论认识到实际政策都还很不完善，社会主义市场体系的新概念还在继续形成之中。

总之，经过十一二年改革实践和理论的探索，我们对于市场与计划概念的认识已经大大深化了。所以我们不能够再像过去一样，老是拘泥于纠缠在某些词句的提法上。比如，到底是"计划调节与市场调节相结合"的提法好呢？还是"计划经济与市场经

计划与市场问题的若干思考

济相结合"的提法好呢？还是"计划机制与市场机制相结合"的提法好呢？还是现在的正规提法——"计划经济与市场调节相结合"的提法更好？有的同志说，计划经济是指经济制度，市场调节是指调节方式，不是一个层次的东西，这怎么能够结合呢？诸如此类的问题，我个人认为，现在争论这一类词句上的问题，没有太大的意思，不必去纠缠某些词句、提法，更重要的是要总结经验，从实质上来研究探讨计划与市场相互之间到底怎么结合？结合的方式、途径是怎样的？要把讨论引到这方面来。

关于计划与市场的结合方式，过去有过多种提法，有的提法着眼于理论模式，有的提法着眼于管理操作。比如，把计划与市场结合方式划分为三种：指令性计划、指导性计划和市场调节，这主要是把微观经济管理的操作划分为三块，其中指令性计划一块属于直接管理，指导性计划一块属于间接管理，市场调节一块名义上不属计划管理，实际上也在宏观计划调控范围之内，受到覆盖全社会的宏观综合平衡计划的间接管理。微观经济管理中这三块的趋势已经明确，指令性计划这一块将进一步缩小，指导性计划和市场调节这两块将进一步扩大。至于宏观经济管理方面，覆盖全社会的综合计划和总量控制，一般具有指导性计划的性质。

在破除了计划与市场的"对立论"或"排斥论"以后，这若干年来理论界对计划与市场的关系，也有多种说法，诸如"板块结合论""渗透结合论""胶体结合论""有机结合论"，以及"叠加论""双重覆盖论"，等等，这些都是从理论模式的角度提出来的（其中如胶体论、叠加论、覆盖论等，含义差不多，说的都是计划与市场的有机结合）。所谓板块式结合，就是计划（主要是指令性计划）与市场两块，界限分明地拼合。传统体制中的计划，不考虑或很少考虑市场因素，比如长期固定的计划价格，离市场实际供需关系太远了。而自由市场则是计划外面作为补充的一块，不受计划的管束。所谓渗透式结合，计划与市场仍是两块，但是计划一块要考虑市场供求的因素，市场一块要受经济政策的指导和宏观计划的影响。这两块是你中有我，我中有你，界限不太分明，不像板块式结合那样界限分明。至于计划与市场的有机结合（或胶体式结合、叠加式结合，等等），就不是两块了，而是融为一体，计划与市场都覆盖全社会，覆盖整个国民经济。党的十三大文件中提出了一个公式，"国家调节市场，市场引导企业"，这样就把计划、市场、企业融为一体了，十三大文件把这种有机结合又叫作"内在结合"。过去曾经有过这么一种观点，这也是我的观点，就是，从计划与市场关系角度来看经济体制改革的过程，大体呈现出这样的进程：从改革前的大一统的计划管理出发，改革初开始出现一块作为补充的市场，发展为计划与市场的两个板块的结合。然后，从板块式结合发展到渗透式的结合。最后，由渗透式结合发展到胶体式的有机内在结合。现在看来，这一改革进程的描述，尽管从总体趋势上说是不错的，但不能过于机械地看待这一进程，不能界限分明地划分发展阶段。比如，不能认为最后覆盖全社会的就是一种胶体式的有机结合，而板块式和渗透式的结合，将会完全消失。看来这两种结合模式最终都不会完全消失，还将要在一定范围里长期存在。因为，如我在前面讲的，即使我国的经济体制将来过渡到以间接调控为主的宏观管理的新体制，那时国家还有必要保留一部分直接管理的对象，诸如某些自然垄断性的东西，供求弹性很小的东西，公用性的东西等。就是当今西方市场经济国家，对于一些公用性的事业，一些与生态环境保护有关的问题，等等，也是由政府直接管理的。但是现在直接管理的这一块，趋势上还是要逐步缩减，随着改革的深入和管理水平的提高，要尽量扩大间接管理的范围。

实行直接的行政管理当然也要尊重客观规律。现在都强调指令性计划也要反映市场价值规律的要求，就是说，实行直接的计划管理这一部分，应当尽可能考虑市场供求关系，考虑价值规律的要求。从这个意义上说，板块式结合同渗透式结合根本是分不开的。界限分明的纯板块结合，在过去传统的计划经济中不是没有存在过，但是经济改革，今后不会再有。还要指出，实行直接的计划管理这一块，即指令性计划这一块，也不可能如现在一般所设想的，也要完全按照价值规律的要求去解决问题，如果真正能够完全按照市场价值规律去解决问题，那也就不需要什么直接的指令性计划了，就可以都转为间接的调控了。强制性的行政干预、直接的指令性计划控制之所以必须要存在，就是因为我前面讲的市场调节不是万能的。市场机制有种种缺陷，有些具有长远和全局意义的事情，不可能完全按照市场供求和价值规律的要求去办，否则就会危害社会的利益，这些事情必须要有国家的直接干预。国家实行直接的计划管理这一部分，既然国家要直接管企业的生产建设而不是间接绕道市场去管，那么"国家调节市场，市场引导企业"这个公式，就不能适用了。当然，即使在这一场合，国家还是要考虑市场价值规律的要求，但是不可能完全按照市场价值规律的要求去办事，就是说国家在管理经济时要考虑市场因素，但不是通过市场去管理。从这个意义上说，"国家调节市场，市场引导企业"这个公式没有覆盖全社会的意义。但是在将要成为宏观管理主要方式的间接调控的范围内，不管提也好，不提也好，总是要通过市场来进行管理，通过调控市场来引导企业，就这个意义来说，"国家调节市场，市场引导企业"这个公式是绕不开的，它在计划经济与市场调节相结合的新的经济运行机制中的重要地位，是不能忽视的。

刘国光

经济论著全集

第 9 卷

90年代中国经济发展与
改革的若干问题

（1991年5月20日）

我们已经跨入20世纪90年代。1990年年末中共十三届七中全会通过的关于制定国民经济和社会发展十年规划和"八五"计划的建议，以及1991年3月全国人民代表大会七届四次会议通过的十年规划和"八五"计划纲要，为90年代中国经济的发展勾画了蓝图。

20世纪90年代将是我国社会主义现代化建设过程中非常关键的时期。这是当前国内国际形势所决定的。从国际看，旧的国际格局已经打破，新的格局尚未形成或正在形成，国际政治、经济斗争和综合国力的竞赛非常激烈，我国面临的国际形势还很严峻。但是，在风云变幻多端的国际环境中，看来中国仍然有比较大的回旋余地，有可能在今后十年或者更长时期争取一个有利于我国现代化建设的外部环境。在这方面，中苏两国人民的友好合作是十分重要的。

从国内看，在20世纪70年代末召开的中共十一届三中全会制定了以经济建设为中心、坚持四项基本原则、坚持改革开放的基本路线以后，中国在80年代开创了社会主义现代化建设的新局面，在经济建设和经济改革两个方面，都取得了不少进展。改革开放的十多年，是中华人民共和国成立四十余年来经济发展生机最为旺盛，经济实力增强最快，人民得到的实惠也较多的一个时期。从1980年到1990年，国民生产总值增长了1.36倍，农业总产值增长了84.6%，工业总产值增长了2.3倍。十年中，城镇人均生活费实际收入增长了68.1%，农民人均实际纯收入增长了1.24倍。80年代中国在社会生产、综合国力、人民生活、科教文建设、体制改革等方面取得的成就，为90年代中国经济和社会发展奠定了比较坚实的基础。但是，我们清醒地看到，90年代中国经济仍将面临着不少困难，在经济结构和经济效益上，在人口压力和资源限制等方面，还存在着许多矛盾和问题，这些问题制约着今后我国经济社会的发展。总之，90年代中国既面临着严重的挑战，又有着许多好的机遇。巩固和发展80年代已经取得的成就，克服和解决当前面临的难题，大力推进经济振兴和社会进步，进一步建设有中国特色的社会主义大厦，这是90年代中国人民肩负的历史使命。

一、战略目标

20世纪90年代中国人民的奋斗目标，总的来说，是实现我国社会主义现代化建设的第二步战略目标，把国民经济的整体素质提高到一个新的水平。

我国社会主义建设大体分三步走的战略部署，是中共中央在十一届三中全会以后提出来的，它反映了在我们这样一个经济文化不发达的国家实现现代化的客观过程。这三步就是：（1）从1980年到1990年，国民生产总值翻一番，基本解决人民生活的温饱问题；（2）从1990年到2000年，国民生产总值再翻一番，人民生活基本上达到小康水平；（3）21世纪，再花30年到50年，基本实现现代化，达到中等发达国家水平。80年代我们已提前完成第一步目标，今后10年要实现第二步战略目标。

《十年规划》规定了实现第二步战略目标的基本要求。主要是：在大力提高经济效益和优化经济结构的基础上，国民生产总值按不变价格计算，到2000年将比1980年翻两番；全国人民生活从温饱达到小康水平；为发展教育事业、推动科技进步，改善经济管理，调整经济结构，加强重点建设，为21世纪初叶我国经济和社会的持续发展奠定物质技术基础；初步建立计划经济与市场调节相结合的新经济体制和运行机制；社会主义精神文明建设达到新的水平，社会主义民主和法制进一步健全。

实现第二步战略目标，人民生活从温饱走向小康水平，是我国现代化进程中具有决定性意义的重要发展阶段。上述基本要求，不仅限于经济总量的增长，更加注重经济素质和效益的提高。既考虑经济发展，又强调经济改革，并注重社会主义精神文明和民主法制建设，这将为实现第二步战略目标和21世纪的持续发展提供经济体制、思想、政治和其他方面的保证。

二、增长速度

"八五"期间和整个20世纪90年代，我国经济将保持中速增长，计划规定，今后十年国民生产总值每年增长6%左右。这个速度是积极的，又是留有余地的。

一些研究20世纪90年代中国经济增长潜力的国内外专家，从产业结构的转换上，从农业基础的支撑上，从能源原材料的供应上，以及从资金保证等方面进行了综合研究，认为我国90年代增长潜力还是不小的，看来6%~9%的增长速度不是不能支撑的。现在计划安排6%左右的速度，是反复权衡的结果，大体上是比较稳妥的。按照第二步战略目标，到2000年国民生产总值比1980年翻两番，20年平均每年需要增长7.2%；但80年代平均增长速度已达到了9%，前10年已实现的不只是翻一番，而是翻了1.36倍。这样后10年只要有5.7%的速度就可以实现原定的第二步战略目标，所以计划安排6%左右接近这个数字，是比较恰当的。

20世纪90年代保持中速发展，更重要的是为调整经济结构、理顺经济体制、推进科技进步、提高经济效益提供一个比较宽松、比较稳定的环境，否则，在片面追求高速度的紧张而又不稳定的局面下，就会使结构调整、体制改革无法进行，我国现代化进程将受到很大阻碍。所以尽管从发展潜力上看，稍高一点的增长速度不是完全没有可能，但在制订计划时，在速度上留有余地，在计划中留有后备，这样比较主动。我们要吸取过去片面追求高速度造成大起大落的教训，不仅在制订中长期计划中要实事求是地规定增长速度，而且要在计划的执行过程中，在经常的宏观经济管理作业（包括计划、财政、银行及物价等方面的管理作业）中，随时注意采取有效措施，控制固定资产投资规模、银行信贷投放规模、货币供应的增长规模，等等，以保持经济持续稳定地发展。

三、产业结构

20世纪80年代我国产业结构发生了积极变化，表现为农业和消费品工业得到增强，第三产业发展有所加快，新兴产业有所发展。但长期存在的产业结构不合理状况尚未根本扭转，主要表现在农业基础仍然脆弱，基础产业、基础设施和第三产业的发展仍然滞后，成为我国经济进一步发展的严重障碍。90年代我国产业结构调整的关键，在于处理好工业与农业之间，重工业与轻工业之间，能源、原材料工业与加工工业之间，基础设施、第三产业与国民经济与其他部门之间的关系。在农业与工业的关系上，将采取继续深化农村改革、大力推进科技兴农等措施，改变我国农业生产不稳固、发展后劲不足的状况，除了增加各级政府对农业的投入外，将通过工农业方面购销体制和价格的改革，以及进一步发展乡镇企业，增强农业自身的积累能力。在轻工业与重工业的关系方面，80年代重化学工业发展相对滞后，90年代将适当超前；消费品工业发展重点放在改进产品质量、提高产品档次、增强花色品种上，更好地满足国内市场和扩大出口的需要。为了解决能源、原材料工业的相对滞后，一方面要对这些部门的投资实施适当倾斜的政策；另一方面更要注重节能节料的措施，对加工工业和其他部门有步骤地进行技术改造。为此，首先要加快机械工业的技术改造和产品更新，特别要把发展电子工业放在突出位置，使之成为促进产业结构现代化的带头产业，积极用先进的电子技术来装备和改造国民经济的传统部门，并促进新兴产业和高技术产业的成长，使国民经济逐步建立在更加先进的技术基础之上。此外，将采取措施克服交通、电信事业的落后状态，积极发展建筑行业，加快发展第三产业。根据测算，第三产业在我国国民生产总值中的比重，将由现在占四分之一左右，到20世纪末提高到占1/3以上。

在产业布局或地理结构上，主要是处理好沿海与内地，东部、中部与西部的关系，20世纪90年代将采取适度倾斜和协调发展相结合的方针。沿海地区将进一步开放、发展，利用对外开放的优势，踏上新的台阶；同时对内地考虑经济支援和补偿。对沿海地区政策的适度倾斜，要以产业结构的高度化和开拓国际市场为目标，发展高技术和出口创汇产业，限制耗能、耗料大的建设项目。中西部的资源开发战略，要同东部沿海外向型发展战略相应衔接起来，逐步建立这样一种地区分工格局：中西部重点发展原材料生产，并进行粗加工；东部利用技术优势，进行精细加工，然后向中西部返回资金、技术，带动中部、西部地区的发展，逐步提高这些地区的加工深度。要加强沿海地区对内地的辐射和支援作用，为21世纪资源开发战略重点向西部转移做好准备工作。

四、积累与消费

"七五"计划期间（1986—1990），我国国民收入中的积累率约为34%。"八五"期间由于面临还债高峰，加上举借外债的国际环境又不如前，故国民收入使用额中的积累率看来要低于"七五"期间。是否可以保持高于30%的积累率？一种意见认为，前些年消费膨胀，20世纪80年代城镇居民消费水平平均每年递增约6%，应适当加以控制，所以今后积累率不宜低于30%。另一种意见则认为，目前我国居民消费水平总的看并不很高，主张把积累率降到30%以下。看来"八五"期间为了加强基础产业和基础设施的建设，加速技术改造，需要把积累率保持在略高于30%的水平，根据测算，这样安排不致引起经济过热，并可保证居民消费平均每年增长3%的幅度。

20世纪80年代我国积累资金的状况发生了重大变化，政府资金所占份额大减，而社会资金特别是居民储蓄所占份额大增。在全社会生产建设资金中，政府财政拨款所占比重则由过去占3/4左右下降到1/3以下，而银行贷款所占比重则由过去不足1/4上升到70%左右。全部银行信贷资金中居民储蓄所占份额，从1979年的18%上升到1989年的35%。积累资金系统构成的变化，是国民收入分配格局变化的结果。过去过度集中于国家和中央的收入分配格局，改革以来逐渐变为向地方、向企业和向个人倾斜，这种分配格局的变化，有利于调动各方面的积极性和搞活经济。但目前国家财政收入占国民收入的比重已降到20%左右，中央财政支出占整个国家财政支出的比重，已经降到40%左右。收入分配过度向地方和个人倾斜，已经影响到国家的宏观调控能力和企业自我发展能力，这需要在"八五"计划期间和90年代通过改革措施进行合理的调整，适当提高国家财政收入在国民收入分配中的比重和中央财政收入在整个国家财政收入中的比重。

五、加大改革分量

20世纪80年代的经济改革，使我国经济体制发生了重大变化。过去比较单一的公有制结构，逐步向以公有制为主体、多种经济成分并存的所有制结构转换；过去比较单一的平均主义色彩浓重的分配制度，逐步向以按劳分配为主体，其他分配为补充的分配制度转换；过去过分集中的计划经济体制，逐步向计划经济与市场调节相结合的经济运行机制转换；过去封闭、半封闭型的经济，逐步向开放型的经济转换。这些转换取得了显著进展，但并未完成，要在90年代继续完成。

20世纪80年代中后期，由于发展政策上的某些失误和体制转换中的不配套，而发生经济过热、通货膨胀和秩序混乱现象，不得不在1988年秋开始治理整顿，进行将近三年。治理整顿是为进一步的经济改革与发展创造一个比较良好稳定的经济环境。治理整顿期间并未放弃改革的方针，不少改革措施保持了稳定性和连续性，并且在理顺价格等方面出台了一些新措施。如果说在治理整顿的初始阶段，为了解决控制总需求以抑制通货膨胀这样一类比较深层次的问题，有必要多采取一些集中的行政措施，那么在治理整顿的后续阶段，为了解决经济结构中较深层次的问题，就需要采取更多的经济办法，更多地涉及经济体制和机制本身的改革，因此要适时加大改革分量。

加大改革分量，不仅是治理整顿取得更大成功之所需，也是实现20世纪90年代我国经济社会发展的战略目标的必由之路。"八五"时期和整个90年代我国经济发展着重之点，一是在总量上要保持平衡和持续稳定的增长；二是在结构上要实现协调发展，向结构合理化、现代化的目标迈进；三是在效益上，要致力于国民经济整体素质的提高。无论是稳定增长也好，结构调整也好，效益提高也好，关键都在于把经济机制进一步理顺，把80年代开始的经济体制的转换继续深化完成。不进一步理顺经济体制和运行机制，则90年代我国经济发展的上述几项着重之点都不好解决。因此我认为，今后10年首要问题是改革问题，从现在起就要适当加大改革分量，用改革促进经济稳定、协调和高效地发展。经过两年多的治理整顿，社会总需求与总供给失衡状况已有所改善，通货膨胀得到遏制，出现了相对宽松的经济环境，这也为"八五"期间加大改革分量创造了一个十分有利的条件。如果我们能够按照"规划"的要求，在建设规模和发展速度上保持中速增长，以巩固得来不易的相对宽松和稳定发展的环境，我们就能在90年代以较大的步伐推进改革，将我国经济体制尽快地转到有计划商品经济新体制的轨道上去。

六、计划与市场

加大改革分量的要求，在"八五"计划和十年规划有关文件中得到了反映。文件提出了在20世纪90年代初步建立社会主义有计划商品经济新体制和计划经济与市场调节相结合的经济运行机制的战略目标；重新提出指令性计划的范围要缩小，指导性计划和市场调节的范围要扩大；提出要扩大生产资料市场，发展资金市场、技术市场、信息市场、劳务市场和房地产市场；在企业改革方面重申坚持实行政企职责分开、所有权与经营权分离的原则，股份制试点要继续进行；金融体制改革中要扩大股票和债券发行，逐步发展证券交易机构。另外，宏观经济管理重新突出了要从直接管理为主向间接管理为主过渡，等等。这些改革方针总的精神，就是根据发展有计划商品经济的要求，强调更多地运用市场机制、扩大市场调节的范围，并转向以间接调控为主的宏观管理，而所谓间接管理也无非是通过市场机制和利用市场手段来进行的管理。所以，中国的经济改革，事实上是一种"市场取向"的改革。当然，这里所说的"市场取向"，不是以私有制为基础，而是以公有制为主体的；不是取向到无政府的盲目的市场经济上，而是取向到有计划指导和宏观控制的市场体系中去。

实践证明，上述意义的市场取向的改革，在中国已经取得商品丰裕、市场活跃的初步成效。改革前，我国行政性的计划管理几乎覆盖了全部经济生活，市场只存在于大一统的计划统制的某些缝隙之中，经济生活管得很死。经过十多年的改革，现在大体是计划与市场调节各占一半。当然各个领域又不一样，市场调节的比重，在农副产品的生产和流通中高些，在工业生产的消费品的生产、流通中次之，在工业生产资料生产流通中低些。现在各地情况还在不断变化，市场调节（包括与市场机制结合比较紧密的指导性计划）的比重将进一步扩大。20世纪90年代趋势如何？我的看法是，宏观经济管理领域（包括总量控制和重大的结构调整）将始终是国家计划管理的天然领地，但这种管理将主要采取指导性计划的方式。至于微观经济管理领域，尽管市场调节的范围继续扩大，但到2000年乃至21世纪，不可能也不应该扩大到百分之百的覆盖程度。因为，尽管将来在计划经济与市场调节相结合的新运行机制中，宏观经济管理达到了以间接管理为主的目标，毕竟"为主"还不是"全部"，国民经济中总还有一些关键性的部位、环节，一些自然垄断性的产业和部门，一些供求弹性很小但又很重要的产品和服务，等等，还得由国家直接控制，实施行政指令的管理。这是我们今后继续进行市场取向的改革中不能忘记的。关于"市场取向"的改革步子哪里大些，哪里小些，这要区别不同地区、部门、产品，区别不同情况，采取不同的对策，做出不同的安排。

在我国的社会主义建设中，实现计划经济与市场调节的有机结合，将是一个历史过程，不可能一蹴而就，需要逐步为之创造基本条件。这些基本条件包括：建立科学有效的调控社会总需求与总供给的总量平衡制度；改革和完善适应于市场价值规律要求的计划体制和计划方法；积极培育包括商品市场、资金市场和其他生产要素市场在内的社会主义市场体系，改革价格形成机制；建立优胜劣汰的竞争性企业经营机制；以及正确划分中央与地方的关系，并相应转变政府的管理职能。各级政府对经济的管理，要从过去的决定资金、物资等分配指标和具体建设项目为主，转为以搞好规划、协调、服务和监督为主；对企业的管理，要从直接调控为主，转为以间接调控为主。此外，为了使优胜劣汰的市场竞争机制能够运转，还要建立和完善社会保险和保障制度，等等。所有这些基本条件，都必须通过系统的改革才能逐步建立健全起来，实际上也是今后十年进一步深化改革的重要任务。

走一条自己的对外开放之路*

——《呼伦贝尔日报》记者专访
（1991年8月2日）

我看到这个地区有对外开放的优势，资源的优势也是少见的，有浩瀚的林海，肥沃的田野，丰富的草原，富饶的矿藏，充沛的水资源，优美的自然景观及历史胜景，这里有得天独厚的地缘、地理条件，又有十分丰富的资源，几年来发展了对苏贸易，开展了内引外联的经济合作，文化教育事业也有很大进步，人们的精神面貌很好。

呼盟和东南沿海、深圳不同，不能照抄照搬他们的对外开放模式。呼盟具有资源优势，在国家经济建设中担负着提供能源的重要任务；深圳特区在资源方面无法和呼盟比，它的任务，是作为对外开放的窗口，引进外资，引进技术，搞来料出口加工，走一条工贸结合的路子。呼盟则不同，苏联、蒙古两个邻国的经济、技术和西方有很大差距，苏联有能源性产品，但轻工日用品短缺。深圳面对的西方市场要求的是高科技、高技术产品，而用中低档产品就能供给苏方市场。同时，从目前情况看，我们同苏方合资的可能性也不大。因此，呼盟既要抓紧对外开放，同时，又不能走深圳的路子。呼盟要利用自己作为内地同苏蒙联系的桥梁的优势，当好"二传手"。呼盟可以和内地联合办厂，同内地联合起来开发资源，从而逐步积累资金，积累经验，从商贸流通

---

* 本文系《呼伦贝尔日报》记者乌敏的专访，发表于该报。

开始启动，走出一条自己的对外开放的路子。

这个地区开发、开放、发展是很有前景的。资源优势远没有转化为经济优势，耕地亩产有潜力，草场载畜量还没有达到理论的1/3，农业开发搞上去，潜力会很大；森林、煤矿、畜产品、有色金属等，可以搞木化工、煤化工、畜产品深加工、纺织品服装加工。总之，具有开拓的无限的深度和广度。呼盟的旅游事业可以有大发展，可以设计几套旅游路线，有人喜欢综合游览，可以设计一条环线；有人需要休息，可以到维纳河；还可以开辟大草原、大森林旅游路线，但基础设施要搞好，还要向外界搞好宣传。这样，可以通过旅游来促进工业发展，吸收一部分资金。呼盟过去长期封闭，商品经济不发达，搞改革开放要大胆解放思想，要把呼盟资源优势充分发挥出来，要把地理的优势充分发挥出来，要把政策的优势充分发挥出来。

搞开发还要有科学谨慎的态度。呼盟有这么好的没有污染的大草原和大森林，要保护好这里的生态环境，注意保持生态平衡，尤其是上工业项目时，开始要注意解决好"三废"，千万不要发展了经济，破坏了生态，生活环境差了，人们的实际生活水平就是下降。

我相信在呼盟盟委、公署的领导下，各族人民齐心协力，一定能把试验区建设得更加繁荣，更加美好，对五湖四海更具有吸引力。

加快中国经济发展的有利条件
与制约因素*

——新华社记者专访
（1991年8月11日）

记者（张承志）： 在邓小平南方谈话的推动下，加快中国经济发展已作为一个重要的课题摆在中国人民面前，这也将是即将召开的中共十四大的重要议题。那么，中国经济在20世纪90年代要实现以较高的速度发展，有哪些有利条件与制约因素？

刘国光： 社会主义市场经济理论的提出，以及以市场为取向的改革步伐的加快，将极大地有利于解放生产力，释放被旧体制束缚的经济潜力，随着整个经济体制效率的提高，就有可能在改善资源配置效率的基础上，实现比原定"八五"和十年经济发展计划更快的经济发展。

扩大对外开放产生的效应，将推动经济的加快发展。中国对外开放正在从沿海向沿江、沿边、沿线及内地逐渐延伸，东南沿海地带通过外向型经济发展战略而引发的经济高速增长将带动内地和沿边经济的发展。此外，中国产品出口的潜力很大，只要年产品出口增长率由20世纪80年代的11%，提高到90年代的20%，对经济增长的推动力就将保持甚至超过80年代。

调整产业结构产生的效应。国际经验证明产业结构的大调

---

* 新华社北京1991年8月11日电。

整，会推动经济增长，带动经济水平的提高。对于中国来讲，调整产业结构一个很重要的内容就是加快发展第三产业，而90年代，中国经济发展处于从低收入水平向中等收入水平迈进阶段，经济体制改革也将转向发展社会主义市场经济，这就为第三产业的发展开拓了广阔的前景。由于第三产业投入少、产出多，它将有效地带动整个经济的增长。

传统产业的设备、技术更新换代和新兴产业的开发，也是推动90年代经济高速增长的不可忽视的因素。这一期间，即使只对占中国工业设备20%的落后设备进行更新改造，也会从两个方面推动经济增长：一是投资需求的扩大，二是由于新设备效率提高可以提高资本产出率，增加供给，从而对整个经济形成需求、供给共同推动的两刃效益。而就新产业开发来说，随着企业信息管理、办公设备现代化、电话的普及、小轿车进入家庭以及房地产市场推动房屋建设规模的扩大，所有这些，可以带动一大批产业的发展，使整个经济保持较高的增长。

非国有经济和民间资本的加速发展是促进20世纪90年代经济较快增长的又一个源泉。90年代乡镇企业、个体、私营企业和"三资"企业等非国有经济将会得到更快的发展，在整个国民经济的比重将达到60%~70%，这种发展趋势，对国民经济的加快发展是有利的。

对于20世纪90年代中国经济的加快发展的若干制约因素，这主要是能源制约、原材料和交通运输，尤其是铁路运输的制约，以及资金与市场的制约。为克服上述制约因素，必须采取的措施是：加大能源开发强度，扩大生产能力与节约能源并举，如果能把能源利用率由目前的30%提高到40%，能源对经济增长的制约就可以适当缓解；经济发展不能过热，是避免原材料供应全面紧张的关键，扩大出口也将是满足原材料需求的途径之一；大幅度增加对铁路建设的投资，兴建若干骨干工程，同时采取一些见效快的"短平快"措施，提高现有运输设施的能力，以使铁路运输最大限度地满足需求；资金的制约主要是积累和投资效益低，90年代经济增长前景如何，将取决于在提高投资效果和资金使用效率上的措施和效果如何；解决市场制约问题的重要措施是大力发展潜力最大的农村市场。同时，刺激消费欲望，培育合理的消费热，将是缓解市场需求约束的基本途径。

综合以上分析，虽然实现20世纪90年代经济快速发展将存在不少困难，但实现年平均8%~9%的增长率是可能的。现在国际国内形势对我国加快发展经济是有利的，我们必须抓住这一时机，把经济搞上去。

要大力提高土地配置效率*

（1991年8月23日）

一

我国素以"地大物博"著称于世，但是我国的人口却也位居世界第一。按人口平均下来，我国的人均土地（12.4亩）和人均耕地（1.3亩），不仅低于发达国家的平均水平（人均土地67.48亩，人均耕地8.31亩），而且低于发展中国家的平均水平（人均土地30.76亩，人均耕地3.25亩），就连与我国可比性较大的印度，其人均耕地（3.27亩）也比我们多得多。在过去的四十余年中，我们固然以占世界7%的耕地养育了占世界22%的人口，创造了举世瞩目的奇迹，但是如此之重的土地人口承载量包袱，也实在是太沉重了。

相对缺乏的耕地，在过去十年中却以年均500万亩的速率在减少，而人口却在以年均1600万的速度在增长。这样，在未来的十年中，我们即便毫不松懈地努力控制耕地减少和人口增长的趋势，我国的人均耕地到2000年也将降至1.15亩左右。

人均耕地的减少，对我国的现代化战略提出了严重挑战。在未来十年中，少数地方可能还得为解决"温饱"问题而奋斗。据有关专家估计，到2000年，我国的粮食总需求量将达6700亿公斤左右。然而，即使在最好的生产条件下，我国到那时的粮食产量

* 原载《光明日报》。本文起草时，李扬协助提供素材。

也只能达到5100亿公斤，供需缺口达1600亿公斤左右。

粮食供给的缺口，通过进口可以得到部分弥补。到2000年，假定每年可以进口500亿公斤粮食，但仍有1100亿公斤的粮食需要国内生产。假定2000年平均年亩产可达350公斤，并假定播种面积对粮食生产的贡献为40%，则我国到2000年需要增加耕地1.2亿亩以上。

在粮食生产对耕地的需求日益增长的同时，与工业化相伴随的城市化过程也对土地提出了日益增大的需求。城市化是通过基本建设占用耕地的途径实现的。根据对基本建设占地情况的研究，1980—1989年，每1亿元基本建设投资平均要占用耕地2200亩。据此推算，如果要实现八五计划提出的基本建设投资计划，到1995年，仅全民所有制单位的8400亿元基本建设投资，就要占去1848万亩耕地。

来自粮食生产和城市化两方面的压力，把土地短缺问题突出地摆到了我们的面前。土地是不可再生的资源，新增土地的可能性是不存在的，因此，解决土地危机的关键是提高现有土地的配置效率。其中，提高城市土地配置效率，更具有决定性的意义。

二

在过去的五年中，我国城市土地使用制度改革取得了很大的进展。城市土地的"增量"扩张已得到较明显的控制。一个具有说服力的例证是：因基本建设占用耕地而造成的耕地减少数，已从1985年的2400万亩，减少至1990年的700万亩。但是，我们也应看到，在调整现有城市土地"存量"的配置结构方面，其进展并不理想。

就实现提高城市土地配置效率和切实保护耕地的目标而言，调整城市土地"存量"结构，较之控制城市土地"增量"扩张，可能具有更根本的意义。道理很简单：我国城市土地"存量"的配置效率是很低的，因此，调整城市土地"存量"结构，不仅直接就有提高效率的作用，而且，调整出的城市土地可以用于新开的基本建设，"增量"扩张自可得到遏制。

调整城市土地"存量"结构的根本途径：一是通过收取土地使用税费，"压迫"土地使用者让出多余的土地；二是通过允许土地使用者由交易中得到好处，"诱使"他们让出多余的土地。从实践来看，在我国目前的种种制度约束下，"压迫"的效力很不显著。事实上，即便是税率极低的城市土地使用税现在也只有约1/3的城市开始课征。这样看来，在一个相当长的时期内，我们可能必须倚重"诱"的办法，即从经济上鼓励土地使用权转让，来推动城市土地存量的调整。

鼓励土地使用权转让，以土地使用者拥有土地使用权为前提。我国有关条例虽然明确了土地所有权与使用权的分离，而且承认了土地使用权转让的合法性，但它同时规定，原土地使用者只有在补交出让金的情况下才拥有土地使用权，否则，转让便属非法。在目前的情况下，绝大多数土地使用者均不愿补交出让金，从而均未获得合法的土地使用权，因而合法地调整城市土地存量问题的活动事实上难以进行。然而，非法的土地使用权交易却从未停止过。近年来，交易规模更有跃增之势，而政府实际上又很难对之进行控制。这是我国城市土地管理目前面临的最大难题之一。

问题主要出在补交土地出让金的规定上。政府作此规定的目的，一要防止那些原先通过无偿途径占有优越位置和较大空间的土地使用者或土地占用者利用土地牟取非经营利益，二要保证政府得到土地收益的大部分。这些都是很合理的。但是，如下两个问题似乎更应考虑：（1）如果土地使用权的转让受到限制，那么，不仅城市土地配置效率不能提高，而且政府也得不到任何收入。（2）如果政府阻止不了土地使用权的非法转让，那么，不仅政府达不到取得收入的目的，而且，补交出让金的规定还将沦为一纸空文。鉴于补交出让金的规定事实上阻碍了这一过程的推进，我觉得是否可以考虑，不收或者少收出让金，以利于土地使用权充分流转，至于土地使用者利用土地获取的收益，则可通过设置土地交易税或土地增值税加以调节。

三

提高城市土地配置效率，除依靠土地使用权的流转外，我们还不能忽视土地计划的作用。中国的土地计划，是由国家计委制订的国民经济和社会发展计划，国家土地管理局制订的土地利用计划和规划，以及规划部门制订的城市规划组成的一个系统。目前使用的土地计划方法，沿用的是国家管理生产的一贯方法，对于土地这种不可再生、位置固定且地块之间差异甚大的资源的配置和利用过程的管理，它可能不太适用，至少不是最好的方法。对于中国来说，满足12亿人对粮食的基本需要是最硬的约束条件。在既定的农业生产率和进口可能性下，对粮食的需要可以转化为对耕地的需要。因此，保持最起码的耕地面积，应当是制订土地计划的出发点，从而也应成为制订整个国民经济和社会发展计划的硬约束条件。换言之，充分地考虑土地供给问题，应成为今后改善土地计划的重要方面。

由于土地计划对于城市来说主要是一个空间布局问题，所以，城市规划是土地计划最重要的内容。我国的城市规划工作起步较晚，所以，需要做的工作还很多。首先，在城市规划中，对经济因素的考虑是不充分的，当规划部门从自己的一套原则出发，把各类公共设施安排在规划图上时，往往并没有充分考虑这些项目的投资规模及其资金来源以及能否在投资计划中立项。其次，规划的深度显然不够，特别是详细规划的控制性规划，往往在建设项目被批准并已开始选址时，仍没有形成。再次，根据规划原则确定的土地利用强度显然较低，它与我国土地短缺和人口众多的国情不相适应。最后，规划被频繁改动乃至被突破的情况时有发生，等等。这些问题，有一些是可以通过加强规划工作或强化规划的法律地位得到解决的，而增强规划中的经济评价因素，则须通过借鉴或引进一些经济分析工具，如社会成本—效益分析和不动产开发中的评估技术等，才能够实现。

在计划、规划等各自得到改善的基础上，我们更应考虑它们之间的配合、协调问题。根据它们各自在土地计划系统中的地位和各自的功能，如下的分工配合格局可能是合适的：国民经济计划和土地利用计划着重从宏观上规定基本建设需求分别由新占耕地和原有城市土地满足的比例，建设用地分配在工业、商业、住宅和公共用途方面的比例，以及各年城市地域扩张的规模；城市规划则在计划规定的城市地域扩张规模的约束下，框定各城市的增长边界，安排城市的功能分区，规定土地的利用强度和落实各建设项目的详细控制指标等。以这样一种在计划约束下，土地使用权充分流转为特征的新的城市土地配置机制为依托，必将促进我国城市土地配置效率的提高，进一步增强土地计划的作用，从而成功地应付土地短缺的挑战。

进一步加强对我国经济改革
与经济发展问题的历史研究
和理论探索*

（1991年9月5日）

一、研究我国经济发展问题，首先需要全面总结和充分认识改革十余年来我们在实践和理论两个方面所取得的重大进展

党的十一届三中全会以来，我们党基于对基本国情的正确分析，确立了以经济建设为中心、坚持四项基本原则、坚持改革开放的基本路线。党的十三届七中全会在总结贯彻执行基本路线经验的基础上，又提出了建设有中国特色社会主义的十二条原则。总起来说，党在这一时期的路线和方针，就是要通过社会主义制度的自我完善和发展，建设有中国特色社会主义的经济、政治、文化，以适应和促进社会生产力的不断发展和社会的全面进步，实现社会主义现代化。经过全党和全国人民的努力奋斗，20世纪80年代我们在改革和发展两个方面取得了举世瞩目的巨大成就。从经济体制改革方面看，通过对原有排斥商品经济、忽视价值规律的高度集中的管理体制的改革，逐步塑造了一个有中国特色的

---

* 1991年9月5日在兰州召开的"中国经济改革与发展的理论思考研讨会"
   上的讲话，原载《发展》1991年第6期。

社会主义经济体制的雏形，即以公有制为主体的、适应社会主义有计划商品经济发展的、计划经济与市场调节相结合的经济体制和运行机制。从经济发展方面看，改革开放十多年，是新中国成立四十余年来经济发展生机最为旺盛、经济实力增强最快、人民得到实惠最多的一个时期。改革和发展两方面的重大进展和显著变化，不仅显示了社会主义制度的旺盛生命力，而且也为20世纪90年代我国经济体制的深化改革与经济和社会的全面发展奠定了比较坚实的基础。这也是我们对这一段历史进行理论思考不容忽视的主线和基本史实。

改革开放十多年来，我们在经济理论建设方面也取得了若干突破性进展。其最根本的成就，就是我们广大经济理论工作者，按照党的十一届三中全会提出的解放思想路线，一步步地纠正了传统的非商品经济的社会主义观，树立了社会主义有计划商品经济观，进而确认中国现在还处在生产力水平较低、商品经济不发达的社会主义初级阶段的观点。可以说"社会主义商品经济论"和"社会主义初级阶段论"，是中国改革理论的两块基石，也是中国新经济理论体系的基石。在这两块基石下，我们经济理论界在若干方面进行了卓有成效的积极探索。在所有制方面，破除了越"大"、越"公"、越"纯"、越"统"越好的旧观念，逐步确立了由生产力性质决定所有制结构和以公有制为主体多种经济成分并存及两权分离新观念；在经济运行机制方面，破除了长期以来占统治地位的计划经济与商品经济相对立、计划与市场相排斥的旧观念，逐步确立了计划与市场相结合的新观念；在收入分配方面，破除了平均主义观念，恢复了按劳分配原则，确立了"按劳分配为主、多种分配形式并存"的思想，继而提出了按照有计划商品经济原则重塑按劳分配为主体、其他分配方式为补充的观点；在改革策略选择方面，就改革需要一个比较宽松的经济环境，以及体制转换的渐进方式问题，经济学者们也取得了比较一致的共识。此外，对于经济改革与对外开放的关系，经济体制改革与政治体制改革的关系，物质文明与精神文明的关系，经济观念转换与社会文化意识转换的关系等问题，经济理论界也进行了认真探索，并在若干方面取得了许多可喜的进展。

总之，改革十余年，来我们在实践和理论两方面所取得的若干重大进展，是我们今后的理论研究所要依据和遵循的客观事实和基本线索。

二、当前我们所面临的国际国内形势，亟须我们正确总结和分析改革开放以来的经验教训

当前，我们面临的国际形势异常严峻。虽然我们在当今风云变幻的国际环境中有较大的回旋余地，充分利用国际市场发展本国经济不是不可能的，但是，也应当看到，由于当今世界旧的国际格局已打破，而新的格局尚未形成，加之东欧已经发生的演变和苏联目前正在发生的急剧变化和动荡，这不能不对我国的社会主义改革和现代化建设事业产生一定程度的影响。未来国际政治、经济斗争和综合国力的竞赛会更加激烈，我们面临的国际形势也会更加严峻。未来的改革与发展及相应的理论建设任务也会更加艰巨。我们一方面要坚持在自力更生的基础上实行对外开放，按照独立自主、平等互利的原则，继续开展对外经济技术和学术交流；另一方面要与国外反动势力的"和平演变"阴谋进行坚决斗争。

从国内方面看，我们在20世纪80年代的改革与发展进程中虽然取得了举世公认的巨大成就，但是体制改革的任务并未完成。双重体制模式和双重发展模式并存及转换的任务还异常艰巨。80年代后期，曾发生了经济过热、通货膨胀和秩序混乱的现象。为

此不得不在1988年秋开始为期三年的治理整顿。继而又经历了一个市场疲软的特殊阶段。1991年上半年我们在部分地区遭受了十分严重的自然灾害的条件下，仍然在改革开放和经济发展方面进一步取得了显著效果，整个经济形势继续向好的方面发展。但是，也应当看到，当前我们在经济结构、经济效益、农业发展后劲、国家财力等方面还存在着比较严重的问题。现在看来，如果说在治理整顿初始阶段是为了解决控制总量借以抑制通货膨胀一类的较浅层次的问题，有必要多采取一些集中和暂时的行政措施，那么在治理整顿的后续阶段特别是进入了经济改革和社会主义现代化建设非常关键的90年代之后，为了解决长期积存于国民经济运行与发展中的结构和效益一类的深层次的问题，保证第二步战略目标在提高国民经济整体素质基础上的全面有效实现，就需要不失时机地加大改革的分量，加速经济运行机制的转换。

20世纪80年代期间，由于受资产阶级自由化思潮的干扰，经济理论研究领域也受到了一定的冲击。批判经济学领域中资产阶级自由化思潮，是一项紧迫的长期任务。另一方面我们还面临着繁荣经济科学的艰巨任务。俄国十月革命以来社会主义各国特别是我国建设四十余年来的实践充分证明：改革开放是发展和完善社会主义制度的根本途径，是富民强国、繁荣社会主义现代化事业的必由之路。

然而，20世纪90年代如何深化改革和推进发展？改革的步子如何迈出？等等，这就需要我们首先从以往各国改革的经验教训中，特别是从我们自己80年代所走过的改革开放的道路中，总结经验，找出办法，同时对深化改革过程中出现的新情况、新问题要继续按照实事求是的思想路线和百家争鸣的方针进行探讨。这是时代赋予我们广大经济理论工作者的神圣使命。

三、总结过去，开拓未来，必须坚持四项基本原则，更加贯彻理论联系实际和"百花齐放、百家争鸣"的方针

回顾80年代我们在实践和理论两个方面之所以取得了重大进展，一条基本的经验就是，始终坚定不移地坚持四项基本原则，坚持理论来源于实践并服务于实践和接受实践检验的原则，并按照"双百"方针的要求创造了一个良好的学术环境。所有这一切，在我们总结过去、开拓未来的过程中，都应当矢志不渝地坚持下去。

自党的十一届三中全会提出了"解放思想、实事求是"的思想路线以来，经济学界逐渐摆脱了长期困扰理论发展的教条主义的束缚，重新面向实际、深入实际，探索改革和开放实践中提出的新问题，写出了大量可喜的成果，从理论宣传上和对策研究上对推动改革开放和解决社会主义现代化建设中许多重要问题做出了贡献。无论是从量上看还是从质上看，这十多年都是新中国成立以来我国马克思主义经济学研究空前繁荣的时期，而如果离开了解放思想、实事求是的思想路线，离开了面向实践、理论联系实际这一根本前提，中国经济科学的空前发展和空前繁荣就是不可思议的。这一段历史表明：实践出真知，实践出理论，实践是检验真理的唯一标准。无论过去、现在还是将来，也无论总结80年代改革开放和经济发展进程中的经验教训，还是探讨90年代进一步改革开放和社会主义现代化建设过程中的新问题，仍然要"不唯上、不唯书、只唯实"。

这十多年来，我国经济学界的广大理论工作者，在解放思想、实事求是的思想路线指引下，逐步从以往的思想禁锢中摆脱出来，开始在马克思主义指导下，从中国国情出发，独立思考，

突破了一个一个理论禁区，提出了一个一个新观点和新思路，理论研究中创造了"百花齐放、百家争鸣"的良好学术气氛，学科建设中也呈现出了百花争妍、空前繁荣的新局面。这一段历史表明："双百"方针是推陈出新、繁荣理论的方针。任何时候都不应丢掉这一方针。从这一方针出发，我们在探索中国改革与发展新问题时，就应区别两类问题。一类是带有方向性和原则性的问题，亦即两种截然对立的改革观：是坚持以公有制为主体的社会主义，还是实行私有化；是坚持计划经济与市场调节相结合，还是实行完全私有化的市场经济；是坚持按劳分配为主，还是主张两极分化；是坚持在独立自主、自力更生基础上的对外开放，还是鼓吹"全盘西化"。这是批判资产阶级自由化的问题，它不属于"争鸣"的范围。另一类是在社会主义制度框架内，就改革开放和经济建设过程中的模式和策略选择、具体措施一类的问题。对于这类问题，不仅允许，而且应当提倡人们在坚持四项基本原则的前提下进行积极的探索和广泛的争鸣。这些年来，关于指令性计划的争论，关于资金、劳动力、土地等生产要素能否形成市场的争论，关于计划与市场相结合的方式的争论，关于改革战略部署选择的争论，关于改革环境和条件问题的讨论，等等，都是用这种方法解决的，因而能得到较好的结果或者得到正常推进。前不久中央向我们社会科学界提出了"一手抓整顿、一手抓繁荣"的方针。应当说，"齐放""争鸣""整顿"本身并不是目的，而是为了更好地繁荣理论、发展科学，并使这种理论和科学更好地为社会主义现代化建设和改革大业服务。应当相信我们绝大多数经济学者是拥护党的十一届三中全会以来的路线方针的，是坚持四项基本原则和赞成并支持改革开放的；固守僵化观念的人和否定四项基本原则的人，都是极少数的。因此，我们不要轻易地把在经济改革理论探讨中讲了点过头话的说成搞资产阶级自由化，也不要随便把思想一时跟不上改革步伐的说成是保守或僵化。我们应当精心保护得来不易的百家争鸣、学术自由的局面。这样做有利于团结一切愿意为我国社会主义现代化事业贡献力量的经济学界同仁，共同把我国的经济理论研究搞得更为兴旺发达。

进一步加强对我国经济改革与经济发展问题的历史研究和理论探索

在联合国教科文组织于巴黎召开的持续发展国际讨论会上的发言

（1991年9月）

　　环境与发展是当代人类面临的重大问题。由于难以持久的发展模式和生活方式的影响，给我们的地球带来了严重的环境污染和生态破坏，使人类的持续发展和生存受到威胁。发展中国家贫困加剧，妨碍他们满足人民合理需求与愿望的努力，也给环境造成更大的压力。如何改善地球环境系统，在确保广大发展中国家的经济社会发展的条件下，解决好关系人类命运的环境问题，已成为当前发展中国家和发达国家共同面临的迫切课题，也是1992年联合国环境与发展会议上要讨论解决的最重大课题。

　　中国是世界上人口最多的发展中国家。同许多发展中国家一样，中国不仅面临着全球性环境问题的威胁，也经受着伴随经济发展出现的种种环境问题的困扰，使我们在满足人民基本生活需求的基础上逐渐提高人民生活水平这一原本十分艰巨的任务，面临更多的困难。因此，不论从本国人民的利益，还是从人类共同利益，中国都必须十分重视环境问题，在积极、务实地参加环境领域中的国际合作的同时，努力解决好国内经济社会发展进程中出现的环境问题。

　　从20世纪80年代初，中国开始实行经济发展战略的转换。这一转换的实质，就是从过去以发展重工业为中心，以追求工农业生产总值高速增长为主要目标的发展战略，转变为逐步满足人民日益增长的物质文化生活需要为主要目标的持续、稳定、协调的发展战略。实现这一战略转换，必然要把生态环境的保护问题放在重要地位。与经济发展战略的转换相伴随，中国同时开始实行改革开放。这十多年的改革开放，使中国经济得到迅速发展，也促进了环境保护工作的全面开展。从80年代起，中国政府就把环境保护列为一项基本国策，把它纳入国民经济和社会发展计划，提出明确的目标，并在自己预期的实践中形成了一套适合中国国情的政策和措施。尽管存在人口众多、资金不足、技术水平不高等等制约因素，经过不懈的努力，中国在环境保护工作上取得了一定的成效。80年代十年中，中国国民生产总值增长了1.36倍，每年平均增长9.6%，但环境质量没有出现相应急剧恶化的结果，而基本上保持在比较平稳的状态。当然，20世纪80年代中国环境质量水平离理想的水平还有很大的距离。中国作为发展中国家，要使国家富强起来，目前必须把发展经济放在中心地位，环境保护要围绕这一中心，更好地为经济发展服务，同时在经济发展中注意防治环境污染和生态破坏。在现阶段，要充分认识我国经济发展的需要和国力的限制，环境保护和环境建设只能量力而行，随着经济发展和国力增长而逐步推进。

正是由于受到国情、国力条件的制约，尽管经过十多年含辛茹苦的努力，中国环境保护工作的成绩还只能说是"局部有所缓解，整体还在恶化，前景令人担忧"，我国当前的生态环境问题，还相当严重。这说明，中国还要进一步加强环境保护工作。特别要大力开展生态环境与社会经济相协调的科学、教育、文化和宣传工作，以提高人们对环境与持续发展关系的正确认识和妥善处理的能力。

这里简单介绍一下中国在科、教、文工作中对环境保护所作的努力。在发展环境保护科学技术方面，中国已经建立了三百多个不同类型的、学科比较齐全的环境科学技术开发机构，拥有二万多名环境研究人员。环境科研计划已经成为国家重点科学研究和技术开发计划的重要组成部分。在理论决策、基础科学和应用技术研究等各个领域，都取得了一批重要的研究成果。在发展环境保护教育宣传方面，全国已有71所高等院校开设了环境保护学科或专业，兴办了40多所环境保护中等事业学校，每年可向社会输送环境专业类博士、硕士研究生、大学本科专科毕业生和中等学校专科毕业生8000人，基本上满足了目前环境保护事业发展对专业人才的需求。十多年来，还有计划地进行了在职人员的培训，1985年成立了中国环境管理干部学院，作为环境管理人才培训基地，部分省、市陆续成立了环境保护人才培训中心。

在开展大学中专院校的专业教育和在职人员的专业培训的同时，中国也注重对青少年的环境保护基础教育，在各地中学、小学以至幼儿园逐步推行环境保护知识教育。开展适应青少年特点的各种课外活动，例如，带学生到所在城市大气污染最严重地区去考察；坚持一年连续对市区降雨酸度进行测试，统计大街汽车流量和观察摩托车尾气对大气和植物的影响等，使青少年掌握一定的环境保护知识。

同时，开始重视生态环境文化建设工作，运用报刊、书籍、影视等宣传工具，借助各种文艺表现形式，广泛地向全体民众普及环境保护科学知识和法律知识，提高人们的生态环境意识。近年来，以保护森林、土地、草原、淡水资源和防治污染、避免生态灾难为中心题材的报告文学不断出现。据不完全统计，全国每年推出这方面的广播剧、电视剧和电影有数十部。目前，国务院环境保护委员会主办的面向全国社会各界的《中国环境报》发行量高达50万份，全国出版发行各种类型的环境报刊有一百多种，部分城市成立了环境保护宣传教育中心，作为向民众进行环境宣传和教育的专门工作机构。鉴于我国人口众多，11亿人口中文盲有两亿多，半文盲更多，全民族的环境意识与发达国家有较大的差距，通过强化环境教育提高环境意识，就成为一项十分紧迫和艰巨的事情。

正如国际上许多有识之士所指出，环境问题的根源在于社会和经济，所以要从根本上解决环境问题，必须吸收有关的社会科学家参加。自20世纪80年代以来，通过中国社会科学工作者的研究和实践，以中国的环境和发展问题为背景，建立并且发展了自己的生态经济学及其在农业生态、城市生态等方面的分支学科。生态经济学把自然生态规律同社会经济规律的作用结合起来研究生态环境与经济发展的关系，给我国生态环境与经济社会的协调发展提供了新的指导思想。为了用生态经济学的理论作为指导，从生态环境与经济发展的协调上开发人类的智力资源，我国建立了全国性的中国生态经济学会，下面包括生态经济理论、农村生态经济、城市生态经济、区域生态经济和青年生态经济五个专业研究会，这是一个具有广泛群众性的学术组织，目前已经建立了9个省、自治区、直辖市的生态经济学会（云南、广西、广东、湖北、上海、河南、山东、黑龙江、宁夏），两个地区的生态经济学会（苏北、杭州地区）和1个县的生态经济学会（河北省围场县），共有会员3000多人。近十多年来，由于我国社会科学工作者和自然科学工作者密切结合，开展多方面的科研、教育和文化宣传活动，在推动决策者和广大人民群众提高环境意识和推动生态环境及社会经济协调发展方面，起了积极的作用。在国民经济一些领域中，已经走出了生态环境与经济协调发展的路子，最突出的是我国生态农业的发展。

与西方某些人主张的"生态农业"不同，在我国不是排斥使用化肥、农药和农业机械等"石油"产品，回到传统农业的老路上去，而是在生态经济学的理论指导下，把发展经济和保护生态环境内在结合起来，既使用现代化农业的科学技术，又发挥我国有机农业的优良传统，使之既促进了农业不断增产，又保护了农村生态环境不被破坏，从而实现了农业的持续发展。目前我国的生态农业已经被广大农民群众所接受。他们根据我国平原、丘陵、山区，以及农区、林区、牧区、渔区和大中城市郊区等不同自然经济条件，因地制宜地创造出了发挥当地自然资源优势，农林牧渔副全面发展，生态系统结构合理，物质能量流转功能平衡顺畅的多种多样的生态农业形式，实现了生态经济系统的良性循环，获得了良好的生态效益、经济效益和社会效益。到目前为止，我国已有生态农业试点县近100个，试点乡镇约300个，试点村、场约500个，总数900多个，此外还有成千上万个生态农户。试点乡村的生态农业，粮食亩产一般增加12%以上，人均收入超过全国农民平均人均收入112%，光能利用率提高10%~30%，产出投入比普遍提高，生态环境保护良好。目前我国的生态农业已由乡村发展到县，同时也出现了一些生态农业地区，正在由点到面地逐渐扩展开来。

然而，由于中国幅员广大，人口众多，已经实行生态农业试点的地方还很有限，有许多地方刚刚解决温饱或基本解决温饱问题，这些地方的生态环境也比较恶劣，很难在短时期扭转。我国约有2000个县，生态农业的推广还是一个非常艰巨的任务。同时，现在农村地区乡镇企业崛起，1990年已达1840万个，乡镇企业是有中国特色的工业化的产物，但一般技术落后，无环保设施，普遍污染农村环境，亟待解决。由于数量巨大，不可能对乡镇企业的厂长经理进行环境培训，即使是短期的环境培训，只能培训各县的乡镇企业局长和极少数规模较大的企业领导。至于推广生态农业方面的培训，在相当时期内也不可能延伸到县以下的区、乡、村三级干部，目前只能以2000个县级领导为对象。即使这样缩小范围的短期培训，也要花上若干年的时间，需要大量资金、师资，以及在研究和总结实践经验基础上形成的教材。类似这样的环境教育和科研工作，无疑需要借助国际经验和国际合作。联合国教科文组织在这方面是可以有所作为的。

在联合国教科文组织于巴黎召开的持续发展国际讨论会上的发言

关于社会主义商品经济理论问题*

（1991年10月15日）

对有计划商品经济的不同理解

社会主义商品经济理论是改革以来我国经济理论界最重要的突破性成果，它就是讲社会主义经济是有计划的商品经济，这个理论也是经济改革最重要的理论基础之一。考虑到马克思、恩格斯等经典作家过去曾经设想未来社会主义社会不再有商品经济了，以及在几十年的社会主义实践当中，在一个相当长的时期里是排斥商品经济的这样一个历史背景，中共十二届三中全会关于经济体制改革的决定，明确地提出了社会主义经济是公有制基础上有计划的商品经济的论断，可以说是有划时代意义的。同时，这样一个结论也是得来不易的，是经过长期的理论与实践的探索得来的。这对于统一大家对社会主义性质的认识，统一大家对于经济体制改革方向的认识，是非常重要的。

中共十二届三中全会以后，对于究竟什么是有计划的商品经济，人们的理解，包括经济理论界的理解，并不都是一样的。对于"有计划的商品经济"这样一个命题，有的同志强调"商品经济"这一面，有的同志则强调"有计划的"这一面。比如前些年北京大学一位教授在一篇文章当中这样写道："改革的基本思路，社会主义首先是商品经济，然后才是有计划发展的经济。"

＊ 在中共中央党校所作的学术报告（节选）。

很明显，他把强调的重点放在商品经济方面，而不是有计划方面，当然他也不否定有计划的这一面。另外，中国人民大学一位教授当时也发表了一篇文章，他是这样讲的："计划经济或者计划调节，应该始终在社会主义经济中占主导地位。"他是把重点放在计划经济方面，而不是商品经济方面。强调的重点不同，对社会主义经济的本质特征的理解也会有差异。除了公有制和按劳分配这两个大家公认的社会主义基本特征之外，是不是还有第三个基本特征？如果有，这第三个基本特征是什么？是计划经济，还是商品经济？这就有不同的认识。这个问题的讨论近二三年来还在继续。在1989年春夏之交政治风波以前，有一段时期理论界的风向偏向于强调社会主义经济的商品经济这一面。在这以后，理论界的风向又曾偏向到强调计划经济这一面。比如有一篇文章里说，社会主义经济本质上是计划经济，只不过在现阶段还带有某些商品属性罢了。又有文章说，社会主义经济就其本质来说是一种计划经济。这个说法是近二三年来比较典型的一种说法。但是另外一种意见仍然存在，就是仍然坚持商品经济是社会主义经济的实质。比如有一篇文章说，社会主义商品经济同公有制、按劳分配一样，都是社会主义实质所在。双方的论据都没超过前几年，这是一个老问题。

中共十三届七中全会以后，理论界越来越多的同志认识到计划经济与商品经济或者计划与市场，并不是划分资本主义同社会主义的标准，社会主义需要有市场的运转，资本主义也要有政府的计划或干预。所以不少的经济学者倾向于不再把计划经济或者商品经济同社会主义经济的本质或者资本主义经济的本质问题联系在一起。他们认为，把社会主义同资本主义区别开来的基本特征不在这里，还是要按照经典作家讲的两条，一条是所有制，一条是分配制度。社会主义的所有制就是公有制为主体，分配制度是按劳分配为主体。至于计划、市场，这是经济运行机制、资源配置方式的问题，不是本质性的问题。

大家知道，中共十二届三中全会《关于经济体制改革的决定》（以下简称《决定》），对于发展商品经济的定义和作用讲得很清楚。《决定》指出：商品经济的发展是社会主义发展不可逾越的阶段，是实现我国现代化的一个重要的条件。薛暮桥同志在《中国社会主义经济问题研究》这本书的修订版日文译本的跋中发挥了这个思想。他说：没有商品经济的发展就没有社会化的大生产，而没有社会化的大生产，就没有社会主义的生命。

近几年在讨论商品经济的作用当中，针对薛暮桥这段议论，出现了"批判商品经济神话"的提法。1989年有一篇文章以《打破商品经济的神话》为题，文章说："商品经济的作用一度被夸大为人类历史发展的决定力量，从而演化出商品经济的神话。"这篇文章作者的主观意图也许是要正确地评价商品经济的作用，但是他提出的一些观点给人们贬低商品经济的印象。这位作者在今年发表的另外一篇文章里说：商品等价关系跟社会主义本质利益对立。因为社会主义的本质利益关系是马克思讲的等量劳动交换关系，而不是等价交换关系。他还认为，现在的工资不是真正的工资，是"劳动券"。而大家知道，"劳动券"概念是马克思在《哥达纲领批判》中对未来非商品经济社会提出的一种非商品经济的，或产品经济的概念。这种非商品经济的观点现在已经不是普遍为大家所接受的，但理论界仍然存在这种观点，所以这是值得我们研究的。

公有制与商品经济的关系

这几年讨论比较多的一个问题，就是公有制同商品经济是不是相容。这个问题好像也是个老问题，从一般层次意义上来看，似乎已经解决了，因为中共十二届三中全会的《决定》已经确认社会主义经济是以公有制为基础的有计划的商品经济。照这样的提法，公有制同商品经济当然是可以相容的。本来是已经解决的问题，这样一个论点也是普遍被接受的一个论点。但是在前几年也有人从不同的角度一再提出公有制同商品经济互相矛盾，并且得出不同的结论。大致有三种代表性的看法。

第一种观点用传统的看法来看这个问题。认为商品经济是私有制的产物，社会主义既然以公有制为基础，就不应该也不可能实行商品经济。这种观点把社会主义经济同商品经济对立起来，口头上仍有流传。

第二种观点从相反的论点来看这个问题。持这种观点的人同样认为公有制同商品经济不能相容，也是认为商品经济只能在私有制基础上。但是他们得出来的结论相反，他们认为要发展商品经济就得把公有制改变为私有制，实际上就是利用公有制同商品经济矛盾的命题，来宣扬私有化的主张。如果说前一种观点是以坚持公有制来反对商品经济，那么后一种观点就是在赞成商品经济的名义下来反对公有制。这两种从相反的角度提出商品经济同公有制存在矛盾、互不相容的观点，当然我们理论界的绝大多数同志都是不能接受的。但是也有一些经济学者认为，不能因此完全否定、完全抹杀公有制同商品经济之间存在着某些矛盾。有的经济学者这样说：改革以来，理论研究的一个进展，就是认识到现在的公有制同发展商品经济之间有矛盾，不仅统包统配的公有制不适合商品经济发展的需要，就是政企不分的有些集体所有制也要改革。改革就是要按照商品经济的要求来构造市场，来构造企业的模式。

应该指出的是，这种观点所讲的与商品经济相矛盾的公有制，指的不是公有制一般形式，而是现存的公有制的实现形式，也就是公有制的传统的实现形式。这里确实有一些弊病，有一些

关于社会主义商品经济理论问题

217

与发展商品经济要求相矛盾的东西，比如政企不分，两权不分，行政单位的附属物等。这些当然同商品经济不相容，是现存的公有制里的一些弊病，所以需要改革。改革的不是公有制本身，不是否认公有制，而是改革现在的公有制的实现形式，使公有制适应商品经济的发展。这种观点认为，公有制现存的实现形式同发展商品经济有一定的矛盾，所以需要改革。这种观点同主张私有化的观点当然有区别，它还是坚持公有制、完善公有制的。

与此有关的还有一个问题。有些同志认为，如果用按照发展商品经济的要求来改造公有制这样的提法，就产生了一个问题，究竟是所有制决定商品经济，还是商品经济决定所有制？这些同志的看法是，按照发展商品经济的要求来改革所有制是违背马克思主义原理的，马克思主义原理认为所有制更是基础的东西。对于这个提法也有的同志写了文章，作了回答。文章里说：从根本上来说，是所有制决定商品经济，但是商品经济会反过来影响所有制。我们的改革，既然是社会主义制度的自我完善，为什么不可以按照发展商品经济的要求来改革和完善社会主义的所有制关系呢？我个人认为后一种看法还是更有道理一些。

在更广阔的范围上，经济体制改革同发展商品经济的关系问题，我在1986年一次形势报告会上也谈过。当时讲了两条，一条是我们要发展商品经济，就必须对妨碍这种发展的经济体制进行改革；另一条是，我们现在进行经济体制改革，怎么改革？就是要遵循发展商品经济的要求来改革，也就是按照社会主义有计划商品经济的要求来进行经济体制的改革，包括对于所有制结构、企业机制的改革，对于经济运行机制、市场体系以及宏观管理体制的改革。所有制的改革当然要按照发展有计划商品经济的要求来进行。

能不能提社会主义市场经济

近来，在社会主义商品经济理论讨论当中有一个问题，就是可不可以把"社会主义的商品经济"叫作"社会主义的市场经济"，或者把"有计划的商品经济"叫作"有计划的市场经济"，人们对这个问题争论得比较多。过去有一些经济学家认为，商品经济同市场密不可分，既然承认社会主义是有计划的商品经济，就无异于承认社会主义经济是有计划的市场经济。这些同志他们各人的说法并不完全相同，但是在承认可以用社会主义市场经济这个概念上他们是相似的。

另外一些同志，主要是一些认为市场经济、计划经济是制度性的概念，市场经济是资本主义、计划经济是社会主义的同志，他们认为"市场经济"并不等于"商品经济"，有"市场"或者有"市场调节"，并不等于就是市场经济，因为据说他们查了字典。有一本《日本经济事典》引用的说法和联合国统计上分类，都把中央计划经济的国家等同于社会主义国家，而把市场经济国家等同于资本主义国家。所以反对用社会主义市场经济概念的同志认为，市场经济是私有制为基础的，社会主义市场经济的提法不科学。有的同志说，只有在资本主义生产方式的条件下，商品经济才是市场经济。混淆市场调节和市场经济的不同性质，必然产生否定计划经济的错误认识。

薛暮桥同志为代表的不少经济学家还有异议。在1991年1月11日《特区时报》记者采访的时候，暮桥同志说："市场调节跟市场经济是不是不能混淆的两种本质，我看尚待讨论。我认为本质相同，都不能够等同于资本主义，只要保持生产资料公有制为主体，就不能说它是资本主义的市场经济。所以还是以公有制来划分，不是以市场、计划来划分。"暮桥同志在答问当中还说：

"这个问题现在还不清楚，有些还可能视为禁区，科学研究不应当有禁区，应当允许自由讨论，认真讨论这个问题，而不是回避这个问题。"

这场争论使我回想起已故经济学老前辈孙冶方同志在20世纪50年代也提出一个问题，能不能提社会主义的利润。当时提出这个问题也引起了一场轩然大波。利润的概念究竟是制度性的概念，还是非制度性的概念？利润是资本主义专有的概念，还是跟社会化生产、商品生产共有的概念？争论的曲折和结局我们许多同志都是经历过来的。

我还回想起改革的初期，甚至我们在中共十一届六中全会总结新中国成立以来历史经验的时候，当时主导的意见是，对于社会主义社会来说，只能讲存在着商品生产和商品交换，不能把社会主义经济概括为商品经济，如果把社会主义叫商品经济的话，那就会模糊有计划发展的商品经济和无政府状态的资本主义经济之间的差别，模糊社会主义经济和资本主义经济的本质区别。这种观点实际上还是把商品经济等同于资本主义经济。对于这场争论，1984年中共十二届三中全会的决定做出了结论，判明了是非。

回顾社会主义经济理论史上类似的争论，再考虑到近来，特别是中共十三届七中全会以来，人们越来越多地把计划和市场的问题认作是资源配置方式、经济运行方式的问题来看待，而不把它当作区别资本主义和社会主义的制度性问题来看待。考虑到所有这些情况，我个人认为对社会主义市场经济或有计划的市场经济这个概念，到底能不能在社会主义的经济学理论当中有一席之地，我想这个问题是不难做出预见或者结论的。社会主义市场经济这个概念难以一下子被普遍地接受，正如社会主义商品经济的概念，在当初的社会主义政治经济学当中也并不是一下子站住脚跟的。随着改革的前进，我们不断地刷新理论认识，不断地丰富社会主义经济学的内容。我们逐渐地认识到，社会主义经济是公有制基础上的有计划的商品经济，不能没有市场，不能没有市场调节，需要把市场同计划结合起来，于是出现了种种不同的关于计划和市场关系的研究和提法以及争论，包括对社会主义市场经济概念到底能不能用的讨论。这些讨论都关系到我们对于社会主义经济内涵的正确认识，也关系到我们对于改革方向的正确把握，看来还要继续深入进行下去。

怎样理解"市场取向的改革"

关于计划和市场的引导，过去有种种提法，我们现在正式的提法是计划经济与市场调节相结合，理论界对此提法议论不少。但在公开发表的文章当中，还是肯定计划经济和市场调节相结合的这种提法，并且努力给予论证的。特别是强调计划经济是社会主义经济本质特征的同志，他们着重论证这一提法的科学性。比如有的文章这么说：这个提法同以往的"计划经济为主，市场调节为辅"的提法衔接起来了，这表明我们的改革不是削弱和放弃计划经济，而是要在坚持计划经济制度的前提下，实行一定的市场调节。

这种在计划和市场关系问题上反对计划跟市场两者平起平坐，强调计划经济为主、市场调节为辅的"主辅论"，在1984年以后，在中共十二届三中全会的决定出来以后有一段时间没有多提了，但最近两三年这种论点重新活跃。对于计划与市场平起平坐从另外一个角度来反对，这样的意见也是有的。前几年有一位知名的北京大学的学者提出"二次调节论"，认为首先应该是市场调节，市场调节搞不好的地方然后才是政府计划调节。政府的计划调节是用来补充市场调节的不足之处的。他也反对计划和市场平起平坐，但主张首先是市场，然后才是计划。这种观点同主张计划为主、市场为辅的观点正好相反，实际上是主张市场为主、计划为辅。这种观点当时引起不少同志的非议、争论。近年来也有主张市场作为资源配置的主要方式的经济学者。有一位知名学者在文章里这么写："我国经济体制改革的实质就是资源配置机制的转换，就是以市场机制为基础的资源配置方式取代以行政命令为基础的资源配置方式。"持这种主张的学者并不否定国家对资源的行政管理和计划指导的必要性，而是不把国家对资源的行政管理和计划指导放在资源配置的主要位置上，是把市场的调节放在主要位置上。比如在一个杂志上发表的笔谈中有人这样写道："从经济运行状态上说的计划性即自觉地保持平衡，完全可以通过在市场配置的基础上，加强国家的宏观管理和行政指导的办法来实现。"这里并未反对国家宏观管理和行政指导，但其基础是市场配置。这里既把市场配置作为资源配置的基础形式，同时也指出加强国家宏观管理和行政指导的必要性。

主张把市场调节作为资源配置主要方式的同志，往往把自己的主张叫作"市场取向"的改革。采用"市场取向"概念的还有不少经济学者，不同的学者对"市场取向"概念赋予的含义不尽相同。而把计划与市场看作制度性概念的经济学家则反对"市场取向"的提法。有的同志甚至把市场取向与非市场取向纳入社资两条道路斗争的范畴中去。究竟应当怎样看待"市场取向"概念呢？有的经济学家，把我国的经济体制改革的取向归纳为三种思路：计划取向论、市场取向论、计划与市场结合论。这种归纳给人以简洁明快的印象，但不尽确切，不完全符合经济理论界的实际分野。现在，经济理论界都承认计划与市场可以结合，而且应该结合。照上述的划分，前两种思路似乎不赞成计划与市场的结合，好像只有第三种思路才赞成结合，这是不符合实际的。其次，理论界提出"市场取向"的改革是见诸文字和发言的，但未见有哪一位同志明确提出"计划取向"的。文字上见到的和讨论中听到的强调计划的一面是有的，但"计划取向"的提法却是没有的。提出上面三种划分法的同志可能对改革取向的含义有自己特殊的理解，似乎改革取向就是指对改革的目标模式中的计划与市场结合的重点选择问题，计划为主是计划取向，市场为主是市场取向，两者平起平坐就是计划与市场结合论。我认为，改革取向并不是指改革模式目标中计划与市场的重点选择问题，而是指改革的动向或趋向，即改革中新老模式转换方向：作为改革起点的模式与改革目标的模式在转换过程中的转换方向。从总体上讲，改革使我国经济体制模式所发生的变化，从本质上说，从根本上说，是从过去自然经济、产品经济为基础的、排斥市场的、过度集中的计划经济的体制，向着引进市场机制并按商品经济市场规律的要求来改造我们的计划机制的方向转化。一方面，我们要引进商品经济，扩大市场调节范围；另一方面，我们在对传统的计划机制进行的改造中要更多考虑商品经济、市场规律的要求，以此实现向计划与市场相结合的有计划商品经济或市场经济的新体制过渡。这种由原来排斥市场经济、否定商品经济，到引进市场机制并按照商品经济和市场规律的要求来改造计划经济，简单说就是从排斥、限制市场机制作用到发挥和强化市场机制作用的改革，从一定意义上讲，不是不可以看作是"市场取向"的改革。改革的成果首先表现在我国计划经济在市场取向上的进步。

我们知道，在改革以前，由于所有制结构的单一化，越大越公、越纯越统就越好。那时经济运行机制主要是实行指令性计划管理和直接的行政控制。这种体制在新中国成立初相当一个时期是必要的，而且起了其积极作用的。但这种体制在本性上是排斥市场和市场机制的作用的。改革以后，我国所有制出现了以公有制为主体的多元所有制结构，公有制内部企业自主权有了扩大，这为企业能按市场规律进行活动提供了一定的条件。同时，我们的市场体系、市场机制也逐步地发育成长，宏观经济管理开始注重间接管理。所谓"间接管理"说到底无非是通过市场、利用市场机制、利用价值杠杆进行管理。经济体制改革的这些变化，处处表现为改革的进程就是市场取向不断扩大和深化的过程。当然，市场取向不是以私有制为基础的，而是以公有制为基础的；不是取向到无政府主义的盲目市场经济中去，而是取向到有宏观控制、计划管理的市场体系中去。所以，前述三分法的同志，把市场取向作为与计划相对立的概念，给"市场取向"赋予了反计划的含义，这至少是出于一种不甚精确的理解。至于为什么社会主义经济改革中的市场取向必须是有计划指导和宏观控制的？如何从理论上说明这个问题？我在后面还要讲到。

在过去十一二年，我国的改革取得了巨大进展和成就，究竟是加强行政指令计划的结果还是扩大市场作用、参照市场价值规律要求来改造传统计划经济的结果呢？答案可能偏向于后者，并且可能是不错的答案。中国的改革与苏联过去的改革相比，为什么中国取得了成功，而苏联则蜕化变质？除了苏联搞"公开化"搞乱了思想、搞多元化动摇了党的领导之外，很重要的一条是在经济上。中国这些年来进行市场取向的改革，尽管遇到了这样或那样的困难，但在改革中取得了真正的进步，而苏联却没有做到。改革以来，中国的经济生活相当活跃，市场商品十分丰富，人们得到了实惠。苏联改革则没有这些，其经济甚为困难，市场商品比过去所谓短缺经济更为匮乏，尽管前几年在经济上提了不少口号，提出加速战略等，但从来没有认真地搞市场取向的改革。再从我们国内情况看，一个地区、部门、企业的市场取向越大，其经济就越活跃。治理整顿后，从1990年3月，经济回升。回升比较快、比较早的经济成分、经济部门、经济地区主要是同市场联系比较紧密的部分；而与市场比较疏远、渗入市场比较少的、利用市场比较差的部分的经济回升和发展就比较慢。这些都是明摆着的事实，不能回避的。因此看来，今后10年，我们的改革还要朝着前十一二年走过的改革道路，即朝着有宏观控制、有计划指导的市场取向改革的方向前进，在已取得相当程度的基础上，把市场取向的改革推向前进，扩大市场作用，按商品经济市场规律的要求进一步改造我们的计划工作，逐步建立起计划与市场有机结合的有计划的商品经济或市场经济新体制。这样看来，改革取向的理论分类可分为两种：一种是主张以上含义的市场取向，一种是反对一切市场取向提法的。在实践中，赞成市场取向改革的人不少。在理论界，反对市场取向提法的人也不少。反对的理由：第一，认为市场取向就是搞市场经济，就是搞资本主义；第二，认为前几年宏观失控和目前经济生活中出现的问题都是直接、间接同强调市场的作用有关系。前一理由是意识形态方面的争论。若我们按小平同志最近的讲话精神，不把计划与市场问题同划分资本主义与社会主义问题联系起来，这个问题可以不去讨论。对于第二个理由即经济生活中出现的宏观失控等不正常的现象，有的同志认为这不是市场搞得太多的结果，而是我们现在的市场很不完善（这直接间接同传统计划体制改造不够相关），是对旧的计划体制进行市场取向的改革还不彻底、还不配套所致。所以，出路还是继续培育市场机制和改造计划机制，建立计划与市场相结合的社会主义新经济体制。

破除迷信，存利去弊

建设计划与市场相结合的经济体制，目的是要把计划与市场两者的长处、优点都发挥出来。计划的长处就是能在全社会的范围内集中必要的财力、人力、物力干几件大事情，还可调节收入，保持社会公正；市场的长处就是能够通过竞争、优胜劣汰来促进技术进步和管理的进步，实现生产和需求的衔接。但是，在实践中，计划与市场往往结合得不好，不是把两者长处结合起来，而是往往把两者短处结合起来了，形成了一统就死、一放就乱的状况。计划与市场结合难度很大。我们主观上要把计划与市场很好结合起来，但实际生活中出现了既无计划（或有计划贯彻执行不下去），又无市场，优胜劣汰的竞争机制根本运转不起来。有鉴于此，经济学界特别是国外有人认为，计划与市场根本结合不起来。我们认为是可以结合的，但要正确把握计划与市场各自的优缺长短。在讨论建立关于计划经济和市场调节的运行机制问题时，我曾提出两点意见：一是要坚持"计划调控"，但不要迷信计划；二是要推进"市场取向"的改革，但不能迷信市场。总之，要破除两种迷信。首先讲讲不要迷信市场。

所谓市场调节，就是亚当·斯密讲的"看不见的手"，即价值规律的自发调节。我们应当重视价值规律，但不要认为价值规律自己能把一切事情管好，并把一切事情交给价值规律去管。我想，至少有这么几件事情是不能交给或者不能完全交给价值规律去管的。第一件事是经济总量的平衡——总需求、总供给的调控。如果这件事完全让价值规律自发去调节，其结果只能是来回的周期震荡和频繁的经济危机。第二件事是大的结构调整问题，包括农业、工业、重工业、轻工业，第一、二、三产业，消费与积累，加工工业与基础工业等大的结构调整方面。我们希望在短时期内如10年、20年、30年，以比较少的代价来实现我国产业结构的合理化、现代化、高度化。通过市场自发配置人力、物力、资源不是不能实现结构调整，但这将是一个非常缓慢的过程，要经过多次大的反复、危机，要付出很大的代价才能实现。我们是经不起这么长时间拖延的，也花不起沉重的代价。第三件事是公平竞争问题。认为市场能够保证合理竞争，是一个神话，即使是自由资本主义时期也不可能保证公平竞争，因为市场的规律是大鱼吃小鱼，必然走向垄断，即不公平竞争。所以，现在一些资本主义国家也在制定反垄断法、保护公平竞争法等。第四件事是有关生态平衡、环境保护以及"外部不经济"问题。所谓"外部不经济"，就是从企业内看是有利的，但在企业外看却是破坏了生态平衡、资源等，造成水、空气污染等外部不经济。这种短期行为危害社会利益甚至人类的生存。对这些问题，市场机制是无能力解决的。第五件事是公正与效率关系问题。市场不可能真正实现公平，市场只能实现等价交换，只能是等价交换意义上机会均等的平等精神，这有利于促进效率，促进进步。但市场作用必然带来社会两极分化、贫富悬殊。在我们引进市场机制的过程中，这些问题已有一些苗头，有一些不合理现象，引起社会不安，影响一些积极性。政府应采取一定措施，防止这种现象的恶性发展。以上所列举的五个方面，是不能完全交给市场由那只"看不见的手"自发起作用的，必须有看得见的手即国家、政府的干预来解决这些事情。完全的、纯粹的市场经济不是我们改革的方向。所谓完全的、纯粹的市场经济在西方资本主义国家也在发生着变化，通过政府的政策或计划的干预使市场经济不那么完全，不像19世纪那么典型。有些年轻人提出完全市场化的主张，这种主张撇开意识形态方面不妥不说，至少是一种幼稚的想法。我们实行有计划商品经济更不能迷信市场，要重视国家计划、宏观调控的作用，也就是要看到"笼子"的作用。当然，计划管理的"笼子"可大可小，要看部门与产品，根据具体情况而定。"笼子"也可用不同材料如钢、塑料、橡胶等制成，如指令性计划是刚性的，指导性计划是弹性的。总之，实行市场取向改革的时候，不能迷信市场，不能忽视必要的"笼子"即政府管理和计划指导的作用。所谓市场取向的改革本身就包含着计划经济体制的改革，计划要适应商品经济发展，加强有效的计划管理。

另一方面，我们要坚持"计划调控"，但也不能迷信计划，迷信计划同样会犯错误。社会主义经济只是在公有制的基础上提供了自觉地按比例发展的可能性，但不能保证经济按比例发展的必然性，若不考虑客观规律特别是市场供求、价值规律等，同样会出现失控、失误。在这方面，我们有很多经验教训。在过去传统计划经济中，我们不止一次地出现过重大的比例失调，大起大落，如20世纪50年代后期的"大跃进"，60年代末的几个突破，70年代后期的"洋跃进"，80年代后期经济过热等。这几年，县以上项目的审批权都在各级政府手里，是各级计划机构审批的。我们现在有160多条彩电生产线，90多条电冰箱生产线，许许多多乳胶手套、啤酒生产线等，重复上马。有些企业的利用率不到50%~60%。这些生产线的重复引进、盲目上马都是各级政府计划机构审批的，同样也发生失误。计划工作是人做的，难免有局限性，有许多不可克服的矛盾。如主观与客观的矛盾，这是计划工作中的一个主要矛盾。第一，由于主观的局限性，对客观形势、客观规律的认识有一个过程。在这方面，我们曾犯过脱离国情、急于求成的错误。第二，由于客观信息本身的局限性，计划工作依靠信息，信息的收集与传递任何时候都不可能完善、不可能很及时。即使将来计算机经过几次更新换代，性能更高、更普遍化了，也不可能把所有的经济信息及时搜集、加工、处理。有些信息等我们加工处理之后，形势已经过去了。第三，在利益关系上，观察问题的立场和角度上有局限性。计划机构、宏观管理机构不是属于这个地区就是属于那个地区，不是属于这个部门就是属于那个部门，不是站在这个角度就是站在那个角度，各自代表一定利益关系，受到一定利益关系的约束。政府领导和计划工作人员都不可能超越这种局限性。综合部门也有不同的角度，他们各自代表一定的利益关系并受其约束。政府领导和计划工作人员都不可能是万无一失的。上述各种局限性使他们的行为不能完全符合却有可能偏离客观规律，甚至有可能大大偏离，造成计划工作和宏观管理上的重大失误。这是我们几十年来不止一次经历过的事情。

因此，坚持计划调控，就要不断提高我们自己的认识水平，不断改进我们的计划工作，使计划工作符合客观规律和客观形势的要求，特别是要考虑市场供求形势及价值规律的要求。

总之，我们要坚持计划调控，但又不能迷信计划；要实行市场取向的改革，但又不能迷信市场。要通过计划与市场的结合，不仅发挥两者的长处和优点，还要克服两者的短处和缺点。这是一个非常复杂的任务，需要做很多方面的探索和研究，需要计划部门、财政部门、银行部门、市场部门、商业部门、物资部门以及中央、地方上上下下等各个方面的共同努力，逐步解决好这一问题。

对"国家调控市场，市场引导企业"公式的再认识

经过12年改革实践和理论探索，我们对于计划和市场概念的认识已经大大深化了，目前人们更为关心的是从实质上研究探讨计划与市场到底怎样结合，结合的方式、途径是什么样的？要把研讨引到这方面来。

关于计划与市场结合的方式，过去也有多种分析和提法，有的提法着眼于理论的模式，有的提法着眼于管理操作。这些分析和提法在近些年的讨论中都有进展。我这里举几个例子。

过去对于计划与市场结合的不同层次的剖面分析进行了综合。比如，对于国民经济的管理，一方面分为指令性计划、指导性计划和市场调节三个部分；另一方面又把国民经济划分为宏观经济和微观经济两个层次。这两重分析在逻辑概念上还是有交叉重复的。现在有的专家对这两重分析进行了综合，提出所谓"双层次分工结合论"。一方面在宏观和微观两个层次上的计划与市

场的分工和结合，另一方面专就微观经济内部分析计划与市场的分工和结合。前一方面仍然沿用过去那种分析，宏观层次的经济决策主要由政府来进行计划调节，微观层次的经济决策主要由市场调节。这里比较有新意的一点，就是把过去对整个国民经济的管理形式剖析为指令性、指导性和市场调节三块限制在微观层次里。当然，在微观层次里确实有一部分还需要指令，大部分需要指导性，现在还要扩大市场调节这部分。所以说，三分法适用于微观经济。为什么保留指令性计划这一块？为什么不得不实行这种板块式结合？在理论上进行解释，就是我们的经济是非均衡的市场，特别是一些资源性的产品是短缺的，这种短缺不是用市场调节一下子就能解决的，因此还要保留这部分。还有一点就是我们在管理上还有两重因素，即一方面用价格进行管理，另一方面用数量来管理，对于某些非均衡市场现象，光靠价格不行，还需要直接的数量管理，这就是指令管理。

我认为，对于计划与市场的分工和结合所作的这些横剖面的综合分析，有助于加深我们对这一问题的认识。

再从纵剖面看，就是从时间的演化、计划与市场的关系在改革过程中的演变看。过去曾有过这样一种看法，认为我们在计划与市场相结合的种种模式（板块式结合、渗透式结合、有机内在结合），与其说是互相排斥的选择目标，不如说它们是互相衔接的发展阶段。我们改革的整个过程：第一阶段，改革以前是大一统的计划统制模式；到第二阶段，是改革初始阶段，开始出现一块作为补充的市场，这个市场发展为计划与市场板块的结合；到第三阶段，随着改革的深入，出现了计划与市场两块互相渗透和部分重叠。到第四阶段，发展到计划与市场在整个国民经济范围内胶体式地有机结合。这种有机的内在的结合已不是两块，而是一块了。所谓计划与市场都覆盖全社会的说法就是这样出来的，在党的十三大报告中，还表述为"国家调控市场，市场引导企业"这样的公式。上面谈到的几种理论模式，我们与其说选择其中的一种，不如说它们是互相衔接的发展阶段。这样一种关于改革进程的描述，尽管在总体上说是不错的，但是不能过于机械地看待这个进程，就是说不能那样界限分明地划分出发展阶段。比如我们不能认为最后我们建成新的体制时，只有一种覆盖全社会胶体式结合的模式，完全就是国家调控市场、市场引导企业，而板块式、渗透式结合就不复存在了。现在看来，板块式、渗透式两种结合最终都不会完全消失，在一定范围里还会长期存在。诸如某些自然垄断性的东西，供求弹性很小的东西，公益性很强的东西，国家对它们还要实行直接管理。

关于社会主义商品经济理论问题

实行直接的计划管理，当然也要尊重价值规律的要求。从这个意义上说，板块式结合同渗透式结合是分不开的。界限分明的纯板块的结合在过去传统的计划经济里存在过，但经过改革，不会再有了。还要指出，实行直接管理这一块也不可能像一般我们现在所设想的完全按照价值规律要求解决问题，如果真正能够按照价值规律、市场规律解决问题，也就不需要直接计划了，可以直接转变为间接调控了。强制性的行政干预、直接的指令性计划之所以必须存在，就是因为我前面讲的市场调节不是万能的，市场机制有种种缺陷。有些具有长远和全局意义的事情，不可能完全按照市场价值规律的要求去办，否则就会危害社会的利益，这些事情必须要有国家的直接干预。国家在直接管理经济的部分，要考虑市场因素，但不是通过市场去管理，它可以直接下命令，让行政机关去管理。从这个意义上说："国家调控市场，市场引导企业"的公式没有覆盖全社会的意义。但是，在将要成为宏观管理主要方式的间接调控的范围内，总是要通过市场进行管理，通过调控市场来引导企业。就这个意义讲，"国家调控市场，市场引导企业"的公式是绕不开的，它在计划经济与市场调节相结合的新经济运行机制中的重要地位是不能忽视的。

中国经济形势的几个问题答问

（1991年10月）

一、如何评价中国当前的经济形势？

经过三年的治理整顿，随着改革的不断深化，我国经济发展已基本趋于正常，并继续向好的方向发展。主要表现在：社会供求总量基本平衡，市场物价基本稳定；工业增长速度加快，国内市场销售回升；出口势头强劲不衰，外汇结存大幅度增加；固定资产投资与生产的增长基本同步，计划内投资继续向基础产业倾斜；随着生产的发展，城乡显形和隐形失业减少，人民的收入提高，生活持续改善，储蓄不断增加，保证了经济稳定和社会安定。但是，潜藏在经济生活中的一些深层次的矛盾和不稳定因素依然存在，困扰着国民经济的良性循环。如产业结构扭曲的状况仍没有根本改善，产品结构与消费结构还不适应；部分商品库存积压严重，市场流通不畅；"三角债"前清后欠，企业经济效益低下，尤其是国营大中型企业缺乏活力；国民收入分配关系不合理，总体上的平均主义、部分人的收入畸高以及国民收入向部分个人倾斜的现象十分严重；财政赤字有增无减；金融扩张对通货膨胀的潜在威胁依然存在，等等。

但总起来说，当前国民经济形势是比较好的，只要坚持总量平衡，加强结构调整，疏导流通渠道，注重经济效益，今后几年的经济仍将会比较正常地发展。当然，我们也应该根据国民经济的发展变化趋势，适时适度地调整宏观经济政策，加大改革的分量，力求理顺经济关系，解决深层次的矛盾，防止国民经济的过热和波动。

二、当前经济中存在的主要问题是什么？

中国的经济发展虽已步入正常阶段，但其基础尚不稳固。存在的主要问题是：

1. 经济回升速度较快，但经济效益仍然处在低谷。企业亏损面和亏损额同时增加；可比产品成本仍然上升；产品库存积压十分严重；产品结构与消费结构不相适应。在城市，随着职工收入的增加，生活水平逐步提高，而在消费心理日趋成熟和稳定的情况下，旧的生产结构已不适应城市消费结构，新的消费结构的生长点尚不明显，储蓄倾向较强；在农村，由于收入水平和基础设施远远落后于城市，过去城市消费热点难以向农村转移。

2. 财政困难加深。与经济效益紧密相连的国家财政收入增长远低于工业增长速度。由于1991年南方数省大面积受灾，企业经济效益下降，行政事业、教育、科学、文化、国防支出都要求增加，财政赤字将会大大增加。

3. 产业结构不合理的矛盾仍然存在。产出结构受市场制约有所好转，但固定资产存量结构基本没有变化，增量结构仍然远远偏离国家产业政策的要求，技术水平提高不快。

4. 银行信贷规模过猛，货币超经济发行，形成了潜在通货膨胀的温床。

以上这些问题是多年积累下来的，是经济生活中深层次矛盾的反映。其深层原因是体制问题，是旧体制与新环境相互摩擦的结果。因此，这些问题不可能单靠治理整顿来彻底解决，只能靠全面深化改革来解决。

三、中国三年治理整顿的主要成果是什么？

1988年第4季度开始的治理整顿可以大致分为三个阶段。第一阶段（1988年9月至1989年8月），政策的侧重点主要在于多管齐下压缩需求、整顿秩序，使经济降温，遏制通货膨胀，稳定经济形势。第二阶段（1989年9月至1990年8月），政策的侧重点在于坚持总量控制，适当调整紧缩力度，解决市场疲软、工业速度下滑过猛问题，在稳定中求经济适度发展。第三阶段（1990年9月至1991年8月），政策的侧重点在于保持经济的正常增长，提高经济效益，促进经济结构优化。三年来治理整顿已取得了明显的成效，集中表现在以下8个方面：

1. 过热的经济明显降温，经济基本恢复正常增长。1991年上半年国民生产总值比上年同期增长6.1%，近3年平均增长5.2%左右。

2. 供求失衡矛盾明显缓解，通货膨胀得到控制。1990年供需差率缩小到7.6%，全国零售物价总水平上涨2.1%。

3. 市场供应充足，出现了有限的买方市场；市场秩序明显好转，特别是清理整顿公司取得了明显进展，各种违法乱纪现象得到一定程度的纠正；居民消费心态趋于正常。

4. 基础产业得到加强，产业结构"瓶颈"矛盾有所缓解。

5. 进出口贸易由逆差转为顺差，国家外汇储备大量增加，对外开放取得新进展。

6. 人民继续得到了实惠。城乡居民储蓄存款平均每年增长36%，手存现金和购买的各种债券也有不同程度增加。

7. 宏观调控手段趋向多元化，由以行政手段为主，向以价格、利率、汇率、税率等经济杠杆和必要的法律法规为主的方向转变，取得了良好的效果，积累了宝贵的经验。

8. 改革取得了新进展，对经济工作的转轨有积极意义。

四、中国如何保持总量平衡，加快结构调整？

针对当前经济运行中工业生产速度偏高、结构性矛盾突出、经济效益低下、财政困难加剧的问题，今后中国在保持总量平衡、加快结构调整方面应当着力于以下几点：

1. 保持宏观经济政策的相对稳定，避免总量调控政策的大起大落，以保证供求关系的进一步改善，保证国民经济持续、协调、稳定地发展。同时，加强计划经济的宏观协调作用，保证供求关系的基本平衡。

2. 制定正确的国民经济发展规划和产业政策，并利用税率、利率、汇率、价格、待业率等各种经济手段和法律手段，引导社会资源的合理配置，保证国民经济发展规划和产业政策的贯彻实施。

3. 加快企业改革进程，塑造具有自我约束、自我发展、自我激励机制的独立的经济法人，并结合企业法和破产法的实施，逐步建立起灵活有效的固定资产存量调节机制。

4. 适当降低工业生产速度，使之与需求增长相适应，并采取措施，坚决调整存量结构。对市场上没有销路的产品，或虽有一定销路但库存积压较严重的产品，必须在贷款等方面从严控制，防止其盲目扩张。并关停某些生产能力长期过剩的企业（如家用电器），以启动存量结构的调整。

5. 在调控投资总量的同时，切实调整投资结构。必须采取措施，掌握调控增量结构的有效手段，以保证投资结构适度向"短线"产业倾斜。

五、怎样正确处理稳定、发展与改革的关系?

稳定、发展与改革是中国经济生活中必须正确处理好的一个重要问题。在这三者中，稳定是改革与发展的基础和保证，发展是稳定与改革的最终目的，而改革则是实现稳定与发展的手段。如果没有经济与社会的稳定，没有一个稳定、宽松的经济社会环境，改革就无法顺利进行，也达不到发展社会主义有计划商品经济的根本目的。因此，稳定是压倒一切的头等大事，我们不仅要维护近期的稳定，也要维护长期的稳定。而改革则是为经济的持续稳定协调发展提供体制条件。改革的根本目的是为了推动国民经济发展，同时，通过改革调整阻碍生产力发展的生产关系，消除现行经济体制中的种种弊端，从而有利于实现经济与社会的短期稳定与长期稳定。以改革促稳定，在稳定中求发展，才能有长期的牢固的稳定，才能取得国民经济的实质性发展。

因此，正确处理稳定、发展与改革的关系，必须将三者统筹兼顾、有机结合、协调推进，特别要在三者的衔接中，加大改革的分量。因为稳定与发展问题都需要通过改革来解决。对经济生活中的各种矛盾，都要逐步通过改革的办法来加以解决。如当前国民经济中的一个突出问题是结构不合理，我们调整结构，不仅要调整资产增量，还必须调整资产的存量，而要调整资产的存量，就会涉及经济体制问题，不用改革的办法，这个问题是难以解决的。从更长远更广泛的角度来看，国民经济要持续、稳定、协调地发展，就必须按照社会主义有计划商品经济的客观要求来转换经济运行机制和经济发展机制。这一问题的最终解决也必须依靠深化经济体制改革。

当代中国经济的发展、改革与对外开放*

（1991年11月6日）

今天，我有机会参加这次国际会议，感到十分高兴。到会的朋友们对中国经济的当前形势和发展前景，尤其是改革开放的前景非常关心。我愿借此机会，作点简单介绍。

一、中国经济的发展

作为一个发展中的国家，中国当前的主要任务是，集中精力把国民经济搞上去，让人民过上文明富裕的生活。20世纪80年代初，中国决策当局提出了社会主义建设大体分三步走的战略方针。第一步是在80年代使GNP翻一番，基本满足人民的温饱；第二步是在90年代GNP再翻一番，人民生活基本达到"小康水平"；第三步是在21世纪用30年到50年，基本实现现代化，进入中等发达国家行列。1991年3月我国政府公布了国民经济和社会发展的第八个五年计划（1991—1995）和十年规划（1991—2000），重申了90年代的奋斗目标。现在看来，这一战略目标能够实现。

首先，20世纪80年代中国的经济发展取得了可喜的进展。

---

* 在日本经济同友会主持召开的民营经济协会第五次国际研讨会上的演讲。原载《浙江财经学院学报》1991年第4期。

这十年，GNP增长了1.36倍，城镇人均生活费实际收入增长了68.1%，农民人均纯收入增长了1.24倍，目前全国城乡居民生活正在从温饱向小康转变，其中有三十多个大中城市已达到小康水平。尤其是中国南部一些地区，其生产和生活的发展实际上正在加速追赶亚洲"四小龙"。

其次，按照2000年GNP比1980年翻两番的设想，二十年年均增长率为7.2%，但80年代实际增长率已达9.5%，这样20世纪90年代只要年均5.7%的增长率就可以达到比1980年翻两番的目标。一些研究90年代中国经济增长潜力的国内外专家认为，中国90年代经济增长率可望达到7%~9%。而"十年规划"把90年代经济增长率计划在6%，这完全可以保证实现原定的第二步战略目标，并为实现第三步战略目标创造更好的条件。

从1991年情况看，尽管中国受到严重的自然灾害，整个经济在1990年越过了三年治理整顿时期的低谷后，1991年进一步趋向好转，前三季度GNP比1990年同期增长6.8%，高于1990年同期增长2.7%的水平。按周期趋势，今后几年的增长速度将会更强劲一些。

我们清醒地看到，当前和整个20世纪90年代中国经济发展仍然面临着不少的困难。一是人口和就业的压力。我国每年新增人口和要求新安置的劳动力在1500万人左右，每年要在非农产业中新创造1200万个以上的就业岗位。二是长期存在的产业结构不合理状况尚未根本扭转，主要表现在农业基础仍然脆弱，能源、原材料、交通、运输等基础产业和基础设施以及第三产业发展滞后。三是经济效益低下，特别是国营大中型企业经济效益不高的状况仍未根本改变。我国经济的成长仍然主要依靠外延型高投入来支撑，还未转入以技术进步为基础的内涵式发展阶段，劳动和资金的使用效率还比较低。

所以，当前经济发展的主要问题，不是近期的速度上不去，而是要在持续稳定增长、改善经济结构和提高经济效益上下功夫。"八五"计划和十年规划在这些方面制定了一系列必要的政策措施，如继续推行计划生育，保持经济的中速增长，加强农业、能源交通建设，推进科技教育事业，发展第三产业，等等。当前突出地提出要解决国营大中型企业的效益问题，进一步加强农业和农林工作。鉴于过去经济发展中造成大起大落、结构失调和效益不佳的深层原因，在于经济体制上的缺陷，因此，要比较好地解决以稳定增长、优化结构和提高效益为重点的发展问题，就得与经济体制改革联系起来，通过进一步的深化改革，为长期发展提供一个良好的体制基础。

二、中国经济体制的改革

20世纪80年代中国经济的繁荣发展，很大程度上得益于经济体制的改革和对外开放。通过改革开放，我国经济体制发生了重大变化：（1）过去比较单一的公有制结构，逐步向以公有制为主体、多种经济成分并存的所有制结构转换。（2）过去比较单一的平均主义色彩浓重的分配制度，逐步向以按劳分配为主体，其他分配形式为补充的分配制度转换。（3）过去过分集中的计划经济体制，逐步向计划经济与市场调节相结合的经济运行机制转换。（4）过去封闭、半封闭型的经济，逐步向开放型的经济转换。这些转换在80年代取得了不少进展，但并未完成，90年代将继续完成。

20世纪80年代中后期，由于发展政策上某些偏差和体制转换不配套，曾发生过经济过热、通货膨胀和秩序混乱现象，不得不于1988年秋开始治理整顿。实行治理整顿以来，国内外一些人士发生过疑虑，认为治理整顿意味着改革开放的停止和倒退，但是实际上，治理整顿目的是为进一步改革、开放和长期发展创造一个相对稳定的经济环境。经过三年多的努力，社会总需求与总供给失衡的状况已有改善，过热经济明显降温，通货膨胀得到遏制，经济已恢复正常增长。所以，目前我们有条件加大改革分量，用进一步深化改革来促进经济稳定、协调和高效地发展。如果我们能够按照"规划"的要求保持中速增长，以巩固得来不易的相对宽松和稳定的经济环境，我们就能在90年代以较快的步伐推进经济改革，把我国的经济转移到有中国特色的社会主义新经济体制的轨道上去。

加大改革分量，加快建立新体制的要求，在十年规划里得到了反映。"规划"提出了今后十年初步建立适合于发展社会主义有计划商品经济的计划与市场相结合的新经济体制；在所有制关系上要求在壮大社会主义公有制的同时，让个体经济、私营经济以及中外合资、合作企业和外商独资企业有一个适当发展；重新提出指令性计划的范围要缩小，指导性计划和市场调节的范围要扩大；提出要扩大生产资料市场，培育和发展资本市场、技术市场、劳务市场、信息市场和房地产市场；在企业改革方面坚持实行政企职责分开，所有权与经营权适当分离的原则，企业股份制试点要继续试行；金融体制改革中要扩大股票和债券的发行，逐步发展证券交易机构；在宏观经济管理上重新突出要从直接管理为主转向间接管理为主，等等。这些改革方针总的精神，就是根据发展有计划商品经济的要求，强调更多地运用市场机制，扩大市场调节的范围，并改造传统的计划体制。不少中外经济学者认为，中国这样一种经济改革，事实上是一种"市场取向"的改革，当然，这种"市场取向"是在中国的计划指导和宏观控制之下实行的。

实践证明，上述意义的市场取向的改革，在中国已经取得商品丰裕、经济活跃的初步成效。改革前，我国行政性的计划管理几乎覆盖了全部经济生活，市场只存在于大一统的计划统制的某些缝隙之中，经济生活管得很死。经过11~12年的改革，中国工农业产品生产和流通中，现在由市场调节的部分已经超过大半，计划调节的部分大大缩小。当然各个领域又不一样，市场调节的比重，在农副产品的生产和流通中高些，工业消费品的生产和流通中次之，工业生产资料的生产和流通中低些。现在各地各部门情况还在不断变化，今后十年市场调节的比重将进一步扩大。"市场取向"改革的步子大小，还要区别不同地区、部门、产品，区别不同情况，做出不同的安排。

在我国的社会主义建设中，实现计划与市场的有机结合，将是一个历史过程，需要为之逐步创造基本条件，包括：建立有效的调控社会总需求与总供给的总量平衡制度；改革和完善适应于市场价值规律要求的计划体制和方法；积极培育包括商品市场、资本市场和其他生产要素市场在内的社会主义市场体系；理顺价格并改革价格形成机制；建立优胜劣汰的竞争性企业经营机制以及正确划分中央与地方的经济关系，并相应转变政府的职能。此外，为了使有计划的商品经济新体制能够有效地运转，还要进行住房、医疗等福利制度的改革，建立和健全社会保险和保障制度，等等。所有这些基本条件，都必须经过系统的改革才能逐步建立起来，实际上都是我国今后十年经济改革的重要内容。

三、中国经济的对外开放

对外开放是推动中国经济发展的重要动力之一，也是经济体制改革的重要内容之一。十多年来，我国始终把对外开放作为基本经济政策，形成了一个由东到西、由沿海到内地、由点到面逐步推进的开放格局。1980年，在广东、福建开放了四个经济特区。1984年，又开放十四个沿海港口城市。1985年，开放长江、珠江两个三角洲及闽南三个地区。最近，又建立上海浦东开发区。对外开放政策提高了中国经济的国际化程度。从1978年到1990年，进出口贸易总额由206亿美元增加到1154亿美元，增长4倍以上，其占GNP的比重，由9.9%提高到31.4%。外资占我国全部固定资产投资比重，1985年为5.4%，1990年达到11.1%。近几年治理整顿期间，开放步伐不是放慢而是加快了。从实际外商直接投资来看，1979—1987年九年只有89亿美元，1988—1990年三年共达100亿美元，为前者的1.13倍。批准外商直接投资项目，前九年共10052个，后三年共有18997个，为前者的1.9倍。1991年上半年就有4996个，相当于治理整顿前四年半的数字。外商独资发展更快，1985年到1990年，从46家增加到1860家，增长速度惊人。外商投资前九年主要是旅游宾馆等消费性服务业，而近三年涉及能源、交通、汽车、电子、通信、化工、建筑等工农业生产。这说明，外商投资在中国经济发展中正在产生越来越大的作用。

由于把对外开放作为一项长期政策，所以我国政府已经和正在采取各种措施，努力为外商创造比较好的投资环境。近两三年采取的一些政策措施值得注意的有：制定和完善《中外合资经营企业法》；规定国家对合资企业不实行国有化和征收；允许外方人员担任合资企业董事长；有些行业合资企业可以不约定合资期限；统一了涉外税法；在几个主要口岸设立保税区；允许成立了一批外资银行；允许外商投资经营成片土地；优先保证合资项目所需要的人民币配套资金，等等。这些旨在改善投资环境的努力，有利于外商投资在中国经济中的发展。

中国的改革、开放和发展，不但对中国的现代化是重要的，而且对亚太地区乃至全世界的和平发展事业有特别重要的意义。在全球经济发展的新阶段，各个国家和地区，不论是大国还是小国，是强国还是弱国，是贫国还是富国，关起门来搞建设都不可能，都需要相互开放，都需要根据各自在商品、服务、资金、劳动、技术、信息和自然资源等方面的比较优势进行交流和合作，都渴望和平和发展。对于中国这样一个面临发展和改革双重任务的国家来说，更希望有一个和平发展的国际环境，参与全球经济合作。我相信，这次国际学术会议将为拓宽这种合作提供一个良好机会。

当代中国经济的发展、改革与对外开放

贺《经济导报》创刊四十五周年

（1991年12月25日）

  《经济导报》创刊已满45周年了。在广大读者的爱护和支持下，《经济导报》坚持按期出版，45年如一日；它从一个小小的同人刊物，发展成为今天在国内外有相当影响、以出版经济书刊为中心的颇具规模的多元化企业；为中外经济发展、沟通信息和拓展贸易做出了卓有成效的贡献，这一切都是十分难能可贵的。作为《经济导报》的长期友人和读者，我要向《经济导报》全体工作人员致以衷心的热烈的祝贺！

  20世纪90年代将是世界、东亚，特别是中国经济发展的一个重要时期。中国将完成第二步发展战略目标，将初步建成有计划商品经济新体制，随着1997年来临，"一国两制"的设想将付诸实施。在这样一个伟大变革过程中，我希望也相信《经济导报》将百尺竿头更进一步，为促进中国香港经济的繁荣稳定和加速祖国的经济建设做出新的贡献。

  中国社会科学院在经济学研究方面，与《经济导报》是同行。它在国内经济研究方面有六个研究所，另外有若干国际研究机构也涉及世界各国经济的研究，合作和交流的空间很大。我希望今后加强联系，加强合作，为祖国的繁荣昌盛共同努力。

  祝《经济导报》的各项事业兴旺发达！

"八五"头一年起步良好
1992年结束治理推进配套改革*
——《统计信息报》记者专访
（1991年12月30日）

中国经济步入正常增长

1991年中国宏观经济走势，根据国家统计局公布的1月至11月份国民生产总值增长率、工业总产值增长率、全社会固定资产投资额、社会商品零售总额增长率、零售物价指数增长率、职工生活费用指数等主要经济指标，可以断言，中国经过三年有计划的治理整顿，总体经济（包括生产与销售）经过下降、低谷、回升过程后，目前已进入正常增长阶段。现在，治理整顿的最主要目标基本实现，即：过热的经济已经降温，通货膨胀得到抑制，经济秩序好转。从1991年的情况看，全年的生产速度显然不低，但因1990年是处于低谷，1991年带有恢复因素，又不算过高。这一年，外贸增长很快，外汇结存大幅增加，销售回升，生产资料库存开始下降，需求缓缓上升，农业遇到特大灾害仍是历史上第二个丰收年……这说明"八五"第一年起步良好，90年代经济发展有了比较坚实的基础。

"八分春色二分忧"

对1991年的经济成就既要充分肯定，又不能盲目乐观。正确的估价是"八分春色二分忧"。"八分春色"前面已作概括。"二分忧"，一是效益不高、结构失衡、财政困难。具体地讲，经济增长虽步入正常，但经济效益还处在低谷。比如，企业亏损面和亏损额同时增加，可比产品成本呈上升趋势，产成品库存积压仍较严重，产品结构与消费结构不相匹配；国家财政收入增长远低于工业增长速度；产业结构不合理的矛盾仍然存在。调整结构、提高效益、增加财政收入是今后经济工作的艰巨任务。二是在正常经济增长的情况下仍隐藏着经济重新过热的因素。比如，现行经济体制及其所决定的利益分配格局，仍然使国家、地方、企业、个人四个行为主体存在着加快经济增长、进一步提高收入的内在要求，经济扩张的内在冲力极强。又比如，近两年的市场疲软使大量生产能力闲置，为经济再次高速增长提供了物质生产手段。一旦外部条件具备，这些闲置生产能力就会重新开工运转，这是获得即期收益的较省力的途径。加之能源和原材料产业出现产品积压、开工不足的现象，对加工工业中间需求的供给相对宽松，也容易造成加工工业过快增长。因此，抑制这些过热增长的因素，稳住速度，也是今后经济工作的重要任务。

结束治理整顿推进综合配套改革

说到1992年的经济发展前景和主要任务，我们应力求使国民经济持续、稳定、协调发展。为此，1992年，应当在明确治理整顿已经基本结束的前提下，取消治理整顿期间出台的临时性行政措施，全力推进综合配套改革。

　　现在，我国已经出现了盼望已久的相对宽松的经济环境，我们要抓住这个大好时机，全面推进改革。1992年及其以后的一个时期，仍然要坚持有计划指导、有宏观控制的市场取向的改革。改革的内容有两个大的方面：一是处理好计划与市场的关系，二是推进企业改革。

　　对于前几年我国经济发展中出现的一些毛病，有人说是因为计划搞得不好造成的，有人则说是因为市场搞得不好造成的。我认为是由于计划与市场都没有搞好所致。坚持计划经济，但不能迷信计划；坚持市场取向，但不能迷信市场。我们的目标是取二者之长，去二者之短，实现二者的有机结合。

　　关于搞好计划，主要是通过计划体制改革，使计划适应商品经济的要求。目前我们的所谓计划，有不少就是审批，而审批不等于计划，计划经济不等于审批经济。搞好计划指的是提高它的科学性。比如，我们制订年度经济计划和改革方案，应当从长远着想，从当前入手，做到短期目标与长期目标相兼容，防止过去在五年计划的第二三年高速增长，第四五年又压缩调整的松紧循环再度发生。又比如，1992年我们要使经济保持平稳增长，就要注意宏观调控适当，其中，一个重要方面是适当安排投资总量，严格把握投资方向，努力提高投资效益。投资的重点应是扫尾项目和技术改造项目，而要下决心严格控制新开工项目，特别是防止加工工业投资的盲目扩张。假如不是适当而是失当，就会重复前几年的现象，引起新一轮热冷的反复。

　　1992年主要是矫正价格信号和完善市场体系。为了使价格信号不失真，就要继续推进价格改革。在价格改革上要跳出"以调为主"的思路，大胆地走"以放为主"的新路子。完善市场体系的另一个任务是开拓城乡市场。目前我国城市以家电为主的老的消费潮流已趋平缓，以住房、汽车、旅游等为主的新的消费热潮尚未形成；农村因农民购买力尚未达到必要的档次，市场容量小，亟须拓宽。为了开拓城乡市场，1992年要大力推进住房改革、医疗、保险制度改革、工资改革、财税改革，特别是贯彻《中共中央关于进一步加强农业和农村工作的决定》，促进农村经济向商品化转化，从传统农业转向现代化农业，解决农村流通、交换、分配、社会化服务等问题。

对于转换企业经营机制，逐步地有区别地把企业推向市场问题，1992年，在坚持和完善企业承包制和落实搞好大中型企业一系列措施的基础上，要扩大股份制试点和股票、债券市场的试点。要进一步解放思想，拓宽思路，通过股票、债券市场，发展直接融资，适当减少间接融资的比重，把居民储蓄稳定在积累上。

解决财政困难问题。1992年，要通过财税改革，实现国营、集体、个体经济公平税负，提高非全民经济对国家财政的贡献率。近几年，随着改革的推进，全民所有制工业产值在工业总产值所占的比重不断下降，但所提供的财政收入、上缴税金，占其产值的比重却不断上升；非全民所有制工业产值在工业总产值中所占比重不断上升，但所提供的财政收入、上缴税金，占其产值的比重却趋于下降。1990年集体、个体、其他经济成分的工业企业总产值税率分别只相当于全民所有制工业企业的51.5%、35.7%、40.8%，净产值税率分别仅相当于全民所有制企业的57.9%、40.5%和50.3%，税负显然太轻。因此，为搞活国营大中型企业、克服财政困难，不应当仅限于通过提高经济效益增加财政收入的一条思路，而要拓展新思路。最近中国社会科学院柏冬秀、李茂生提出通过财税制度改革，将组织财政收入工作的重点转移到如何提高非全民所有制经济对国家财政收入的贡献率上来，统一国有、集体、个体经济的税负，就是条很好的思路。

这几年尽管治理整顿，但改革并没有停顿。1991年改革迈出了相当大步伐。但是，单项推进较多，1992年应注意推进综合配套改革。比如，物价、工资、住房、医疗、保险等方面的改革要配套，这些改革又要与计划体制改革、企业改革相配套。

「八五」头一年起步良好 1992 年结束治理推进配套改革

"8·19" 巨变的原因分析

——一次座谈会上的发言

（1991年12月）

    1989年"8·19"以后苏联发生的巨变，是苏联党内国内政治经济社会民族许多矛盾激化的结果，究其原因，可分戈尔巴乔夫上台以来的直接原因和七十年来积累的历史原因两个方面来看。

一、直接原因

    导致苏联发生巨变的直接原因是，戈尔巴乔夫在6年改革中犯了一系列严重错误，并最终背叛了党、背叛了社会主义。下分五点来说。

    1. 戈尔巴乔夫改革的指导思想，是一条由右到极右的路线，地地道道的机会主义路线，它突出地表现在以下三个方面：（1）竭力渲染一般的、抽象的民主，他在抽掉了明确的阶级前提下，大力提倡"公开性"和"民主化"，为各种错误思想、无政府主义思潮的泛滥，乃至为各种反共反社会主义的敌对势力的复活，大开了方便之门。（2）在国际政治上一味宣扬的全人类利益高于一切为核心的"新思维"，把全人类的利益与阶级利益对立起来，甚至认为国际上阶级敌人的形象是人为地制造出来的，否定了事实上存在的阶级斗争。（3）以历史唯心主义的态度来评价苏联历史，完全接过西方的一套说法，把苏联自己的历史和制度概括为官僚、专政和极权主义制度，全盘否定斯大林，把苏联十月革命以来的历史说得一团漆黑，造成严重的是非颠倒和极大的思想混乱。

2. 在经济改革的战略方针和政策措施上屡犯错误：（1）戈氏上台不久，在1986年2月苏共二十七大上提出"加速发展战略"，在原有体制结构和产业结构的基础上，通过发展高新技术，改造机械制造工业，想以此来摆脱勃列日涅夫时期的经济停滞状态。但是执行结果，原来已经扭曲的产业结构（重轻农）更加扭曲，食品消费品供应越发紧张。（2）接着在1987年6月全会上提出了以实行完全经济核算制为必要内容的企业改革。由于企业改革是单项突进，缺乏物价物资财政金融等方面的配套改革，而各部委职能也未作任何相应的变化，致使改革陷于搁浅。企业改革带来了个人报酬收入膨胀的后果，而个人收入膨胀又加剧了消费品市场的紧张。从1989年起，苏联经济开始急剧恶化，一年不如一年。（3）为了解决经济困难，1989年12月苏联人代会提出经济稳健化方案，从这以后一个方案接着一个方案被提出来，如1990年4月人代会提出的可调节的市场经济过渡方案，秋天，连续出台雷日科夫（阿巴尔金）方案，沙塔林500天方案和总统的折中综合方案，1991年又有亚夫林斯基的方案等，一个接一个方案，议而不决，决而不行，没有一项改革方案真正得到落实实施，形成经济改革在经济形势不断恶化中空运转，改革没有任何实质性的进展。（4）改革的进程与群众对改革的期望之间反差过大。苏联在改革过程中乱许愿，实际上经济增长率逐年下滑，通货膨胀率日益升高，商品供应日益匮乏，人民群众在6年改革中不但未得到实惠，反而生活水平不断下降。整个国民经济陷入全面危机，使人民对改革丧失了信心，加深了对社会主义的信仰危机，扩大了群众同党离心离德。

3. 政治改革采取了许多自我毁灭的做法。到1988年，由于经济改革遇到了困难，戈氏转而发动了政治改革，想以此推动经济改革。1988年6月，苏共十九次代表会议上提出党政分开、权力归苏维埃的方针，为共产党的敌对势力和异己力量准备了向共产党夺权的合法形式和场所，1990年春，苏共中央二月全会和提前召开的人代会提出修改苏联宪法第六条，自动放弃共产党的领导地位，这是致命的一步。在共产党在人民心目中的威信大大下降的时候，戈尔巴乔夫又过早地发动了各地方的竞选，企图通过各级党委第一书记参加竞选，把决策权由各级党的机构平稳地转到各级苏维埃代表大会，但是这个企图遭到惨重失败，使一些与党对立的人士攫取了领导岗位，使共产党失去了包括莫斯科市和列宁格勒市，最后还有整个俄罗斯共和国政权的有效控制，对许多地方各级政权的有效控制也失去了。戈氏"新思维"的传播和"公开性"的推行，使人民群众的不满情绪和长期积累的社会矛盾像天方夜谭魔瓶里放出的妖气一样一发而不可收，特别是国内外敌对势力、异己力量和肃反中受到处分镇压者的成千上万的家属，乘机活动起来，形成强大的反共反社会主义思潮。他们先是要求舆论多元化，要求政治多元化，要求成立群众团体，实行多党制，进而秘密地乃至公开地向共产党夺权。他们不断寻衅生事，搞乱社会生活，使国家陷入不断的政治危机和失控状态。这样，戈尔巴乔夫的所谓政治改革不但对经济改革于事无补，反而使经济危机日趋严重。

4. 戈氏和他的一些智囊，如雅可夫列夫、谢瓦尔德纳泽等人，把共产党看成为苏联七十年推行专制制度的工具，是保守势力的集团和改革的阻力，因此，他们认为不能依靠共产党来进行改革，而企图撇开党来进行改革，把党本身作为有必要"革新"的对象，用发动社会力量和发动群众组织来推进改革，结果从所谓"革新党"发展到彻底否定党。戈氏采取了政客手腕，一步一步地把党的权力转移并集中到他总统兼总书记一个人手中。赋予自己至高无上的权力，凌驾于党之上，在党内破坏民主集中制，使党分裂成一个个集团和宗派，造成党内极大的分裂和尖锐矛盾，党内形不成制约戈尔巴乔夫不法行为和对抗反党势力进攻的力量。"8·19"事件的发生，是由于党内矛盾发展到一部分人看到党和联盟将要瓦解，迫不得已出来做出的一种绝望的挽救势力，结果失败了，而戈氏与叶利钦联手反共，只用几道命令，就把苏共彻底搞垮了。苏共中央、苏共党员是一点儿办法也没有，群众与党离心到这样一个程度，即对党的垮台漠然视之，虽然有部分人愤慨，但大势已去，难以回天。这是极其深刻的教训，堡垒是最容易从内部攻破的，苏联就是如此，党内走资派上层最危险，对苏联完全适用。这也是我们要从思想上到制度上重视解决的问题。

5. 还有一个从联盟的瓦解来说，戈氏对民族问题先是掉以轻心，后采取放任自流，发展到难以收拾的地步。戈氏起初认为苏联过去民族问题和民族关系处理得不错，但实际上在苏联长期被掩盖的民族矛盾，在戈氏提出的民主化公开性的鼓动下，重新暴露出来，民族分裂主义的思潮和活动汹涌泛滥。右翼复辟资本主义势力为了推翻苏共，充分地利用了民族问题，戈在民族分离主义的强大压力下步步退让，提出了革新联盟的主观愿望，但是在俄罗斯大民族主义重新抬头的威逼和影响下，民族分离主义者不以革新联盟为满足，他们变本加厉地把政治改革的要求转变为夺权斗争，引发了民族独立的连锁反应，最终导致原苏联联盟的解体。

以上列举了5个方面，戈尔巴乔夫上台以来改革的失误，加上戈本人的背叛，这是引发苏联发生巨变的直接的近期的原因，但是冰冻三尺非一日之寒。苏联巨变有其深层次的历史原因，是几十年长期积累下来的问题和矛盾的总爆发。下面也分5方面简单分析一下历史原因。

二、历史原因

1. 思想理论上的失误

苏联从斯大林起到契尔年科（主要是斯大林，斯大林30年，赫鲁晓夫10年，勃列日涅夫18年，安德罗波夫和契尔年科都较短，安1.7年，契1.5年），历任领导在思想理论上突出的问题是教条主义形而上学严重，对马克思主义只讲捍卫，长时期不讲发展，谁提发展，往往被说成是反马克思主义的。结果一搞舆论多元化时，那种僵化的教条的理论一触即溃，没有任何抵抗战斗能力。苏联在30年代中期以后，一方面否定了阶级和阶级斗争在一定范围内的存在，无视社会矛盾，只承认社会和谐一致。另一方面又无视苏联的具体国情，按照经典模式对社会主义的理解，指导和计划苏联的国家建设，解释和分析社会现象和社会问题。例如，对社会发展阶段的估计就往往是主观的唯心的，1937年说社会主义已经建成开始向共产主义过渡，赫鲁晓夫在50年代末提出20年进入共产主义，以后勃列日涅夫等人步步退却，到戈尔巴乔夫退到发达的社会主义，这也还是脱离实际的提法。在领袖、政党、阶级、群众的关系问题上，长期热衷于搞个人迷信，把领导人的讲话奉为不可逾越的真理，使人们长期养成一种僵化的思维方式、不良学风和逢迎捧场的社会风气，所有这一切影响了好几代人。如果说思想理论上的这些失误在平时不容易看出其恶果的话，那么在改革的大浪潮中，在历史的大动荡中，当党的总书记，国家领导人出了问题的时候，就保不住出现机毁船翻的大灾难了。

2. 经济建设上的失误

长期以来苏联经济建设的指导思想也是教条主义盛行，形成过度集中的僵化体制，在社会主义所有制和商品经济等问题上人为地设置禁区，迟迟意识不到改革的必要性，结果问题堆积得越来越多，以至到了积重难返的地步。如在相当长一段时期，苏联以拥有与资本主义市场平行的社会主义市场而自豪，长期热衷于搞封闭式的经济，这当然与当时国际环境历史条件有关，但主要在于苏联夜郎自大，什么都认为是老子天下第一，结果使苏联实用技术落后于西方10年到20年，经济发展起初靠着积累在速度上还能作些追赶，但后来也逐渐地落后于世界经济。经济结构严重失衡，杜勒斯曾经提出要引诱苏联进行军备竞赛把苏联的经济拖垮，1985年苏联国防费用占GNP的15%，1150亿美元，而美国3000亿美元只占GNP的5%。苏联学者自己提到如果把隐瞒的部分加进去，苏联军费占20%～30%GNP以上，苏联几十年与美国争霸是对苏联国民经济一个沉重负担。除了军备竞赛外，还有到处伸手，以援助为名谋取霸权，也耗费大量财力物力。再就是几十年用行政手段集中财力物力人力，长期片面发展重工业，突出第Ⅰ部类，很大一部分是军工，据什梅廖夫估计，积累率实际达到40%，产业结构的严重扭曲，使苏联在几十年经济建设中，浪费了大量资源，很大一部分用于空转，生产出来的东西很多没有用处，产品不足与积压并存。20世纪60年代到80年代，库存增长比美国快4倍，库存占国民收入比率比美国高两倍。由于农业轻工业得不到发展，苏联农民被坑得很苦，广大人民群众得不到社会主义的实惠。由于产业结构不合理，苏联原来具有的一定的经济增长速度优势也拉了下来，在勃列日涅夫时期出现了停滞。到了20世纪60年代，尤其是进入70年代以后，由于苏联经济上存在的诸多弊端，与西方国家在同一时期的经济相对繁荣形成强烈的反差，80年代后期苏联对外开放后，在人们心理上引起很大的不平衡与对苏联现实的反感。据贾丕才介绍，十月革命前俄罗斯人的生活水平在欧洲占第五位（前四位是英、法、德、奥匈），在世界上占第六位，而现在在欧洲仅比罗马尼亚强些（倒数第二位，在世界上则是占到第43位，一说是第50位）。贾丕才还说，现在苏联的国民生产总值只相当于美国的50%，而生活水平与质量只相当于美国的30%。苏联经济发展的滞后与经济体制的僵化是分不开的，而苏联经济的这些积弊和问题在戈尔巴乔夫统治几年中不但没有缓解而是进一步恶化。苏联经济恶化并不是如苏联同志所说，是苏联经济改革的结果，更确切地说，是苏联经济没有改革的结果。

3. 政治上的失误

首先是肃反扩大化。据苏联正式公布的数字，1937—1953年的肃反中，共镇压337万人，枪决78万人。这些数据和许多案例被苏联的反共势力所利用，在报刊、电视台长期反复进行反共宣传，严重损害了苏共的形象。那些在肃反中被镇压的300多万人的亲属，大多数成了苏共的反对派。其次是长期以来苏联没有扎扎实实地搞民主法制建设，现行法律规定给人民以民主权利，对政府工作人员的监督等等，往往存在着形式主义的倾向，使埋藏在人们心底的不满和积怨，没有正常的渠道得以反映和解决，形成了极大的潜在的社会不稳定因素。与此相关的是长期以来把人民主要当作管理的对象，不注意真正发挥他们的国家主人的地位，这使得人们渐渐对政治漠不关心，甚至形成疏远政权的心理，成为人民最终抛弃共产党的原因之一。再次是没有妥善处理好知识分子问题。多年来，苏联不少知识分子受到不公正的待遇，"二战"前批判了一批又一批知识分子，据说一些科学家从事的导弹和核武器的研究发明是在监狱中进行的。70年代在对持不同政见的人的处理上也不够策略，较大地伤害了他们的感情，在知识分子当中造成了消极的影响。在知识分子待遇方面，也有某些倒挂现象，在知识分子群中造成不满。在此基础上，他们中的右翼成了戈尔巴乔夫"新思维"的积极信奉者和西方思想的积极传播者。最终出现了哪里知识分子特别是右翼知识分子成堆，哪里共产党就垮得快的局面（如莫斯科、列宁格勒）。这是一个值得注意，需要进一步研究，从中得出正确的结论的重要问题。

4. 民族政策上的失误

斯大林的民族政策埋下了民族矛盾的隐患。斯大林搞大俄罗斯民族主义，强迫实行民族迁移，在肃反中大批镇压民族干部，"二战"时期对波罗的海几个共和国的处理等问题上，制造了大量的民族矛盾，并用高压手段把这些矛盾压下去，掩盖起来，埋下民族冲突的隐患。长期以来苏联在制定民族政策、解决民族问题时，不做深入调查研究，不能及时有效地克服和缓解民族矛盾，主观片面地认为和宣传民族问题已经彻底解决了，结果一遇时机，如戈尔巴乔夫的公开化民主化一出笼，大量潜在的民族矛盾便爆发出来。

5. 党的建设上的失误

长期以来，苏联共产党党内政治生活和民主化生活处于极不正常的状态，有一段时期中央全会长期不召开，二十八大的中央政治局也几个月不开会，一言堂的现象非常严重，党的干部一批又一批地换届，党内从来未出现过生动活泼的政治局面。赫鲁晓夫搞所谓全民党以后，使党严重丧失了无产阶级的先锋性和战斗性，沦为生产党、福利党和娱乐党，结果使一个机构庞大，拥有1800万名党员的大党既缺乏鲜明的政治立场，又缺乏战斗力，当国内党内发生重大事变的时候，许多党员或不知所措，或漠然视之。再有最后一点但不是无关紧要的一点，就是苏共党的干部腐败现象严重，引起人民群众强烈不满，成为人民群众抛弃共产党的又一重要因素。与此同时，叶利钦等一类极右分子则利用人民的这种情绪，打起"反特殊化"的旗帜，叶利钦大量揭露他在党内知道的腐败现象，赢得了民心，取得了反共反社会主义的胜利；其实这些极右势力上台以后，自己也是大搞不正之风，苏联人民对他们也逐渐失望。遭受苏联巨变痛苦的还是苏联人民。

《不宽松的现实和宽松的实现》
第一章　绪论*

（1991年）

　　我国人民在建设社会主义国家的伟大事业中，走过了40年的光辉道路，取得了举世瞩目的成就。最近十年多的改革，在共和国的历史上又掀开了新的一页。但是，无论前30年或近10年，在积聚丰富经验的过程中，都不是一帆风顺的，而历尽了曲折和艰辛。正像江泽民在党的十三届五中全会上的讲话中所指出："40年来，我国经济工作取得了伟大成就，但也有失误。最重要的教训，就是往往脱离国情、超越国力、急于求成、大起大落。"因此，必须牢固地树立国民经济持续、稳定、协调发展的指导思想。这个问题，本来已经提出多年，"但是并没有真正为全党同志共同接受和认真贯彻执行"。现在作为党的决定，则是我国经济建设和经济工作在认识上和实践上的突破性进展。具体地研究这个问题，成为我国经济界实际工作者和理论工作者责无旁贷的紧迫任务。这本论著，就是在几年来研究这个问题的基础上，着眼于20世纪90年代，进一步总结、思考和探索的结果。本章的内容是对全书的综述，概括地表明我们的基本思路，特别是突出某些多少含有新意的看法和想法，希望得到关注此一问题的同志的指正。

　*　原载《不宽松的现实和宽松的实现》，上海人民出版社1991年版。

一、情势的重述和探索的回顾

我国40年来，尤其是改革十多年来的成就，国内外的文献都有翔实的记录和生动的描述，这些无须再作系统的论证。对于20世纪80年代的进展，不妨归纳为这样三个方面：

一是进行了规模巨大的建设。20世纪80年代全社会固定资产投资完成2.77万亿元，超过前30年的总和。其中，全民所有制基本建设投资1.08万亿元，建成投产的大中型项目有1000多个；投入更新改造资金5470亿元，完成技术改造项目40.9万项。与1949年相比，煤、电、钢铁、纺织等工业的生产能力增长以十几倍、几十倍计。同时，还建立了一系列新的工业部门如汽车、飞机、电子和石油化工等，初步形成了门类比较齐全的工业体系。在农业上，兴修水利，整治耕地，发展了农业机械化和乡镇企业，实现了农村经济的全面发展。铁路、公路、水运、空运能力和邮电通信等设施能力也有了迅速的增长。

二是在大规模建设的基础上，社会生产得到很大的发展。从国民经济恢复后开始第一个五年计划的1953年算起，到1990年，平均每年的增长速度：社会总产值为8.7%，农业总产值为3.6%，工业总产值为11.7%；1990年同1980年相比，工业总产值增长2.3倍，平均每年增长12.6%，农业总产值增长84.6%，平均每年增长6.3%。粮食、棉花和原煤、原油、电力、钢铁、机床、水泥以及纱、布和某些家用电器的产量都有不同倍数的大幅度增长，不少产品产量先后跃居世界各国同类产品产量的前列。

三是在经济发展的基础上，城乡人民的物质和文化生活有了显著的改善。尤其是近十年，人民得到的实惠较多。1990年城镇居民生活费收入达到1387元，农民人均纯收入达到630元，剔除物价因素，分别比1980年增长68.1%和123.9%。全国绝大多数居民已经解决了温饱问题，开始向小康过渡。

重述这些人们熟悉的数字，肯定了我国40年来的经济情势是不断向上的，证明了"只有社会主义能够救中国"和"只有社会主义能够发展中国"的真理。我们不仅进行历史的纵向比较是如此，并且进行与其他国家的横向比较也会得出同样的结论。

但是，在总结经验的时候，我们从来没有忽视前进中的问题。总体上看，新中国成立以来的40年大致可以划分为两个时期：前30年（1949—1978），经济是发展的，而动荡比较激烈；后十年（1979—1988），经济发展比较顺利，但也不是没有起伏。近几年来，我国经济学界提出周期性波动的问题，说法不尽一样。一般认为，这种波动周期是5年左右一次，先后出现过8次：第一次是1953—1957年，第二次是1958—1962年，周期各为5年；第三次是1963—1968年，周期为6年；第四次是1969—1972年，第五次是1973—1976年，周期各为4年；第六次是1977—1981年，第七次是1982—1986年，周期各为5年；第八次是1986年以后，周期也在五六年之间，可能到1991年后渐趋正常。

经济发展的周期性波动，有人认为是难免的，不同经济制度的各国都无例外。但是，我们必须加以区别。一种波动确实难免，如由于自然条件的变化而影响农业生产，由于重大工程的兴建和投产而影响增长速度，由于科学技术的突破而加快发展步伐，由于国际市场的旺衰而导致产销畅滞等。历史资料表明，这种波动幅度有限。另一种波动，其幅度比上述大得多，也不是由于上述原因所产生，则不能认为是必然的。我国经济发展的波动，其幅度比别国大得多。据计算，1953—1985年我国的波动系数（每年的增长速度和平均增长速度的差距）超过22个百分点，比美国高4.7倍，比日本高2.7倍，比联邦德国高3.4倍，比法国和英国高5.1倍，比苏联高4倍。其中，1958—1962年达66.5个百分点。[1]并且周而复始，始终未得有效纠正。这就值得认真研究了。

这样的经济波动，也不像有人所说，有利于高速增长，或者是高速增长的客观规律即所谓"不平衡—平衡—不平衡"或"高速度—低速度—高速度"的规律。相反，经济发展的不稳定，带来了严重的后果。我国经济发展中出现和至今存在的若干主要问题或消极面，都与这种增长的大起大落有直接、间接的关系。

经济发展的大起大落，首先，不利于提高经济效益。速度和效益本来是统一的，但在经济增长不稳定的情况下，两者之间就有矛盾。它表现在：当追求高速增长时，往往只图产出，不计投入，以牺牲效益为代价；当速度被迫下降时，往往效益率先"滑坡"。几次三番的大起大伏，使资源利用效率也随之起伏，甚至越来越低。例如，我国每百元积累增加的国民收入，1952年为71元，"一五"时期平均为32元，"二五"时期平均只1元，"三五""四五""五五"时期分别为26元、16元和24元，"六五"时期为41元。另如以产值、资金、成本、工资为基数的各种利润率和投资产出率，几乎都未恢复到历史上的最好水平。

其次，不利于优化产业结构。稳定增长和比例协调是相辅相成的。经济发展的大起大落，不仅使总量失衡，并且使结构失调。无论是过去的"优先发展重工业"或近年来的"轻工业六个优先"，都使产业结构过度倾斜，进而成为制约稳定增长的障碍。我国第一、二、三次产业占国民生产总值的比重，1978年为29%、48%和23%，1987年为29%、46%和25%，变化甚微；而在工、农业之间及其内部，尤其是基础产业和加工行业，相互脱节越来越明显；至于企业组织结构和区域布局等，同样存在无序现象。

---

① 参见程秀生等"对我国经济中长期稳定增长的初步研究"，《经济研究》1990年第2期。

再次，不利于实现科技进步。经济发展应当以科技进步为动力。但在一味求快的扩张冲动下，容易侧重于外延的扩大再生产，以基本建设排斥和替代更新改造，甚至繁衍增长较快的低技术，使整个技术结构难以逐步升级。同时，在供不应求的卖方市场统治下，使产品不愁销路，也无助于推动新产品的开发和产品质量的提高。

最后，不利于保持较高的增长速度，相反，却会欲速不达或得而复失。每个波动周期都有其高峰和低谷。在高峰期，曾经出现过年增长率达到15%甚至超过20%的"奇迹"，令人兴奋不已；但是无法持久，随即"滑坡"，有时竟出现零增长或负增长。两者相抵，平均增长率一般仅为高峰期的一半或更低，与原来的期望值相差很大。在一起一伏之间，损失严重，导致人民生活水平的实际改善程度与名义上的经济增长率不相称。

经济发展的大起大落，除了非经济因素外，根本的问题是：

一方面，传统的经济发展战略迟迟未得及时的转换。我们在开始进行大规模的建设时，限于当时的种种条件，在缺乏经验的情况下，只能与别的社会主义国家和其他发展中国家一样，沿袭传统的经济发展战略。这种战略的特征，是以工农业总产值的增长为主要目标，以增加投入即提高积累率为主要手段，以外延的扩大再生产为主要方式。这在工业化初期，本来无可厚非，而且确实取得了积极效应。但是同时，逐步暴露了某些矛盾，例如追求速度而不顾效益，偏好工业而忽视农业，过多积累而抑制消费，等等。不少发展中国家已经先后转向采取所谓变通的或新的发展战略。我们不是没有觉察，但是对其惯性估计不足，特别是形成了一种传统的价值观和方法论，总认为社会主义的优越性主要是高速度（而不是高效率），制订经济发展计划以产值为中心。需要指出的是：传统经济发展战略的惯性进一步凝成了以产值增长速度高低作为评价标准的成绩机制并诱发攀比机制，更是积重难返。经久不衰的"产值热"，成为导致周期性大起大落不可抗拒的盲动力量。

另一方面，传统的经济管理体制也迟迟未得及时的转换。一定的经济管理体制服从于和服务于一定的经济发展战略。也由于缺乏经验，我们起初只能大体上仿效别的社会主义国家的一套，沿袭传统的经济管理体制。这种体制的特征就是高度集中的指令性计划经济模式。这在当时经济发展水平不高的情况下，对于集中力量发展重点部门，同样是有效的。但是，在经济发展到相当水平后，其弊端则不断暴露，特别是变为两个"大锅饭"，导致"投资饥饿症"和"消费饥饿症"，从部门、地方到企业都热衷于扩张冲动，缺乏自我约束的机制。需要指出的是：经过近几年的初步改革，"投资饥饿症"没有治愈，"消费饥饿症"却从隐性转为显性。这种双重膨胀，来自改革处于双重体制并存阶段的某种错位，即微观有所放活而宏观则更失控。传统经济管理体制的黏性与传统经济发展战略的惯性相结合，造成长期以来的社会供给与社会需求在总量上的失衡和结构上的失调，突出地表现为"短缺"。经济环境经常是紧张的，无论在大起阶段或大落阶段，除非花很大力气，才有短暂的、稍纵即逝的宽松。

这些经济现象及其剖析和溯源，大家并不是没有认识的。党的十一届六中全会通过的《关于建国以来党的若干历史问题的决议》，总结社会主义现代化建设正反两方面的经验，明确地指出"社会主义经济建设必须从我国国情出发，量力而行，积极奋斗，有步骤分阶段地实现现代化的目标。我们过去在经济工作中长期存在的'左'倾错误的主要表现，就是离开了我国国情，超越了实际的可能性，忽视了生产建设、经营管理的经济效果和各项经济计划、经济政策、经济措施的科学论证，从而造成大量的浪费和损失"。陈云也说过："开国以来经济建设方面的主要错误是'左'的错误。"①"搞建设，真正脚踏实地、按部就班地搞下去就快，急于求成反而慢，这是多年来的经验教训。"②根据这些精神，我们多年来探索过此一问题，现在略作回顾如下：

最初，在进入20世纪80年代，我国经济学界开始提出经济发展战略这个新的用语并着手研究这个新的课题时，我们认为："中国过去的发展战略几经变化，有比较正确的时候，也有重大失误的时候。当战略决策正确时，国民经济蓬勃发展，人民生活得以改善，社会主义制度得以巩固；而当战略决策失误时，经济发展就受挫折，人民生活不能改善，社会主义制度也会受到削弱。"③回顾过去，我们肯定："建国30年来，中国在经济发展中取得了相当大的成绩，如建立了一个独立的、比较完整的国民经济体系，有了相当的重工业基础，基本上解决了10亿人民的温饱问题等。"同时，并不否认发生过一些挫折和偏差，"这种偏差，主要是经济建设上要求过急……表现为片面追求增长速度和投资规模，超出了国力的可能，结果不得不收缩，一进一退，损失很大，耽误了时间。"④总结经验教训，对经济发展战略的根本转变，提出以下几点：（1）"在经济发展的战略目标上，从过去常常片面追求经济增长转变为更加注意在经济增长的基础上逐步满足人民日益增长的物质和文化需要"；（2）"在经济发展的速度和效益的问题上，从过去的片面追求高速度转变为把提高经济效益作为中心任务"；（3）"在处理平衡发展和不平衡发展的关系上，从过去的片面突出重点的不平衡发展战略转变

---

① "经济形势与经验教训"，《陈云文选（1956—1985年）》，人民出版社1986年版，第254页。

② "加强和改进经济计划工作"，《陈云文选（1956—1985年）》，人民出版社1986年版，第280页。

③ 刘国光：《中国经济发展战略问题研究》，上海人民出版社1984年版，第17页。

④ 同上书，第21—22页。

为抓重点、促平衡的发展战略";（4）"在扩大再生产的方式上，从过去的一味依靠上新的建设项目的外延发展方式转变为更多地注意通过企业的整顿、改组和技术改造来挖掘现有企业潜力的内涵发展方式"；（5）"在物力和人力两种资源的开发上，从过去的只重视物质技术基础的建设……转变为开发物力资源和开发人力资源并重的战略"；（6）"在对待内外关系的问题上，从过去的实际上的闭关自守转变为自力更生为主并实行对外开放的战略"；（7）"适应于上述几个转变，在经济管理体制上，从过去盲目追求'一大二公'的经济形式和过分集中的、排斥市场机制的、吃大锅饭的体制转变为坚持以国有经济为主的多种经济形式、经营方式并存，和集权与分权相结合、计划与市场相结合，贯彻按劳分配和物质利益原则的新体制。"[①]

其次，在总结"六五"时期建设和改革的经验时，我们对经济建设，认为"六五"时期是"建国以来最好的时期之一，也是我国经济发展战略的转变时期。……但仍处于转变的初期，转变的自觉性不高，在执行中甚至有反复"，"我们在经济建设方面取得的成绩，如农业和轻工业的高速发展和人民生活的明显改善等，都同实行新的发展战略有关"；而出现的失误和发生的问题，如投资过多、速度过快等，又同"传统发展战略继续发生作用相连"。[②]我们肯定"六五"时期的前两年"抓了经济调整，收到了一定成效，经济增长比较平稳……经济结构有所改善，经济效益有所提高，出现了有限的买方市场势头，形成了比较宽松的经济环境"；但是后来，增长速度实绩大大超过"保四（4%）争五（5%）"的计划，"表现为一种周期性：每次控制投资规

①　刘国光：《中国经济发展战略问题研究》，上海人民出版社1984年版，第23—27页。

②　刘国光等：《中国社会主义经济的改革、开放和发展》，经济管理出版社1987年版，第149页。

《不宽松的现实和宽松的实现》第一章　绪论

模、压低速度之后，接着而来的便是一次更大更猛的增长"。我们认为，"经济发展有它的系统性，不仅仅是一个速度问题，还有比例、结构、质量、效益等问题，它们是互相依存、互相制约的。"最后得出的概念是："从这些情况看来，今后要实现持续、稳定、协调发展，还有大量工作要做。"①

我们对经济体制改革，认为"六五"时期"取得了显著进展。首先是农村家庭联产承包责任制获得了巨大成功，进而推动了城市经济体制改革的逐步展开"；但是也出现了许多矛盾，"当前尤其值得重视的是微观放活与宏观控制的矛盾。迄今为止，微观放活不是过头了，而是不足，还要继续放活。可是在宏观控制方面，由于调节机制不健全……出现的问题也比较明显"②。在指出"六五"期间出现两次总需求过度膨胀的局面后，建议："今后宏观经济管理的改革必须与微观经济机制的改革互相配合，同步进行。在宏观经济管理由直接控制为主向间接控制为主的转换过程中，在原有体制的运行机制仍在起作用的情况下，仍须继续运用行政手段来维持经济活动的有秩序运行，尽力防止自发势力对经济活动的冲击。"③当时，对我国经济体制改革的目标模式，我们的看法是："既不能轻率地照抄国外经济学家提出的各种理论模式，也不能照搬其他国家改革实践中形成的经济体制。原则上说，我国经济改革的目标模式，应当是从中国实际出发的，有计划指导和宏观控制的，更多地通过市场机制进行协调的经济体制。这种目标模式应能保证不断地再生产出来公有制占主体和实现共同富裕目标的社会主义生产关系。"④

---

① 刘国光等：《中国社会主义经济的改革、开放和发展》，经济管理出版社1987年版，第150—152页。

② 刘国光等：《中国社会主义经济的改革、开放和发展》，经济管理出版社1987年版，第167页。

③ 同上书，第174—176页。

④ 同上书，第184页。

再次，对中国经济的发展和改革，我们作了进一步的理论研讨。建设有中国特色的社会主义经济，包含很多方面的问题，我们"把这些问题概括为两个方面，一是经济体制问题，一是经济发展战略问题"。[1]对经济发展战略，"从根本和长远的观点看，我们还要继续理顺各种经济关系。其中一个重要问题是改造长期以来形成的、不合理的产业结构"；此外，还有"科学技术的发展问题"，"人口、劳动和消费问题"，"商品流通和财政金融问题"以及"对外开放和经济特区问题"，等等。[2]值得强调的是："经济发展和经济改革，是在相互联系和相互作用中进行的。一般地说，战略模式和体制模式是互为条件、互相制约的。"并提出"追求数量增长、强调重工业发展并以粗放方式为主的发展战略，必然要求高度集中的、主要依靠行政指令进行直接控制的经济体制；而以满足多样化需求为目的、强调质量效益和以内涵方式为主的发展战略，则要求有较多的分散决策和主要依靠经济参数进行间接控制的经济体制"。从一方面看，"经验证明，经济体制改革的顺利进行需要有一个比较宽松的经济环境，要造成一个供给略大于需求的有限的买方市场。只有在这种环境下，企业才有改善经营管理和提高质量效益的压力，这就要求相应改变过去的强速发展战略"。从另一方面看，"传统发展战略的根本转变，比较稳定的有限买方市场的最终形成，也只有在彻底打破旧的经济体制及其内在的数量驱动和投资饥渴等痼疾，才有可能"。[3]

循着上述思路，我们研究中国的经济体制改革，既要选择

① 刘国光：《中国经济建设的若干理论问题》，江苏人民出版社1986年版，第21页。
② 刘国光：《中国经济建设的若干理论问题》，江苏人民出版社1986年版，第24—30页。
③ 刘国光：《中国经济大变动与马克思主义经济理论的发展》，江苏人民出版社1988年版，第129—130页。

一个有中国特色的改革模式，又要解决经过双重体制并存阶段向目标模式逐步转换的特殊道路问题。这个目标模式，包括所有制结构和经济决策体系、经济利益体系、经济调节体系和经济组织体系，或者分为企业、市场和宏观管理三个层次，都不可能采取"一揽子"的办法，实现"一步到位"；那么，必须"分步走"，双轨制即新旧体制并存，就是必要的过渡并需相当长的时间，同样不该急于求成。这不意味着改革的遥遥无期，关键在于正确对待改革与发展的关系。"明确这点，就要下决心在宏观管理上尽力保持社会需求和供给的总量和结构的平衡"。我们赞成这样一种方案，就是"坚决压缩已经膨胀起来的投资规模，适当控制消费的增长，同时尽可能调整产业结构，增加生产，做到供给略大于需求，首先创造出买方市场的势头"；因为这样，"改革的步子可以快一些，企业活力可以更好地发挥，市场体系也可望逐步完成，双重体制的摩擦可以缩短时间"①。

最后，对最近几年和当前改革的推进，我们设计过一种具体方案，其基本思路是稳定经济和深化改革的有机结合。指导思想是"双向协同，稳中求进"。这是针对1984年以来存在通货膨胀并且物价上涨过多的客观现实而言的。"所以出现这些问题，原因不完全是由于旧体制的作祟或者来自改革过程中难以避免的摩擦，也同发展战略的具体执行和某些政策的具体实施有着密切的关系"；归根到底，则是"经济工作中急于求成的倾向依然存在……整个经济环境仍旧相当紧张"。所谓"双向协同"，"也就是以稳定经济的措施来保证改革，同时也要用深化改革的办法来稳定经济"；这是因为，只有"稳定经济，为深化改革创造良好环境"，并且只有"深化改革，推动国民经济的

---

① 刘国光：《中国经济体制改革的模式研究》，中国社会科学出版社1988年版，第392—393页。

刘国光
经济论著全集
第
9
卷

稳定增长"。[1]

所谓"稳中求进"，就是在改革的总体方针下，考虑到形势发展。我们曾在1988年主张在今后8年中，改革的步伐前后有所不同，也就是说："前3年，……只能着力推行那些有助于稳定经济的改革，采取'稳中求进，以稳为主'的阶段性策略"；"后5年，仍要坚持长期稳定的方针，但阶段性策略的重点是由'稳'转'进'……改革步子可以迈得大一些、快一些"。[2]换句话说，就是3年治理，5年转轨。在此期间，还要注意近、中、长期改革的衔接和统一。"近期（头3年）改革的措施不能为中期（8年中的5年）改革进展设置障碍……中期改革不能和长期目标相矛盾。"[3]

自1988年秋党中央决定实行治理整顿以来，已经取得预期的初步成果，也出现意料中的一些问题，反映了几年累积起来的总量失衡和结构失调一时难以消除。为此，党中央又决定进一步治理整顿和深化改革，以实现经济的持续、稳定、协调发展。两者的关系是：治理整顿"为改革创造一个适宜的经济环境，……决不是对改革开放总方针的背离"；同时，治理整顿离不开深化改革的配合，"所以，随着浅层问题的逐一解决，深层问题的逐一暴露，有必要在继续坚持治理整顿的同时，逐步加大深化改革的分量"[4]。在"八五"计划制订过程中，加大改革分量的观点逐渐成为人们的共识。

以上这些就是我们继续研究这个问题和写这本书的背景、基

---

[1]　国家体改委综合规划司：《中国改革大思路》，沈阳出版社1988年版，第58—59页。

[2]　国家体改委综合规划司：《中国改革大思路》，沈阳出版社1988年版，第65页。

[3]　同上书，第70页。

[4]　刘国光："对治理整顿和深化改革关系的若干思考"，《人民日报》1990年2月2日。

础和新的起点。

二、产生短缺和供需失衡的原因

我国经济生活中的特征之一，与某些社会主义国家一样，就是短缺。这除了由于处在发展阶段，生产力水平不高，不能充分满足人民日益增长的物质和文化生活需要外，从经济运行的角度看，反映了社会供给与社会需求的失衡，即有效供给落后于有效需求（有支付能力的购买需求），表现为需求长、供给短，两者之间存在着或大或小的缺口。这是否是社会主义经济的必然现象，是值得研究的。人们往往直觉地认为，资本主义是生产过剩，需求不足；社会主义则是需求过旺，供给不足。我们不妨就从这样的对比来探索产生短缺和供需失衡的根源何在。

关于资本主义经济发展过程中经常出现的生产过剩，并周期性地爆发为经济危机，马克思早已作了深刻的剖析。所谓生产过剩，绝不是生产出来的商品真正超过了广大群众的实际需要（这在个别商品是可能的，总体上却不是），而仅是一种相对过剩，即劳动者有支付能力的需求落后于整个社会生产的增长，使商品滞销、利润减少，导致工业生产下降、失业增加。其原因是在追逐高额利润的驱动下，资本家一味扩大生产，并加强对工人的剥削，使劳动者的收入与生产的增长不相适应，或者叫作买和卖的脱节。这也是资本主义的基本矛盾即生产资料私人占有与社会化大生产之间相抵触的结果。第二次世界大战后在垄断资本的统治下，实行膨胀政策，又增加了无法消除的通货膨胀。尽管西方国家采取了宏观调控的种种对策，生产相对过剩，需求相对不足的矛盾仍然始终存在，供需均衡也始终是相对的、不稳定的。这说明了它植根于资本主义制度本身，非任何政策调整所能彻底解决。

刘国光

经济论著全集

第
9
卷

这种周而复始的经济现象，困扰着资本家，也使维护资本主义制度的经济学家感到惶惑。经过愈演愈烈的经济危机，终于产生了凯恩斯学说。这对古典经济学是一场革命或一次否定。凯恩斯承认了马克思早就提出的有效需求不足的概念，但是回避了制度根源，而是通过对企业主和消费者的行为机制的分析，得出了类似的结论。基于这样的推理，于是他认为，出路不是打碎这个旧世界，而是主张由国家直接干预经济生活，进行宏观调控，"避免现行经济形态整个毁灭"。凯恩斯和他的后继者开出的药方，无不投入国家干预这味主药。所不同的是，从扩大财政开支来刺激需求，进展到还要防止财政赤字过大、通货膨胀过快，在反危机的同时不得不也反通货膨胀。在这个意义上，西方经济学的宏观调控，与其说是力争社会供需的相对均衡，不如说是努力将通货膨胀率和失业率保持在相互可以容忍的程度内，使资本主义的固有矛盾得以缓解。

　　与资本主义不同，社会主义经济发展过程中经常出现的却是另一种现象：有效需求过旺、有效供给相对不足，即所谓短缺。科尔奈的短缺经济理论之所以引起人们注意，正是由于它抓住了这个也使我们困惑的课题。短缺经济理论，对于传统的某些政治经济学观点，例如计划万能、自觉平衡等，同样是一种突破或创新。《短缺经济学》中的一系列论述和用语，特别是"投资饥饿症""软预算约束""父爱主义"等，很快脍炙人口。但是，他只指出了这个现象，揭示了有效需求过旺导致短缺的宏观过程，却没有相应地提出或探索解决矛盾的某些可能的办法。我们认为，他的认识并不全面，因为短缺确是痼疾，但并非不治之症。也就是说，这是具体体制问题，不是制度本身问题。从科尔奈近期发表的文章看，他是主张采用资本主义私有制为基础的市场经济来解决这个问题。这是我们所不能苟同的。

　　与短缺论相仿佛，近几年来，我国经济学界有人提出紧运行论，断定这是社会主义初级阶段经济运行的基本特征。解释这种现象，不仅来自需求超前增长，并且归因于现阶段经济不发达的资源约束，对短缺论有所补正。紧运行论并不否定可能的"紧平衡"，但是更常见的或许应当叫作"紧失衡"。这种理论，实际上肯定了需求膨胀的短缺现象是难以扭转的，似乎宽松只是一种奢望。他们认为，虽然通过改革等措施，可以使总需求略大于总供给的紧平衡不至于向需求膨胀转化，但是不能从根本上消除紧运行状态。

我们承认经济短缺或紧运行是客观存在的。但是所以如此，不在社会主义制度本身，仅是来自传统经济发展战略和传统经济体制对经济运行的效应。因此，通过认真和慎重的改革，应当和能够给以校正，转为供给略大于需求的宽松局面。因此，我们必须从现行经济体制中寻找导致短缺或紧运行的原因。那么，就有必要从国家、企业和个人三方面来穷根究源。

（一）国家—地方政府

经济运行的主体，一般分为国家、企业、个人三个层次。在社会主义制度下，国家显得特别重要。本来，自古到今，国家除了政治职能外，同时具有经济职能。社会主义实行公有制尤其是国有制，使国家在经济职能上拥有双重身份：既是管理者，又是所有者。新中国成立以来，以国家为主体进行了大量的经济活动，如发展国有制，改造私有制，实行高度集中的计划管理，直接经营企业，调拨产品，配置资源，分配收入，等等。总之，国家运用政权力量，把政治运行机制和经济运行机制结合起来，推动经济发展。

关于国家或政府的经济行为，论述已多。我们在本书中，着重研究分权向地方倾斜后地方政府的经济行为及其对供需关系变化的影响。前30年，我国的改革围绕放权、收权做文章，没有走出"一放就乱""一统就死"的两难陷阱。这10年的改革，分权向地方倾斜，大方向并不错，因为我们是一个大国，发展不平衡，权力过分集中在中央，不利于调动一切积极因素，不利于把经济搞活。实践证明，给地方以更多的自主权，有利于掌握信息，准确决策，增收节支，使对生产和投资有更多的刺激，为经济发展增强了动力。10年改革推动10年建设，地方政府起到了中介、传递和放大、落实的作用。

但是也要看到，仅仅行政分权，或仅仅伴以有限的经济分权（向企业放权），仍旧不能摆脱传统经济体制的某些弊端。地方政府在经济运行中的地位也是双重的：既是管理者或调控主体，又是所有者或利益主体。并且，由于它的特殊处境，更靠近企业，在处理政府和企业的关系上，作为利益主体的身份往往会超过作为调控主体的身份，特别是在两者关系发生冲突的时候。这表现在地方政府经济目标的多重性，例如居民利益和"父母官"的使命，使各级地方政府对本地区的充分就业、社会福利等给以优先的关注；加上简单化的考绩机制，使地方政府的经济目标紊乱，不得不凝结到以经济增长速度（先是工业总产值，后是以工业总产值为基础的国民生产总值）为主要标准甚至是"一美掩百丑"的单一标准。经济目标的多重化，导致地方政府经济行为的多重化：既要维护国家的整体利益，又要谋取地方的局部利益，还要在矛盾中追求地方政府长官的考绩利益。面对这些矛盾，中央政府和地方政府的责、权、利关系很难处理恰当，经过多年探索，不得不乞灵于一个"包"字。地方政府包干，成为双方都能接受的可行方案。但是，它进一步强化了地方政府的利益主体地位和行政权力，甚至演变为所谓"诸侯经济"。

从分权向地方政府倾斜到形成"诸侯经济"，在还占主导地位的传统经济发展战略的驱动和传统经济体制的约束下，不仅不能纠正过去的扩张冲动，并且进一步助长了经济过热和需求膨胀。其轨迹是：（1）攀比速度，争座位，排名次，或分先后，或分快慢，谁也不甘落后。于是造成层层加码，先进地区强调基础好，后进地区强调要缩小差距，爆发了一场场"速度大战"。（2）扩大投资。这是实现高速增长的基本途径，因为速度越快越好与投资越多越好是完全合拍的。投资来源：一是向上要，争项目，多多益善；二是自己挤，千方百计搞资金；三是向下压，广泛搜罗。（3）扩大消费。这也有个攀比，并且是动员群众搞大生产和大建设的必要措施。（4）反控制。即对国家宏观调节或明或暗地抵抗，所谓"遇到红灯绕道走"和"上有政策、下有对策"。与此相应，还带来区域封锁、结构趋同和自成体系以及种种短期行为。前几年的经济过热，责任不全在地方政府。但是，40年来每一次大起，都以向地方放权为条件；而每一次大落，又都以向地方收权为手段，绝非偶然的巧合。

在急于求成和大起大落中，地方政府扮演了"急先锋"和"替罪羊"的角色，不能完全推向行政分权这一改革的失当，更有相关的多种原因：除了分权本身的不够妥善外，还与这种分权着重刺激而欠约束，宏观控制弱化而中观调控未能跟上，统一市场发育迟缓而区域市场残缺不全等有直接和间接的联系。

（二）企业

企业是在社会分工条件下从事生产、建设、流通、服务等经济活动的基本组织。作为整个经济活动的载体，企业行为对经济运行起着决定作用。以公有制尤其国有制为主导的社会主义企业，有它特殊的性格。在我国传统的政企不分体制下，人们认为，国营企业隶属于各级政府主管部门，如拨一拨才动一动的算盘珠。经过改革，在双重体制下，企业越来越显示了它的三重性：既是行政部门的附属物，又是相对独立的生产经营实体，还是代表职工效益的社会单位。与这样的三位一体相适应，企业行为也有三重目标：（1）作为行政机关的附属物，它要面对主管部门，努力完成各项硬性的计划指标和不同弹性的其他任务；（2）作为相对独立的生产经营单位，它要面对市场，努力追逐以利润为中心的经济利效最大化；（3）作为职工利益的代表，它要面对本企业的劳动者，努力谋求职工收入和福利的最大化。这反映了国家、企业、职工三方面的利益，在统一中有矛盾，导致企业行为的复杂动机。如何安排，取决于上级领导机关的控制力和约束力，取决于市场的压力或吸引力，取决于职工的素质和结构以及企业领导人（企业家）的素质和类型。于是，在不同企业和不同时期，企业行为有其不同的侧重点和摇摆度；但也有共同之处，就是往往服从于最急迫的目标，造成企业行为的短期化。

10年来的企业改革，经过放权让利和两步利改税，最后与农村相似，普遍推行了承包经营责任制。这与地方包干（以及部门包干），也是相匹配的。这些承包制的积极作用，在于一举打破了"大锅饭"，萌生了以利益为基础的刺激机制，开始透露了生机和活力。尽管对企业承包制的得失、利弊和功过的评价莫衷一是，但是谁也不能否定这是改革，改总比不改好；同时，谁也不能肯定这就是企业改革的目标模式，不仅有待继续完善，并且不排斥对其他改革方案例如股份制的再探索。问题归纳到一点：企业承包制唤醒了企业的刺激机制，却未赋予必要的、相对应的约束机制。只负盈、不负亏的软预算约束，无非是没有彻底打破的"大锅饭"；与此相应，"大锅饭"的另一规则是"抽肥补瘦"，这对被鞭打的快牛正是"硬约束"，也非保留不可了。

软约束和硬约束并存的"抽肥补瘦"，从低效益和高需求两方面导致供需失衡和短缺。这使企业行为带来投资和消费的高需求是显而易见的：为了扩大生产能力，增加产品产量，从而增加企业利润以及实现企业升级（例如从小型企业升为中型企业，从

"县级"或"处级"企业升为"市级"或"司局级"企业），企业领导人可以不顾市场需求容量及其变化，全力以赴地向上级要拨款、向银行要贷款，搞基本建设的劲头谁也不比谁差；同时，为了谋求包括自己在内的职工利益并取得职工的拥护，在同行业中避免相形见绌，企业领导人也可以不顾生产成本的高低和企业利润的多少，持之以恒地增加工资、奖金和发放实物，甚至亏损企业亦不例外。但是在另一端，这使企业行为带来低效益即低供给，其表现很隐蔽。原来，即使在企业承包中实行企业留利或职工工资与经济效益挂钩的办法，仍旧没有与"大锅饭"的老传统真正决裂。这不仅表现在企业把提高经济效益寄托于高投入而可以不受低产出的惩罚，并且表现为企业领导人还能靠牺牲任期后的利益用拼设备等办法来保证任期内经济效益指标的实现。当前出现市场疲软和产品滞销，迫使有些企业在调整产品结构上花力气，但是不少企业也可以躺在国家身上我行我素，要求国有商业收购产品、国家银行增加信贷，因为它没有破产和关停的威胁（虽然已经颁布了《企业破产法》，提出要对一些不宜生存的企业实行关停并转）。这当然也不是企业本身的问题，还涉及在宏观上和客观上没有一个公平竞争的市场环境。企业对扩大需求有刺激而无约束，对增加供给却推动不足而障碍不少，于是，供需失衡就难以幸免，短缺也就难以缓解了。

（三）个人

个人，在经济生活中都是消费者，多数又是生产者，同时是不同形式的所有者。革命，意味着人的解放，为人的全面发展开拓前景。这是一个历史过程。在社会主义制度下，人民当家做主，成为国家的主人、生产资料的主人。但是，在传统经济体制下，个人对参与劳动和参与分配的决策自主权不能不受到不发达的生产力和不完善的生产关系的种种制约。平均主义的泛滥显示了它对调动人的劳动积极性的无能为力。在这个意义上，10年改革的一个划时代的成果就是对个人的独立人格的初步唤醒和主体地位的初步确立。个人开始有了择业自由，虽然还是不充分的。在收入分配方面，也开始形成了两大块，通俗地说：一块是"铁饭碗"，一块是"泥饭碗"。对"铁饭碗"，不管有多少人谴责它，仍旧是令人向往的，体现了社会对个人生活的保障。在我们这样一个人口众多的大国，越来越感到给包括农民在内的每一个人以"铁饭碗"，是多么沉重的事。于是，也有人自愿或非自愿地选择了"泥饭碗"，从个体工商户到私营企业主及其雇佣者以及各种各样临时工、某些合同工和所谓自由职业者。这是一种双轨的就业体制和分配体制。奇怪的是双轨运行带来了分配不公，两种人往往不同角度地羡慕他人、埋怨自己。这已成为新的社会问题，套用"让一部分人先富起来"的政策作辩解，还不得不费去很多的口舌。

值得注意的是：如果说，在传统经济体制下，人们安心于平均主义的分配原则，期待的是两三年一次或十几年一次的普遍调整工资；那么，经过10年改革，在收入分配问题上，人们既希望真正做到按劳分配，又出现了日益强烈的攀比心理。攀比存在于"铁饭碗"和"泥饭碗"之间，也存在于"铁饭碗"内部，特别是企业之间，而不仅是同工种之间。这是10年来几经努力而始终未能真正实现按劳分配原则甚至一再向平均主义复归的某种独特的现象。攀比心理似乎是人之常情，但是成为攀比机制，就要从经济体制去找原因，不难从"铁饭碗"和"大锅饭"之间揭示其内在联系。因为攀比心理，在其他不同制度的国家也同样存在，并可能成为导致成本推动型通货膨胀的原因；但是在我国，由于平均主义的惯性以及与平均主义交织在一起的分配无序原则，使人们增加收入的愿望除了靠勤奋劳动外，只能靠相互攀比来实现。

在攀比机制凌驾于按劳分配机制的驱动下，收入分配向个人倾斜，并且不受劳动生产率提高和利润增加的束缚。相当多的企业竟出现这样的不成文法：不管本企业的生产是否发展、效益是否提高，只要别的企业增加了工资或福利，本单位也必须跟上；或者是不管哪一个人是否干得和别人一样多、一样好，只要别人得到好处，自己也少不了；甚至是不管企业的生产经营和盈亏状况，不管个人的劳动和贡献，年复一年，工资和福利都必须逐步增长。企业是如此，事业单位和政府机关也不例外，相互攀比，相互抬高。于是，产生一系列不可逆转的效应：（1）工资侵蚀利润，使企业产品的工资含量上升、利润份额下降，必要劳动（v）和剩余劳动（m）的界限模糊。（2）越来越高的期望值和越来越多的失落感。人们的生活越改善，越不满足，越觉得自己吃亏，所谓"举起筷子吃肉，放下筷子骂娘"。（3）消费超前或消费早熟。这些现象累积起来，使个人可支配收入不可遏止地膨胀，由此带动消费需求和消费基金的膨胀；势头之猛，或许不逊于投资需求的膨胀。

以上从地方政府和企业、个人三者叙述了需求膨胀的过程。另一方面，必须与社会供给相对照，如果大体平衡，就不会出现严重的短缺了。问题是在传统经济体制和双重体制下，与需求膨胀相平行，出现了供给不足，于是形成供需失衡。这种失衡，既显示在总量上，又显示在结构上，并且相互助长。

所谓供给，是指利用基本经济资源所能产出的数量，一般以国民生产总值（或国民收入）来计算社会总供给。有的同志认为，我国的供需失衡表现为需大于供或供不应求，要从压缩需求和增加供给两方面来解决，并且似乎应当以后者为主，那才是积极的。但是，不止一次的经济调整都不得不以压缩需求为主。这是因为，从供给方面看，我国的国民生产总值或国民收入的增长速度已经很高，弓弦绷得太紧，几乎到了极限，进一步增长的可能性不大。人们不禁要问：取得这样的高速增长，为什么还会供给不足呢？答案除了要说明需求的增长比供给更快外，也要说明一下供给的实际情况。原来，我国的供给不足不是由于积累率低和增长速度低，而是在高积累率和高速增长的背后，潜伏着经济效益低即基本经济资源或生产要素利用率低的致命弱点。有关资料表明，我国的劳动生产率、资金产出率、能源产出率和综合要素产出率以及社会产品最终利用率都很低，并且长期以来进步不快，有的还有倒退。也就是说，在生产过程中资源浪费大，相当一部分的人力、物力、财力并未创造出应有的社会财富。因此，虽然看来增长速度很高，而实际的供给增长要低得多。何况，据检查，统计数字中存在或多或少的"水分"，包括质量低的次品、废品等，反映了名义供给和实际供给或有效供给之间有差额。

这是就总量而言，更突出的是在结构上：某些供给与需求不适应，同样不能形成有效供给，进一步扩大了供需的短缺程度。当前，我国处于从人均收入低水平向中等水平过渡的阶段，广大群众解决了温饱问题后开始走向小康，消费需求并延伸为市场需求在结构上变化很大、很快。但是，由于习惯于片面追求数量而忽视结构，所以在数量扩张中，产品结构、行业结构和产业结构都未能得到及时的调整，明显地与市场需求和消费需求相脱节。这样，结构失衡或比例失调进一步影响了供给的有效性，使短缺现象愈趋尖锐。这种结构性失调，除了消费品外，更深层地表现在农业与工业，能源和原材料工业与加工工业，运输、通信与生产建设和人民生活等都不够协调。治理整顿以来，需求总量得到初步控制，供需总量的失衡有所缓解，而结构性失调逐步暴露，例如商品的脱销和滞销并存，都说明着有效供给的确实不足和供需失衡的严重程度。

供需失衡形成短缺，由来已久。但近10年，改革度过了"蜜月"，随即遇到麻烦，出现了明显的通货膨胀，物价指数上涨过快，由前几年的一位数到1988年高达两位数，1989年仍然居高不下，1990年有所缓解，目前仍潜伏着重复上涨的隐患。其实，前后之间有继承性。所不同的是，过去的短缺，在冻结物价的条件下，表现为定额配给、凭票供应、排队抢购、有价无市和"开后门"等；而经过改革，进入双轨制，双重价格中的市场价、协作价都冻结不住了。同时，也由于存在双轨制，不能在物价的波动中把短缺"结清"，使社会供需实现新的平衡。这就是在双重体制下，短缺与通货膨胀同时存在并且相互转换的一种特殊现象。对我国当前的通货膨胀，经济学家论述很多，众说不一。我们认为，它确实是一种综合征，包括了财政赤字、成本推进、工资冲击、外汇逆差等因素，但是归根结底，最基本的还是来自需求过旺和有效供给相对不足。至于为什么通货膨胀率会高达创纪录的两位数，则与改革的偏差，即强调了微观放活而未同时做到宏观管好有关，以致需求膨胀和供需失衡的程度也是创纪录的。

通过上述种种现象的描述，展现在我们面前的现实是不宽松的现实。产生短缺和供需失衡以及通货膨胀的根源，除了体制原因外，还有经济发展战略即经济政策上的原因，已如前述。唯一的体制因素论和政策因素论是不完整的。经济增长的周期性波动，还有其他非经济的或自然的因素，例如农业的丰歉、投资的周期、技术的突破等。搞清楚这些错综复杂的情况，才能探索到走出短缺、走向宽松的具体途径，并设计出相互配套的、有效的政策。

三、争取宽松的必要性、可能性和目标设计

我国的经济发展，经常产生短缺、供需失衡和大起大落，其原因有二：一是政策失误，二是机制缺陷。政策失误是指在经

济发展的指导思想或战略上，片面追求过大的建设规模和过高的增长速度；机制缺陷是指内在于传统的和现行的经济体制中促使总量膨胀的固有弊病。两者相互推动，形成我国经济过热过冷的周期性波动。这在不同时期有不同的侧重面，但是不能只看到此一面而忽视彼一面。我们着重分析了导致短缺和供需失衡的体制根源，并不否定在经济发展的指导思想上没有失策。在1988年党中央决定治理整顿前，讨论如何走出困境，有一种意见认为，当时的症结仅是机制缺陷，而不是政策抉择不当。果真如此，那就不必改变当时实际上执行的通货膨胀等导致经济过热的政策，也就无须实行治理整顿的应急措施了。我们认为，应当坚持采取反通货膨胀的政策，实行"稳中求进"的方针；同时，又不能局限于治理整顿，实现总供需平衡，还得在买方市场环境下加大改革分量。只有双管齐下，相互配合，才能实现国民经济的持续、稳定、协调发展。

要进一步研究的，是如何对待经济政策和经济体制的关系？或者更准确地说，经济体制中蕴藏的不稳定因素，能否通过经济政策的改革而给以调节？一般地说，一定的经济体制为一定的经济政策服务，一定的经济政策又为一定的经济体制导向。两者比较，经济体制的黏性大，改革要有较长过程，可以说是属于"慢变量"；而经济政策，作为政府对经济活动的干预，虽有相当大的惯性，但主观能动性要大一些，也可以说是属于"快变量"。这不是说，仅有正确的政策就能保持经济发展的长期稳定。这是因为，现行经济体制仍是一种膨胀机制，在经济过热强制降温后，仍会随时出现"反弹"。即使在治理整顿过程中，一遇到暂时的困难，各方面呼声高，稍为放松行政控制，也有重新出现总需求膨胀的危险。但是，如不调整政策，使短缺有所缓和，在供需失衡的情况下，改革就难以深入展开，最终走向稳定发展的道路也难以打通。所以我们认为，争取由短缺转向宽松，重要的一着是通过政策的调节，使过旺的需求受到抑制、通货膨胀得以疏解，进而为深化改革创造有利的条件。

这里，有必要谈谈社会主义国家的政府职能，在制定经济政策和干预经济活动方面的作用。这与资本主义不尽一样。最早，古典经济学只研究经济自身运行的规律，国家只是外在于经济运行的一种力量。这是当时经济发展正处于强烈要求冲破封建束缚的时代特征。直至自由资本主义时代在频繁的经济危机侵袭下结束，国家介入经济生活的范围渐广、程度渐深。当今世界各国，无论是什么社会制度，也无论标榜什么主义，都要实行某些干预经济活动的政策，因为面对的都是社会化的大生产、大经济，都需对宏观经济运行给以适当的管理和调节。这在社会主义国家，由于政策调节的对象是公有制经济，调节的目的是抑制需求、增加供给，调节的手段既有间接的、又有直接的，其范围、程度和作用就比资本主义国家显得更经常、更广泛也更有效。新中国成立40年来，我国在不同的时期实行不同的经济政策。有人认为：在遇到困难、需要调整时，威力很大，见效很快；而在转入正常以后，却往往陷于扩张冲动，失去自我控制。这正是从正负两个方面，说明了经济政策的能动作用及其与经济体制的相互关系。

水能载舟，又能覆舟。采取刺激需求的政策，必然导致需求膨胀、供需失衡和通货膨胀；采取反通货膨胀的政策，就会压缩需求，实现供需的相对平衡。这在世界各国，不乏先例；在我国，也非绝无仅有。这又从另一角度说明，短缺和紧运行只是一定的经济政策和经济体制的产物，不是社会主义制度本身造成的。所以，它不是一成不变和不可调控的。在经济体制改革的漫长过程中，只要政策对头，就有可能控制需求，淡化短缺，进而争取向宽松转化。这种宽松，在扭转供给落后于需求的短缺之后，变为供给大于需求。当然，限于当前的生产力发展水平和传统经济体制的黏性，只能达到"供给略大于需求"，即有限的买方市场，而不同于资本主义的需求不足和生产过剩。20世纪60年代初的大调整是如此，80年代末的治理整顿也是如此。当前出现所谓市场销售疲软，有人认为是结构性疲软，从总量看，也可以说是过渡性疲软。因为这是大起之后必有的大落，也是从需求过旺的卖方市场向有限的买方市场过渡所无法避免的"阵痛"。过去，有人认为买方市场只能出现于改革成功之后，不能出现于改革进展的过程之中，那也是否认了形成短缺不仅有体制因素，并且有政策因素。

争取有限的买方市场或相对宽松的经济环境，对我国经济改革和经济发展来说，是完全必要的。

——必须有一个有限的买方市场，经济环境比较宽松，才能有序地推进改革，使改革不断深化。改革的过程也是原来各种利益关系调整的过程。在短缺的情况下，利益调整的摩擦系数很高；实现了相对宽松，同时有较大的回旋余地来促进利益格局的转换。这在改革初期固然如此，而随着改革的进展，国家更需要有充裕的财力、物力和外汇来保证一系列改革措施的出台。改革的目标又包括了在计划指导下充分发挥市场机制的作用，其前提就是要有一个有限的买方市场。否则，供需失衡，宏观调控不得不更多地依靠行政手段，市场难以发育，市场调节也受到很大限制。

——必须有一个有限的买方市场，经济环境比较宽松，才能开展比较充分的市场竞争，促进企业提高生产技术，改善经营管理。市场竞争应当是市场主体即卖方的竞争，而不是买方的竞争。在后一种情况下，商品如皇帝女儿不愁嫁，对提高技术、提高质量和降低成本没有压力，也不能唤醒其内在动力。80年代初一度出现的买方市场使企业不得不把主要精力用于按照市场需求生产适销对路产品和开发新产品，开始启动了技术和管理的创新机制，终于出现了各项经济效益指标顿然改观的新局面。

——必须有一个有限的买方市场，经济环境比较宽松，才能防止结构失衡，实现结构优化。社会供需的总量失衡，必然引起结构失调。这几年经济过热，市场需求结构混乱，是诱发盲目生产、盲目建设的主要原因，造成整个经济结构的畸形化，特别是加工行业过度发展，与基础产业的反差越来越大。当前出现有限的买方市场，使某些产品滞销、积压，暴露了矛盾，并为调整产品结构、行业结构、产业结构和企业组织结构指点了方向，提供了动力。也可以说，经济结构的调整和走向合理化、高度化，正是通过买方市场的卖方竞争和优胜劣汰来实现的。

——必须有一个有限的买方市场，经济环境比较宽松，才能最终实现国民经济的持续、稳定、协调发展。供需失衡形成短缺，导致大起之后必然大落，经济发展呈不稳定态。为了实现经济的稳定发展，比例协调是不可缺少的条件，这又需要有一定的储备才能保证。马克思的再生产理论，强调了社会储备的必要，肯定"相对的过剩生产"，就是"供给略大于需求"的意思。这也就是"积极平衡，留有后备"，做到有备而无患，以便在经济增长由于主客观原因而出现较大起伏时，可以及时进行紧缩或投放，适当调节其波幅。

有限的买方市场和相对宽松的经济环境，有三种情况要加以区别：一是改革要求的前提，二是在改革过程中，三是作为改革的结果。我们不能要求先有买方市场才开始改革，但是有必要也有可能通过政策的调控，在改革过程中争取比较宽松的而不是始终紧张的经济环境。这种转换中的供需大体平衡，并不在总量上和结构上都已达到圆满和稳定的状态，因此与目标模式的平衡有差异。更重要的是必须在政策上为缓解短缺、走向宽松进行坚持不懈的努力，以利于改革的前进。同时，改革每前进一步，买方市场和宽松环境也就更加巩固，一步一步地逼近目标模式。

从短缺到宽松，是一步一步实现的。在此过程中以及最后，应当有一个量化的指标和目标，便于监测和调控。我们的目标设计，集中为以下三项。

（一）适度经济增长率

在经济政策的目标选择中，经济增长率或发展速度是一个在理论上和实际工作上争论颇多的问题。在传统观念里，大家热衷于追求所谓高速度，认为那是社会主义优越性的体现和赶超资本主义的集中标志。这本来也不错，但是一旦陷入片面性，高速无边，越高越好，脱离国情和国力，就转化为无限制的扩张冲动，成为长期以来经济增长极不稳定和大起大落的动因，并带来效益低下、结构恶化和科技停滞等一系列后果，走向了反面。总结经验，正视国情，择定适度增长率，并落实到各项工作中去，是转变经济发展战略、端正政策目标、实现稳定增长的关键所在。

提出适度增长率，绝不是不重视经济发展的速度问题。在这个问题上，过去的某些看法和做法有待再认识和再探索：（1）用什么指标来衡量经济发展速度？我国前30年用工农业总产值其实是以工业总产值为主体，不仅不包括其他物质生产部门和非物质生产部门，并且总产值这个指标本身就有很大缺陷，特别是物质消耗部分往往一再重复计算，容易含有水分。后来改用国民生产总值，但在具体计算上不够精确，相当大一部分实际上是推算或估算的。（2）计划增长率如何拟定？本来，应当在具体计算工农业主要产品产量（以供销条件和生产能力为基础）和其他部门主要指标后，再综合为国民生产总值的增长率。但在实际工作中，往往只是"审时度势"，拍脑袋决定，而很难说出个所以然。（3）年度之间怎样掌握？习惯的是基数法，即按照报告期的实际增长速度，参照当时的具体状况，适当调整，或考虑到略留余地。但其结果，除遇到突出矛盾外，一般是水涨船高、居高不下，在年度之间有攀比。（4）地区之间怎样掌握？习惯的也是相互攀比，基础好的地区认为应当高出全国平均增长率，基础差的地区认为应当赶超先进、缩小差距，结果都是层层加码，越抬越高。（5）如何检查考核？往往是强调提前和超额完成，仅着眼于单一的速度指标，很少全面观察，更没有设一道警戒线。于是，排名次，争座位，甚至号召参加"百亿元的城市俱乐部"等，成为一种考绩机制。在这种机制驱动下，定计划时压，统计时弄虚作假，都难以防止了。

必须树立适度增长的速度观念，例如：最高的速度并不等于最佳的速度，速度不能局限于一两年而要着眼于长期、持续，速度不是孤立的而要在国民经济各部门和再生产各环节之间求得协调，速度要与效益、结构等统一起来，等等。其中一个具体问题是：到底以多大的增长率为适度？对此，国内外不少经济学家设计了若干数学模型进行计算，是有益的。这里，我们运用经验数据，考虑一个通俗的设计，把以国民生产总值或国民收入为指标的我国经济的增长率划分为三个区间：（1）年增长率在5%以下，属于低速增长；（2）年增长率在10%以上，属于高速增长；（3）年增长率在5%~10%，属于适度增长。这样设计的理由和依据是：

1. 我国40年来的平均年增长率（1952—1988年），社会总产值为8.8%，国民收入为6.9%，在适度增长区间内。有的年份或连续两三年超过10%，无一例外是过热的先兆。

2. 参照世界上少数发展快的发达国家和发展中国家，除少数年份超过10%外，一般在适度增长区间内，有时还低于5%。这是平稳的，既较持久，又较协调。

3. 从积累的可能看，当前把积累率定在25%~30%，不算低了。进而，按照长期以来的积累产出率或资本系数计算，也在此区间内。积累率过高，就会产生种种矛盾。

4. 从发展中的"瓶颈"产业特别是农业和能源、原材料以及交通运输等基础产业看，在现有规模（如10亿吨煤、6000万吨钢）的基础上，年增长率超过5%是不容易的，超过10%更无法办到。

有的同志对5%~10%的速度感到不过瘾，那是胃口吊高了后的错觉。其实，只要保持这样稳定的增长率，7~10年就能翻一番，也能使人民生活逐年有明显的改善，并能基本上实现充分就业。至于财政收入，在提高效益后，同样能达到类似的增长率，可望收支平衡、留有后备。

（二）适度投资率

经济增长率的高低，很大程度上决定于积累额的多少或积累率的高低及其积累效益。在积累基金中，固定资产投资占主导部分（流动资产的积累也是随固定资产而按一定比例增长的）。于是，研究经济增长和积累问题，自然地转向研究投资的规模及其投向和结构问题。特别是像我们这样一个发展中国家，投资更显得是经济发展的第一推动力和主要生长点，被称为投资主导型经济。

投资的作用，一方面增加社会供应，另一方面扩大社会需求。由于时滞的存在，总是扩大需求在前，增加供给在后；并且，扩大需求是绝对的，增加供给还有一个是否适合需求，即供给是否有效的问题。所以，社会需求的变化，最直接的是受到投资的影响。投资需求成为社会需求中的一个举足轻重的变量。新中国成立以来，进入大规模的建设阶段后，经济增长的速度以投资的多少及其投资效益为转移。片面追求高速度，必然以片面追求扩大投资规模或提高投资率和积累率为手段。40年来，由于实行赶超战略，强调"以钢为纲"等加速发展重工业的政策，使投资规模无限扩大、投资率不断提高。近十年来，强调了发展轻纺等加工业，又使能源、原材料和交通运输等基础产业落后，被迫增加这方面的投资。在这个意义上，所谓"投资饥饿症"不仅表现在企业和地方政府，更是举国一致的经济行为准则，起着极其强烈的共振效应。在此过程中，还伴随着盲目投资、重复投资和单位投资规模的小型化、低技术化以及投资结构的失衡和投资效益的低下。

投资规模是不是越大越好？事实作了否定的回答。因为投资形成的投资需求，必须以投资类设备和建筑材料等的相应供给为条件。同时，在全部投资中，约有三分之一或更多一些将直接、间接地转化为工资等支出，也必然扩大消费需求。投资过多还破坏积累基金和消费基金的合理分配，往往以抑制人民生活的应有提高为代价。于是，积累和消费的比例失调，成为社会供需总量失衡前提下结构失调的主要标志。大起大落、欲速不达、事与愿违等，很大程度表现在投资和积累过多所引起的矛盾。经济调整总是从压缩投资规模、缩短基建战线入手，原因也在这里。

在历次的周期性波动中，研究适度的投资率或积累率，成为经济界的一个反复探索的热点。这要以马克思主义的再生产理论、两大部类比例理论和综合平衡理论为依据，并借鉴西方的宏观经济理论和微观经济理论。掌握这个适度的原则，一方面要看需要，因为投资不足会削弱经济发展的后劲，也不利于增加就业和改善人民生活；另一方面要看可能，因为投资过度不仅无法实现，还会对整个经济运行带来一系列的冲击。我国40年来，投资膨胀的频率及其危害远远超过投资不足。所以，确定适度投资率主要是从可能出发，防止超越国力。这个可能，包括下述因素：（1）国民收入增长率，国民收入增长快了，投资规模相应扩大；（2）积累率和投资在全部积累（包括流动资产积累）中所占比重；（3）现有固定资产存量和合理的折旧率；（4）利用外资的数量；（5）生产资料中投资品的供给以及施工能力。根据这些原则，大家参照经验数据，长期以来的共识是：（1）积累占国民收入的比重，以25%~30%为宜，一般不宜超过30%；（2）积累基金中投入固定资产和流动资产的比例，在7：3左右；（3）固定资产积累中生产性投资的比重，约占70%。实践表明，经济增长较稳定的时期，一般符合上述投资率；而一旦超过，就会矛盾百出。这些应当是一群常数，把它稳定下来，经济增长也就适度了。否则，在经济形势看好时提高投资率，就会使经济运行状态恶化，再被迫降低投资率，必然造成起落过大。还要看到，与外国比，这样的投资率是较高的，又显示了我们这样一个发展中的社会主义国家的艰苦奋斗的精神面貌。

（三）适度消费率

确定了适度的投资率和以它为重点的积累率，本来也就自然地、相应地确定了适度的消费率。过去，积累率偏高，其另一极必然是消费率过低。但是，在国民收入超分配的情况下，特别是在改革初期出现消费膨胀的情况下，消费需求和投资需求同时扩大，问题要复杂得多。投资膨胀可以靠财政赤字、信贷赤字或内债和外债支撑，消费膨胀也可以消费早熟尤其是公费消费早熟等表现出来，两者是并存与相连的。如何调控消费需求，涉及广大消费者的利益刚性并含有社会因素和政治因素，必须认真对待。

消费，与生产、分配、流通一样，是一个内涵十分丰富的经济概念。但在传统的经济学中，它没有得到充分的阐述。其实，在国民收入的分配和使用额中，它占的份额成倍于积累。一般人的理解，往往对消费需求、消费基金、消费支出、消费水平等不加区别。我们在计算社会供需并进行平衡时，也习惯于把居民收入全部列为消费需求。这在没有解决温饱问题前，城乡居民的收入主要用于购买生活必需品，出入是不大的；但是随着温饱问题的解决和分配方式、生活方式的多样化，就有必要具体对待。消费，在西方经济学中主要是指个人或家庭的支出，包括购买消费品和劳务，但不包括购买住房等固定资产投资；我们的广义消费，还包括了集团消费和社会公共消费，其比重比西方国家大得多。消费需求，是指用于上述消费的、有货币支付能力的购买力。消费基金，是指国民收入通过初次分配和再分配，最终使用于消费那部分。消费支出，是指已经实现的消费需求，不包括居民保持的手存现金和储蓄存款。消费水平，是指按人口计算的消费额，与按人口计算的收入即收入水平不是一回事。这些概念又是相互联系的。从量上看，大致是：消费需求>消费基金>消费支出。搞清楚这些关系，才能正确地考虑适度消费率。

对我国当前的消费问题，流行着各种看法，其中之一是有没有出现所谓消费早熟。按照经济学的通常观点，消费是收入的函数，后者规定了前者的最大可能；除了消费信用膨胀或负债消费外，不会出现消费早熟。现在的解释，在较低的经济发展水平和收入水平上实现了较高的消费，形成超过国民经济成长阶段的消费格局，称为消费早熟或超前消费、过量消费。例如，我国按人均国民收入，目前不过400美元左右，而高档消费品的普及程度则达到或接近中等发达国家的水平。这可以认为是消费结构的非规范化，特别是城市居民在居住条件还很差又无法解决的情况下，节衣缩食以购买某些家用电器，并带有攀比心理，也不影响储蓄的增长，是无可厚非的。至于在农村，情况大不相同。所以，如果说有消费早熟，主要是公费消费，表现为大规模地修建高标准的楼堂馆所，竞相购置高级的进口轿车以及还未杜绝的公费宴请、公费旅游等，与任何发达国家比都有过之无不及。这对个人来说，实际上是一种隐性收入，并成为分配不公的一个病灶。

考虑适度消费率，要建立有中国特色的消费模式。所谓适度，不仅要与收入水平和劳动生产率水平相适应，更要与消费品生产和供给量相适应。这样，有必要采取以下两种指标：

Ⅰ 消费率=消费基金/国民收入使用额

这是已被公认的计算方法。适度的最低限，一是居民个人消费的最低必要量，在保证温饱后要有逐步提高；二是社会公共消费的最低必要量，必须保证国家行政机关、国防部门、文教卫生和科研等事业单位、人民团体的正常活动。适度的最高限是全部国民收入总额减去最低限度的包括投资和储备的积累额之后所能允许的最大消费额，但不能搞超分配。根据经验数据考虑，适度消费率应以70%左右为宜。

Ⅱ 消费率=消费需求/国民生产总值

这样计算，除考虑了消费基金增长与国民收入增长要相互适应外，还考虑人民生活改善与消费品增长、职工平均工资增长与劳动生产率提高，以及货币购买力增长与商品可供量增长也要相互适应。这是为了探索不等于居民收入的消费需求的合理规模，并对社会总收入（国民生产总值）与居民个人收入，居民个人收入与个人可支配收入，可支配收入与消费需求，消费需求与现实消费需求，现实消费需求与消费支出等诸环节进行调控。

在计算消费率是否适度和消费供需是否平衡时，经常引起争论的一个问题是如何看待"结余购买力"，即历年积存下来的居民手存现金和储蓄存款。对此，长期被认为是"笼中虎"。我们认为，随着城乡居民收入的增加和温饱的解决，消费函数（消费支出/居民收入）逐步降低，储蓄将逐步增长，因而不能把历年滚存此数当作是潜在购买力。历史资料表明，除20世纪60年代初个别年份外，只要物价基本稳定、存款利率恰当（最好是较低的正利率），"笼中虎"不会冲出来，并且越养越肥，成为积累（通过信贷）的重要来源。

适度的经济增长率和投资率、消费率既定之后，宏观调控有了明确的目标，就要运用各种经济政策和经济杠杆来保证其实现。

四、走向稳定的政策选择

对宏观经济的调控，在确定目标后，能否实现，取决于选择什么样的政策。政策是宏观调控的手段。广义地说，政策包括目标政策和手段政策两个侧面，是相互统一的。选择高速扩张的目标政策，就要选择高速扩张的手段政策；选择稳定增长的目标政策，手段政策也必须有相应的转换。所谓政策多变，在很大程度上是由于经济增长的不稳定，大起大落，反映在目标和手段上都不得不处于经常调整、时松时紧的状态。要求稳定增长，必须有稳定的政策目标和政策手段给以保证。

在传统的经济体制下，依靠指令性计划，目标和手段浑然一体，宏观调控似乎容易到位，政策也似乎很简单。但是，这种指令性的直接调控仅是粗线条的，并不建立在价值规律的基础上，不能理顺各方面的经济利益关系，犹如强扭的瓜，不是矫枉过正，就是迅即反弹，难以实现正常的经济运行。经济体制改革，循着从指令性计划经济向计划经济与市场调节相结合的模式前进，从某种意义上说，就是要在计划指导下更好地运用经济政策来进行调控，使国家的宏观目标与企业的微观行为统一起来。有人把区别于指令性计划的指导性计划叫作政策性计划，是有道理的。但是，根据一些国家的实践，难度很大，经常会出现政策手段与政策目标的脱节甚至南辕北辙，事与愿违。

所以，计划与市场相结合或计划经济与市场调节的统一，不仅是中外经济理论界长期研讨、至今悬而未决的一个难题，也是各国实际工作部门长期实验、至今犹有困惑的一件难事。经济理论界先后出现过"板块论""渗透论"和近年来的"叠加论"等，众说纷纭。在我国，尽管不少人不赞成"板块论"，而现实生活中较清晰的还是指令性计划一块、市场调节一块；尽管大家都在寻求"有机结合"或"内在统一"的具体形式，总感到在贯彻执行中还是若即若离、若隐若现。看来，至少在新旧两种体制并存的现阶段，"板块"是过渡性的客观存在。问题是不能把指令性计划搞得完全背离价值规律、排斥市场机制，不能把市场调节搞得完全脱离计划指导、完全放开不管。解开这个死结要有一个过程。这个过程也是计划与市场相互结合、统一或渗透的过程。从渗透到叠加，需要一个覆盖全社会的统一计划，它在总体上只能是指导性的；这个指导性计划，建立在价值规律的基础上，又把市场机制推向全社会，成为统一市场。我们既要承认计划经济是社会主义公有制的派生特征，还要承认一切经济活动离不开商品经济的运行轨道。否则，社会否定有计划的商品经济的兼容性、统一性和复合性。因此，在操作上，体现经济社会发展战略的国民经济和社会发展计划为宏观调控明确了目标；以计划为依据，运用以经济政策为主的多种手段，动员和组织以企业为基本单位的经济运行，使计划目标得以实现，经济发展得以持续、稳定、协调。

这种宏观调控体制，概括地说，就是计划指导下的市场协调。不是计划万能，也不是市场万能，而是结合起来、统一起来，才能既有计划经济、计划机制和计划调节的指导性和严肃性，又有商品经济、市场机制和市场调节的自动性和灵活性。这要创造各种条件，例如加强计划制订的科学性和计划指导的权威性，理顺以价格为代表的各种经济参数，促进市场体系的发育和完善，搞活企业，等等。还要为计划与市场搭好"桥"。这"桥"就是一套政策体系，其骨干是：

（一）财政政策

财政政策向来是国家实行宏观调控的首要工具，财政预算天生地带有指令性和计划性。国家要办的事，无不反映在财政预算上，并靠财政政策来给以调控和保证。增长过快、需求过旺，归根到底是一种政府行为，因为只有政府才能使现实的需求超过自身的支付能力。国民收入的超分配，除了搞信用膨胀外，主要的政策手段就是搞财政赤字。西方政府为了刺激需求、刺激增长，几乎无例外地实行这种政策。我国长期以来，也有意无意地把财政看作是促进经济增长的"加速器"，或明或暗地采取或容忍赤字政策。其结果是需求更旺，而不是有效地增加供给。反周期性波动和反通货膨胀，就要转向紧缩的财政政策，把它看作是调控经济运行的"稳定器"。由"加速器"变为"稳定器"，是服务于不同目标的两种有区别的财政政策。

但是，在周期性波动中，困难的焦点往往又突出在对财政支出的需求超过了财政收入的供给，财政供需的缺口越来越大。近几年的情况就是经济增长越快，财政收入增长率与经济增长率的差距越大，甚至财政收入增长率低于通货膨胀率而实际上成为负增长。于是，财政收入占国民收入分配总额的比重也不断降低。人们有理由问：经济高速增长所创造的巨额社会财富到哪里去了？这难以说清楚。可能是一半流失，一半浪费；或者是一半转到预算外，一半变为货不对路、质次价高的呆滞产品。如果不扣除物价因素，按现行价格计算的财政收入增长率不算低，然而仍旧与支出需求很不适应。这是在政府职能未有变化的情况下，日益暴露出了"小财政"与"大政府"的矛盾。无疑，这削弱了财政的调控力度。

克服财政困难成为比克服经济困难更直接、更紧迫的事；关心者众，议论者多。我们补充的建议是：

1. 掌握周期平衡。大家认为财政赤字政策不可取，至少不符合资源约束型的基本国情。所以，应当毫不动摇地奉行量入为出、不打赤字、基本平衡的财政政策。但是，一方面在实践中难以迅即消灭财政赤字，另一方面从理论上看年度平衡也有局限性。如果这是指每年财政收支都要各自平衡，那就会造成在经济增长快的年份支出过多，而刺激需求、经济增长慢的年份收入过少而抑制供给，加剧供需的不平衡和增长的波动。我们考虑，能否把年度平衡改为周期平衡，就是在由于农业丰收和其他原因而经济增长较快、财政收入较多的年份，财政收支必须有盈余、留后备，以免经济增长过热；而在经济增长较慢、财政收入较少的年份，财政收支可以有点赤字、用点后备，以免经济增长受阻。这样，以丰补歉，把财政作为反周期波动的政策手段，以实现经济的稳定增长。

2. 实行复式预算。社会主义国家的财政不同于资本主义国家之处，主要是承担着为经济建设提供重要财源的职责。这或许是公有制经济的财政特征。于是，财政预算的范围也具有了两重性：既是政府经费收支，又是经济建设收支。换句话说，就是把"吃饭预算"和"建设预算"两本账合为一本账；"吃饭"与"建设"的关系混在一起，这不利于有效地进行宏观调控。近年来，不少人建议税利分流。与此相应，按照收入和支出的不同性质，分别编制政府经费收支预算（又分为中央级预算和地方级预算）、资本收支预算、融资收支预算、社会保险基金收支预算，有不同的来源和不相干扰的平衡范围，政府经费收支预算绝对不能打赤字，经济建设则在量力而行的前提下保持稳定的预算投资，防止随机的需求膨胀，实现经济的稳定增长。

（二）税收政策

税收政策常被认为是财政政策的组成部分，其实有它相对独立的调控功能。如果说，财政政策主要是调控社会需求的总量，那么税收政策除了为财政组织收入外，着重于调控微观的经济活动，调控各部门、各单位、各经济成分和个人之间的分配和利益关系，体现国家对不同产业的奖励或限制，实现多元化的计划目标。

不同国家的税收政策表现为征收不同的税种、税目、税率及其减免奖罚等不同的税收制度。我国在社会主义改造基本完成后，简化税制，合并税种，与"国民党万税"形成明显对照，而财政收入中来自国营企业上缴利润的份额不断上升。这削弱了税收政策的调控功能。10年来的税制改革，趋向于实行多种税、多次征的复税制，以适应从多方面组织收入并进行适当调控的需要。与外国比，税收还较少，调控作用还不够强劲，有待于进一步改革。针对议论中的若干热点，我们的看法是：

1. 主体税种的选择。当今世界，英美税系以所得税为主体税种，大陆税系以销售税或增值税为主体税。我国过去以流转税为主，所得税主要是对企业而不是对个人征收。这与当时商品经济不发达、人均收入不高和管理水平较低是适应的。10年改革中，流转税类进一步分化，在不同环节上起调节作用；所得税类也有新的开征，首先形成对企业收入和利润的调节，其次对个人收入也有"微调"。但是，对按财产、收益、行为、资源的征收还不健全，应当逐步推进。有人认为，税制改革的方向是逐步以直接税代替间接税，以所得税类代替流转税类，我们认为言之过早，还是以流转税和所得税并重为好。当然也要继续改革，例如取消过渡性的调节税，实行税利分流；建立调节性强的、统一的企业所得税和个人所得税等。

2. 税收课征强度的确定。随着政府支出范围和数量的扩增，要求更多的财政收入，增加税种和提高税率成为一种共同趋势。这在一定程度上起到了抑制需求的"稳定器"作用。但是，同样需要有一个"度"，超过了也不利于经济的搞活和稳定增长。西方国家流行过减税的理论和政策，目的在于刺激投资。我国情况不同，又不等于能够从无限地增税来解决"小财政"和"大政府"的矛盾。可行的办法是在适当添置必要的税种后，尽快地稳定下来，确立健全的税收政策。同时，要把很大精力放在加强征管工作上，努力减少以至基本消灭至今还较普遍和严重的偷漏税行为（国营企业也不例外），就能大量增加财政收入，发挥税收的调节机制。其中，正确运用减免税，废除一切变相的包税制，同样是积极导向。

3. 分税制的设想。改进地方财政包干，进而代之以分税制，作为促进统一市场形成的一个方向，是大体上肯定了的。分税制的精髓在于产品税、增值税等流转类税集中到中央，不再和地方挂钩，不再成为市场分割的因素。当前的疑虑，除了由于区域经济发展不平衡，对十几个财政补贴省、自治区实行分税制缺乏实际意义外，由于"诸侯经济"的存在，分税后有可能放松地方政府协助完成中央税的积极性。可行的办法或许是：作为一种过渡，在划定地方税种，基本上由地方自行决策后，对中央税种实行分享制，即由中央和地方按税收收入进行比例分成；而进一步的目标，还是要在划分税制、税种上探索合理的方案。鉴于我国各省、自治区、直辖市的实力不等和包干分成比例悬殊，可以先在上缴比例较大的个别省、市（包括省辖市和县级市）进行试点。

（三）货币金融政策

随着宏观调控的逐步间接化，货币金融政策在政策体系中越来越占着重要位置，这在治理整顿强调必要的行政手段时也不例外，显示了改革以来国民经济的商品化、市场化与货币化、金融化是不可分割的。尽管存在各种说法，金融市场已经在艰难中崛起，银行已经不仅是国家的"账房"，货币发行量已经成为各级领导人进行经济决策时非关注不可的数据。如果说，财政政策的相关面涉及占国民收入比重的25%左右；那么，货币金融政策影响和调控的范围可能更大、更全。它直接、间接地联系到国民收入的再分配，社会需求的总量消长和结构变化，社会供给的支撑以及收入、消费和积累、投资的实现，不妨认为是供需调控的一个总开关。

但是也要看到，当前金融市场的发育毕竟是稚嫩的，专业银行成为金融企业刚刚起步，加上企业改革还未成功、生产要素市场残缺不全，特别是非经济的融资导向仍然强大，运用货币金融政策同样面对着不少障碍。从实际出发，我们对当前的金融体制改革和货币金融政策提出以下意见：

1. 掌握合理的货币发行量。这在理论抽象上似乎已经清楚，而在实际操作上还较模糊。近年来的两难是：放松一些，需求膨胀很快，供给未见增加；收紧一些，各方面喊困难，并出现"体外循环""三角债"和"市场疲软"等。有人设计了一个公式：货币流通增长率=经济增长率+预期通货膨胀率。我们认为，这是对经济过热和通货膨胀的承认和纵容（并且与实际相复核，不无较大出入）。如果通货膨胀现象一时难以完全消灭，按照这个思路进行操作，在当前情况下，似以货币流通增长率略少于后者之和的1~2个百分点为宜（暂不计算在货币化过程中，货币流通速度可能有所趋慢）。

2. 重视信贷的调控功能。金融的调控工具，有人以美国为镜，强调运用再贴现率、准备金制度和公开市场业务三者。这是不妨借鉴的。但是，由于我国金融市场发育程度差，传导机制很不完备，仅靠这些间接的调控工具，未必能够奏效。所以，一时还不能放弃直接的调控工具。特别是银行信贷，应当成为货币调控和金融调控的重要手段。这表明信贷制度是一把双刃剑，运用不当会导致信用膨胀，运用恰当能稳定经济运行。特别在我国，固定资产投资来自信贷的比重渐增，流通资金来自信贷的比重未减，更必须松紧适度、见机操作，求得活而不滥、管而不呆。

3. 区别对待专业银行企业化。中央（人民）银行是金融调控主体，专业银行则应实行企业化，这是一度公认的看法。近年来的实践告诉人们：社会主义的专业银行不仅是金融的经营实体，同时是配合中央银行进行调控和贯彻执行货币金融政策的专业部门。仅强调企业化，以创利为主要目的，就会出现"储蓄大战"和"见富就贷"等偏向。可以考虑能否把专业银行大体上分为两类：一类以经营为主如工商银行；另一类以调控和执行政策为主如农业银行和建设银行，规定有区别的业务重点和考核标准。总之，不论采取何种组织形式，都应当把商业性信贷和政策性信贷分别管理。

4. 与财政政策的协调。这也议论已久，存在"双紧""双松"和"一紧一松"等不同组合的意见。过去"双松"，助长需求膨胀；后来"双紧"，属于应急性措施，并非长久之计。有人认为，当前实行紧缩的货币政策，只要银行把住闸门，财政可以采取减税增支的放松政策，以免货币紧缩导致经济萎缩。这与西方某些国家不无相似。我们的看法恰恰相反，财政还是不能搞赤字，也不能靠借债度日。如果需要实行"紧中有活"的政策，还是活在银行一头有利；因为信贷是有偿的，激励和约束共存，并且操作灵活，时效也快。

（四）利息政策

在金融调控中，利息和计算利息的利息率（简称利率）是工具之一，和税率、汇率一起，成为与价格同位的市场信号。虽然在现实经济生活中，不计利息的事情还比比皆是（例如占用固定资产不缴纳使用费），但是在计算利息的场合（例如向银行借贷流动资金），人们的利息观念正在逐步建立起来。利率对调控资金供需的功能，也在日益加大。近几年一再提高存款利率，有效地吸引和扩大了城乡居民储蓄。通过储蓄存款，增加了信贷来源，回笼了大量货币，紧缩了购买力，有利于稳定物价。同时，固定资产投资实行拨款改贷款，同样起到了约束投资需求、端正投资方向、提高投资效益的积极作用（税前还贷则使这些作用有所抵消）。只是由于企业还是只负盈不负亏、资金供给制还未完全废止，对利率的反应还不是很灵敏，使利率效应受到相当大的限制。目前人们议论如何运用利率杠杆，值得注意的是：

1. 低利率好还是高利率好？过去长期实行低利率政策，理由是刺激生产建设、减轻企业负担并适当限制"不劳而获"；但是，却扩大了资金需求、助长了盲目建设，也不利于讲究经济核算。后来有人主张高利率政策，理由是约束投资需求、动员社会资金、推动企业改进经营管理；但是，在平均资金利润率较低的今天，过高的利率就会超过企业的承担能力，甚至拉动物价上涨。我们认为，在通货膨胀的情况下，利率的形成和调整都是不确定的。理想的是在治理通货膨胀的前提下，力争保持一定的正利率；但是，考虑到当前经济效益不佳，正利率也不宜过高，能有1%~2%就不错了。

2. 固定利率还是差别利率？反对差别利率的理由是：利率作为"资金的价格"，与其他商品价格一样，不能搞二元化或多元化，那会使信号紊乱，影响利率的调控功能。但是，在价格扭曲的今天，资金利润率难以平均化，单一的利率政策却会导致苦乐不均，不是公平的市场竞争。因此，需要差别对待，例如农业低、工业高，能源低、加工高，进而显示产业政策的导向。与此相应，需要采取一定的贴息补偿，不能把执行差别利率蒙受的损失全部推给银行。

（五）收入分配政策

在宏观经济管理中，如何调控个人的收入分配和消费，其重要性丝毫不亚于对投资和积累的调控；因为这一部分在国民收入的分配中所占比重大于积累，并且随着改革的启动，其膨胀度也甚于积累。我国过去实行低工资、低消费和平均主义的政策，消费需求是被冻结的；一旦解冻，在关系到亿万人民的收入分配问题上，由于利益刚性、扩张显性和攀比惯性，很难加以有效约束。能否制定正确的收入分配政策，对于能否避免需求的失控和实现经济的稳定，影响颇大。

近年来我国出现的收入分配不公问题，反映了这项政策的无序和调控的不易。一方面，国营企业和机关、团体、事业单位的工资调整和工资改革始终跳不出平均主义的圈圈；另一方面，其他所有制和其他领域的收入分配关系又很紊乱。无论是前者或后者，受到收入最大化的冲击都难以抵御，产生工资侵蚀利润、工资增长超过劳动生产率增长以及收入分配总量超过消费品可供量等矛盾。调控之道，依靠计划管理会走回头路，依靠市场调节有可能成为脱缰之马。从控制总量和调整结构的要求考虑，我们认为：

1. 正确理解公平和效率的关系。过去强调公平（其实是平均）而牺牲效率，严重压抑了劳动者的积极性；现在大家懂得要效率领先，却有人担忧会不会造成贫富悬殊、两极分化。其实，这是一种误解。公平和效率应当统一也可能统一，其结合点就是要有一个公平竞争的规则和环境。这才是真正贯彻按劳分配的原则，调动了劳动者的积极性，效率也就有了。至于一部分人靠巧取豪夺致富，属于违法乱纪，不是分配方式问题；还有一部分人的隐性收入过高，包括多占住房等，应当在推行廉政建设中解决，以免脱离群众，助长不正之风。

2. 正确运用税收杠杆进行调控。这包括双重目标：一是调控收入分配总量，防止工资总额和消费基金增长过快；二是调控结构，在反对平均主义的同时防止收入悬殊。与直接调控相对照，这种间接调控比硬性规定一个工资总额或平均工资水平，更容易为群众所接受。我国几年来推行以工资增长率和个人收入为计征对象的累进所得税，应当是有效的，问题在于贯彻执行要做细致的思想教育工作。

3. 开放劳动市场和完善社会保障体系。这不完全是收入分配问题，但有联系。收入分配的调控有两种方式的选择：一是依靠计划机制，二是依靠市场机制。前者对劳动力要包下来，又不允许流动，不能彻底破除"铁饭碗"和"大锅饭"，必然是效率低下，也不公平。出路在于把市场机制引入劳动工资体制，开放劳动市场，在竞争中优化劳动组合，并对工资增长有约束效应。这样做的结果之一是隐蔽失业的公开化，或许会导致社会的不稳定；对策是积极完善社会保障体系，保留少量的后备军，带来的积极效应将是长期以来求之不得的。

（六）国际收支政策

前面所述，都以国内为限，不涉及对外开放。我国近十年来打破自我封闭，使宏观调控又增加了外部因素。有人认为，国际市场风云变幻，对稳定增长不利。其实，关键全在善于调控。拿进出口来说，按照比较利益的原则，以我之长，补我之短，对纠正供需失衡、扭转结构失调，应当有利无弊或利多弊少。利用外资也是这样，遑论引进技术了。但是，我们的实际情况却是在国内供需失衡的情况下，希望以大量进口生产资料和消费品来弥补缺口，支持高速增长，造成对外汇的过旺需求。于是，被迫大量出口或大量利用外资，往往不讲效益、不择手段。由于进出口结构的反差太大，初级产品和制成品价格存在"剪刀差"，结果是出口越多、亏损越大，进一步扩大了供需的缺口，并不有利于经济的稳定。我们的建议是：

1. 调整进出口结构，以有利于国内供需平衡和结构协调为目的，把长线产品作为出口的重点，把短线产品作为进口的重点，并严格奉行比较利益的原则，并保持适当的贸易顺差。

2. 利用外资、借用外债要适度。这在发展中国家已有充分的教训，我们应当引以为戒。适度与否，大家都沿用国际通行的"警戒线"。鉴于我国利用外资大多投向能源、原材料、交通运输和农业等基础产业，耗资大、周期长、效益一般偏低，加上经营管理水平不高和利用外资的效益不高，影响着还债能力的再生。所以，似应采取低警戒线标准，例如每年还本付息的总额不超过当年创汇总额的15%。否则，有可能在还债高峰年对整个经济激发一股不利的冲击波。

3. 慎重确定汇率。汇率不仅决定于两国的物价综合水平，更决定于双方的相互供需。我国由于对外汇的需求过大，导致实际汇率不断下降，而法定汇率往往落后，之间的差幅也有持续扩大之势。这不利于出口，也不利于国际收支的平衡。办法或许是在控制外汇需求的同时，使法定汇率逐步靠近实际汇率。这也有助于调节外汇供需，力争相对平衡。

上述种种，大多偏重于需求调控。还有供给调控，集中表现在产业政策上。产业政策是综合政策，着眼于长远，与需求调控着眼于中短期不同。治理整顿的近期效应说明：采取应急措施，达到控制需求、扭转过热是不太难的；但是，在供需失衡有所缓解后，深层的结构失调暴露出来，调整结构就要难得多。治理整顿可以争取一个有限的买方市场，而要使它巩固下来，不再向短缺复归，必须大力调整产业结构，塑造一个真正宽松的经济环境。特别是这次调整，毛病出在结构的过度轻型化（这可说是"快变量"），基础产业成了"瓶颈"（那可说是"慢变量"），调整结构不同于20世纪60年代初的重工业过重、农业和轻工业过轻，一定要用更大的力气和更多的时间。这是因为，调整结构不仅是调整增量，更要调整存量；不仅是调整产品结构（所谓适应性调整），更要调整行业结构、技术结构和企业组织结构。只有结构优化了，实现经济的持续、稳定、协调增长才有可靠的保证。

各项政策手段不是孤立地发挥作用，而是相互依存、相互制约的。因此，宏观决策一定要注意各项政策的配合和协调。这些政策虽有各自调控的不同领域，但是有一个共同点，就是都以利益的调控为内涵，相互之间有内在联系。所以，只要把不同的政策目标协调起来，避免因目标期望值过高而出现大的矛盾，就能做到配合一致，从而提高整体效应，推动经济稳定而健康地发展。

1992年：中国经济体制改革进入黄金时期*

——《改革时报》特约记者专访稿

（1992年1月7日）

记者（何德旭）： 1991年很快就要载入史册了，请您先谈谈对过去的一年我国经济运行的总体评价。

刘国光： 1991年是一个交叉点，既是治理整顿的最后一年，又是"八五"计划、十年规划的第一年，所以人们对这一年的情况分外关注：在我的印象中，1991年是相当不错的一年。这一年（当然也有前两年的努力），治理整顿最主要的任务已基本完成；这一年，在进行治理整顿的同时，经济改革也取得了令人振奋的进展；这一年，在遭受历史上罕见的特大洪涝灾害的情况下，农业仍然喜获丰收。

记者： 1991年治理整顿取得了巨大的成效，想请您具体谈谈这方面的情况。

刘国光： 治理整顿的成效应该是有目共睹的，不用我细说，但从大的方面来看，从改革的环境的角度而言，我想有几点是值得一提的：一是过热的经济明显降温，1991年国民生产总值增长率预计达6%左右，工业总产值增长率将超过10%，可以说经济基本恢复正常增长；二是供求失衡矛盾明显缓解，通货膨胀得到有

效抑制，预计1991年全年零售物价指数增长率不会超过4%；三是农业、能源、交通、通信等基础产业得到加强，产业结构"瓶颈"矛盾有所缓解，与此同时，原来盲目发展起来的加工工业由于压缩需求、市场销售不畅而受到较大的抑制；四是进出口贸易继续顺差，国家外汇储备大量增加，对外开放取得新进展；五是市场商品供应充足，流通秩序明显好转，城乡居民消费心态仍保持基本稳定。

记者：您在1991年年初接受本报专访时曾预言：1991年是中国经济体制改革充满机遇的一年；并曾指出：1991年经济体制改革虽然不可能全方位展开，但仍有条件和可能在许多方面逐步加大改革的分量。现在回过头来看，您对此有何想法？

刘国光：回顾1991年，我国经济体制改革的确是充满机遇。值得庆幸的是，我们抓住并充分利用了这次机遇，将经济改革向前推进了一大步，可以说在这一年，经济体制改革在许多方面都得到了深化。（记者：您在上次就曾说过"价格改革是1991年最有条件深化的"，1991年的价格改革怎么样？）就拿价格改革来说，1991年，政府在保持市场物价总水平基本稳定的前提下，抓住有利时机，统一出台了几项较大的调价措施，包括调高了原油、钢材和铁路货运价格，而其中尤以5月1日起提高的粮油统销价格最惹人注目。另外，治理整顿期间临时集中的一批价格审批权限，1991年又陆续下放到各省、自治区、直辖市，由国务院特批的商品种类已由过去的13种减少到目前的5种；与此同时，还对橡胶、统配水泥、冷轧硅钢片等生产资料双轨价格实施了"并轨"。外贸体制也进行了重大改革并取得始料未及的成功，取消了出口补贴，外贸企业实行自负盈亏，自主经营，致使我国对外贸易蓬勃发展。到11月底，全国外贸出口额已达543.1亿美元，比上年同期增长17.3%，进口额达311.8亿美元，比上年同期增长16.3%，继续保持较大的顺差势头。金融体制改革也取得了重大突破，其中尤以证券市场的进展令世人瞩目：国债的承购包销试验为国债走向完全的市场发行奠定了基石，继上海之后的深圳证券交易所开业标志着中国证券市场开始逐步走向规范和成熟，上海首次推出人民币特种股票（向海外发行）又为吸收和利用外资开辟了新的途径；银行利率的适时下调，人民币汇率已调整到接近市场调节价水平。还有住房制度、劳动制度、社会保障制度等方面的改革都出现了极好的势头。在此我不可能一一罗列。这些也都是人们亲眼所见，亲耳所闻的。我想1991年经济体制改革的成果还是能够令人满意的。

记者： 再请您谈谈1991年中国经济生活中的主要问题。

刘国光： 我说1991年我国经济运行相当不错，经济改革也取得了不小的成绩，但我并不否认这一年我国经济运行中仍然存在着一些妨碍经济改革和经济发展的因素。用一句近来常说的话来说，目前我国经济生活中的一些深层次问题尚未根本解决。我想这些问题突出表现在以下几方面：一是经济效益低下的痼疾依然存在，到11月末，预算内国有工业企业实现利润比上年同期下降6.1%，企业亏损面高达34.8%，1—11月企业可比产品成本超支率由前10个月的5.1%上升到6.1%。二是财政困难加重，1990年国家财政硬赤字是139亿元，1991年预算安排赤字123亿元；但由于局部地区遭受水灾，加上企业经济效益下降和预算安排的增收措施没能如期出台等，实际赤字很可能突破预算计划。三是经济结构扭曲的格局也无明显改观，资产存量结构不合理，生产要素配置偏差，资源利用率低下。问题远不止这些，但这些是主要的，是我们要特别重视并重点予以解决的。（记者：请您简要地分析一下这些问题产生的根源，好吗？）要解决这些问题必须首先对产生这些问题的原因进行客观、正确的分析。在我看来，上述每一问题尽管都有其自身的、独特的成因，这也是人们平常分析得较多的，但更重要的是应该注意到这些问题互相联系，相互缠绕，无不是经济运行中各种矛盾的综合反映，无不是经济体制和企业机制不合理的集中体现，由此可以得出结论，上述问题显然不可能只靠治理整顿这一非常性的阶段性的措施来解决，而必须着眼于中长期，采取综合治理措施，通过深化经济体制改革从根本上彻底地解决这些问题。

记者：改革应该有一个相对宽松的环境，这是您一贯的主张。综合起来看，您认为1992年我国经济体制改革面临一个什么样的环境？

刘国光：前面我讲的1991年我国经济运行的状况大体上也就是1992年经济体制改革所面临的环境。归纳起来，是既有有利的一面，也有不利的一面。有利条件包括：治理整顿基本结束，经济改革和发展进入正常阶段；过热的经济降温，农业获得较好收成，市场商品丰富，市场物价稳定，流通秩序良好，居民储蓄稳定增长，外汇储备大量增加以及政治、社会的稳定和人们对改革的心理、物资承受能力明显增强等。这些都为1992年深化经济改革提供了更多的机会和更大的回旋余地。不利因素主要有：随着改革的日渐深化，改革的难度也日益加大，对改革设计、组织的要求也越来越高；财政困难加剧，财政对改革支持的程度受到财力的限制。这两方面的环境我们都要充分注意到，客观地估计改革所面临的形势。

总起来看，尽管1992年我国经济体制改革仍面临一系列困难，但同1991年相比，经济改革的环境已经大为改善，治理整顿的胜利结束为1992年的改革创造了一个很难得的比较宽松的环境。所以我说，1992年，中国经济体制改革将进入黄金时期。

记者：您认为在这样一种大背景下1992年深化经济体制改革有必要注意些什么问题？

刘国光：这样的问题我已反复谈过多次，在此我再强调这么几点：第一，不失时机地加大改革分量，这样一个时机来之不易，千万不能贻误。国际斗争的严峻形势也不容许我们耽误目前的改革良机。第二，注重改革的配套协调，随着改革的加深，这方面的要求也越来越迫切和强烈。第三，改革要围绕解决经济生活中的突出矛盾来进行。第四，妥善处理计划与市场的关系，我们坚持计划经济，但不迷信计划；坚持市场取向的改革，但不迷信市场；要将计划经济与市场调节有机地结合起来，以发挥二者的优势，避免二者的短处。第五，由于我国财政一直面临着十分困难的局面，并且这种困难格局在短期内也不可能改变，所以，1992年的改革要以改善而至少不是继续恶化国家财政状况为原则，在改革措施的选择上也应多从增加财政收入，减少财政支出，增强财政宏观调控能力着眼。顺便说一句，财政在过去的十多年中，极大地支持了经济体制改革。没有财政的支持，改革将是难以想象的。

记者：基于这些指导思想，您认为在1992年我国应该重点推进和深化哪些方面的经济改革？

刘国光：关于1992年我国的经济体制改革，我想以下几方面是应该受到重视的。

——进一步搞好国有大中型企业。当前经济生活中的许多问题都可以归咎于企业机制不能适应社会主义商品经济的发展要求，效益低下、财政困难、结构扭曲都与企业机制不合理息息相关。因此，深化企业改革应该是当务之急。进一步搞好大中型企业要进一步贯彻落实中共中央的决定，认真贯彻《企业法》，但我认为核心是两点：一是转换企业经营机制，增强企业活力，使企业真正成为自主经营、自负盈亏、自我发展、自我约束的商品生产者和经营者；二是把企业推向市场，让企业真正投身于市场激烈竞争的舞台，经受市场优胜劣汰机制的考验和洗礼。适应这一要求，我觉得有必要扩大股份制的试点，并探索多种"国有民营"的形式，以提高国营企业的效率。

——加快价格改革步伐，价格不仅要调整，而且还要放开，要加大"放"的部分，促进价格形成机制的转换。可以继续提高能源、原材料、交通运输、粮食（合同定购部分）等基础产品和劳务的价格，继续调整粮、油等基本生活消费品的销售价格，加快生产资料双轨价的并轨工作，与此同时，继续放开那些供求基本平衡、供求弹性较大的消费品价格，进一步改革价格结构，理顺价格关系。

——深化财税体制改革。地方财政包干体制，已经成为合理调整产业结构的重大障碍，需尽快向分税制过渡。与之同时，还要探索解决目前财政困难的途径。可以考虑随着非全民所有制经济成分的大力发展，逐步提高非全民所有制经济单位对国家财政收入的贡献率，统一公私税负，从速取消在所有制条件上的税收优惠，增加国家财政收入；同时还要运用各种手段，切实解决税源大量流失的问题。

——进一步深化金融体制改革。重点是两方面：一是在社会主义商品经济发展和市场发育过程中，加强中央银行的宏观调控；二是进一步发展证券市场，疏通储蓄有效转化为投资的渠道，解决建设资金不足的突出矛盾。

——加强劳动工资制度、社会保障制度、住房制度等方面的配套改革。

改革的内容很多，我这里只是提供一种思路和方向，详尽的改革方案还有待于我们进行更深入、细致的探索和试验。

总的来说，改革任重道远，我们要充分利用目前的大好时机，更多地在深化改革、加大改革分量上做文章，以便尽快走出双重体制对峙的不稳定状态，建立起适合中国国情的社会主义有计划的商品经济的新体制，为中国经济的健康运行奠定体制基础。

苏联剧变的经济原因*

（1992年1月）

苏联发生剧变不是偶然的，既有其诸多的近期原因，又有其深远的历史原因。前者主要是戈尔巴乔夫上台以来执行了一条由左到极右的路线，在改革中犯了一系列错误，最终背叛了党，背叛了社会主义；后者主要是苏联国内政治、经济、社会、民族、军事、外交和党建、思想、理论等方面长期存在的问题充分地暴露出来。

一、苏联演变的近期经济原因

戈尔巴乔夫在经济改革中的战略方针和政策措施上屡犯错误：

1. 推行"加速战略"导致产业结构更加失衡。戈尔巴乔夫1985年上台不久，就提出"加速发展战略"，企图在原有体制结构和产业结构的基础上，通过发展高技术改造机器制造业，以摆脱勃列日涅夫时期的"经济停滞"状态。但这一战略的实施结果，使原来已经扭曲的"重、轻、农"产业结构更加失衡。据统计，苏联1985—1989年的国民经济总产值只有1/7用于消费资料生产，其余部分都用于生产资料的生产，进一步扩大了生产资料生产同消费资料生产之间的比例失调，使农业和食品工业更加落

* 原载中国社会科学院《要报》（增刊）1992年第1期。

后，加剧了人民生活必需品供应的紧张。苏联1985—1986年实施"加速战略"向机器制造工业的投入高达800亿美元，把多年积存的资金和物资消耗一空，用尽了必要的经济后备，这使其后的改革自然艰难，难以推开。

2. 实施以"完全经济核算制"为主要内容的对企业放权让利的改革，引发国民收入超分配。由于"加速战略"推行不下去，戈氏决定改行企业改革，企图经过1987、1988年的准备和部分试点后，于1989年全面推开。但是1988、1989年实际上只进行了企业"完全经济核算制"这一单项改革，缺乏价格、物资、财政和金融等方面改革的配套，而且各部委的管理体制也未作相应的实质变动。就企业"完全经济核算制"本身而言，它主要以利润提成为基础，其存在两个不良机制：一是企业工资的计算以上一年的工资基础为主要依据，反映当年生产经营效益和奖金部分的工资占企业当年工资的比重都很小，这导致企业工资同当年生产经营效益严重脱节。二是企业的计划定额由企业自行确定，超计划利润主要归企业，它促使企业尽力压低国家计划定额，谋取超计划利润。这一改革鼓励了企业谋求职工收入的增加，而无益于企业生产效益的提高，导致企业工资的过度增长，引发了国民收入超分配。据统计，苏联1988、1989两年居民货币收入比1987年增长23.5%，达1050亿卢布；同期国民收入仅增长6.9%，为400亿卢布。1990年苏联国民收入为615亿卢布，出现负增长，但居民货币收入仍增长16.5%，达6525亿卢布。企业个人收入的膨胀又加剧了消费品市场的紧张，导致经济形势急剧恶化。

3. 经济改革的指导思想严重混乱，改革方案多变。为了解决企业改革带来的经济困难，苏联在1989年12月人代会上宣布向可调节的市场经济过渡，1990年先后提出了以沙塔林为主设计的"500天计划"，修正"500天计划"的雷日科夫"政府计划"，折中以上两方案的戈尔巴乔夫"总统计划"，1991年年初又有亚夫林斯基等同美国专家合作提出的"哈佛计划"。方案几经变化，而对于这些方案又悬而不决或决而不行，使改革在经济形势的不断恶化中处于空运转态。从这些改革方案的内容看，苏联不注重研究经济发展中问题、矛盾的症结之所在，不考虑经济运行的内在与外在的关系和连续性，严重违背了经济发展的规律。在所有制问题上，从提出发展集体所有制经济一下转到全面非国有化和私有化；在价格问题上，从理顺价格一跃而为全面放开价格；在宏观经济控制上，由完善计划体制很快转入全面推行自由化的市场经济。如此无章法，前后互不衔接的改革方针、改革理论和改革实践，必然要受到经济规律的惩罚。

4. 改革的进展与群众对改革的愿望之间反差过大。苏联在改革中乱许愿，把群众的胃口吊得很高，但实际上经济增长逐年下跌（1988年经济增长率为4.4%，1989年为2.4%，1990年为-4%，1991年为-15%），通货膨胀连年上扬（1988年通货膨胀率为2%，1989年为3%，1990年为10%，1991年为100%），商品供应日趋紧张，人民生活水平不断下降，群众在6年改革中未得到任何实惠，使人民丧失了对改革的信心。

此外，苏联1988年经济改革遇到困难后，戈尔巴乔夫转而发动了政治改革，企图以此来推动经济改革。但是，由于他的所谓"新思维"的恶劣影响，特别是他提出了一系列削弱党的领导、背离社会主义的政治改革主张，致使苏共迅速失去了对政权的控制，引发了反党反社会主义势力的泛滥以及民族分裂主义分子的猖獗活动与联盟的逐步解体。这不但对经济改革于事无补，反而成为经济改革彻底失败，以致苏共和联盟彻底垮台的重要原因。

二、苏联演变的长期经济原因

苏联的近年经济改革的彻底失败,有其深刻的历史原因:

1. 长期以来,苏联经济建设的指导思想教条主义盛行,形成过度集中的僵化体制。1982年年初,苏联不少经济学者还把我国的经济改革看成是资本主义复辟,迟迟意识不到苏联经济体制改革的必要性,结果问题堆积得越来越多,以至积重难返。在相当长的一段时期里,苏联为拥有与资本主义市场平行的社会主义市场而自豪,长期热衷于搞封闭式经济。这当然与当时的国际环境和历史条件有关,但它主要是源于苏联的夜郎自大。结果使苏联的通用技术落后于西方10年到20年。

2. 长期以行政手段维持国民经济不平衡发展。苏联几十年来用行政手段集中资产,片面发展重工业,其中很大一部分是军工生产。据什梅廖夫估计,苏联的积累率实际达到40%,而且几乎将其全部投入到生产资料部门的生产之中,导致产业结构严重扭曲,这使苏联几十年来生产的军工产品和重工业产品,相当大一部分对于人民生活改善,社会基础设施的兴建以及社会诸多问题的解决毫无益处;造成不是产品积压,就是产品短缺,形成很大的资源浪费,国民经济的相当大一部分实际上处于空运转。

据资料统计,苏联20世纪60年代到80年代,商品库存增长比美国快4倍,商品库存占国民收入的比率比美国高2倍,但资金产出率近25年却下降了1倍。这是经济高投入和经济向重工业倾斜所导致的必然结果:一方面重工业产品的过剩、积压和闲置,造成人力、财力和物力的巨大浪费;另一方面农业、轻工业和人民生活必需品大量短缺,用于改善人民生活的社会消费基金和用于预防自然、经济、社会种种不测的社会保障基金和储备,十分有限和脆弱,实际上是在人为地制造着经济和社会的危机。

产业结构的不合理及经济的诸多弊端，使苏联原来具有的一定的经济增长速度的优势逐步丧失，与西方国家的经济差距进一步拉大。据贾丕才介绍，俄罗斯人的生活水平由十月革命前在欧洲占第6位（前4位是英、法、德、奥匈）和在世界上占第6位；下降到现在占欧洲倒数第2位和在世界上占第43位；国民生产总值则相当于美国的50%；生活水平与生活质量只相当于美国的30%。

3. 长期以来因热衷于同以美国为首的西方国家搞军备竞赛和谋求世界霸权而耗尽国力。苏联前几任领导人在同美国为首的西方国家的军备竞赛中，动用了国家相当大一部分人力、财力和物力，其军费开支占国民生产总值的15%，达1150亿美元（美国同期军费开支为3000亿美元）。如加上隐瞒的部分，要占国民生产总值的4%~5%，其他西方国家则更少。与此同时，苏联出于同美国争夺霸权的需要，在世界各地或者派驻军队，或者直接出兵，或者进行各种经济援助，这又是一笔巨额开支。以上两者相加，给苏联国民经济造成相当沉重的负担。到勃列日涅夫当政的后期，苏联的资源已经消耗了相当大的一部分，财源趋于枯竭，使重工业加军事扩张型的经济模式无法维持下去。因此，苏联经济元气大伤，留给戈尔巴乔夫的是非常孱弱乏力的经济，致使他在近年的经济衰退中毫无回天之力。

苏联剧变的经济原因

在世界经济论坛上的讲话

（1992年1月）

今天，来自世界各地的朋友们在这里聚会，就全球经济发展中人们共同关心的问题进行讨论，是一件很有意义的事。向往和平，追求发展，是中国和世界各国人民的共同愿望。尽管某些国家和地区最近仍处于动荡和不安之中，国际政治和经济旧格局已经打破，新格局还处于形成之中，但我们坚信，前进道路上的困难是可以克服的，摩擦和矛盾是可以在和平共处五项原则基础上解决的，世界和平和发展的前途是光明的！

一、世界上一些国家发生剧变以后，中国的社会主义道路还能不能坚持走下去

每个国家选择什么样的社会制度，走什么道路，这主要是各国人民自己的事情，由各国人民自己来解决。当今世界面貌丰富多彩，各国人民的选择可以百花齐放。中国人民决心走社会主义道路，不是照抄照搬别国的模式，而是根据中国自己的具体国情，选择一条具有中国特色的社会主义道路。无论我们生活的这个星球怎样风云变幻，无论别的国家的社会制度发生多大的变迁，我们都将一如既往，矢志不渝地朝着选定的目标走下去。

历史和现实都证明，社会主义制度的建立，使中国在政治上保持了独立和统一，使中国的经济获得了迅速的发展，使中国消

灭了人剥削人、人压迫人的不合理的社会制度，广大人民群众在政治上平等，在经济上实现了比较公正合理的分配。特别是近十多年来中国实行改革和开放的成功经验证明，建设有中国特色的社会主义，这条路我们走对了，得到了我国各族人民的拥护。它既给中国带来了空前繁荣和加速进步，又为世界的稳定和发展做出了贡献。尤其是，这条道路尽管荆棘丛生，会有许多困难等待着我们去克服，但它充满了希望，蕴藏着巨大的开发潜力和创造空间。

曾经有一段时间，甚至现在，有些海外人士，由于对中国国情缺乏了解，以为近一两年世界一些国家发生了政治和社会的剧变后，中国的社会主义会坚持不下去。我现在可以很有信心地告诉各位，并通过你们向各界人士转达，中国现在社会稳定、政治稳定、经济稳定，发展势头强劲，人民安居乐业，社会主义搞得有声有色，生机勃勃。你如果到那里去看看，身临其境，就会深刻感受到，在九百六十万平方公里的土地上，的确是"大地微微暖气吹"，与世界上另一些地区的另一番景象形成鲜明的对照。

二、中国实行治理整顿以来，改革开放是停滞了还是继续前进了

在我们这个星球处于不安宁的时候，中国之所以能安定团结，繁荣发展，一个最根本的原因是，中国政府从各族人民的利益出发，集结群众的智慧，创立和执行了一条以社会主义制度自我完善为内容的行之有效的改革开放路线。实行改革开放以来的十多年，是历史上中国经济发展生机最为旺盛，综合国力增长最快，人民生活改善和提高最大的一个时期。改革头十年中我们的经济发展在取得重大成就的同时也有过某些失误，主要是在20世纪80年代中后期出现过一些波动，产生过通货膨胀和经济过热现

象，迫使我们采取了治理整顿措施。前一段时期，海外有一种说法，认为治理整顿使改革停顿了。实际情况是，经过三年治理整顿，克服了经济过热，消除了严重的通货膨胀，使经济逐步走上了稳定增长的轨道，为进一步改革开放创造了良好的环境。治理整顿以来，改革开放的步子不但没有停止，而且在某些方面，比前十年速度更快。特别是物价改革方面，采取了一些重大步骤，包括大幅度调整，如1966年以后25年未动的城镇平价供应粮油的提价，以及一些重要原材料计划内外双轨价格并为市场价格一轨，等等。在对外开放方面，治理整顿期间在继续巩固发展已开辟的经济特区、经济技术开发区的同时，还新开辟了上海浦东新区。外贸体制上取消了出口补贴，实行了外资企业自主经营、自负盈亏的新体制，调整了人民币的汇率，这些措施促进了对外贸易的迅速增长。

实践又一次雄辩地证明，中国把社会主义制度的自我完善和发展，作为改革开放的出发点和归宿，而不是用巨大的社会动荡方式来处理社会主义前进道路上的困难和问题，是一个十分正确的选择。一个民族，一个国家，一个地区乃至整个世界，要实现繁荣、发展、进步，没有一个和平安定的环境，是不可能的。稳中求进，这就是中国社会主义经济改革和发展的基本路线和取得成功的主要秘诀。

三、中国为什么和如何实行计划经济和市场调节相结合

从近现代世界社会经济发展的历史长河看，社会主义还很年轻，建设有中国特色的社会主义，更是一项崭新的事业。它应当采用什么样的体制结构、组织形式和发展模式需要中国人的辛勤探索和创造。经过四十多年特别是近十多年的实践，我们有了一

个初步的轮廓。这就是：在公有制为主体的经济基础上，实现计划经济与市场调节相结合，发展有计划的商品经济。

世界经济论坛长期流行一种观点，认为市场是资本主义的东西，社会主义如采用市场调节方法，就是自我否定。这是一种古老而陈旧的观念，是一种误解。实际上，市场和计划都是资源配置的方式或手段，任何社会制度都可以用，只是不同国家利用的方式和程度不同而已。为了实现稳定增长，共同富裕，避免或减少周期性经济危机，充分利用有限资源加速工业化和现代化，我国的社会主义经济，在总体特征上，必须保持计划指导，实行更有意识而富有成效的宏观调控。但这并不意味着中国的社会主义排斥市场。要提高微观效率，搞活企业，引进竞争机制，就要有市场；要引进和扩大外商投资，跟别的国家和地区做生意，也要有市场。这是我们实行改革开放政策的一个基本认识。凡是不带有偏见的海外人士，都可以看到，中共十一届三中全会以来实施的改革开放政策，一项主要任务就是，改革传统的高度集中的计划经济体制，促进市场机制的建设和发展，逐步构造计划经济和市场调节相结合的新经济体制框架。

中国实行计划经济与市场调节相结合的基本含义有以下几点：

一是计划经济并不能理解为指令性计划，指令性计划和指导性计划都是计划经济的具体形式。随着中国经济体制改革的深化，经济结构的改善和市场的不断发育，将逐步缩小指令性计划的范围，适当扩大指导性计划的范围，更多地发挥市场机制的作用。计划管理也必须自觉遵循价值规律，考虑市场供求关系，市场调节要在国家总体计划和法规约束下发挥作用。

二是国民经济发展目标、总量控制、重大经济结构和布局调整，以及关系全局的重点建设项目活动等，主要发挥计划的作用；企业大量的生产经营活动，一般性的技术改造和小型建设项目，主要由市场来调节。

三是在流通领域，对关系国计民生的少数重要产品的调拨和分配，实行指令性计划；大量的一般的工农业产品的流通，实行指导性计划或者市场调节。

四是在价格方面，少数重要商品和劳务的价格由国家计划管理，但也要符合价值规律的要求，考虑市场供求变化。其他大量商品和劳务的价格由市场调节。

总之，中国实行计划经济与市场调节相结合的方式和范围，不是固定不变的，而是根据经济发展和运行的实际情况不断调整和改进。但从总趋势看，中国经济运行过程中市场调节的范围将会进一步扩大，市场机制的作用将会进一步增强。

四、中国怎样坚持公有制和如何解决好国有企业低效率问题

当我们在致力于探索社会主义经济的新型体制框架的时候，有的人误以为我们要放弃公有制，或者希望我们照搬西方的私有制。他们认为市场机制只能和私有制相结合。这同样是一个僵化而陈旧的教条。中国的经验表明，公有制和市场机制并不是水火不相容的，它们可以结合。诚然，传统的公有制具有"政企不分""吃大锅饭"等特征，这是同发展商品经济和市场机制相矛盾的。但是，我们可以通过公有制具体形式的革新，例如通过政企职责分开，实行企业自主经营的改革，克服传统公有制中妨碍发展商品经济的弊端，来实现和市场机制的结合。在这里，我想告诉关心中国繁荣和发展的各位朋友，有中国特色的社会主义的一个重要内容，就是既要坚持公有制为主体，又要允许非公有经济的存在和发展。这一政策，促使国内个体、私人经济和外资经济迅速增长，对中国经济和市场的繁荣，起了积极作用。我们将

长期坚持这一政策。与此同时，还要采取积极步骤，来完善公有制经济自身机制。

我国的公有制经济范围很宽，包括全民所有（国有）经济成分和集体（合作）经济成分。集体（合作）所有制（尤其是相当一部分乡镇企业具有集体合作性质）由于自主经营和参与市场经济的程度较大，所以活力较强。公有制改革的难点主要是国有企业。由于各经济部门间、多种经济形式间的竞争加强，我国目前的国有企业的确面临挑战，部分国有企业经营效率不高，经济效益下降，特别是大中型国有企业在提高效益和调整结构上，存在不少困难和问题。这里既有企业外部环境条件的局限，如国有企业负担国家税收和社会公益费用远远高于非国有企业；也有企业内部机制的问题，如企业经营自主权得不到落实等。这些问题已经引起我们的注意，并且下决心改变这种状态。我们的政策措施概括起来就是在改善企业外部环境、减轻它们的负担的同时，转换企业内部机制，以加速其自我改造、自我创新的能力，将它们推向市场，在竞争中求得发展。具体地说，将采取以下主要措施：

一是进一步推进政企分开，按照《企业法》的规定，落实企业自主权，减少政府的行政干预，使国有企业逐步做到自主经营、自负盈亏、自我发展和自我改革。

二是实行优胜劣汰的竞争机制，对于经济效益差、严重亏损的企业实行关、停、并、转，有步骤地实行企业破产制度。

三是打破职工的"铁饭碗"和干部的"铁交椅"，取消"大锅饭"。对经营无方、管理不善的厂长经理就地免职；企业可以减裁多余的劳动力。与此同时，国家将建立和完善职工的行业保险制度；同时改革职工医疗制度和住房制度，减轻企业承担的各种社会负担。

四是逐步降低国有企业的所得税税率，改进折旧办法，增强企业自我积累和技术改造的能力。

总之，转变国有企业的经营机制，使它适应有计划商品经济的体制环境，以更好地发挥它在国民经济中的主导作用，这是关系到我们社会主义命运的问题，我们已经有了一批办得比较好的国有企业，我们有信心能够解决这个问题。

五、中国"三步走"的现代化发展战略能否实现

中国是一个大国，要用世界7%的耕地养活世界1/5的人口，吃、穿、住、行、劳始终是一个大问题，我们不得不用更多的精力和力量，来保证农业的稳定增长，创造就业机会，发展交通和住宅事业，提高人民生活水平，不得不实行一个深思熟虑的经济社会发展战略。我们希望发展速度快一些，但又不能急躁冒进。从20世纪80年代初，我们开始实行"三步走战略"。80年代已经提前实现了第一步战略目标，基本解决了人民的温饱问题。90年代的奋斗目标是让全体人民生活进入小康水平。21世纪再用30年到50年的时间，使中国进入中等发达国家行列。第二、三步目标能否达到，90年代是一个关键。过去的一年，是我国执行十年规划和"八五"计划纲要的头一年，这一年国民生产总值增长了7%，物价上涨不到4%，均比原来计划设想的要好。这个头开得不错。今年以来，工农业生产稳步增长，市场购销更为活跃，物价基本稳定，进出口贸易增长势头良好，人民生活进一步改善。特别值得各位注意的是，我国南方一些省市经济增长逐年加速，正在迎头赶超高速增长的亚洲"四小龙"。中国西、北部经济在经过周期低谷后，也开始回升，步入正常增长。照这样下去，只要能赢得一个相对稳定的国际环境，我们就能顺利实现我国现代化建设的第二步战略目标，并为第三步目标打下一个坚实的基础。到那时，国内外有识之士将会看到，社会主义这枝鲜花，在

中国越开越艳。

六、中国将坚定不移地扩大对外开放，发展同各国的友好合作关系

中国的现代化建设，首先依靠中国人民自己的智慧和努力，主要立足于自力更生。当然，我们又十分珍惜同世界各国人民所建立的友好合作关系。我们需要学习他们的建设经验、管理方法、科学技术和一切聪明才智，需要在平等互利的基础上，引进他们的先进技术和资金；同时，随着改革开放和经济发展，我们也正在努力扩大对外交流，参与国际竞争，开拓国际市场。我想借这个机会重申，无论国际形势如何复杂多变，中国将坚定不移地实行对外开放政策，指导思想是：不是收，而是放；不是关门，而是开门；目前和今后的努力，不是停留于原地的开放，而是进一步开放。我们也希望，开放应当是多元的，双边的，不能我开门，你关门，不能由单方面指定交易条件。平等互利，相互开放，应当成为我们的共同准则。

世界各国、各地区之间，虽然存在一些利益摩擦和矛盾，中国和西方国家虽然还存在意识形态方面的某些分歧，但是各国人民之间，共同的主流都是追求和平和发展，都需要在文化、经济、科技和其他领域，保持和增进友好合作关系。无论国际形势怎样变化，我们都将坚持独立自主的和平外交政策，在和平共处五项原则的基础上，同周边国家、发展中国家和一切愿意同我国发展友好关系的国家，保持和发展友好合作关系，为我国社会主义现代化建设和改革开放，创造有利的国际环境，为建立符合世界各国人民利益的国际政治经济新秩序，做出应有的贡献。

就"市场取向"的改革问题答《西南物资商业报》记者问*

——《西南物资商业报》记者专访
（1992年2月11日）

记者（史业）：对于我国经济体制改革的取向，人们的意见很不一致。前一个时期，就有人将改革的取向归纳为三种思路：计划取向论、市场取向论、计划与市场结合论。从目前的情况看，已经有不少人事实上接受了这样一种划分。对此您作何评价？

刘国光：把我国经济体制改革的取向归结为三种思路，的确给人以简洁明快的印象，但不尽确切，也不完全符合经济理论界的实际分野。按这种划分，前两种思路似乎不赞成计划与市场的结合。好像只有第三种思路才赞成结合，这显然不符合实际，因为现在经济理论界都承认（至少是口头上）计划与市场应该结合，而且也是可以结合的。另外，理论界提出"市场取向"的改革已经频繁地见诸文字。（但我至今还没有见到哪一位学者明确提出"计划取向"的改革，当然，文字上见到的或讨论中听到的强调计划的一面也还是有的。所以，从严格意义上讲，我并不太赞成这种划分。）

记者：这中间恐怕有一个概念要首先弄清楚，即什么是改革

* 原载《西南物资商业报》。

的取向或者如何理解改革的取向，其内涵是什么？

刘国光：我估计，持上面三种划分法的同志可能对改革取向的含义有自己特殊的理解，似乎改革取向就是指对改革的目标模式中的计划与市场结合的重点选择问题，计划为主是计划取向，两者平起平坐就是计划与市场结合论。但我认为，改革取向并不是改革模式目标中计划与市场的重点选择问题，而是指改革的动向，改革中新老模式的转换方向，作为改革起点的模式与改革目标的模式在转换过程中的转换方向。总体上，改革使我国经济体制模式所发生的变化，从本质上说，是从过去自然经济、产品经济为基础的、排斥市场的、过度集中的计划经济体制，向着引进市场机制并按商品经济市场规律的要求运行的有计划商品经济体制转换。一方面，我们要引进商品经济，扩大市场调节范围；另一方面，我们在对传统的计划机制进行改造的过程中，要更多地考虑商品经济、市场规律的要求，以此实现向计划与市场相结合的有计划商品经济的新体制过渡。这种由原来排斥市场经济、否定商品经济到引进市场机制并按照商品经济和市场规律的要求来改造计划经济，简单地说就是从排斥、限制市场机制作用到发挥和强化市场机制作用的改革，从一定的意义上讲，我认为不是不可以视为"市场取向"的改革。

记者：现在讲"市场取向"改革的人越来越多，但不同的学者对"市场取向"又赋予了不尽相同的含义，甚至有些主张改革就是要推行市场经济的学者，也讲"市场取向"，您如何看待这一现象？

刘国光："市场取向"改革的内涵，我在前面已经谈过了。我想特别强调的是，"市场取向"不是以私有制为基础的，而是以公有制为基础的；不是取向到无政府主义的盲目市场经济中去，而是取向到有计划管理、宏观控制的市场体系中去。如果把"市场取向"赋予了反计划的含义，都是不甚精确的理解。"市场取向"的改革就是在计划指导和宏观控制条件下充分发挥市场机制和市场调节积极作用的改革。

记者: 您是较早主张"市场取向"改革的, 请您谈谈中国经济体制改革为什么要选择"市场取向"。

刘国光: 说起来, 道理并不是很深奥。我国的经济体制改革, 从本质上讲, 就是要大力扩展商品货币关系, 发展市场关系, 充分发挥市场机制的作用。新旧体制的根本区别, 也就在于是发展还是排斥商品—市场关系。传统的经济运行机制主要是实行指令性计划管理和直接的行政控制, 排斥市场和市场机制的作用, 这种体制在经济水平比较低, 结构比较简单而又需要集中力量解决重大任务时是有用的; 但随着经济发展水平的提高, 经济结构的复杂化和经济任务的多样化, 这种体制越来越不适应有效配置资源的需要, 妨碍经济效益的提高, 不利于社会生产力的发展。而要使国民经济摆脱传统体制僵化半僵化的格局, 增强经济活力, 唯一的出路就是发展市场关系, 借助市场力量, 增大市场压力, 在社会经济活动尤其是微观经济活动中, 以市场协调为主取代以行政协调为主, 逐步扩大市场调节的范围和比重。市场机制作为商品经济的内在机制, 市场协调作为商品经济运行的主要形式, 要发展商品经济, 就要充分发挥市场机制的作用, 这应该是不言而喻的。因此, 我认为, 坚持"市场取向"的改革是中国经济体制改革唯一正确的选择。

记者: 从党的十一届三中全会算起, 中国经济体制改革已走过了十多年不平凡的历程, 您如何评价这十多年来的改革?

刘国光: 十多年来, 尽管我国经济体制改革出现过失误和挫折, 但必须肯定我国经济体制改革的方向是完全正确的。改革以来, 我国经济运行机制已经发生很大变化, 市场调节的作用也越来越显著, 具体表现在: 目前已有一半左右的商品价格由市场决定, 企业所需的原材料已有60%~70%由市场来解决, 政府对企业的管理正在由直接管理向注重税率、汇率、利率等经济手段的间接管理转变，国家计委的指令性计划已由原来的120种减少到60种。全国工业总产值中指令性计划产品的比重已从1984年的80%以上，下降到16.2%，等等。显而易见，这些变化处处表现为改革的进程就是"市场取向"不断扩大和深化的过程。十多年来"市场取向"改革的成果也极其明显，它使中国经济迅速获得了巨大的发展，国民经济以年均9%左右的速度增长，贫困落后的农村开始转向温饱与富裕，短缺而萧条的市场开始变得繁荣而活跃，城乡居民生活获得了新中国成立以来所少有的改善和提高。这是每个生活在改革时代的人都能感受到的。再从更具体的情况来看，哪一个地区、部门、企业的市场取向越大，同市场联系越紧密，其活力也就越大，经济发展也就越快；相反，与市场比较疏远、渗入市场比较少、利用市场比较差的经济成分、经济部门、经济地区，其经济发展也较慢，这都是明摆着的事实。

记者：但也有人认为，前几年宏观失控和目前经济生活中出现的种种问题，都直接或间接地与强调市场的作用有关，甚至认为是"市场取向"改革的必然结果。对此您作何解释？

刘国光：改革以来，旧的传统的经济体制开始逐步打破，新的经济体制又还没有完全建立起来，中国经济处于新旧体制并存和相互交替之中，这样，矛盾和摩擦就难以避免，经济生活中也就难免出现这样或那样的问题。但这不能归咎于"市场取向"的改革，并不是市场搞得太多的结果，而恰恰是我们现在的市场很不健全，对旧的计划体制进行"市场取向"的改革不深入、不彻底、不配套所造成的。因此，解决我国经济生活中各种问题的出路还在于继续推进"市场取向"的改革，建立计划经济与市场调节相结合的有计划的商品经济新体制。

记者：还有一个问题想请您谈谈：为什么社会主义经济改革中的"市场取向"必须是有计划指导和宏观控制的？

刘国光：我们主张"市场取向"的改革，就是要充分发挥市场机制的调节作用，而市场调节即价值规律的自发调节本身有其局限性和缺陷，如自发性、盲目性、投机性、无序性等。所以，我们固然应当重视价值规律，但不要认为价值规律本身能把一切事情管好，并把一切事情交给价值规律去管。我想，至少有这么几件事情要坚持计划指导和宏观控制，而不能交给或者不能完全交给价值规律去管。第一件事是经济总量的平衡——总需求、总供给的调控。如果这件事完全让价值规律自发去调节，其结果只能是来回的周期震荡和频繁的经济危机。第二件事是大的结构调整问题，包括农业与工业，重工业与轻工业，第一、二、三产业，积累与消费、加工工业与基础工业等。第三件事是公平竞争问题。认为市场能够完全保证合理竞争，是不切实际的。第四件事是有关生态平衡，环境保护以及"外部不经济"问题。第五件事是公正与效率的关系问题。这五个方面，是不能完全交给市场由那只"看不见的手"自发起作用的，而必须由看得见的手即国家、政府的干预来解决这些问题。总起来说，我们推进"市场取向"的改革，实行有计划的商品经济，但不能迷信市场，要重视国家计划、宏观调控的作用，也就是要看到"笼子"的作用。当然，计划管理的"笼子"可大可小，要看部门与产品，根据具体情况而定。这里有必要说明的是，计划体制也要适应商品经济发展的要求进行改革，在经济发展战略切实可行，宏观经济政策选择得当，国民经济比例大体协调的环境下，推进"市场取向"的改革，就不但不会导致经济的自由化、私有化，而且会使国民经济更加生气勃勃、稳步发展。

记者：经过三年的治理整顿，我国宏观经济环境已大有改善，经济体制改革又进入一个新的大好时机。请您谈谈20世纪90年代我国经济体制改革的取向及大致设想。

刘国光：实践证明，党的十一届三中全会以来我国经济体制改革的取向是完全正确的。所以，20世纪90年代，我们的改革还要朝着前十多年走过的改革道路，即有计划指导、有宏观控制的"市场取向"改革的方向前进；并且要在改革已取得相当大程度成功的基础上，把"市场取向"的改革推向前进，进一步扩大市场机制的作用，继续按商品经济市场规律的要求改造我们的计划经济，逐步建立起计划经济与市场调节相结合的有计划的商品经济新体制。

从这一基本取向出发，我认为20世纪90年代我国经济体制改革的大致构想是：一是要真正建立起行之有效的宏观经济调控机制，也就是逐步建立符合计划经济与市场调节相结合原则的宏观调控体系。这就要求推进财政、金融、收入分配等体制改革，完善财政政策、货币政策和收入分配政策等。二是要逐步建立起反应灵敏的市场运行机制。这就要求逐步缩小指令性计划的范围，建立和健全各种市场体制和市场规则，维护市场秩序，加快全国统一市场的形成，加快价格改革的步伐，理顺价格关系，建立起及时、准确灵敏反映市场变动的市场信号系统。三是要构筑充满生机和活力的微观经济基础。这就要求转换企业经营机制，将企业推向市场，使企业真正成为一个自主经营、自负盈亏、自我发展和自我约束的商品生产者和经营者。

我坚信，中国的希望在于深化改革，扩大开放，改革开放的成功在于坚定不移地推进"市场取向"的改革。

就「市场取向」的改革问题答《西南物资商业报》记者问

经济改革的形势及其难点、热点*

——《中国工商管理研究》杂志记者专访
（1992年）

记者：刘副院长，请对邓小平同志南方谈话的重要意义谈谈您的看法。

刘国光：邓小平同志南方谈话发表以后，在全国引起了强烈反响，中国的改革开放进入了一个新的发展阶段。我认为，邓小平同志讲话的重要意义就在于进一步解放思想，加快改革和发展的步伐。20世纪80年代我国经济虽然上了一个新台阶，但是思想还不够解放，步子迈得还不够大，主要表现在两个方面：一是在姓"资"姓"社"问题上还多少患有"恐资症"；二是没有很好地解决计划与市场的关系问题，对市场总是有戒心，认为搞市场就是搞资本主义，搞计划才是坚持社会主义。实际上，计划和市场并不是涉及社会制度的问题，它们都是资源配置的方式。计划不是社会主义所独有，市场也非资本主义所独钟。这个问题邓小平同志多次讲过，这次南方谈话进一步提出不要什么事情都问姓"社"姓"资"，只要有利于发展社会主义社会的生产力，有利于增强社会主义国家的综合国力，有利于提高人民的生活水平，我们就采用。我们应该把人类一切先进的文明成果都拿过来，包括资本主义的技术、资金、管理方法等，只要适合我们的经济发展，都可以为社会主义所用。这是思想的一个大解放。

* 原载《中国工商管理研究》1992年第1期（创刊号）。

记者：邓小平同志在南方谈话中说"机不可失，时不我待"，对这句话应如何理解？

刘国光：新中国成立以后，我们在很长一段时期内搞阶级斗争为纲，没有把工作重心放在经济建设上，几次很好的机遇没有抓住，而日本、亚洲"四小龙"抓住了，经济也搞上去了。中共十一届三中全会以后，小平同志提出建设具有中国特色的社会主义经济体制，把经济建设放在基本路线的核心位置上。这样，20世纪80年代我们就抓住了时机，使经济上了一个台阶，温饱问题基本解决了，中国经济翻了一番，经济体制也由单一集中的计划体制开始转向有计划的商品经济，由半封闭状态走向开放，这一切都是与改革开放分不开的。90年代，我们应当进一步加大改革开放的"度"，抓住时机，使国民经济再上一个台阶。

现在，国际上的竞赛主要不是军事的、政治的竞赛，而经济、科技的竞赛，是综合国力的竞赛，因此，能否把经济建设搞上去是决定我们国家前途、命运的大事。目前的国际形势对我们是很有利的，由于苏联东欧剧变，使世界政治、经济格局由两极向多极发展，虽然还存在着各种矛盾，但和平与发展仍是当今世界的两大主题；国际上兴起的新的科技革命浪潮和国际范围内的产业结构重组，必将有力地促进世界范围内的经济合作与发展，亚洲、太平洋、西太平洋地区在20世纪90年代、21世纪初的经济崛起已不可避免，这既是一种挑战，又是一种机遇，对我国来说，机遇大于挑战，要很好地抓住这个时机。

从国内形势看，经过十二三年的改革，我国经济上了一个台阶，综合国力大大增强。以粮食为例，由1978年的3亿吨提高到1990年的4.5亿吨，如果以5000万吨为一个台阶，那么，我国的粮食产量在十二三年间已上了三个台阶。再如能源产量方面，也由1978年的6.3亿吨上升到1990年的10亿吨以上。更重要的是，经过十几年的改革和开放，我们积累了许多正反两方面的宝贵经验，如宏观控制管理的经验等，可以使我们在20世纪90年代把经济改革搞得更好。为了抓住时机，就必须加大改革开放的"度"。这个"度"要加大到什么程度？我的看法是，80年代的改革使集中的计划经济转向有计划的商品经济，90年代我们要进一步搞社会主义市场经济。当然，关于社会主义市场经济，是一个比较大的理论问题，应当逐步在理论上得到解决。如果说80年代我们的改革开放主要在东南沿海开展，那么90年代改革开放的范围就进一步扩大了，正如中央4号文件提出的那样，逐步由沿海向沿边、沿江及内陆省份推进。这样，改革的度和开放的度就扩大了，现代化的目标就可以更快实现。

记者：怎样看待20世纪90年代经济发展速度？

刘国光：七届人大第四次会议批准的《国民经济和社会发展十年规划和第八个五年计划纲要》中指出，今后十年我国国民生产总值平均每年增长6%左右，现在看6%的速度低了一点，当时定这个目标主要是考虑到几个因素：一是考虑到当时国际、国内的政治经济因素。1989年的政治风波，西方国家的经济制裁，使我们面临的国内外形势比较严峻，客观上要求我们政治稳定，经济稳定。二是制定6%也是为计划上留有余地，使我们有个比较宽松的改革环境，因为速度过高对结构调整等都不易。现在，大家认为把原来定的6%的速度提高到9%左右，比较合适。

我们不能简单地追求高速度。过去往往一提加速发展，就是追加投资，上项目，上速度，不注重效益、质量的提高。邓小平同志讲加速发展，是在效益好、质量高、外向型（即有市场、有销路）基础上的高速度，否则，缺乏效益，质量不高，产品积压，没有市场，这样的高速度反而是有害的。现在的国有企业效益不好，亏损，产品积压，假冒伪劣严重，说明关键的问题还是要提高效益、质量。

结构调整也很重要。调整结构包括两个方面：一是消费结构要调整，即引导消费者投向新的消费热点，如商品房、小汽车、新型家电产品等。现在的住房、福利等制度阻碍着这方面消费结构的调整，应进行改革。二是生产结构，主要是能源和交通建设应跟上。现在铁路货运满足率不到70%，30%的物资运不出去，因此，能源紧张与交通这个"瓶颈"产业有很大关系。

结构问题的解决，质量、效益的提高，都要靠改革。搞改革不是先上项目（当然，必要的项目如能源、交通、电信、技术改造等还是要上的），不是要盲目发展加工业，铺新摊子，重复建设，导致产品积压，迟早会成为被砍的对象。应把主要力量放在加快改革上，以此促进结构的调整、效益的提高、质量的改进。这样，我们的经济发展就会是建立在高效益、高质量、优化结构基础上的高速度。

记者：您认为我国目前经济改革的主要难点是什么？如何解决？

刘国光：难点是多方面的，如观念上的、企业机制上的、市场上的、经济结构上的、政府机构上的。这些问题相互联系，相互缠绕，形成一个连环套。应当抓住重点，逐个解开。

首先，在思想上要破除"恐资病"。对资本主义的东西应当具体分析：第一类是共性的东西，只要是社会化大生产，只要有商品经济，这种共性的东西就存在，如股份制、市场经济等，对这类共性的东西不必去问什么姓"资"姓"社"；第二类是资本主义的东西，但有益于我们经济发展，如"三资企业"等，也应拿来为我们运用；第三类是资本主义腐朽的东西，应予以抵制。总之，解放思想就是要破除落后、保守、僵化的观念，树立适应改革开放的新观念。

其次，在理论上解决对社会主义市场经济的认识问题。国内外有些学者认为，既然是市场经济，就没有必要在前面加上社会主义。而我的理解是，共性存在于个性之中，市场经济这个共性的东西在不同社会制度条件下的表现是不同的。市场经济在社会主义条件下的表现有如下三个特征：第一，其基础是以公有制为主体、多种经济成分并存的所有制结构；第二，采用以按劳分配为主体、多种分配形式并存，充分实现社会效率和公正原则。效率就是拉开差距，打破大锅饭，提高效益；公正就是对各种相关因素进行调节和控制，消除收入、分配中的不合理现象，逐步实现共同富裕。第三，在经济运行机制上要采取计划与市场相结合的方式，以市场为资源配置的主体手段，而计划也要根据市场规律的要求来加以改造。市场也不是万能的，有很多缺点，如盲目性等，要靠计划来补充。要有国家的宏观控制。总之，在社会主义制度下，可以把计划与市场很好地结合起来，保证经济既有活力又稳定，有秩序，保证社会公正。

最后，除了上述理论上、思想上的难点之外，其他的如国有企业转换机制、产业结构的调整、政府机构改革、市场培育等问题都属于实践中的难点。

国有企业改革的主要出路在于改革转换企业的机制，打破大锅饭，真正实行政企分开，把企业推向市场。与此相联系的政府职能转换、机构精简也是极难的，政府职能不转换，企业就不能真正进入市场。按照社会主义市场经济的要求，政府部门只需要管宏观的规划、市场培育等方面，而不应去管企业的供产销，人财物。目前，政府机构臃肿，财政支出增加，官僚主义严重，效率不高。因此，政府多数机构要精简或合并，从对企业的直接管理转到只管宏观政策、规划、监督、服务。

社会主义统一大市场的培育和形成不是一蹴而就的。不仅商品市场，而且资金、劳务、房地产等要素市场都要培植。如果资金、商品、物资、劳动力等不能随便流动，市场经济就无从谈起。要培育市场，就要建立一套市场法规制度，对市场进行有效的监督管理。这方面，工商行政管理部门责任重大。我认为对统一的大市场应进行统一管理。执法要统一，这样才能破除地区分割、部门分割及各类市场的分割。

宏观调控改革涉及的问题较多，也需下功夫解决，包括财政、银行、信贷、工商、流通、市场、物价等改革，还有社会保障体系的建立。总之，上述难点问题形成一个"连环套"，要把它解开，就要进行有计划、有步骤的配套改革。目前看最重要的是解决企业机制转换和政府职能转换的问题。

记者：股份制是否是国有企业的必由之路？当前实行股份制应注意什么问题？

刘国光：股份制不是国有企业的唯一道路，但是一条重要的道路。不能把所有企业都变成股份制，主要是大中型企业可以走这条路。我主张小企业、小商业大量出售给集体或个人，不需要婆婆，把它们变成市场主体，由工商局统一管理。

股份制是理顺产权关系、实现政企分开、筹集资金的一种有效形式。但是，现在大家只注意到其筹集资金的作用，忽视在企业机制转变中的作用。股份制的形式可以是多种多样的，企业应根据自己的情况选择适当的方式。我认为，在股票上市和证券市场的建立上要谨慎。我们目前还缺乏这方面的知识和心理准备，政策、管理、人才方面也很不足。应按规范化来搞，先制定一套法律，加强立法、监督。此外，不是所有的股票都能上市，日本、中国香港只有很少一部分上市股份公司，很多股票都是公司内部发行的。也不必到处都建证券市场、股票交易所。日本只有8个证券市场，美国也不多。我们现在很多地方都想搞，所以，我主张要谨慎。

记者：您曾经在1991年5月11日的《经济日报》上撰文提出要建立一个宏观经济控制的预警系统，请问建立该系统的目的是什么？

刘国光：建立宏观预警系统的目的就是在信息分析的基础

上进行预测，反馈给政府决策机构，对宏观经济控制进行及时微调。这样不至于等到经济出现过热而紧急刹车，造成经济的大起大落。经济的大起大落损失很大，很危险。经济运行不可能完全是直线的，波动是不可避免的，建立这个系统就是便于通过利率、利息、税收等手段对宏观经济进行微调，上调不要太高，下降不要太低，使经济的波动比较平缓，起伏不要太剧烈。当然要将这种微调纳入制度化，否则，宏观调控难以发挥其应有的作用。现在许多管理部门都有这个预警系统，如统计局，当货币流通、工业生产、商业销售、物价等许多指标超过一定限度，就会出现红灯、绿灯、蓝灯。可以说这个系统是起"黄牌"警告的作用。

记者： 发展第三产业已成为当今改革的热门话题，对大力发展第三产业您有什么看法？

刘国光： 我认为发展第三产业意义重大，必须充分认识，大力发展。第三产业可以提高和方便人民生活，如维修、小商业；可以提高国民经济各方面的素质和服务质量，比如金融、咨询、教育、科技等。还可以促进改革，这是非常重要的，因为第三产业可以解决大量的社会就业问题。由于市场竞争、结构调整、机构精简下来的多余人员的就业已成为改革的一个难点，解决这个问题，一方面靠社会保障制度；另一方面则要靠第三产业来安排，以减轻这方面的就业压力。

现在，我们第三产业发展还很落后，第三产业仅占国民生产总值的27%，而先进国家是60%~70%，发展中国家也是30%~40%。我们有许多第三产业包含在第一、第二产业中，没有分离出来，这是企业办社会的结果。如企业中的设计室，提供服务、维修的行业等都可以分出来，成为第三产业。现在我们提出到2000年达到35%，我的看法，到2000年应提高到40%（包括从第一、第二产业当中分化出来的），40%并不是很高。当然，第三产业的发展也要受到第一、第二产业发展水平和第三产业内部结构的制约，不能冒进。不过，目前我们发展第三产业的余地还是很大的。

记者：您对部门管理与行业管理如何看？随着政府职能转变，工商行政管理职能又应如何加强？

刘国光：我认为部门管理就是行政部门管所隶属的企业。行业管理不是行政管理，应是以协会、商会等形式来管，政府没有必要搞许多大部门管企业，应当主要靠民间的（或非政府的）行业协会、商会等来管，政府主要管政策、监督、规划。如日本的通产省，德国的经济部就只管制定政策，很少介入企业，主要通过各种民间的协会、商会，一些民间企业家的组织如同友会、中小企业会、劳工会等来管理。因此应加强民间性的行业管理，政府的管理主要是制定政策，不规定具体应做什么，像德国的办法，对允许做的事情不需要指点，只指点不允许做的事情。

随着机构改革的深化和政府职能的转变，要弱化主管部门的直接管理，强化政府的监督管理职能，工商局作为经济综合监督部门也应进一步加强。同时工商局作为执法部门，主要是依法监督，依法管理，因此工商局作为行政执法机关应深入到各个市场领域，不应仅仅局限于集贸市场，而应把所有市场的法规管理拿过来，包括资金、劳务等市场。现在工商行政管理职能不能到位与政府职能转变有密切关系，随着市场经济的建立，政企分开，企业进入市场，就要进行监督管理以维护经济秩序。现在政府多家办市场，多家管市场，导致百家执法，不利于市场的有序运行。政府本来不应该办市场，如同企业不能由政府来办一样，政府只应监督、管理、制定法规，使其规范化，保护市场竞争秩序，防止出现垄断，出现不平等竞争，这是政府的责任。政府通过立法，通过行政监督管理（包括工商行政管理）来维护经济秩序。

记者：您是中国工商行政管理学会副会长，您对学会今后工作有什么意见和希望？

刘国光：学会是学术性社会团体，主要搞理论研究，学会的理论研究应团结工商界的专家，联系实际工作中的问题进行，特别是随着社会主义市场经济的建立，将出现许多新课题，需要研究，因此，要大力推动工商行政管理理论的研究。

在加强应用理论研究的同时，也不能忽视基础理论的研究，要多与理论界建立联系，提高理论水平，这对工商行政管理干部整体素质的提高很有帮助。干部素质的培养不仅靠培训，也要靠组织理论研究、学术讨论等活动来塑造。此外，为干部培训提供教材、理论的指导，学会也应多做点工作。

我的经济观[*]

——中国经济的发展和改革开放
（1992年）

  建设有中国特色的社会主义，在经济工作上，主要体现在发展和改革、开放三个方面。经济发展问题，马克思的社会再生产和综合平衡理论开了先河。第二次世界大战后，新兴国家要发展，必须讲究战略。中国的传统发展战略偏重于追求和攀比增长速度，难免忽视经济效益、经济结构和科技进步。应当适时转轨，实现持续、稳定、协调发展，并以逐步改善人民生活为生产目的。需求膨胀和供给短缺，正是传统战略和传统体制的产物，只要实现双重转换，就有可能出现供给略大于需求的有限买方市场，并为改革创造比较宽松的经济环境。改革，作为社会主义经济体制的自我完善，也是体制模式（即类型）的转换，即从高度集中的、基本上排斥商品货币关系的计划经济模式转换为计划经济与市场调节相结合的新体制模式。这是市场取向，但不要迷信市场；正如坚持计划经济，也不要迷信计划。由于转换不能一步到位，不得不经过新旧体制并存的双轨制阶段；双轨制必然有摩

---

* 原载《我的经济观》（2），江苏人民出版社1992年版。
  江苏人民出版社约写此文。由于事忙，托请沈立人同志从我过去的论著和文稿中抽出有关论点整理成这篇文章。我看了一遍，觉得相当准确地反映了我的一些经济观点。这篇文章中阐述的观点，不尽是属于我一个人的，其中也吸收了中国社会科学院一些同事们的观点，以及我国经济学界在改革开放过程中形成的共同看法。——作者注

擦，应当逐步并轨，过渡到新体制占主导位置。战略转换与体制转换相辅相成，也反映了发展与改革的相辅相成，将从不宽松的现实转向宽松的实现。在某种意义上，开放也是一种改革。

要坚定不移地发展外向型经济，深圳和海南等经济特区已先行一步。

研究当代中国的经济问题，其主线是建设有中国特色的社会主义。坚持这个方向，在发展和改革、开放三个方面都有非常丰富的内容，要求做出联系实践的理论探索。

经济发展战略问题

一、马克思关于社会再生产和综合平衡的发展理论

"经济发展战略"一词的使用及其引入经济学，是在第二次世界大战之后。但是，有关经济发展战略的理论，已有久远的渊源。马克思关于社会发展特别是关于资本主义发生和发展的理论，就是最早的、科学的发展理论。其中有关社会再生产的理论，在考察社会总资本的再生产和流通的同时，分析和揭示整个社会再生产的一般规律，也是社会化大生产的共同规律，对社会主义经济同样是适用的。

马克思关于社会再生产的基本原理，主要包括五个方面的内容：（1）关于再生产的类型问题，即个别再生产和社会再生产、简单再生产和扩大再生产、外延扩大再生产和内涵扩大再生产的划分及其相互关系的原理。（2）关于总产品的构成问题，即社会总产品的实物构成、价值构成以及按最终使用划分为补偿、消费、积累三大社会基金及其相互关系的原理。（3）关于社会生产两大部类的关系问题，即简单再生产和扩大再生产的实现条件和平衡关系以及两大部类产品增长速度、对比关系和生产资料优先增长的原理。（4）关于社会再生产中的补偿、消费、

积累和后备问题，即有关各项社会基金本身的运动和实现的原理。（5）关于社会再生产中的市场实现和货币运动问题，即市场机制、货币流通在社会再生产中的作用以及实物运动和货币运动的矛盾统一的原理。此外，还有对外贸易在社会再生产中的作用和社会再生产与生态环境再生产的相互关系等原理。[①]

学习马克思关于社会再生产的基本原理，联系社会主义经济建设的实践，一个极其重要的问题就是实现国民经济的综合平衡。对此问题，过去着重的是正确处理再生产发展速度和重大比例关系之间的矛盾和统一。社会再生产的发展速度取决于许多复杂因素，首先直接取决于一定时期投入生产过程的活劳动和物化劳动的数量和质量。从综合平衡的角度来研究速度，只有在劳动力和生产资料恰当结合、协同作用的条件下，才可能有最好的速度。这就要求在两大部类之间、消费和积累之间保持一定的比例（可以用多种的数学公式和数学模型来计算）。还要看到，综合平衡不仅是速度和比例的问题，更是关系到产业结构和经济效果、经济效益的问题。通过综合平衡，实现产业结构的优化和经济效益的提高，使国民经济得到持续、稳定、协调的发展。

综合平衡，还应当与经济体制联系起来。传统体制不利于综合平衡，所谓"吃大锅饭"，一方面刺激社会需求的膨胀；另一方面又妨碍社会供给的增长，形成所谓"短缺经济"。因此，必须改革经济体制，不改革没有出路，不能实现经济的稳定增长。改革的要求之一是建立完善的宏观管理或宏观控制的体制。在这个意义上，"综合平衡"与"宏观控制"的概念是基本上相通的（所不同的，前者以计划经济为依托，后者需与市场机制相结合）。也在这个意义上，人们越来越体会到：经济发展与经济体

---

① 刘国光、张曙光：《马克思的社会再生产理论》，中国社会科学出版社1981年版。

制是相互联系、不可分开的[①]。

二、研究经济发展战略的重要意义和历史经验

从一般的研究经济发展问题到提出"经济发展战略"（或"经济社会发展战略"），虽然只是20世纪80年代以来的事，但是进展很快，不断获得了新的高度和深度。其实，"战略"这个概念，过去用于战争和革命，人们并不陌生。战略的含义，泛指重大的、全局性的、根本性的计谋和对策。经济发展战略，是指在较长时间内（例如5年、10年、20年），根据对经济发展的各种因素、条件的估量，从关系经济发展全局的各个方面出发，考虑和制定经济发展所要达到的目标、所要解决的重点、所要经过的阶段以及为实现上述要求所采取的力量部署和重大的政策措施等而言。它涉及经济发展中带有全局性、根本性、长远性的问题。就这个意义说，过去即使没有用过经济发展战略的概念，实际上绝不等于没有考虑和制定过类似的决策，例如提出经济建设和经济发展的"总路线""总任务""总方针""总政策"和各个五年计划的若干原则等，都带有战略的意思。但是，由于缺乏"战略"的特定概念，不能建立经常的、强烈的战略意识，难免遇事多从局部和近期着想。明确战略概念，把对这个问题的研究放到应有位置，特别是在中共十二大制定了到20世纪末经济建设的战略目标、战略重点和战略部署后，引起人们的普遍重视，有利于促进社会主义现代化建设在正确的战略指导下顺利地实现。

研究当代中国的经济发展战略，有必要认真总结自己的并吸取别国的历史经验，实现战略的及时转换。根据某些发展中国家的经济发展，在战略选择上，大体上经过两三个阶段，采取两三种战略，并获得不同的结果。最先，多数国家采取所谓"传统

① 刘国光：《国民经济综合平衡的若干理论问题》，中国社会科学出版社1981年版。

的"或"原始的"经济发展战略。这种战略，往往照搬西方和苏联早期实行的战略，其特点是：以国民生产总值或国民收入的增长为主要目标，以工业化为主要内容，以扩大积累为主要手段，求得社会财富的增加和国家实力的增强。实行这种战略，容易片面追求发展速度，并为此片面提高积累率，忽视农业生产和人民生活，导致经济增长的不稳定和结构失调、效益低下，有的还产生通货膨胀、财政赤字、外债剧增和分配不公、环境恶化。针对这些弊端，不少国家转而采取"改良的"或"变通的"经济发展战略。这种战略，吸取上述教训，比较强调稳定发展，比较强调结构协调，比较强调农业生产，比较强调人口控制，比较强调智力开发，比较强调独立自主。实行以后，多数形势有所好转。但是，这只是在传统战略基础上加以改良，并受到社会制度的局限，不能解决根本问题。与此同时，少数国家（或地区）从本身实际情况出发，采取不同的所谓"新的"经济发展战略。这些国家或地区大多比较小，有的强调"贸易立国"，有的强调"科技立国"，凭借特有的区位优势和有利条件，实行特殊政策，因此有的已经先后进入或即将进入中等发达国家（地区）的行列，并取得另外一些国家的响应。借鉴这些国家（或地区）的经验，战略选择一定要从本身的实际出发，扬长补短，稳定增长，积几十年之功，始能顺利发展，改变面貌。

回顾我国从20世纪50年代到70年代，各个阶段的实际战略不尽一样，但是基本上都存在急于求成的倾向，并有不少自己独特的地方：（1）"一五"时期，以过渡时期的总路线为指导，以逐步实现"一化三改"（社会主义工业化和对农业、手工业、资本主义工商业的社会主义改造）以及在发展生产的基础上逐步改善人民生活为目标；主要措施是集中财力、物力搞好以156项重点工程为骨干的基本建设，正确处理建设与生活、积累和消费的关系。实践证明，这一时期的战略是正确的，取得了良好效果。只是在提前和超额完成原定指标后，开始滋长了急于求成的情绪。（2）"大跃进"时期，提出"超英赶美""以钢为纲"等口号和"三面红旗"，盲目追求不断翻番的高速度和生产关系上的"一大二公"。实践证明是错误的，导致国民经济比例关系的严重失调，使工农业生产大起大落，得不偿失，人民生活也遭到损害。（3）调整时期，确定"调整、巩固、充实、提高"的八字方针，强调农业是基础，要按农、轻、重为序，注意搞好以物资、财政、信贷为中心的综合平衡，并调整生产关系，纠正了"共产风"。短短三年，生产迅速恢复，人民生活得到改善。但是在战略思想上并未完全解决，以致在形势好转后又会犯"左"的错误。（4）"文化大革命"前，原来有较好的设想，如基本解决人民的吃、穿、用，加强基础工业等。但在开始"文化大革命"后，一切都搞乱了，突出备战，加强三线建设，强调高速度，搞"穷过渡"，割"资本主义尾巴"，批判"资产阶级法权"，鼓吹平均主义，批判"卖国主义"，实行闭关锁国。这是一种杂乱无章的、"左"的发展战略，虽然由于广大干部、群众的抵制和努力，经济有所增长，但是损失巨大，并出现比例失调、效益下降、生活困难。粉碎"四人帮"后，又重犯急于求成的"洋跃进"错误，不得不再次实行"调整、改革、整顿、提高"的新八字方针。直至中共十一届三中全会，才拨乱反正，逐步走上正轨。

历史的经验告诉人们：研究、选择、制定经济发展战略是十分重要的。当战略决策正确时，国民经济蓬勃发展，人民生活得以改善，社会主义制度的优越性显示出来；相反，当战略决策失误时，经济发展就有挫折，人民生活难以改善，社会主义制度的优越性也不能充分显示。前事不忘，后事之师。应当认真总结自己的历史经验，借鉴其他国家的成功之处，并以他们的不成功之处为戒，发扬正确一面，防止失误一面，把社会主义现代化建设推向胜利[①]！

三、制定经济发展战略的若干基本原则

新中国成立以来，我国经济建设取得了巨大成就。但是，在前三十年的发展过程中，出现过不止一次或大或小的挫折。中共十一届三中全会后，逐步走上正轨，又取得了前所未有的新成就。这是由于把马克思主义的基本原理与中国的实际情况相结合，开辟了一条有中国特色的社会主义道路。这反映在经济发展战略上，也通过总结经验，懂得了必须从国情出发，实行历史性的转换。综合地观察这一战略转换，能否归纳为下述若干基本原则：

1. 经济发展的战略目标，不是要求片面地追求高速度，而是要求实现持续、稳定、协调的发展。在经济发展中，速度是重要的，没有一定速度的经济增长，就不能增强国力、增加积累、保证就业，并逐步改善人民生活。但是，速度能有多高，不取决于人们的主观愿望，却取决于客观条件和按照客观条件而进行的主观努力。否则，违背国情，脱离国力，急于求成，必然会大起大落，欲速不达，事与愿违。因此，确定持续、稳定、协调发展的指导思想，是完全必要的。持续，就是保证国民经济每年都有一定的发展速度，不致中断；稳定，就是稳步前进，年递增率大体相当，避免起伏过大；协调，就是按比例发展，在总量增长中不发生结构的严重失调。这十多年来，虽然曾经一度过热，而对照过去，周期性的波动要好得多。

2. 这个战略目标，不仅是为了经济增长，更要注意在发展生产的基础上逐步满足人民日益增长的物质文化需要。片面追求速度是为经济增长而经济增长，把经济增长作为最高的或唯一的战

① 《中国经济发展战略问题研究》，上海人民出版社1984年版。

略目标，往往置人民生活于次要地位，违反了社会主义生产的最终目的。过去正是这样，经济增长较快，而人民得到的实惠与之不相称，表明战略目标有偏差。现在，党制定的经济发展战略目标是分步走：第一步在国民生产总值翻番的基础上，基本解决温饱问题；第二步在再翻一番的基础上，人民生活达到小康水平。这体现了发展生产和改善生活之间的统一，比过去任何时期的经济发展战略目标更加完整和明确，也更能动员广大群众为实现这个目标而奋斗。

3. 这个战略要求在经济发展过程中，要正确处理速度与效益、速度与结构的关系。在片面追求速度的思想指导下，往往只计较产出，不计较投入，结果是投入渐增、产出渐减；速度上去了，而效益越来越低下，最后也不能保持一定的速度。与此同时，不仅导致需求膨胀、供应短缺，使总量失去平衡，还导致比例失调、结构失调，也使增长难以持久。总结过去经验，新的战略强调了在提高经济效益的前提下保持适当的速度，同时强调要调整和优化产业结构。这就是正确处理速度、效益、结构（比例）三者之间的关系，求得相互协调、相互促进。当然，实现这个战略转换是很复杂的，不少同志在思想上还不适应，必要的机制转换也不适应，以致几年来效益始终不理想，结构调整也难启动，必须进一步采取有效的对策。

4. 在扩大再生产的方式上，要从外延为主逐步转向内涵为主，走上依靠科技进步的轨道。实现经济增长，主要采取扩大投资、搞新建扩建的办法，在工业从无到有的创业初期，是必要的，不能避免。但是今天，已经有了几十万个企业，如果仍走老路，不注意技术改造和技术革命，就会停留于设备陈旧、工艺落后的现状，不仅影响产品的质量、消耗、成本和劳动生产率，并且也难以为继。因为如果要使产量翻番，就必须人力、财力和能源、原材料也翻番，这在现有规模上是不可能的。特别是为了迎接世界新技术革命的挑战，本着"科学技术是第一生产力"的精神，应当转向主要依靠科技进步，才能使经济发展跨上新的台阶，使国民经济的总体素质不断提高。近几年来，各地、各部门先后提出"科技兴省（市）"和"科技兴农"等口号，符合了时代潮流，重要的问题是尽快落实，付诸实施。

5. 在重视物质技术基础建设的同时，要越来越重视人力特别是智力的开发。重视物的资源开发是对的，但是还必须重视人的资源开发。因为科技进步以教育为本，与提高劳动者的素质分不开。人的智力状况，人对科学技术掌握的程度，人对现代化生产力的组织和管理水平，这对经济发展尤其是现代化建设，起着越来越有决定性的作用。在经济发展的战略重点中，除农业、能源和交通外，还有科学和教育，表明了智力开发的重要性。我国人口多，劳动力资源丰富，要发挥这个优势，关键在于提高劳动者的素质。随着财力的增长，逐步增加这方面的投资，提高智力投资在整个社会投资和国民收入分配中的比重，将会促进经济的更好发展，进而证明，这是一项投资少、收效大的百年大计。

6. 在坚持自力更生为主的前提下，要进一步扩大对外开放。过去，由于种种原因，实际上一度采取闭关锁国的战略，成为经济和技术落后的重要根源。当代世界是一个开放的世界，无论大国或小国，都不能完全靠自己的资源、技术和市场来发展经济。实行对外开放，成为经济发展战略中的一个突出问题，对一个国家的发展和提高，有其不容忽视和不可替代的作用。我国十多年来的经济发展，在某种意义上，主要来自改革和开放。当前，我国对外贸易额在国际贸易总额中所占比重不高，利用外资和引进技术的规模也不够大，还有深厚的潜力。今后的战略方针绝不是收，仍旧是放。如果说有什么不同，那就是进一步开放，扩大开放，更多地参与国际市场的经济技术交流和合作，更有力地促进国民经济的发展和现代化。[①]

四、20世纪80年代经济发展的回顾和90年代的展望

根据经济发展战略的一些基本原理和原则，联系我国20世纪80年代以来经济发展的实践，应当得出什么样的评价？这是我国经济学界几年来议论和研讨的热门话题之一。

应当肯定，这十年来，我国经济出现了勃勃生机，经济实力增长之快，人民所得实惠之多，都是前所未有的。大家认为，这是新中国成立以来经济发展最好的十年。究其原因：一是党和国家把工作重点转向经济建设，专心致志于发展社会生产力；二是实行改革、开放，为经济运行注入了日益增强的活力；三是在经济发展战略上，总结历史经验，明确了战略目标、战略重点和战略部署。经过十年发展，第一步战略目标已经实现，基本上解决了十亿人口的温饱问题。切莫小看了这个成就，因为这不仅是旧中国几百年、几千年始终没有解决的，并且在当代世界还有几十个发展中国家至今没有完全解决。虽然，由于人口多、底子薄，我国现在的人均国民生产总值在世界各国中排在后位（折算美元，由于汇率不同，并不能很准确地反映实际水平）。但是，由于注意了缩小收入分配、消费分配和财富分配方面的不平等，我国受惠的人最多、比重最高。不少外国经济学家通过调查和数据分析，也认为与人均收入相仿的国家比，我国人民的生活质量，例如营养水平、平均寿命、识字率等都居前列。这都雄辩地证明了社会主义制度的优越性，应当引以为自豪，不该只看到当前经济水平尚低而妄自菲薄。

20世纪80年代是我国经济建设的"六五""七五"两个时期。"六五"时期是新中国成立以来最好的时期之一，也是我国

---

① "中国经济发展战略问题"，载《刘国光选集》，山西人民出版社1986年版。

经济发展战略的转变时期，开始从片面追求高速增长的传统战略向着新的战略转变。当然，这五年处于转变初期，转变的自觉性不高，在执行中甚至有反复。例如，农业和轻工业的较快发展和人民生活的显著改善，都同实行新的发展战略有关；而出现的某些失误，例如投资过多、速度过快等，又同传统发展战略继续发生作用相连。转变的程度不同，取得的成就和存在的问题也不一样。具体地说，"六五"计划原定工农业总产值在提高经济效益的前提下，平均每年递增4%，在执行中争取达到5%。这样的决策，是在对高积累、高速度、低效率、低消费的传统战略进行批判的基础上提出来的。执行结果，前两年抓了调整，经济增长比较稳定，经济结构有所改善，经济效益有所提高，而且出现了有限的买方市场势头，形成了比较宽松的经济环境。但是后来，强调了翻番，没有认真贯彻以提高经济效益为前提的指导思想，追求产值和攀比速度之风重新抬头。1982年年末就出现了膨胀的迹象和过热的苗头，1983年调整中想压也未能压住，而且越来越热。

我的经济观

1984年，社会总产值、工农业总产值和国民收入的增长率都超过13%。有人认为，这是我国经济进入"起飞"的征兆，其实是一种错觉。整个"六五"时期，以稳定增长开始，以增长过热结束。这说明了，我国经济发展还未完全摆脱旧的经济增长观念和发展战略的影响。经济发展的唯一出路是要进一步实现战略的根本转换。这要采取很多措施，包括认清工农业总产值指标的缺陷，不能再据以考核政绩和评选干部，等等。[①]

"七五"时期是在对经济过热所导致的某些问题进行调整和治理整顿的过程中过去的。针对"六五"后期出现的增长过热，曾经设法调整，采取"软着陆"的办法，但是未能见效，在未

[①] "对'六五'时期建设和改革问题的回顾与思考"，载《中国社会主义经济的改革、开放和发展》，经济管理出版社1987年版。

349

"着陆"时又"起飞"了。直至1988年出现明显的通货膨胀，物价指数上涨率达到两位数，市场秩序严重混乱，爆发了银行挤兑存款、市场抢购商品的风潮，于是采取治理整顿的紧急措施。在这样的形势下，原定在1988年下半年出台的价格、工资改革不得不中止。经过一年多的努力，治理整顿初见成效，过热的增长逐步降温，物价渐趋平稳。接着，又出现了一些新问题，主要是工业增长"滑坡"，市场销售"疲软"。中共十三届五中全会做出进一步治理整顿的决定后，形势继续好转。1990年在物价继续稳定的情况下，工业生产有所回升，市场疲软有所缓解；只是效益低下和结构失调，还未能很好解决。回顾整个20世纪80年代，经济发展的速度是较快的，国民生产总值等主要指标的年增长率大多在10%左右，提前实现了第二步战略目标。出现一些问题，主要仍是来自急于求成。五中全会清理了这种偏向，提出要牢固地树立持续、稳定、协调发展的指导思想。这不仅在治理整顿阶段要坚持，并在今后仍要长期继续坚持，才能说是真正实现了战略转换。从1991年的情况看，产成品积压多，财政困难加剧，通货膨胀压力并未真正消除，而一些部门和地区强调产值、相互攀比之风又有所抬头。进一步促进形势好转，防止再来一次周期性波动，必须明确指导思想，努力实现经济发展战略和经济体制模式的双重转换。因为治理整顿只能治标，而治本之道在于战略创新和体制创新。

站在20世纪90年代的门槛上展望未来，党中央全会和全国人民代表大会审议通过的十年规划和"八五"计划的《建议》和《纲要》已有具体安排。对此问题，在酝酿和研究过程中，我们曾经提出"以改革促稳定，在稳定中发展"的基本思路。我们认为，应当充分看到80年代取得的成就，特别是生产发展了，实力增强了，商品供应富裕充足，人民生活好过得多。当前面临的问题是前进中的问题。所以存在这些问题，一是战略有偏差，二是体制有缺陷。只要彻底转换战略，并通过改革理顺各方面关系，促使国民经济走上良性循环、稳定运行的轨道，我国经济发展的潜力是很大的。当前似乎存在一系列的"两难"：要控制需求，平衡物价，又怕压抑市场，影响速度；要放松银根，刺激经济增长，又怕需求过旺，再度引起物价上涨；财政收入占国民收入比重过低，特别是中央财政困难，但改变这种状况又怕挫伤地方和企业积极性……应当看到，互有联系的经济目标之间是可以互换的，要掌握好各个目标之间的协调，也不能吝于付出某些必要的代价。这也是一种战略思考和战略决策，否则，就有可能引起经济波动和政策摇摆，甚至陷于僵持，难以摆脱两难困境。特别在"八五"时期，必须正确对待整治、发展、改革三者目标及其衔接，以改革促稳定，在稳定中发展，并在发展中以调整结构为中心，包括保持农业稳定增长，加强基础产业和基础工业，加强现有企业的技术改造和促进高新技术的产业化。我们坚信，既定的"八五"计划和十年规划以及第二步战略目标是能够实现的。做到这些，足以表明，经济发展战略已经转换到新的轨道，并且符合建设有中国特色社会主义方向[①]。

五、经济发展的宏观目标和政策

发展与改革是相辅相成的。传统的发展战略与传统的经济体制息息相通，战略的转换与体制的改革互为条件，这是从大处说。从小处说，经济发展的战略目标有赖于宏观调控的保证，并成为宏观管理的目标，通过宏观政策来促其实现。

宏观经济的管理或调控，本身就含有战略要求。所谓宏观管理，就是把国民经济作为整体，从总量上组织经济运行的管理。

---

① "对治理整顿和深化改革关系的若干思考""对1991年我国经济形势的预测与分析"等文，载1990—1991年《经济日报》、《经济参考报》和《经济研究》等各期。

在纷繁复杂的经济生活中，客观地存在着若干涉及国民经济全局的总体经济变量，大致分为两种：一种是无数经济单位的经济活动的汇总，如国民生产总值、国民收入、总就业、总供给、总需求、总消费、总储蓄、总投资、总积累、总出口、总进口等；一种是无数单个经济变量的某种平均数或经过相互抵消后形成的净结果，如物价水平、通货膨胀（或通货紧缩）、利率水平、综合税率、经济增长率、资本产出率、经济周期等。无论是前一种或后一种，不同于个别的微观经济活动，都具有总体性、全局性、综合性等特征，从不同视角、层次和侧面反映了经济发展的战略倾向。经济发展战略的选择，也是对这些变量即指标的制定。实行计划经济或市场经济的国家，不管是否意识到，选择宏观目标都有其战略意图。因此，研究经济发展战略，体现在战略目标上，总要与宏观管理或宏观调控联系起来。

西方国家的宏观管理，针对危机年代出现的经济萧条和失业问题，原来的目标主要是"经济增长"和"充分就业"；第二次世界大战后出现通货膨胀、停滞膨胀和国际收支不平衡，宏观目标又增加了"稳定物价"和"平衡国际收支"等。社会主义国家与其不同，宏观目标主要是发展社会生产力和逐步改善人民生活，在不同时期又有不同的具体选择。这些目标，都是经济发展战略的延伸和具体化，与经济发展战略的总目标是一致的。

我国宏观经济管理目标，可以分为两个层次：

第一层次：宏观管理的总目标，应当是国民经济的持续、稳定、协调发展，也就是使经济发展即社会再生产达到最佳状态。这个目标，不仅表现在增长速度上，并且与效益、结构等相联系。实现这个目标，要以国民经济的综合平衡为基础，因为只有建立在综合平衡基础上的速度才是最佳速度，也才有最佳的效益、最佳的结构。

第二层次：宏观管理的分目标，是在总目标的统率下，进入较深层次的各个方面，有其更加具体的内容和重点，进一步体现发展战略的各个侧面及其组合。由于社会制度和发展阶段的不同，我国宏观经济管理的具体目标主要是：

1. 经济适度增长。经济发展的内容不限于数量增长，但是不能由此贬低经济增长的重要性。它标志着社会再生产的扩大，是扩大积累和消费的源泉所在。特别是发展中国家，从贫困落后走向繁荣昌盛，这个发展进程就直接反映在经济增长上。问题是经济增长的速度和规模，取决于各种现实条件，不能仅凭主观愿望，越快越好。所以，作为战略目标，只能是"经济适度增长"。其量化，要通过具体计算，设计多种数学模型。从经验数据看，以国民生产总值为指标，原来规划二十年翻两番或十年翻一番，每年增长7.2%和6%左右，是比较恰当的，既积极可靠，又留有余地。

2. 物价基本稳定。过去我们没有把物价列为经济发展的战略目标，因为在传统体制下，冻结物价，不成问题。改革以来，引入市场机制，逐步放开价格，保持物价的基本稳定，除了出于稳定社会和稳定政治的考虑外，就经济本身来说，也是保持社会供求在总量上和结构上基本平衡的重要标志。有人曾经认为通货膨胀有利于经济增长，实践证明是错误的。所谓物价基本稳定，并不意味着价格总指数的固定不变，而是把它控制在一定范围内，既有利于逐步理顺价格体系，又与增加城乡居民收入相对称，保证绝大多数人民生活不致下降并有所提高。

3. 就业比较充分。过去，采取城市由国家、农村由集体经济包下来的办法，掩盖着"隐蔽性失业"，弊端很多。改革以来，矛盾逐步暴露，有利于正确对待和处理就业、待业、失业问题。这在我们这样的人口大国，显得特别重要。由于我国资产存量（包括土地）相对短缺，劳动力与生产资料相结合，会有很大缺口。因此，必须采取适当措施，例如在以公有制为主体的前提下适当发展其他经济成分，大力发展第三产业和适当发展劳动密集型产业，在农村发展精细农业、多种经营和乡镇企业等，使每年增长的劳动力大部分得到安排，农村剩余劳动力逐步向非农产业转移。

4. 生活逐步改善。这是社会主义生产目的的基本要求，同样受到各种条件的制约，例如正确处理积累与消费的关系，平均工资增长与劳动生产率提高的关系，消费总额增长与生活资料总产值增长的关系，以及经济增长与人口增长的关系等。还要考虑到允许一部分人和一部分地区先富起来，逐步走向共同富裕，争取到20世纪末达到小康水平，全面提高生活质量，并有合理的消费结构。把这个指标列为战略目标和宏观目标，体现了社会主义制度的本质，也是调动广大群众积极性的重要保证。

宏观经济管理的具体目标还有"合理配置资源"、"优化产业结构"和"财政收支平衡"、"国际收支平衡"等。过去所说的"按比例"和"综合平衡"，也主要表现在这些方面。这些分目标与总目标相互依存，共同构成一个完整的目标体系，是整个经济发展战略的形象化和明确化。

与宏观目标相联系的是宏观政策。实现既定的战略目标，要有相应的宏观措施，包括运用经济手段、法律手段、行政手段和思想教育手段等。其中最主要的是经济手段，即用经济办法来管理经济，按照经济规律来发展经济。经济手段的实质，是根据各个经济行为主体的利益关系，通过经济政策的制定和执行，运用经济杠杆，形成经济系数，引导这些经济主体使其行为符合宏观经济管理的战略要求。经济手段有其丰富内容，本着计划经济与市场调节相结合的原则，主要包括计划手段和财政政策、税收政策、货币政策、金融政策、劳动就业政策、收入分配政策、对外经济政策以及综合性的产业政策、区域政策等。通过这些政策形成的经济参数或政策参数、市场参数，有税率、利率、汇率、工资、物价和其他生产要素价格等。宏观目标是制定宏观政策的依据，宏观政策是为宏观目标服务的。两者结合得好，既定的经济发展战略就能从主观的计划或设想逐步成为活生生的现实，把我国社会主义现代化建设的伟大事业不断推向前进。

经济体制改革问题

六、社会主义商品经济理论

发展和改革是相互联系的。发展有赖于改革，改革推动着发展。我国的传统经济体制，在社会主义建设初期，对建立工业化的初步基础有积极作用。后来，随着经济的发展和经济关系的复杂化，不断暴露出越来越多的缺陷。这些缺陷，归纳到一点，表现在原来高度集中的指令性计划经济模式基本上排斥商品货币关系，不能适应社会主义商品经济发展的需要，束缚着社会生产力。经过长期的实践总结和理论研讨，按照解放思想、实事求是、一切从实际出发的思想路线，突破了把社会主义经济看作本质上不是商品经济的传统观点，逐步树立了社会主义的商品经济观，确认社会主义经济是公有制基础上有计划的商品经济。这就为改革传统体制、促使社会主义经济体制的自我完善奠定了理论基础。这个理论，也是对马克思主义商品经济理论的继承和发展。

这个认识是来之不易的。马克思主义创始人生活在19世纪的资本主义社会，对当时建立在私有制基础上的商品经济作了深刻的分析，从其基本矛盾出发，肯定在从发达的资本主义转化为社会主义后，商品生产将被消除。俄国十月革命后，列宁也曾设想以产品交换代替商品交换；但是很快发现，这在生产力落后的条件下是行不通的，转而实行新经济政策，鼓励商品生产，扩大商品流通。斯大林在推进社会主义工业化和农业集体化后，承认两种公有制之间需要交换，直到晚年，才肯定社会主义存在商品生产和价值规律，但是仍旧否定国有经济内部的商品交换，并把生产资料排斥在商品之外。这种传统观点，在实践中不断受到检验，按这种观点建立的传统体制的弊端日益显露，导致必须改革的结论和实践。

我国也是这样，经历了曲折过程。新中国成立之初，多种经济成分并存，搞商品经济是很自然的。1956年提出"双百"方针，关于商品经济的讨论活跃了一阵子。但是在"反右"和"大跃进"后，刮起"共产风"，认为商品经济该消亡了。"大跃进"遭受挫折后，毛泽东曾指出，我国商品生产还很落后，还要大发展；商品不限于个人消费品，有些生产资料也属于商品；在完全社会主义的全民所有制中，有些地方仍要通过商品来交换；等等。这些思想，使三年调整取得很大成绩。可惜的是，到"文革"中，又被基本上否定。直至中共十一届三中全会后，经过反复讨论，才得到上述确认。在此过程中也有倒退，有段时期有的同志认为，尽管还存在商品生产和商品交换，但不能概括为商品经济；或者把商品经济与公有制、与计划经济对立起来，认为两者不能兼容。中共十二届三中全会通过关于经济体制改革的决定，才有明确的科学结论，并使改革有了新思路，出现了新局面。

为什么社会主义社会也存在商品经济？上述《决定》指出："商品经济的充分发展是社会经济发展的不可逾越的阶段，是实现我国经济现代化的必要条件。"对此判断，有过各种解释。基本的理解是：一方面，社会主义经济的存在和发展，生产越来越社会化，存在广泛的社会分工，这也是商品经济得以存在和发展的一般前提条件，与资本主义经济有其共性；另一方面，现阶段的社会主义不仅以公有制为主体，公有制又有不同形式，并且还有其他非公有制经济成分，相互之间的经济联系只能通过商品交

刘国光

经济论著全集

第
9
卷

换，不能否定这种商品经济的本质属性。特别是在各种所有制之间和公有制内部，由于个别劳动和社会劳动的差别还存在，由于劳动还主要是人们的谋生手段，社会还要承认不同劳动者的能力是"天然特权"；因此，人与人之间、企业与企业之间，仍然存在根本利益一致前提下的经济利益差别，必须按等价交换的商品经济原则来调节，从而必然存在商品货币关系，形成社会主义的商品经济。

确认社会主义经济也是商品经济，可以澄清很多糊涂观点，例如商品经济与公有制是否相容，与计划经济是否相容，特别是发展商品经济是否会发展资本主义、否定社会主义。国外也有人认为或希望，中国发展商品经济将走向资本主义。其实，马克思早就说过："商品生产和商品流通是极不相同的生产方式都具有的现象，尽管它们在范围和作用方面各不相同。"[①]商品关系不等于资本主义，它产生于资本主义之前的原始社会末期并逐步成长于奴隶社会和封建社会；还延伸到资本主义之后的社会主义社会，并将有进一步的发展（有的同志认为，只要存在社会分工，就会存在商品经济，仅是具体形式不同）。可见，发展商品经济绝不等于发展资本主义，否定社会主义。

当然，社会主义的商品经济也不同于资本主义的商品经济，其基本区别：一是社会主义以公有制为主体，不同于资本主义建立在私有制基础上；二是社会主义是有计划的商品经济，不同于原始资本主义基本上是无政府状态的；三是社会主义实行按劳分配和共同富裕，不同于资本主义的剥削制度，发展商品经济会导致贫富两极的分化和悬殊。[②]

树立社会主义的商品经济观，不仅有利于端正经济发展战

---

① 《马克思恩格斯全集》第23卷，人民出版社，第133页。

② "关于发展社会主义商品经济问题"，载《中国经济大变动与马克思主义经济理论的发展》，江苏人民出版社1988年版。

略，增强价值意识，讲求经济效益，更有利于引导和深化经济体制改革。改革必须遵循发展商品经济的要求，例如：要使企业成为独立的商品生产者和经营者，要完善市场体系，健全市场机制，要理顺价格关系，要使宏观经济管理从直接控制为主转向间接控制为主等，都体现了这个要求。从单一的计划经济模式转向计划经济与市场调节相结合的运行机制，被认为是改革的市场取向，也不外是这个意思。

七、传统经济体制的由来及其评价

所以需要改革，不改革就没有出路，是基于对传统体制的再认识。因此，必须对传统体制的由来作本质的解剖，并做出恰如其分的评价，才能坚定改革的决心，明确改革的方向。

新中国成立以后，党和政府就着手于对旧中国半封建、半殖民地的经济体制进行根本性的改造和变革，为创造新的体制准备条件。经过三年恢复和"一五"时期的社会主义改造，新的社会主义经济体制就初步形成了。这种体制，属于什么模式？有过不同看法。国内外不少人士曾经认为是"苏联模式"。诚然，传统的苏联模式对中国有很大影响，但是，把两者等同起来，是不够确切的。即使在"一五"时期，也没有完全照抄苏联的做法。例如：在建立公有制绝对优势的同时，允许多种经济成分并存；在实行直接计划为主的同时，还实行部分的间接计划；在实行行政管理为主的同时，尤其在农业、商业等领域，适当注意了运用价格等经济手段。这都不同于苏联而有自己的创造，对当时的经济建设是基本上适应的。

至于如何形成这样的经济体制，全面地看，主要有四方面的历史渊源：（1）苏联模式的某些仿效。这是由于缺乏管理社会主义经济的经验，不得不向第一个社会主义国家学习。应当看到，学习苏联经验，例如重视国民经济的综合平衡，强调计划的科学性和严肃性，坚持重点建设的统一管理和基本建设的按程序办事等，当时都有可取之处；但是，把苏联体制中国家的权力过大，而地方尤其企业的权力过小，主要采取行政手段而忽视价值规律等，不加区别地照搬过来，后果是不好的。（2）供给制的因素。这是在革命的长期斗争中，根据地经济落后、财政困难，不得不实行战时共产主义的供给制所遗留的影响。新中国成立后，财政经济仍有困难，陈旧的供给制，作为一种习惯势力，不同程度、不同形式地沿袭下来，例如统收统支、实报实销和平均分配、略有差别以及党政企职责不分等，都含有供给制因素。所谓捧"铁饭碗"、吃"大锅饭"，无非是供给制的形象化描绘。（3）自然经济的痕迹。原来商品经济不发达，自给、半自给的自然经济根深蒂固。新中国成立后，人们思想上仍旧受其束缚，表现为条块分割、自成体系，追求"小而全""大而全"，以及因循保守、闭关（对内）锁国（对外），并且缺乏时间、价值和效率、效益观念，甚至讳言盈利、害怕竞争，对商品经济有抗拒感。这不仅在农村，并且在城市都有痕迹可寻，在经济体制中与市场机制都格格不入。（4）对私改造的政策。对农业、手工业、资本主义工商业的社会主义改造是正确的，但有要求过急，表现在对小工业、小商业、手工业合并过多，形式过于单一；在贯彻执行"利用、限制、改造"政策时，往往重限制、轻利用。有的政策，例如统购统销和冻结物价，当时有必要；而在情况变化后，未能及时作适当调整，一直保留在以后的经济体制中。四种渊源，共同的特征是限制甚至反对商品经济的发展，忽视甚至否定价值规律的作用。

这种体制，总的叫作高度集中的经济体制，基本上属于指令性计划经济模式，同时带有明显的供给制因素。有的同志叫它产品经济模式。所谓产品经济，就是经典作家原来预言的社会主义革命胜利后，社会将实行直接的资源分配、劳动分配和产品分配，那是要在未来产品极大丰富的条件下才有可能实现的一种猜想，对现在来说是一种空想。实际的情况是在追求产品经济的名义下，没有摆脱自然经济的阴影。所谓自然经济，就是不要商品经济的、自给自足的、封闭自守的经济，带有浓厚的封建色彩，其影响更为严重。也有人认为，在领导层，自上而下的主要是苏联模式的影响居多；在基层，更广泛、深沉的则是自然经济的残余。

传统体制的弊端，在"一五"时期即开始暴露。于是，不断有所调整，也叫"改革"。问题是过去的几次改革，着重于行政权力的变动，即所谓权力下放和权力上收，在权力集中和分散上反复，而基本上没有触及运行机制的转换，没有把注意力集中于搞活作为经济细胞的企业。尤其是经过"文化大革命"，在"左"的思想指导下，形成了比较定型的僵化模式，其特征是：所有制越来越单一化，经济管理越来越集中化，经济运作越来越实物化，分配越来越平均化或者再加上政企职责越来越一体化，条块关系越来越分割化。这样的体制，缺乏生机和活力，既不能调动企业和群众的积极性，又不能实行有效的宏观控制。因此，必须全面改革，深化改革。①

八、经济体制改革的模式分类和目标选择

传统体制必须改革成了全党、全国的共识以后，接着的问题是如何改革，即改革成什么样的新体制。对此问题，开始有一种看法，认为只能"边设计边施工"，采取"试错法"或"撞击反射"；理由是改革有不确定性，不能先设想一个固定的目标。

① 《中国经济体制改革的模式研究》，中国社会科学出版社1988年版。第八节"模式分类"和第十节"模式转换"也同此。

实践随即表明，这样改革，随意性大，难免要走大的弯路，付出大的代价。于是，提出了改革的模式及其分类和目标选择。当时有人反对"模式"的提法，把模式理解为"一种依样画葫芦的模子"。那是误解。所谓模式，其实是指一种"类型"、"形态"或"形式"，只是研究和分析的工具，是从具体的经济体制中排除了细节而得到的理论抽象，是对某一种经济体制的基本规定性的概括，是指这种经济体制的基本框架和主要运行原则的总和。在社会主义制度下，并不是只有苏联一种模式，而有多种模式。如果认为，改革所要形成的体制模式就是"有计划的商品经济"，那是过于简单的，应有进一步的具体化或者定为"小的放开、大的管好"或"集权与分权相结合"等，也只是某种模式的某个原则，不能成为改革的整体目标。体制模式体现的是经济运行的主要机制。这在一定的根本制度下，存在广阔的选择余地。

明确社会主义制度下存在多种模式，应当根据各国的国情进行选择，其重要意义在于：首先，认为改革就是体制模式的择定和转换，可以防止停留于或满足于局部性的修修补补，即以改良代替改革，这是不能真正解决问题的；其次，在择定一种体制模式后，就可以进行总体设计，开展配套改革，而不至于会目标不定、方向不明，在改革中摇摇摆摆；再者，明确了改革的目标模式，才能树立改革的坚定信念，不会浅尝辄止或知难而退，务求获取全胜，把改革进行到底；最后，有了目标模式，更能保证改革坚持社会主义方向。

社会主义经济体制到底有哪些模式，在讨论中有过不同分类。根据各国的实践和国内外同行有过的一些主张，能否归纳为以下六类：（1）军事共产主义模式，其特征是全部经济活动的决策权集于国家，完全排斥商品货币关系和市场机制，实行实物供给和平均分配。这是战争时期为集中有限资源度过困境的应急模式。（2）传统的集中计划经济模式，其特征是宏观经济活动和企业经营活动的决策权集中于国家，个人和家庭决策权原则上分散化，以行政权力的等级结构为基础，由直接计划管理占主导地位，商品货币关系和市场交换主要存在于两种公有制之间和国家与个人之间。这是20世纪30—50年代苏联的模式，第二次世界大战后的社会主义国家也大多仿效过。（3）改良的集中计划经济模式，其特征是宏观经济活动的决策权在国家，也掌握企业的某些重要的经营活动，但有一部分放给企业，市场机制只在一定范围内起着外部补充作用，不能灵活运用经济杠杆。这在60年代后，不少原来实行传统的集中计划经济模式的国家先后采取过这种模式。（4）间接行政控制模式，其特征是指令性控制办法原则上已经废除，但是还未建立起通过市场，运用经济手段对企业进行间接控制的机制，使企业一只眼睛盯住市场，一只眼睛仍旧盯住上级。这是某些国家在改革过程中出现的现实。（5）计划与市场有机结合的模式，其特征是宏观决策权集中于国家，企业和个人决策权分散化，国家制订计划指导企业活动，并运用各种经济政策和经济杠杆，形成各种市场参数，通过市场信号来引导企业行为，使与宏观的计划目标相一致，从而使计划机制与市场机制有机地结合起来。（6）市场社会主义经济模式，其特点是以某种公有制形式为基础，宏观和微观经济活动的决策权都实行分散化和市场化，让市场机制起主导作用，基本上取消计划。以上一系列模式，有如太阳光通过三棱镜折射出的光谱，一头是完全排斥市场机制的"军事共产主义"，另一头是接近完全依靠市场调节的"市场社会主义"，中间则是计划与市场不同程度的联系和结合。

从上述模式分类，也能大体看出，决定这些不同模式的内容，有着多种构成要素。外国学者有八分法、四分法、三分法。综合各家之长，结合各国改革的实践经验，似可归纳为五个方面：一是所有制结构；二是经济决策结构或经济决策体系；三是经济利益或经济动力体系；四是经济调节体系；五是经济组织体系。其中，所有制结构是经济体制的基础，并表现为微观层次的企业行为；经济调节体系即运行机制，不仅表现为宏观管理，并与微观行为相呼应。从这两点出发，整个经济体制又能分为三层或三位，即国家、市场、企业。国家或政府的调控属于宏观层次，企业属于微观层次，市场则贯通于各个层次。"三位一体"，共同构成经济体制的全局。

　　在上述诸模式中，应当选择哪个作为改革的目标模式？选择的原则是清楚的：一是坚持社会主义方向，二是符合中国的基本国情。按此原则，选择的标准，既要与我国当前的现实相衔接，又要能够获得最大活力，充分显示和发挥社会主义制度的优越性。对此，有一个认识逐步深化的过程。最早，理论界曾经考虑把"含有市场机制的计划经济模式"作为中期目标；接着，又考虑过"在计划指导下，有宏观控制的市场协调模式"。显然，两者的落脚点有移位。最后，肯定上述六种模式中的第五种，即"计划与市场有机结合的模式"。按照这种模式，具体化为各构成要素，大体上是：（1）在所有制结构上，建立以社会主义公有制为主体、国有制占主导地位、多种经济成分并存、相互之间开放的多元化模式。（2）在经济决策体系上，国家集中必要的决策权，主要是对宏观经济的管理和调控；而中心环节是建立企业的自主经营权，包括短期和长期的投入产出、企业内部的分配以及产品和生产要素的定价。（3）在经济利益体系上，不仅要强调根本利益的一致和兼顾国家、集体、个人三者之间的利益关系，还要建立一个多层次的利益体系，既有合理的利益刺激，又有必要的利益约束和利益协调。（4）在经济调节体系上，以指导性计划为经济调节的主要依据，并以市场机制作为商品经济运行的内在要求，把两者有机地结合起来。（5）在经济组织体系上，要在政企职责分开的前提下，调整政府职能，实行中央和地

我
的
经
济
观

方（主要是省市区一级）的分层调控；改进部门管理，加强行业管理；发挥以大中城市为中心的经济区的协调功能；重建和更新商业、金融和教科文等中间组织，并促进企业组织的专业化和联合化。这些看法，与现在的改革决策在表述上或有差异，而基本精神则是相通的。

九、计划与市场的关系和结合

选择经济体制的目标模式，经过十年探索，终于找到一个聚焦点，就是计划经济与市场调节相结合。计划与市场的关系是一个全世界的、跨世纪的命题。最早，曾经有人认为两者是划分社会主义和资本主义的界限，即"对立论"或"排斥论"。破除这个陈旧观念，是一大突破。后来，经过"板块论"、"主次论"到"结合论"，是一大进展。在"结合论"中，又有从"渗透结合"、"胶体结合"到"有机结合"等演变，是一大升华。对"有机结合"，还有"计划经济与市场经济结合""计划机制与市场机制结合""计划调节与市场调节结合"等不同提法，近来确定为"计划经济与市场调节相结合"。这些，可以简化为"计划与市场结合"。此外，另有"叠加论"或"双重覆盖论"以及"宏微论"、"长短论""体用论"等，都是从不同角度试图说清楚计划与市场的关系，并作为运行机制，成为整个体制的灵魂。

关于计划与市场的结合方式，也有多种提法，有的着眼于理论表述，有的着眼于实际操作。例如，在对微观经济管理的操作上，把两者结合划分为三块：一块是指令性计划，属于直接管理；一块是指导性计划，属于间接管理；一块是不作计划的市场调节，实际上也在计划调控的范围之内。至于对宏观经济的管理，计划和市场都是覆盖全社会的，即统一计划与统一市场相结合。这种总量控制的计划，总体上必然是指导性的。指令性部分将逐步缩小，并与市场机制相联系。在这个意义上，很多同志认为，计划要建立在价值规律的基础上，或者说，价值规律和供求规律是计划与市场的结合点。

经过这十多年的改革实践和理论探索，大家对计划和市场的认识已经不同于过去。拿计划的概念来说，过去认为：计划只能是指令性的，甚至是法律，必须完成；计划无所不包，包括人、财、物、产、供、销，从微观到宏观，像孙悟空跳不出如来佛的手掌心；计划就是指标管理，并且主要是实物管理。现在，计划的概念有了变化并丰富了：（1）计划不限于指令性，还有指导性计划或政策性计划，产业政策也是一种计划指导。（2）计划不是包揽一切，国家计划只管宏观，微观主要让市场、企业去管。（3）计划主要不是或不完全是指标管理，指标管理也着重于价值管理，如社会需求和供给的总量平衡和结构协调。再拿市场的概念来说，过去认为：市场与公有制不相容，只能以私有制为基础；市场与计划也不相容，只能是盲目的、无政府的；市场商品主要限于消费品，生产资料市场只能限于一小片（农业生产资料），更谈不上其他生产要素市场。

市场的概念也有了变化并丰富了：（1）市场与公有制相容，市场、市场机制、市场调节都是社会化生产和商品经济发展的产物，与计划、计划机制、计划调节一样，都是资源配置的不同方式，不是区别资本主义与社会主义的标志。（2）市场与计划并不对立，在计划指导和宏观管理下，也是可调控的，不一定是盲目的、无政府的。（3）市场不限于消费品和生产资料，还有资金、劳动、技术、信息、房地产等生产要素市场，否则就是残缺的了。

当然，对计划和市场，从实践到理论，现有的认识还不够完善，有待进一步探索。例如，对市场经济和商品经济的关系，还存在一些未解题。有的同志认为，可以提市场机制、市场调节，但是不能提市场经济或市场化，如果那样就越过了界限，属于资本主义的经济范畴了。有的同志则认为，市场与商品不可分，市场化和商品化是共生的；市场经济不等于资本主义，市场化与私有化是两回事；市场既与计划相容，市场化与计划化也不相悖。这些，应当允许在"双百"方针下继续进行学术研讨。

所以要把计划与市场相结合，成为有计划商品经济新体制的运行机制，目的正如中共十三届七中全会文件所说，是要把两者的优点和长处都发挥出来，并相互弥补其缺点和短处。计划的长处是能在全社会范围集中必要的人财物力办几件大事，并且可以调节收入分配，保持社会公正。市场的长处是能通过竞争和优胜劣汰，促进技术和管理的进步，实现供需衔接。但是在实践中，往往不是把两者的长处结合起来、发挥出来，而是把两者的短处搞到一块，例如：计划不能起到宏观调控作用，或者僵化，或者出现"有计划的盲目性"（盲目定产量、定投资项目）；市场不能起到调节供求作用，失去控制，或者导致通货膨胀，或者造成流通梗阻。

因此，既要重视计划和市场的作用，又不能迷信计划和市场，认为"计划万能"或"市场万能"。有些事，不能完全放任市场那只"看不见的手"去操纵，如经济总量的平衡、大的经济结构的调整，在追求效率中兼顾公平以及生态平衡、环境保护等。也有些事，不能认为只要有计划就能解决问题，计划属于主观设想，认识客观往往有局限性；计划主要管大的，若不分巨细都管，难免会因信息不灵、不全、不确而导致失误，在处理利益关系的协调上，计划也容易受到局部利益的制约，出现各种片面性。扬两者之长，补两者之短，计划与市场的结合，同样有一个在实践中逐步完善的过程。①

---

① "计划与市场问题的若干思考"，《改革》1991年第4期。

在计划与市场结合的问题上，还出现另一种争论：改革是计划取向，还是市场取向？少数同志主张前一种说法，认为必须强调计划为主，才不会偏离社会主义方向。不少同志则持后一种说法，认为前一种说法仍是把市场等同于资本主义，不利于发挥市场调节的积极作用。所谓市场取向，大致有四层意思：一是从单一的计划经济改革为与市场调节相结合，即向市场靠拢；二是计划也要讲求价值规律，就是尊重市场规律；三是计划有主观性，市场则是客观的，正确处理二者关系就是市场导向；四是从长远看，指令性计划的范围将逐步缩小，指导性计划和市场调节的范围将逐步扩大，市场的作用会不断提高。还有人认为，十多年改革的成就，在某种意义上，就是逐步放开市场，逐步扩大市场的作用，否则，也谈不上什么改革，只能在原地踏步。这些，都该继续研讨，便于使改革逐步深化。

十、经济体制模式的转换和双轨制

经济体制改革，在择定以计划经济与市场调节相结合为目标模式后，就要推行由旧模式向新模式的转换。如何转换？在途径和方式上，两个问题是有过争论的：（1）一步走还是分步走？看来以采取渐进的原则为好。曾经有人主张一揽子即一步走的办法，即在经过必要的准备后，从某个时点开始，实行断然措施，直接进入新的体制。这在有的国家试验过，鲜有成功事例。特别是像我们这样经济落后、发展不平衡的大国，只能逐步过渡，不能快速过渡，一步到位。其原因主要是：第一，模式转换的实质是从半自然经济或不发达的商品经济走向基本规范的商品经济，这是一个长过程，无法在短期内迅速形成较完善的市场体系和较健全的市场机制；第二，改革是一场广泛涉及经济、社会、政治、文化的大变动，必然引起不同集团和阶级的利益再分配和权力再分配，导致社会结构的重新组合，并有赖于观念更新，这都不能急于求成，而要逐步推进，做深入细致的实际工作；第三，我们国家大、企业多，层次复杂，地区之间差别明显，一步走难免一刀切，必然要脱离部分地区的实际；第四，改革缺乏现成样板，要从全国和各地实际出发，在理论上、经验上和规划上都需探索和积累，否则容易陷入主观主义。所以，改革是一场持久战，不该期望毕其功于一役。（2）单项突破还是同步配套？看来要有总体设计，不能搞什么"抓住一点，推动全盘"。改革之初，强调"摸着石头过河"，是在缺乏经验的情况下，要求慎重推行，切忌浮躁冒进。在逐步积累经验后，仍要脚踏实地，防止踩空；但是，应当和可能做出总体设计，使各项改革相互配套，同步前进。这是因为，国民经济和体制模式都是一个大系统，各方面相互依存、相互制约，靠单项突破，如不与有关改革相配合，必然受到牵制，寸步难行。有人主张企业改革先行。这作为改革的重点，是可以的；但是如不同时培育市场，企业改革就要受到外部环境的束缚，不能成为真正独立的商品生产者和经营者。所以，改革又是一场总体战，想靠东敲一棒，西敲一槌来解决，必然是被动的。此外，体制改革还必须与发展模式的转换一致。

体制转换应当遵循渐进原则和配套原则，就不能不有一个转换过程或过渡过程。在此过程中，旧体制逐步被舍弃，退出经济舞台；新体制逐步成长，终于占主导地位。在此过程中，新旧体制并存，被称为双轨制。对双轨制，先后受到各方责难，感到弊端丛生。但是，又没有什么可以代替的办法，既不能一步到位，又不能尽快并轨，更不能倒退回去。所以，双轨制是体制转换的唯一选择，其作用是：（1）有利于改革的及时起步。如果采取"一揽子"方式，要做周密而充分的准备，必然旷日持久，使改革迟迟不能起步。何况，准备的难度极大，要使万事俱备，甚至会遥遥无期。实行双轨制，使改革由点到面逐步展开，很快初见成效，还有利于启动人们的改革意识。（2）有利于缓和改革的震荡。改革涉及利益格局的调整，一步到位，震荡过于激烈，可能超过一部分人的承受能力，甚至引起反感。实行双轨制，化大震为小震，阻力较小，积小胜为大胜，就能步步为营，最终到达预期目标。（3）有利于稳定经济，做到改革和发展两不误。改革涉及生产关系和上层建筑的很多方面，进度太快，容易影响生产力的稳步发展。实行双轨制，对按照原来机制进行的那一块，基本上稳住，就能使生产和流通逐步发展，不因机制的突然变化而付出太大的代价，而经济的稳定发展，又为改革的渐进提供必要条件。（4）有利于不断积累经验，培养人才，逐步形成改革风尚，把可能失误的风险控制在有限的范围内。这包括了积极试点，慎重推广，在方法上也是比较科学的。

当然，实行双轨制，在新旧两种体制并存的情况下，也会出现一些摩擦和冲突。所谓双轨制，遍及经济体制的方方面面，集中起来，主要有两点：一是价格的双轨制，不仅部分产品实行固定价、部分产品实行市场价，并且同一产品也有两种价格，甚至生产要素价格如工资、汇率也是双重的；二是计划与市场的双轨制，即部分产品的生产、交换和分配由计划调节，部分产品由市场调节或同一产品有两种调节方式，这不是有机结合，而是板块划分，往往不能集计划和市场的长处，而是各搞一套、互不联系。因此，正像交通规则不能采取"双轨制"一样，车辆和行人有的靠左走，有的靠右走，就会引起混乱。改革启动，进入双轨制后，稳住了计划一块，逐步放开了市场一块，使市场得以萌生，企业得以搞活，其初步效应是明显的。但是不久，就出现了矛盾，主要有：（1）市场信号多元化，特别是双重价格使市场导向失真，竞争不公平，企业无所适从，要素流动也有顺有逆。（2）在双重价格下，诱发计划外冲击计划内，特别是原材料供应追求计划内、产品销售追求计划外，往往会造成计划内生产和调拨的移位和计划外的膨胀。（3）利用计划内外的调拨和双重价格，引起投机倒把、转卖转买和愈演愈烈的不正之风，滋生种种"灰市场"，这是最为令人诟病的。（4）在双重体制交替过程中，还可能出现旧体制渐失效、新体制未接上的脱节和"真空"，特别在宏观管理上容易失控，导致总量失衡、结构失调。这些矛盾，在出现经济过热和通货膨胀时，由于两种价格的差距扩大，表现得更尖锐，给人们以弊大于利的感觉。但是，也在这种情况下，既不能倒退，又不能前进，改革不能不步履蹒跚。1985—1989年，就是这种情况。

双轨制的从初见其利到终显其弊，不能据以笼统地否定双轨制，但也表明，双轨制只是过渡，应当有步骤地向目标模式转换。当前的深化改革，反映了这个要求。具体地说，就是要从放权让利走向机制创新，从局部试点走向全面配套，才能从双轨制逐步走向并轨，让新体制占主导地位。这个转换，主要环节是：（1）深化企业改革，在完善承包制的同时不排斥探索其他形式，使企业真正成为政企分开、"两权分开"的自主经营、自负盈亏、自我约束、自我发展的商品生产者和经营者。（2）大力培育市场，完善市场体系，包括生产要素市场；并逐步健全市场机制，包括理顺价格体系。（3）逐步建设以间接控制为主的宏观调节体系，使各种经济手段配套，并辅以法律、行政等其他手段，使计划经济与市场调节相结合的运行机制日臻完善。企业改革是中心，市场

建设是枢纽，宏观体系是归宿。当然，还要有一个良好的经济环境，并有恰当的政治体制改革给以保证。目前形势较好，只要逐步放大改革的分量，适当加快改革的步伐，可望到90年代后期，基本上建立起有计划商品经济的社会主义新体制。

十一、需要一个社会主义的"有限买方市场"

改革与发展的相互依存，除了改革归根结底是为了发展外，发展也为改革提供支撑和良好的经济环境。这个良好的经济环境，可以称为"有限买方市场"。有限买方市场既是改革的客观条件，又是改革的必然结果。所以论改革，必须研究买方市场的本质、特点和促其形成的对策。

所谓买方市场及其对称卖方市场，不仅是从西方经济学移植的概念，也是我国经济运行和经济调整中提出的现实问题。它是指一种市场供求状况：供大于求为买方市场，求大于供是卖方市场。曾经流行一种看法，认为资本主义经济的常态是生产过剩即买方市场，社会主义经济的常态则是供给不足即卖方市场（"短缺经济"或"紧运行"也属于此类）。这是值得商榷的。早在1980年，在研究把市场因素引入计划经济时，就发现："使社会生产大于社会的直接需要，使商品供给大于有支付能力的需求，从而建立一个消费者或买方的市场，是正常开展市场调节的一个前提条件。"①

在社会主义制度下，为什么可能和需要出现买方市场，而不是只能有卖方市场，因为这是商品经济条件下的市场供求状况，有其共性，而非划分资本主义和社会主义的标志。卖方市场是传统发展战略和传统经济体制的产物。随着战略和体制的转换，就有可能也转换为买方市场。但是，社会主义的买方市场与资本主义比有其不同的特点。资本主义的买方市场是资产阶级追求利润的最大化而盲目增产与广大劳动者受剥削而购买力不足的产物，其结果引起周期性的经济危机，造成社会财富的极大损失（但从复苏后期进入繁荣阶段，也是卖方市场）。社会主义的买方市场

我的经济观

① "略论计划调节与市场调节的几个问题"，后来还有"再论买方市场"等，载1980—1985年的《经济研究》《财贸经济》等各期。

则是根据发展和改革的需要，为了实现市场竞争以促进技术和管理进步并保护消费者的利益，通过综合平衡和宏观调控而形成的。这种买方市场，供给略大于需要，确切地说是"有限的买方市场"。供给大于需要的"度"，包括了"必要的预防不测事故的后备和预防比例不协调的后备"、"经常性的调剂余缺的储备"以及"能够造成必要的卖方竞争的余额"。这不会造成大的浪费，最多只限于经过优胜劣汰而被处理的质次、价高、过时的商品，这有利于企业的改进、调整生产和技术、管理的进步。超过这个"度"，同样是浪费。马克思说过："这种过剩本身并不是什么祸害，而是利益；但在资本主义生产下，它却是祸害。"①

进一步说，改革之所以需要有限买方市场，主要有两条依据：一条是新的经济体制要求市场机制发挥更重要的作用，而市场机制发挥积极作用的必要前提是存在一个总供给略大于总需求的、有限的买方市场；另一条是改革过程要有比较雄厚的物资和资金的后备，以便减少经济利益调整过程中的摩擦，在改革的初期尤其是这样。换句话说："中国经济体制改革需要有一个宏观经济上比较协调，市场比较松动，国家的财力、物资、外汇等后备比较充裕的良好环境。"否则，不论是市场紧张或财力、物力短缺，深化改革和发挥市场机制都会障碍重重，甚至不得不倒退到更多地运用行政手段的老体制。

形成买方市场不仅需要，并且可能，其主要对策是：（1）相应进行发展战略的转换，从数量型、速度型转换为质量型、效益型。（2）努力保持社会总供给与总需求的基本平衡，在控制需求时注意不影响供给的增长，在扩大供给时注意不过分刺激需求的膨胀。（3）在保持供需总量平衡和经济增长适度的前

① 《马克思恩格斯全集》第24卷，人民出版社1972年版，第526页。

提下，有目标有步骤地调整和优化产业结构，防止结构失调。（4）在综合平衡和宏观控制中，主要不靠行政手段，而要运用经济手段，并培育市场和企业的调节机制。（5）从长远看，要始终实行偏紧的财政、货币政策，避免出现通货膨胀型的物价上涨。

有人认为，买方市场只可能出现于改革的成功之后，不可能成长于改革的起步之前或进行过程中。实践已经作了有说服力的回答。20世纪80年代初，在贯彻以调整为主的八字方针后，曾经出现过某种有限的买方市场，并带来积极后果，如经济效益创历史纪录。但是，当时缺乏自觉，使大好形势稍纵即逝，也失去了抓紧改革的良好机遇。80年代末，经过治理整顿，经济过热，滑坡转向适度增长，出现所谓市场疲软。从另一角度看，正是又一次买方市场开始形成，应当通过进一步搞好治理整顿和宏观控制，促进买方市场的稳定发展和逐步规范化。否则，如果仅为了扭转市场疲软，着重于扩大需求，则会使有限的买方市场逆转，很可能再次失去深化改革的良机。

十二、不宽松的现实和宽松的实现[①]

关于"买方市场"问题的进一步研究，要从两方面深入：一是不宽松的现实即卖方市场是如何形成的；二是如何实现相对宽松即有限买方市场。这似乎是一个局部问题，其实涉及整个经济发展战略和整个经济体制，进而关系到建设有中国特色的社会主义方向。如果认为，社会主义经济的常态就是需求膨胀、供给短缺，那就歪曲了社会主义的形象。应当搞清楚不宽松的现实只是传统战略特别是传统体制的产物，并懂得通过转变战略和深化改革就能实现相对宽松，才是对社会主义经济的正确理解，有利于

---

① 《不宽松的现实和宽松的实现——双重体制下的宏观经济管理》，上海人民出版社1991年版。

坚持有中国特色社会主义的大方向。

长期以来，我国经济宽松的时候少，紧张即供需失衡的时候多，其原因不在社会主义制度本身，而来自传统的战略和体制。

1. 国家—地方政府作为经济运行宏观层次的主体，其经济行为对整个经济的发展，显得特别重要。由政府代表国家执行的经济职能是双重的：既是管理者，又是所有者。新中国成立以来，政府组织了大量的经济活动，如发展国营经济，改造私有制，实行高度集中的计划管理，直接经营企业、调拨产品、配置资源、分配收入等，推动了经济发展。此中利弊，论述已多。改革以来，权力下放，向地方政府倾斜，宏观管理实际上是两极调控，地方政府的作用不断提高。这本来没有错。但是，在政企不分、"两权"不分的情况下，地方政府作为利益主体的一面超越了作为调控主体的一面，其反效应也日益明显。形象地说，形成了所谓"诸侯经济"，不仅不能纠正过去长期存在的扩张冲动，并且进一步助长了需求膨胀。其轨迹：一是攀比速度，争名次，排座位，先进地区强调要发挥优势，后进地区强调要缩小差距，都在速度上层层加码；二是为了提高增长速度，"投资饥饿"及其并发症难以防治，除了向上要项目外，地方自筹和社会集资不断增多，基本建设战线越拉越长；三是扩大消费，同样有相互攀比，往往超越劳动生产率和经济效益的增长，导致积累和消费的双膨胀和国民收入的超分配。与此同时，还有意无意地出现对宏观调控的抗拒情绪，如"见到红灯绕道走"之类。加上区域封锁、结构趋同和自成体系等短期行为，使经济过热屡治不愈。

2. 企业作为生产、建设、流通的基本组织，一切经济活动都通过企业的行为实现。过去，企业无权、无责、无利，是拨一拨、动一动的算盘珠。改革以来，唤醒内在活力，表现在萌生了以利益为基础的激励机制，即未能同时赋予相对应的约束机制。这样，企业作为行政机关的附属物，对上负责，要努力完成并争取超额完成各项计划任务；作为相对独立的经营实体，要努力追逐以利润为标志的经济效益最大化；作为职工利益的代表，又要努力谋求职工收入和福利的越多越好。其结果，也是一方面要扩大投资；另一方面要扩大消费，并且仍旧躺在国家身上吃"大锅饭"，导致高需求、低效益。企业对扩大需求有激励而无约束，对扩大供给则推动不足、障碍不少，是造成社会供需总量失衡和结构失调的基层原因。

3. 个人或家庭在经济生活中都是消费者，多数又是生产者，同时是不同形式的所有者。过去，受到平均分配的约束，影响了积极性。改革以来，人们既希望真正做到按劳分配，又出现了率先致富和相互攀比的愿望。由于未打破"铁饭碗"，同样是有激励，无约束。加上分配不公，谁都感到自己吃了亏。这些因素的综合，总的是诱发越来越强烈的攀比愿望，使改革分配制度也很难调动人们的积极性。其结果是一方面扩大需求，另一方面并不有利于扩大供给。这同样导致了全社会的需求膨胀和供需失衡。"工资侵蚀利润"和"消费早熟"等，都是其理所当然的派生物。

可见，卖方市场的形成，有其深厚的体制根源。这在双重体制并存的过渡阶段，不仅旧体制还在起作用，并且新旧体制的摩擦和冲突也不利于矛盾的缓解。但是，这不意味着只有改革到了位，不宽松的现实才能扭转。新中国成立以来多次调整的经验证明，采取正确的、坚定的对策，局面是能够改观的。何况，改革正在逐步深化，整个经济运行机制已经不同于过去。在当前情况下，实行治理整顿与深化改革的治标、治本兼施的办法，已经初见成效。总结成功经验，坚持合理对策，主要是指：

1. 本着计划经济与市场调节相结合的原则，在逐步转换传统经济发展战略的基础上，计划安排必须保持社会供需在总量和结构上的基本平衡。无论是中、长期计划或年度实施计划，一些关键性的指标必须恰当，特别是规定适度的经济增长率和适度的积累率、消费率。这些指标具有战略性，得到了落实，就能避免再次出现大的起落。

2. 必须以经济手段为主并辅以法律手段和行政手段，运用财政税收、货币金融、收入分配等经济政策和价格、税率、利率、汇率、工资等经济杠杆，搞好宏观调控。在当前经济环境还不宽松和潜伏着不稳定因素、不确定因素的条件下，财政、金融等政策仍以从紧为宜，但要力度恰当、灵活掌握。

3. 治理整顿、稳定增长都必须与深化改革相结合，通过深化改革来巩固和发展正在好转的经济形势。三者是统一的，但在某些方面又有暂时的矛盾，要正确处理，力求协调。可以相信，随着企业活力的增强、市场体系的完善和宏观调控体系的建设，初步遏制了过热的经济形势会进一步走向稳定增长和效益提高、结构优化。

对外开放问题

十三、发展外向型经济的意义和成效

对外开放既是经济发展战略的组成部分，又是经济体制改革的组成部分。在战略选择上，有开放与封闭、外向与内向之分。各国经验表明，不搞对外开放，与世隔绝，任何国家的经济发展都必然是呆滞的、落后的。开放与改革也是相互联系：不搞改革，传统体制不能适应开放的要求；搞了开放，就会使改革增加动力。在某种意义上，开放本身就是一种改革；也可以说，改革同样是一种开放。

开放与改革一样，是举国一致的大事。但也与改革一样，由于地区之间存在不平衡，其步骤和程度有所差异。开放更与各地的地理位置有关。因此，我国的开放，在空间布局上有明显的层

次，沿海地区应当和可能先走一步，其开放度大于内地。于是在开放布局上，形成了"经济特区—开放城市—开放地区—内地"的格局。近几年来，除沿海外，开放又向沿边、沿（长）江、沿线（"亚欧大陆桥"）伸展，形成"四沿"新格局，而重点仍在沿海。

这就带来一个问题：地处对外开放前哨的沿海地区，其经济发展战略有何特点？对此特点，曾经表述为"发展外向型经济"。在用语上，有过不同看法。有的同志认为，不如提"开放型"或"双向型"。但是前者，适用于全国，不是沿海地区开放，非沿海地区不开放。后者的依据是即使在沿海地区，开放度不相等，多数地区在相当时期内还是内向（国内市场）的比重大，不能仅提外向；其实，只提双向，倾向并不明确，提了外向，更突出其特点，对动员和指导对外经济贸易工作有利。几年来，发展外向型经济的用语流行，沿海地区发展战略的含义就是发展外向型经济。这与沿海地区在改革上也先行一步大体上是相称的。

发展外向型经济的战略，经过持续研讨，其内涵越来越丰富。借鉴外国经验，有进口替代与出口替代之争。结合我国实际，大家认为两者还是要相互结合，并有其演变过程。这些年来，有过"参与国际大循环"和"两头在外"、"大进大出"等主张；看来，这也要从实际出发，区别对待，不可一概而论。随着对外贸易、利用外资、引进技术等工作的发展，进出口总值的增长率高于国民生产总值的增长率，"三资"企业的数量、规模和水平也有扩大和提高，都证明了发展外向型经济战略是成功的。至于沿海地区与内地、沿海地区的南方与北方之间有差距并有所扩大，这在一定时期内是必要的，将在继续发展中得到适当调整。

当时还讨论过外向型经济的标准。看来，也要因时因地制宜，不该只画一道硬杠杠。例如在经济特区，可以要求投资来源以外资为主、产品以外销为主、外汇收支要有顺差；但在各个特区之间，具体标准应有所不同，不能都把"为主"理解为超过一半以上或更多。如把这个标准套到其他沿海地区，更会感到高不可攀。

沿海地区发展外向型经济，通过"外引内联"，同时带动了内地的开放和发展，使全国的对外开放跨上了新台阶。在此期间，开放与改革相互促进。尤其在沿海地区，由于原来商品经济有一定基础，改革的进展也更快一些。当然，无论开放或改革，都不能满足于已有的成就。在20世纪90年代，还要进一步扩大开放、深化改革，实现国民经济的更好发展。

十四、深圳和海南的经济发展战略

对外开放，四个经济特区和后来的海南大经济特区在第一线，有其代表性和先行性。特区的功能，是作为技术、知识、管理和对外政策的"窗口"，成为对外、对内两个"扇面"的枢纽，并在改革上大胆试验。特区的经济发展战略，就是发展外向型经济战略的具体化。探索特区的发展战略并总结其经验，对推动其他沿海地区和全国的对外开放是有益的。

在最先开放的四个经济特区中，深圳更有代表性。它是祖国的南大门，毗邻香港，地理位置得天独厚，可以充分利用香港这个国际贸易中心、金融中心的优越条件，进而与世界市场接通。研究和制定深圳的发展战略，在其奠定创业基础后，基本设想是：（1）战略目标，当时表述为外向型的，以先进工业为主、工贸并举、工贸技结合的、具有高度的物质文明和精神文明、综合性的经济特区；到20世纪末，力争人均国民生产总值达到香港1990年前后的水平。（2）外向型，按深圳的实际情况，其标准是：资金来源以外资为主，在全部工业投资中所占比重超过50%；产品以外销为主，出口本地产品要达到企业商品产值的70%以上；外汇收支有顺差。（3）以工业为主，理由是，只有这样才能有效地引进技术、知识和管理，为特区贸易和整个经济打下坚实基础，并借助内外两种资源和两个市场。（4）工贸并举和工贸技结合，表明在重视工业的同时，绝不否定贸易的重要性，以开拓内外市场；还要以先进技术贸易和先进技术产品贸易为内容，目的是向内地传播先进技术。（5）综合性，是指要相应发展城郊农业、交通邮电和教育、科学、文化、卫生以及生活服务、旅游娱乐、环境保护等事业。实现上述战略目标，必须分步骤，在创业后，大致是到1990年为开拓阶段，到20世纪末为提高阶段。[①]经过十年开放和开发，在庆祝特区建立十周年时，上述目标都已达到，成为名副其实的外向型城市，并通过外引内联，对内地起到了商品、技术、管理和改革经验的辐射作用，引起了全世界的瞩目，成为我国对外开放的一颗明珠。下一步的目标和任务，是为1997年的香港回归做好对接的准备，成为在内地造几个"香港"的排头兵。

继四个特区之后，海南建省，成为又一个特区，并且是面积最大、人口最多的大特区。与其他特区不同，海南有自己的热带作物资源、海洋水产资源、地下矿产资源和天然旅游资源；但是原来的经济水平低、经济结构原始、基础设施不足、人才和资金匮乏。研究和制定海南的发展战略，基本设想是：（1）坚持以开放、改革促开发的方针，最终建成以工业为主导、工农贸旅并举、三次产业协调发展的、外向型的、综合性的经济特区；力争以20年左右的时间，达到人均国民生产总值折合2000美元，相当于台湾省20世纪80年代初的水平。（2）为了实现上述目标，在战略上实现四个转换，即：从主要作为国防前哨转向同时作为

① 《深圳特区发展战略研究》，香港经济导报社1985年版。

建设前沿；从单纯强调为国家做出贡献转向同时着重于海南本身的开发和振兴；从与港台和东南亚对峙转向相互补充、协作；从封闭的半自然经济转向开放的商品经济。（3）分几步走，近期赶上全国平均水平，中期超过全国较发达地区水平，远期比全国提前达到或接近中等发达国家和地区的先进水平。（4）主要对策，从振兴农业开始，加快工业发展，推动科教进步，建立新的生产布局；采取更加特殊、更加优惠的政策，例如出售和转让土地使用权，以吸收大量外资、外技，并加强与内地的经济技术合作。（5）开放与改革相互推动，经济体制改革可以考虑在计划指导下以市场调节为主，政治体制改革的内容之一是实行"小政府、大社会"。①短短几年，海南开放稳步前进，已经引进一批外资项目，包括农业、重化工、交通和旅游等领域，比原来预期的更丰富多彩，其前景肯定是十分美好的。地造几个"香港"的排头兵。

继四个特区之后，海南建省，成为又一个特区，并且是面积最大、人口最多的大特区。与其他特区不同，海南有自己的热带作物资源、海洋水产资源、地下矿产资源和天然旅游资源；但是原来的经济水平低、经济结构原始、基础设施不足、人才和资金匮乏。研究和制定海南的发展战略，基本设想是：（1）坚持以开放、改革促开发的方针，最终建成以工业为主导、工农贸旅并举、三次产业协调发展的、外向型的、综合性的经济特区；力争以20年左右的时间，达到人均国民生产总值折合2000美元，相当于台湾省1980年代初的水平。（2）为了实现上述目标，在战略上实现四个转换，即：从主要作为国防前哨转向同时作为建设前沿；从单纯强调为国家作出贡献转向同时着重于海南本身的开发和振兴；从与港台和东南亚对峙转向相互补充、协作；从封闭

---

① 《海南经济发展战略》，经济管理出版社1988年版。

的半自然经济转向开放的商品经济。（3）分几步走，近期赶上全国平均水平，中期超过全国较发达地区水平，远期比全国提前达到或接近中等发达国家和地区的先进水平。（4）主要对策，从振兴农业开始，加快工业发展，推动科教进步，建立新的生产布局；采取更加特殊、更加优惠的政策，例如出售和转让土地使用权，以吸收大量外资、外技，并加强与内地的经济技术合作。（5）开放与改革相互推动，经济体制改革可以考虑在计划指导下以市场调节为主，政治体制改革的内容之一是实行"小政府、大社会"。①短短几年，海南开放稳步前进，已经引进一批外资项目，包括农业、重化工、交通和旅游等领域，比原来预期的更丰富多彩，其前景肯定是十分美好的。

我
的
经
济
观

---

① 《海南经济发展战略》，经济管理出版社1988年版。

关于社会主义有计划商品经济问题[*]

——在中国商业经济学会三届三次常务理事（扩大）会上的报告

（1992年2月23日）

今天，我想讲讲中国社会主义有计划商品经济的问题。

社会主义有计划商品经济论是经济体制改革的理论基石之一

社会主义有计划商品经济理论，是我国经济体制改革以来所取得的一个最重要的理论突破。社会主义有计划商品经济理论和社会主义初级阶段理论，是我国经济体制改革的两个理论基石。马克思、恩格斯等经典作家曾设想未来的社会主义社会不再有商品经济。十月革命以来苏联的实践和我国的实践，都有一个相当长时期是排斥商品经济的。考虑到这些历史背景，1984年十二届三中全会通过的《关于经济体制改革的决定》明确地提出：社会主义经济是公有制基础上的有计划的商品经济。这样一个论断是有划时代意义的，是经过长期的实践和理论的探索得出来的结论，是来之不易的。这对统一大家对社会主义经济性质的认识，统一大家对经济体制改革方向的认识，是很重要的。直到今天，当我们要加大和深化改革的分量的时候，还要深刻地

 * 原载《商业经济文荟》1992年第2期。

领会这个理论。

对社会主义有计划商品经济的不同理解

十二届三中全会以后，虽然我党的文献明确了社会主义经济是有计划的商品经济，但对这句话如何理解，人们包括理论界的理解是不一致的。对有计划的商品经济这一命题，有的同志强调商品经济的一面，有的同志强调有计划的一面。由于强调的重点不同，对社会主义经济本质特征的认识和理解就会有差异。社会主义的基本特征，公认的就是一个公有制，一个按劳分配，除此之外，是否还有第三个基本特征？如果有的话，又是什么呢？是计划经济呢，还是商品经济呢？这也有不同的认识。这个问题的讨论，这几年还在继续。在1989年政治风波以前，曾经有一段时期，理论界倾向于强调社会主义经济是商品经济的一面；1989年政治风波以后，理论界转而倾向于强调计划经济的一面。不久前，有一篇文章说，社会主义经济本质上是计划经济，只不过在现阶段带有某些商品的属性罢了。这是前一段时期比较典型的说法。另一种说法则认为商品经济是社会主义经济的实质所在。这两种观点都没有超过前几年，所以还是个老问题。

计划和市场不是划分"社"和"资"的标准

十三届七中全会以后，理论界越来越多的同志认识到计划经济与商品经济，或者说计划与市场并不是划分社会主义与资本主义的标准。社会主义需要有市场的运转，资本主义也有政府的有计划的干预，不少同志主张不要再把计划经济和商品经济与社会主义经济的本质或资本主义经济的本质联系在一起。江泽民总书记在十三届三中全会上，把小平同志对这方面的看法向大家透露了，这个意见实质上是小平同志的意见。最近，尚昆同志在军委扩大会议上的讲话中，有一段话说市场经济不等于资本主义，因为社会主义也要有市场；计划经济也不等于社会主义，因为资本主义也要搞计划。尚昆同志讲，这是小平同志对政治经济学的一个重大发展。经济理论界近两年越来越多的同志认为不要把计划经济、市场经济和姓"社"姓"资"联系在一起。社会主义与资本主义的本质区别主要是两条：一条是所有制，一条是分配制。资本主义是以私有制为基础，社会主义是以公有制为主体；社会主义是以按劳分配为主体，资本主义是按资本分配和劳动力价值的买卖来分配。这是区别两种社会制度最本质的特征。计划经济和市场经济、商品经济这些都是经济运行机制，属于资源配置方式。对资源的配置，可以用计划分配的方式，也可以用市场调节的方式，视不同情况而定。因此，不应把资源配置的方式，作为区别社会经济形态的本质特征。

对公有制与商品经济是否相容的几种观点

关于有计划的商品经济，最近理论界探讨的一个比较重要的问题，就是公有制与商品经济的问题。我们是在公有制基础上的有计划的商品经济，这就发生了一个公有制与商品经济的关系问题。公有制与商品经济是相容的，还是矛盾的？这个问题，从一般的意义上来看，好像已经解决了，因为十二届三中全会的决定已确认社会主义经济是公有制基础上的有计划的商品经济。照这样的提法，公有制与商品经济当然是相容的。这样一个论点，在十二届三中全会以后，大家也是普遍接受的。但前几年，有些同志从不同的角度重新提出这个问题，提出公有制与商品经济有互相矛盾的一面，并得出不同的结论。这大致有三种：第一种有代表性的传统的意见，认为从历史上看，商品经济是私有制的产物，因此说社会主义经济是以公有制为基础不对，并认为社会主义不可能实行商品经济。这种观点把社会主义经济与商品经济对立起来，这是传统观点，显然与《关于经济体制改革的决定》精神不符。持这种观点的人，就会对社会主义发展商品经济持怀疑态度。最近在报刊文章中已没有看到这种观点了，但口头上还有流传。第二种观点，则从相反的角度来提出公有制与商品经济不相容，认为商品经济只能在私有制的基础上才能发展。所以要发展商品经济，就必须把公有制改变为私有制，实际上就是利用公有制与商品经济相矛盾的命题来宣传私有化的主张。如果说前一种观点是坚持公有制来反对商品经济，那么后一种观点，则是在赞成商品经济的名义下反对公有制。这是两种从相反角度提出公有制与商品经济不相容的观点。对这种公有制与商品经济不相容的观点，理论界的绝大多数同志是不接受的。理论界还有第三种观点，认为不能因为有人在商品经济与公有制相矛盾的命题下做出错误的结论，就完全看不到公有制与商品经济确实存在矛盾。现行的公有制就是指过去的统收统支、统包统配、"大锅饭"、"铁饭碗"的公有制，这样的公有制不适应社会主义商品经济发展的需要。不光是全民所有制经济有这个问题，一些政企不分的集体所有制经济也有这个问题。对这些相矛盾的地方要进行改革，改革就是按照发展商品经济的要求来改造公有制，来构造市场，来构造企业。这种观点讲的与商品经济矛盾的公有制，不是指公有制一般，而是讲现行公有制特殊方式，即我们现行的、传统的公有制实现方式。现行的公有制方式，虽然经过改革，但还存在很多毛病，这确实有一些与商品经济发展相矛盾的地方。如政企不分，两权不分，这些当然同发展商品经济不相容。所以对现有公有制实现形式里面出现的一些弊病，需要进行改革。如果看不到这些矛盾，对公有制的存在方式就不会进行改革，这样商品经济就很难发展。这是为了使公有制本身适应商品经济的发展，而不是否认公有制本身。这种观点同主张私有化的观点是不同的，这是坚持公有制、完善公有制的观点。

所有制和商品经济谁决定谁

和公有制与商品经济的相容问题相关的还有一个问题，即如果按照发展商品经济的要求来改造公有制，是所有制决定商品经济呢，还是商品经济决定所有制？有的同志认为，按照发展商品经济的要求来改造所有制，是违背马克思主义原理的。因为马克思主义认为，所有制是更基础的东西。对这种意见，有同志写文章做了回答。文章说：从根本上来说，是所有制决定商品经济，但商品经济反过来又影响所有制。我们的改革既然是社会主义制度的自我完善，为什么不可以按照发展商品经济的要求来改革和完善社会主义所有制呢？看来后一种看法更有道理一些。这是在更广阔的范围上解释公有制与发展社会主义商品经济的关系，以及整个经济体制改革同发展商品经济的关系。

现在根据什么原则进行经济体制改革呢？就是要遵照发展商品经济的要求来改革，也就是按照社会主义有计划商品经济的要求进行经济体制改革，包括对所有制结构的改革，对企业机构的改革，对经济运行机制、市场机制以及宏观管理调控的改革。这些都要按照发展商品经济的要求来进行，对所有制的改革也不例外。

关于"市场经济"的概念的争论

社会主义商品经济理论还有一个问题，就是可不可以把社会主义的商品经济，叫作社会主义的市场经济，或者把有计划的商品经济，叫作有计划的市场经济？对这个问题，近几年人们不断在吵。前几年有一批相当著名的经济学家认为，商品经济与市场密不可分，有商品就有市场；既然承认社会主义经济是有计划的商品经济，就无异承认社会主义经济是有计划的市场经济。这些同志各人的说法虽不完全一样，但都认为可以使用社会主义市场经济这个概念。马洪同志在1988年出版的一本叫《社会主义初级阶段的市场经济》（广东省市场经济研讨会编辑组编的论文集）的书中写的一篇代序中说："我们要通过改革建立的社会主义有计划的商品经济，是一种有宏观管理的由市场来配置资源的经济。我认为，在这个意义上也可以叫作社会主义市场经济。"他还说："把商品经济与市场经济对立起来，引导人们去反对市场经济，那就会在实际上反对商品经济。"（注：马洪的代序没有后面这段引语）这是一种看法。

另外一些同志的看法同这种看法是对立的，他们主要是把计划经济、市场经济作为一个制度性的概念，认为市场经济是资本主义的，计划经济是社会主义的，持这种观点的也有不少同志。他们认为商品经济不等于市场经济；有市场，有市场条件，不等于就是市场经济。据说他们查了辞典，有一本叫《日本经济事典》，其中有这样的说法，就是根据联合国过去的统计分类，把世界上的国家分为中央计划经济的国家和市场经济的国家两类。中央计划经济的国家指的是苏联、东欧和我国等社会主义国家，市场经济国家是指除社会主义国家之外的西方国家。所以，反对用市场经济概念的同志认为市场经济是以私有制为基础的，社会主义市场经济的提法不科学。有的同志说，只有在私有制的条件下，商品经济才是市场经济，混淆市场条件和市场经济的不同性质，必然产生否定计划经济的错误。以薛暮桥同志为代表的不少经济学家反对这个看法。薛暮桥同志在1991年1月11日《特区时报》记者采访时说："市场调节与市场经济是不是不能混淆的两种本质，我看尚在讨论。我认为本质相同，都不能等同于资本主义，只要保持生产资料公有制为主体，就不能说它是资本主义的市场经济，所以还是以公有制来划分而不是从市场、计划来划分（社会主义和资本主义）。"薛暮桥同志还说："这个问题现在还不清楚，有些还可能视为禁区。科学研究不应当有禁区，应当允许自由讨论，认真讨论这个问题而不是回避这个问题。"

这场争论使我回想起以前经济学界的老前辈——孙冶方同志在20世纪50年代提出的一个问题，就是能不能提"社会主义的利润"，而且把利润作为企业经营的"牛鼻子"。这个问题的提出在当时引起了一场轩然大波。利润的概念究竟是制度性的概念，还是非制度性的概念？利润是不是资本主义专有的概念，还是社会化生产、商品化生产的共有的概念？这场争论的结局，我们许多年纪大的同志都是知道的。我们还回想起这次改革初期，甚至在十一届六中全会总结新中国成立以来的历史经验的时候，当时理论界主导的意见是认为对社会主义社会来说，只能讲存在商品生产和商品交换，而不能把社会主义经济看作是商品经济。如果把社会主义经济看作是商品经济的话，就会模糊有计划经济和无政府状态经济的区别，模糊社会主义经济和资本主义经济的本质区别。所以，十一届六中全会的文件还看不到"社会主义商品经济"的提法，这个问题直到1984年才解决。《关于经济体制改革的决定》对这个问题做出了结论，判明了是非。

"社会主义市场经济"能否成为政治经济学的概念

回顾社会主义经济理论史上类似的争论，考虑到近来特别是十三届七中全会以来，人们越来越多地把计划与市场的问题当作是资源配置方式的问题、经济运行方式的问题，而不是当作区别社会主义与资本主义的制度性的问题来看待，我个人的看法，认为社会主义市场经济，或者有计划的市场经济这个概念到底能不能在社会主义政治经济学理论当中占有一席之地，或者这个概念始终将是少数经济学者的偏执之见，将不难做出预见或者是结论。不要说社会主义市场经济这个概念难以一下子被广泛地接受，就连社会主义商品经济的概念、市场调节的概念，在当初的社会主义政治经济学当中，也是不合法的。随着改革的深化，我们不断刷新理论认识，不断丰富社会主义政治经济学的内容，我们逐渐地认识到社会主义公有制基础上的有计划的商品经济不能没有市场和市场调节，需要把计划和市场结合起来，以致出现了种种关于市场与计划关系问题的研究、提法、争论，包括对社会主义市场经济的概念到底能不能用的讨论。这些讨论关系到我们对社会主义经济关系内涵的正确认识，也关系到我们对社会主义改革方向的正确把握，所以还要继续讨论下去，这个问题现在可以逐渐明朗化。

对计划与市场结合的做法和提法要不断通过实践探索

下面讲一下关于计划经济与市场调节关系的一些理论认识。近几年讨论最多的就是计划与市场的关系问题。这个问题范围很广，牵扯的问题很多。

对计划经济与市场调节相结合的提法，应怎么看？过去有过不同提法，如提过计划调节与市场调节相结合，又提过计划机制与市场机制相结合。对这个提法，实际上还是有不同的看法，有争议。对这些争议，李鹏同志在十三届七中全会上有一段话，讲得很精辟。他说，对于计划经济和市场调节必须结合而且能够结合这一点，我们在制定政策或执行政策的时候，就不应再有怀疑和动摇，至于学术界、专家们有不同的看法，可以保留自己的意见。我个人认为这个意见讲得非常好，我在1981年改革初期写过一篇文章，指出计划与市场的关系问题，是一个世界性的问题，全世界都在谈，资本主义国家在谈，社会主义国家也在谈，这也是一个需要长时期讨论的问题。所以，对计划与市场关系的比较具体的做法、具体的提法，我们不必急忙做出结论来约束后人，甚至也不必这样做来约束当代人的理论讨论。实际上这个问题，只能够通过实践不断地探索，找出适合于当时条件，即某个国家在某个历史时期的具体历史条件下用什么提法比较好，不能找出一个一劳永逸的公式来约束后人、约束当代人。只能这样做、不能那样做，这是不现实的。因为现在还没有一位大改革家或大理论家敢说他已经完全把市场与计划这个问题研究透了、解决好了，人类的历史发展还未到这个地步，因此还需不断探索。不过，在实际工作中，总得有一个规范的说法，还是按李鹏同志的讲法较好，就是按中央的正式提法去执行，不要再有怀疑和动摇，但这并不妨碍理论上、学术上百家争鸣。

有人主张"主辅论"

比如，有的同志提出，计划经济与市场调节不是属于同一个层次、同一个序列的范畴，概念上不相对应。计划经济原来指的是一种经济制度，而市场调节指的是一种调节机制、调节手段。如果是计划调节与市场调节相结合就可以说得通，计划机制与市场机制相结合也可以说得通，甚至说计划经济与市场经济相结合也都可以说得通，而计划经济与市场调节相结合就难以理解。当然，这种意见属于口头文学，公开发表的意见还是肯定计划经济与市场调节相结合这个提法，并努力给予论证。特别是强调计划经济是社会主义本质特征的同时，这些同志着重地论证了计划经济与市场调节相结合这个提法是非常科学的。比如，有的文章说，这个提法同以往曾强调过的"计划经济为主，市场调节为辅"的提法衔接起来了，表明我们的改革不是削弱和放弃计划经济，而是要在坚持计划经济制度的前提下，实行一定的市场调节。这些同志多半是把计划经济当作社会主义制度的本质来看的，这种意见反对计划与市场平起平坐，是强调计划经济为主、市场调节为辅的，叫作"主辅论"。这种主辅论，1984年后有一段时间虽有人提，但提得不是太多了。最近两三年，这种论点重新活跃起来。

有人主张"市场取向"论

另外还有一种"主辅论"，也从另外一个角度反对计划与市场平起平坐。前几年有一位北京大学的知名教授，提出"二次调节论"。政府的计划调节，用来补充市场调节失灵或不足之处。这种看法认为首先是市场，然后是计划，跟主张计划为主、市场为辅的观点正好相反，是主张市场为主的。这种观点引起了不少同志的非议、争论以至批评。近年来也有主张把市场作为资源配置的主要方式的观点，而且比较流行。有位经济学家这么写：我国经济体制改革的实质，就是资源配置机制的转换，以市场机制为资源配置的主要方式，来取代以行政命令为基础的资源配置方式。持这种主张的学者并不否认国家对资源的行政管理，也不否定计划指导的必要性，但是不把国家对资源的行政管理、计划指导放在资源配置的主要位置上，而是把市场调节放在主要位置上，强调的是在市场配置的基础上加强国家的宏观管理。主张把市场调节作为资源配置的主要方式的同志，把自己的主张叫作"市场取向"的改革，这种提法近来在经济学的文献中越来越多。

把理论界观点概括为改革取向三分法不准确

另外一种看法，是反对这种市场取向的提法。持这种观点的同志一般都是把市场经济看作是制度性的概念，这部分经济学家继续反对市场取向的提法。最近几个杂志上还刊有批判市场取向改革提法的文章。究竟应怎样看待市场取向的概念呢？有一位经济学家把我国经济体制改革的取向归纳为三种思路：第一种叫计划取向论，第二种叫市场取向论，第三种叫计划与市场结合论。这样一种概括虽然给人以一种简洁明快的印象，但是很不确切，不完全符合经济理论界实际分野的情况。现在经济理论界至少在口头上已没有人反对计划与市场是可以结合的了，而且认为是应该结合的。按照刚才三种思路的分法，好像前两种思路不赞成结合，只有第三种思路才赞成结合，实际上不是这么回事。现在认为计划经济是制度性概念的同志，也不否定有必要的市场调节；强调市场取向的同志，也很强调要进行宏观方面的控制，而且要强化必要的计划管理。其实，理论界提出市场取向的改革这样的概念，是见诸文件、听诸发言的，是很明确地提出来的。但是计划取向的概念，没有在文章中看到和发言中听到，当然，强调计划经济制度性意义的讲法是有的，但没有一个人把他的主张叫"计划取向"。因为改革以前就是计划经济，现在要改革还有什么"计划取向"呢？实际上没有"计划取向"这样的提法。因此，认为改革取向三分法的同志，可能对改革取向有他自己特殊的理解，似乎改革的取向就是指改革的目标模式当中的计划与市场结合的重点选择问题，认为计划为主就是计划取向，市场为主就是市场取向，两者平起平坐的大概就是市场和计划相结合，这不是一种很科学的概括方法。

我赞成改革市场取向的提法

我个人认为，改革的取向，并不是仅仅指改革的目标模式当中的计划与市场的重点选择，而是指改革的动向，改革当中的老新模式的转换方向，作为改革起点的模式跟改革目标模式在转换过程当中的方向。从总体来说，改革使我们国家的经济模式发生了变化，从本质上来说，就是从我们过去以自然经济和产品经济为基础的排斥市场的过度集中的计划体制模式，转向引进市场机制并且按照商品经济规律的要求来改造我们的计划机制。一方面是引进商品和市场的一些因素，扩大市场调节的范围；另一方面，我们对传统的计划体制进行改造，这种改造主要是按照发展商品经济的要求，按照市场规律的要求来改造。两个方面都是市场的取向，一是要引进市场的因素，培育市场，发展市场；另一方面，强调的是使计划适应商品经济的发展。我们的宏观管理更多地利用经济的手段、市场的手段，更多地考虑市场方面的要求，来实现计划与市场相结合，向有计划的商品经济的新体制过渡。简单地说，就是从排斥、限制市场机制的作用到发挥和强化市场机制的作用。这样一种改革，从一定意义来说，不是不可以看作市场取向的改革，我认为可以这么讲。而且，我们改革的成果首先表现在我们传统的计划经济的改造向市场取向的关系上的进步。改革以前，由于所有制结构的单一化，那时的经济运行机制主要实行指令性计划，实际上是行政命令控制。当然，这种形式在新中国成立初期是必要的，对我国的工业化起了积极的作用，但这种体制的本性是排斥市场和市场机制作用的，虽然过去我们还是有一点市场的。改革以后，我国出现了以公有制为主体的多元的所有制结构，公有制内部的企业，总的说自主权有了扩大，特别是集体经济那部分，这就为企业按市场规律活动提供了一定的条件。同时我们的市场体系、市场机制也逐步地发育成长，宏观经济的管理开始应用间接的手段，如市场、价格、金融、利率等。间接管理的手段，说到底无非是通过市场，利用市场机制，利用价值杠杆来进行管理。从经济体制改革出现的变化看，即从所有制到企业机制到市场机制到宏观调节逐渐向间接手段的转化，所有这些处处都表现为这个改革的进程是一个市场取向不断扩大、不断深化的过程。当然，我们这个市场取向不是以私有制为基础的，而是以公有制为主体的；也不是取向到无政府主义的盲目市场经济当中去，而是取向到有计划管理、有宏观控制的市场体系当中去。当然，这里的计划管理和宏观控制也不是原来传统的那种做法。所以，持改革取向三分法的同志，把市场取向作为和计划取向相对立的概念，给市场取向赋予反计划的含义，这至少是出于一种不精确的理解。

中国改革胜利证明市场取向正确

在过去十一二年当中，中国的改革取得了巨大的进展和成就，究竟是加强了指令性计划的结果呢，还是扩大市场作用的结果呢？当然是偏于后者。中国进行了市场取向的改革，尽管遇到了这样那样的困难，但改革取得了真正的进步。从国内的情况看，整个中国十一二年来都在向上，包括中部、西部地区，但最快的是东部沿海地区——广东、福建、江苏、山东等开放度最大的、市场取向最大的地区。哪个地区、哪个部、哪个城市、哪个企业的市场取向越大，它的活力就越大。治理整顿经济回升也好，转入正常也好，也是这些地方走得最早、最快。这是一个铁的事实，是不能回避的。最近，不是提出要广东20年赶上"四小龙"吗？我看要不了20年，特别是珠江三角洲地区，那里的发展相当快。那些回升得比较慢、发展得比较慢的，都是离市场比较远的、利用市场较少的、市场运行机制比较差的地方。所以今后10年改革的方向，还是要朝着前十一二年改革走的道路，就是有计划指导、有宏观控制的市场取向的方向前进，在我们已取得相当成就的基础上，把我们市场取向的改革向前推进，扩大市场的作用。现在我们大半的工农业产品已经是市场调节，还要继续扩大市场调节，并且按照商品经济、市场规律的要求来进一步改造我们的计划经济，改造我们的所有制，包括我们的全民所有制大中型企业。只有按发展商品经济的要求来转换经营机制，把企业推向市场，才能适应国际市场竞争的要求。市场取向的改革，完全没有不要宏观管理、不要计划的意思。

反对市场取向的理由是不成立的

现在在实践上，特别是地方上，大家赞成市场改革取向的较多，但理论界还有人反对市场取向的提法，说明理论还是落后于实践。反对的理由：第一，认为市场取向就是搞完全的市场经济，就是搞资本主义；第二，认为前几年的宏观失控和目前经济生活中出现的问题，都是直接同强调市场有关。前一条理由是出于意识形态方面的争论，现在越来越清楚了，这种说法是不对的。第二条理由也是不对的。改革中出现这样那样的问题，不是市场取向所造成，主要是我们市场还不发达、不完善，我们适应市场要求的宏观管理没跟上去，对旧的计划体制进行市场取向的改革还不彻底、还不配套所致。所以，出路还是要继续改革和完善我们的计划经济，来建立计划和市场相结合的商品经济体制。

答记者问

（1992年2月）

记者：如何评价过去十多年来的中国经济体制改革？

刘国光：尽管20世纪80年代后期，我们由于发展战略上的某些失误与体制转换中的不配套和不协调，曾发生了经济过热、通货膨胀和秩序混乱的现象，为此不得不在1988年秋开始为期三年的治理整顿，尽管到目前为止双重体制模式并存及转换的任务还异常艰巨，但我们仍然有理由说，过去的十多年，中国经济体制改革取得了重大进展，塑造了一个有中国特色的社会主义经济体制雏形：在所有制结构上，以社会主义公有制经济为主体，多种经济成分并存；在经营方式上，农村以家庭联产承包制为主，城市实行以承包经营责任制为主的多种形式的经济责任制，同时进行租赁制、股份制试点；在分配制度上，实行以按劳分配为主的多种分配形式；在经济运行机制上，根据发展社会主义商品经济的要求，建立与有计划商品经济相适应的新体制和计划经济与市场调节相结合的经济运行机制；在对外开放上，发展对外经济贸易关系，通过开发经济特区、沿海经济开发区、内地开放城市，利用外资和引进先进技术等多种形式，形成了逐步推进的对外开放格局。具体而言，价格体制、财政体制、金融体制、计划体制、企业体制、外贸体制、劳动工资制度、社会保障制度等同十一届三中全会以前相比，都取得了巨大的进展，逐步向适应社会主义有计划商品经济需要的方向目标转变。体制改革也促进了经济发展，80年代经济发展也取得了显著成就，成为我国新中国成立以来经济发展最快的时期之一。当然，在过去十多年的经济改革过程中，无论是在改革的指导思想上，还是在改革的具体设计上，我们都曾有过失误。但从整体上看，我国经济体制改革的方向是正确的，改革是成功的。

记者： 如何评价三年的治理整顿以及治理整顿期间的经济改革？

刘国光： 我想人们可能还没有忘记：1985年到1988年期间经济过热，工业总产值平均每年增长17.8%，社会商品购买力平均每年增长22%以上，全国固定资产投资平均每年增长近27%，银行贷款平均每年增长22%，货币投放平均每年增长28%。在社会需求过度膨胀的压力下，货币发行量猛增，导致零售物价指数从1984年的2.8%、1985年的8.8%急剧上升到1988年的18.5%，通货膨胀达到改革开放以来所未有的程度。于是，爆发了人们至今仍记忆犹新的挤兑、抢购风潮，流通秩序极度混乱，国民经济面临严重困境。基于此，党中央和国务院及时采取果敢措施，提出用三年时间对国民经济进行全面治理整顿。经过三年努力，到1991年年底，治理整顿的任务已经基本完成。过热的经济明显降温，社会总供求失衡的矛盾明显缓解，通货膨胀得到有效抑制，农业、能源、交通、通信等基础产业得到加强，产业结构"瓶颈"矛盾有所缓解，市场商品供应充足，流通秩序明显好转，国民经济开始步入正常发展阶段。所以，现在回过头来看，当时党中央和国务院做出的决策是十分及时和非常正确的，治理整顿是完全必要的。如果不下决心进行为期三年的治理整顿，我们很难设想有目前的较为宽松、健康的经济环境和安定团结、良好的社会政治秩序。

应该强调的是，即使是在治理整顿期间，经济改革非但没有停止，而且迈出了较大的步伐：农村继续发展以家庭联产承包为主的责任制、统分结合的双层经营体制，乡镇企业更加稳健发展；进一步完善国有大中型企业的第二轮承包，积极推行和扩大股份制试点，推进企业兼并，发展企业集团；进一步减少指令性计划的范围和指标；进一步改革物价，调整能源、原材料、运输、农产品等基础产品价格，严重扭曲的价格结构开始逐步改善；进一步规范财政体制，国家预算改行复式预算制度，进行分税制试点；进一步发挥金融调控手段的作用，适时调整准备金率和利率，开展保值储蓄，大力发展证券市场；调整汇率，外贸系统实行全面承包经营责任制，取消外贸补贴；进一步推动住房制度改革、社会保障制度改革和劳动工资制度改革；等等。看来，这三年，我们注重治理整顿同深化改革的有机结合，注重在治理整顿的同时加大改革的分量，从而使整个经济改革逐步深化并取得令人振奋的进展。

记者：请您谈谈对中国20世纪90年代经济改革深化的展望和设想。

刘国光：如果说1988年秋开始的治理整顿是为了解决总量控制、通货膨胀和数量扩张等较浅层次的矛盾，那么，在治理整顿结束之后，尤其是进入改革与发展的关键阶段——20世纪90年代之后，为了解决长期积存于国民经济运行与发展过程中的结构扭曲和效率低下等较深层次的矛盾，进而在提高国民经济整体素质基础上，确保第二步战略目标的全面实现，就需要不失时机地加大改革的分量，加速经济运行机制的转换。从大的方面看，我认为90年代中国经济改革应着重在以下几方面深化：一是宏观方面，要真正建立起行之有效的客观经济调控机制，也就是逐步建立符合计划经济与市场调节相结合原则的、综合运用经济、行政、法律手段的宏观调控体系，有步骤地推进由直接控制为主向间接控制为主、由行政手段为主向经济手段为主的转换。为了保证宏观调控行之有效和富有弹性，必须对宏观经济体制，包括计划体制、财政税收体制、金融体制、收入分配体制等进行配套改革，并对一系列宏观调控政策（财政政策、货币政策、收入分配政策等）进行相应的调整、完善。二是市场方面，要逐步建立起反应灵敏的市场运行机制。其中心是推进价格改革，逐步理顺价格。三是微观方面，要构筑充满生机和活力的微观经济基础。作为微观主体的企业，必须是真正自主经营、自负盈亏、自我发展、自我约束的商品生产者和经营者。这就要求转换企业经营机制，增强企业活力，将企业推向市场，同时推进劳动工资、社会保障制度等方面的改革。

记者： 改革开放以来，尽管我们一直把增强企业活力特别是大中型企业活力作为整个经济体制改革的中心环节来抓，但时至今日，我国绝大多数国有大中型企业仍然缺乏社会主义商品生产者和经营者所必须具备的活力。您认为其中的根本原因何在？搞好国有大中型企业的关键究竟是什么？

刘国光： 这些年来，企业缺乏生机和活力是一直困扰我们的一大难题，经济生活中的许多问题也都可以归咎于企业机制不能适应社会主义商品经济发展的要求，因此，企业问题已成为事关我国经济改革和发展全局的大问题。依我看，国有大中型企业缺乏活力的根本原因在于其经营机制存在明显缺陷：既不能自主经营——企业在经营决策、营销方式、用人制度、内部分配等各个环节仍受到多方面的约束，基本上没有摆脱对行政主管部门的依附；又难以自负盈亏——企业不能独立地承担经营风险，企业在发生亏损的情况下也缺少主动地寻找出路或关、停、并、转的机制；更无法自我改造和自我发展——由于固定资产折旧率低、税费等负担沉重、留利水平逐年下降等原因，不少企业自我补偿的能力也严重不足，连简单再生产都无法维持。因此，要增强大中型企业的活力，要搞好国有大中型企业，关键是深化改革，转换企业经营机制，使企业真正实现自主经营、自负盈亏、自我发展和自我约束。

要真正做到这一点却并不是件容易的事，难度很大，任务亦十分艰巨，但我们无法回避。为了实现企业经营机制的转换，我认为有必要逐步做到以下几点：第一，逐项落实企业的生产经营自主权。各级政府部门应当减少对企业的不必要的行政干预，按照政企职责分开、计划经济与市场调节相结合的改革方向，改善国家对企业的管理方式，尤其是要逐步缩小对国有大中型企业的指令性计划。第二，与之同时，使企业进一步面向市场，增强企业的市场观念，原材料由企业到市场上采购，产品由企业到市场上推销，企业自身也经受市场的考验，优胜劣汰，真正做到企业在国家计划指导下按照市场的需要进行生产经营活动，企业在市场竞争中求生存、求发展。第三，与此相适应，要建立完善的市场体系，促进企业生产要素的合理流动。第四，坚决贯彻执行《企业法》，下决心关停并转一批企业，推进企业组织结构、产品结构的调整，从根本上解决吃"大锅饭"的问题。当然，这要相应地推进社会保障制度等多方面的改革。第五，扩大并逐步推广股份制的试点。

记者： 治理整顿结束之后，经济环境大为改善，改革开放将更加积极地向前推进。您认为在今后的经济改革中应该注意些什么问题？

刘国光： 总结中国过去十多年的经济改革，经验是十分丰富的，教训也是相当深刻的。归纳起来，我觉得在今后的经济改革过程中，至少应注意以下几点：第一，不能急于求成。经济体制的构成、运行和变迁都有其客观规律，改革就必须遵循这些规律，而不能超越客观规律所构成的限制盲目行动。比如，改革必须具备一个相对宽松的经济环境就是一条非常重要的规律，我们如果试图在经济过热、通货膨胀的紧张环境中推进改革，必然是事与愿违，难以成功，这已被无数事实证明。第二，要当机立断，不失时机。既要强调不能急于求成，也要强调尊重客观规律，而决不是说凡事都可以拖上十年、八年。对于改革来说，时机非常重要，因为一个好时机并不是唾手可得的，而长期维持或保存下去就更是不容易，一方面是来之不易，一方面是稍纵即逝，所以改革必须当机立断，而决不能犹豫不决，贻误改革时机就会犯同改革急于求成同样性质的错误，甚至可能损失更大，后果更严重，这也是我反复强调在治理整顿中不失时机地加大改革分量的重要原因。第三，要注重改革的配套衔接。改革作为一个极其复杂的系统工程，各子系统之间的联系异常紧密，各项改革如财政、金融、物价、企业、计划、外贸、劳动工资乃至社会保障等体制之间必须注意相互配套，协同推进，任何一项改革"孤军深入"都不可能成功。第四，要妥善处理好计划与市场的关系。我们坚持计划经济，但不迷信计划，坚持市场取向的改革，但不迷信市场，要将计划经济与市场调节有机地结合起来，以发挥二者的优势，避免二者的短处。第五，由于我国财政一直面临着十分困难的局面，并且这种困难格局在短期内也难以扭转，所以，改革要以改善而至少不是继续恶化国家财政状况为原则，在改革措施的选择上也应多从增加财政收入、减少财政支出、增强财政宏观调控能力着眼。

　　记者：您是提出并力主市场取向改革的，比如在您主持下完成的"90年代'稳中求进'的发展和改革的基本思路"中就曾提出："对比于排斥市场机制的传统体制而言，改革是以市场为取向的。"对于"市场取向的改革"，人们有不同的理解，甚至有误解，请具体谈谈您的看法。

　　刘国光：这首先涉及对经济改革取向的理解问题。我认为，改革取向并不是指改革模式目标中计划与市场的重点选择问题，而是指改革的动向，改革中新老模式的转换方向，作为改革起点的模式与改革目标的模式在转换过程中的转换方向。从总体上讲，改革使我国经济体制模式所发生的变化，是从过去自然经济、产品经济为基础的、排斥市场的、过度集中的计划经济的体制，向着引进市场机制并按商品经济市场规律的要求来改造我们的计划机制。因此，一方面我们要引进商品经济，扩大市场调节范围，另一方面我们在对传统的计划机制进行的改造中要更多考虑商品经济、市场规律的要求，以此实现向计划与市场相结合的有计划商品经济的新体制过渡。这种由原来排斥市场经济、否定商品经济、限制市场机制作用到发挥和强化市场机制作用的改革，我认为就可以看作是"市场取向"的改革。由此可以看出，市场取向不是以私有制为基础的，而是以公有制为基础的；市场取向不是取向到无政府主义的盲目市场经济中去，而是取向到有计划管理、宏观调控的市场体系中去。如果把"市场取向"作为与计划相对立的概念，或者给"市场取向"赋予了反计划的含义，都至少是不甚精确的理解。

记者：有人认为前几年宏观失控和目前经济生活中出现的问题，都是直接、间接同过分强调市场的作用有关，对此，您怎么看？

刘国光：我不这么认为。我倒是觉得中国经济生活中出现的宏观失控等不正常的现象，恰恰是我们现在的市场很不完善，对传统的计划体制进行市场取向的改革还不彻底、还不配套所致，根本不是市场搞得太多的结果。

过去的十多年，我国的改革坚持市场取向取得了巨大的进展和成就，有力地推动了经济的发展。20世纪90年代，我们的改革仍然还是朝着前十多年走过的改革道路——有计划指导、有宏观控制的市场取向改革的方向前进，并在已取得相当程度进展的基础上，把市场取向的改革推向前进，进一步扩大市场机制的作用，按商品经济、市场规律的要求进一步改造我们的计划经济，逐步建立起计划经济与市场调节相结合的经济运行新机制。这里需要强调的一点是，我们主张"市场取向"的改革，但不迷信市场，市场不是万能的。总而言之，中国的希望和出路在于深化改革，改革的成功在于坚持市场取向。

记者：改革开放以来，我国已大体上形成了国有经济居主导、公有制经济占主体、多种经济成分并存的新格局，90年代毫无疑问也仍应发展多种所有制形式，其中包括适当发展私营经济（包括个体经济）。对于私营经济的存在和发展，人们认识不尽一致。请谈谈您的看法。

刘国光：客观地说，我国私营经济的存在和发展，在发展社会生产、方便人民生活、扩大劳动就业等方面发挥着积极作用。但是，私营经济作为一种非公有制经济成分，存在雇佣劳动关系，以追求剩余价值为直接目的，在运行上具有盲目性，依靠自发的市场调节配置社会资源，同计划经济有计划地配置社会资源存在对立和矛盾；而且由于私营企业非公有制的障碍，国家还不可能对其实现有效的计划调节，因此，私营经济又存在不以人们的意志为转移的消极作用。基于其两面性，所以我觉得，让私营经济，包括个体经济和其他经济成分，"继续在一定范围内适当发展"（《国民经济和社会发展十年规划和第八个五年计划纲要》）是完全正确的。通过健全的法规、政策以及经济、行政、法律手段的综合运用，加强管理，以规范私营企业的内部经济关系和经济行为，引导私营经济的健康发展。这包括完善税收政策，严格税收的征管工作；实施雇工劳动保护法，维护雇工权益，缓解雇主和雇工之间的分配矛盾；对生产经营型的产业予以鼓励，对流通消费型的产业予以引导限制等。这里应特别注意的是，不要"捆住'公'的，放开'私'的，管死'大'的，放活'小'的"，不能只向私营经济实行放开搞活优惠的政策倾斜，而使公有制经济在市场竞争中处于不利的地位。

记者：有人担心私营经济的发展会取代公有制经济的主体

地位。

刘国光：这种担心纯属多余。一方面，我们不是放任私营经济的盲目发展，而是利用各种手段，采取多种措施，对私营经济实行总体计划指导，使之纳入社会主义有计划商品经济运行的轨道。另一方面，在中国目前，私营经济只能走小型化、分散化的发展道路，因此，它的实力再翻番，比如在工业产值中的比重即使达到10%或更多些，也动摇不了公有制的主体地位。总之，我们鼓励私营经济的健康有序发展，充分发挥其有益的补充作用。

大胆求实进行理论探索*

——祝文汇报《论苑》出版满500期
（1992年3月5日）

文汇报理论版《论苑》已出满500期。9年来，《论苑》在宣传党的基本路线、宣传改革开放上，做了很大的努力，发表了不少好文章，推动了学术争鸣，受到理论界人士和广大读者的欢迎。在此表示我个人的祝贺。

中国的改革开放，现在正在进入一个新的阶段。十一届三中全会以来中国的发展经验证明，特别是近几年国际风云变幻中我国社会主义事业依然欣欣向荣的事实证明，改革开放是中国唯一的出路，而只有沿着邓小平同志开创的有中国特色的社会主义道路前进，改革开放才能取得不断的成功。当然，改革开放的事业不可能是一帆风顺的，需要不断探索，不断总结经验，提高人们在理论上的认识和自觉性。在这方面，理论界和理论刊物承担着重大而光荣的任务。我希望也相信，《论苑》今后能够更好地担负起这项任务，为推动改革开放事业做出新的贡献。

改革的探索，包括理论上的探索，既要大胆，又要求实。在探索中我们要努力不犯错误，但是不能因怕犯错误，就口将言而嗫嚅，足将进而趑趄。科学探索允许犯错误，重要的是要用实践来检验，对了就坚持推行，错了就改。因此，我们要建立有利于

---

* 原载《文汇报》。

理论探索的气氛和条件，最重要的是认真贯彻党的"百花齐放、百家争鸣"的方针。这是繁荣学术文化的唯一正确方针，也是推进改革开放必不可少的条件。希望《论苑》在这方面也做出榜样，成为百花争妍的理论园地。

谈谈我国所有制关系的改革*

——应德意志联邦共和国之邀访问德国时的学术讲演稿

（1992年3月）

一

我国新中国成立后，在20世纪50年代中期经过对生产资料私有制的社会主义改造，形成了以国有制和集体所有制两种形式的公有制经济为主体，同时其他经济成分也发挥补充作用的这样一种所有制格局。在社会主义改造过程中，由于对城乡个体和私营经济的积极作用估计不足，对私有制的改造要求过急，加上后来长期受到"左"的错误指导思想的影响，在所有制改造上盲目追求"一大、二公、三纯、四统"，以致个体和私营等非公有制经济几乎全部消失，集体经济也按"政企合一"的办法管理，国有企业统由国家直接经营。这种情况，使我国所有制结构趋于单一，给国民经济的发展带来消极后果。

20世纪70—80年代之交，我国开始对经济体制进行改革。改革以来，所有制问题在理论上有不少进展。我曾认为，有三大突破：第一，破除了"一大二公"或"越大越公越好"的旧观念，树立了由生产力的性质决定的、以公有制为主体的多种经济形式和多种经营方式并存的所有制结构的新观点；第二，破除了过去

* 原载《阵地》1992年第3期。

关于各种所有制间界限分明、壁垒森严的旧观念，确立了各种所有制成分可通过联合、参股、合作等方式互相交融的新观念；第三，破除了过去政企不分、两权不分、"越统越好"的旧观念，确立了所有权与经营权适当分离、政企分开的新观念。这些理论上的破和立，对推动和指导我国所有制改革的实践，起到了积极的作用。实践中，我们对各种经济成分的政策进行了重要的调整，主要有：在农村实行家庭承包责任制；鼓励乡镇、村办工业和扶持城镇第三产业集体经济的发展；鼓励和允许个体经济、私营经济的适当发展；鼓励外商在我国进行合资、合作或独资经营；探索发展包括多种经济成分的股份制经济，联合经营或合作经营；等等。这些政策措施的实行，逐步形成了以公有制为主体、其他经济成分共同发展的所有制结构。

二

改革头十年我国各种所有制形式在国民经济中所占比重和地位变化很大，举工业、商业为例。在工业总产值中，主要经济成分比重变化如下：

成分 \ 年份	1980	1990
国有制成分（%）	75.97	54.6
集体所有制成分（%）	23.54	35.6
公有制成分合计（%）	99.5	90.2
非公有制成分合计（%）	0.5	9.8

在社会商品零售总额中，主要经济成分比重变化如下：

成分 \ 年份	1980	1990
国有制成分（%）	51.43	39.6
集体所有制成分（%）	44.62	31.7

成分 年份	1980	1990
公有制成分合计（%）	96.05	71.3
非公有制成分合计（%）	3.95	28.7

统计资料表明，各种经济成分中，国有经济比重明显下降，它们在工业总产值中，1980年占76%，1990年下降为54.6%；在社会商品零售总额中，从51.4%下降为39.6%。相应地，非国有制经济比重，在工业总产值中由24%上升到45.4%；在商品零售总额中由48.6%上升到60.4%。这一趋势，在今后改革中还会继续下去。这种情况，在我国一部分人士中引起一种忧虑：这是不是对中国公有制主体地位，特别是国有制主导地位的威胁，现在要不要对不同所有制今后的发展规定一个限制的比例？

应当指出，国有制成分与非国有制成分比例关系的变化，不同于公有制与非公有制比例关系的变化。拿工业来说，虽然国有制所占比例下降幅度相当大，但是由于集体所有制（特别是乡镇工业）发展很快，它在工业总产值中的比重由1980年的23.5%上升为1990年的35.6%。这样，国有制与集体所有制加在一起的公有制总体比重下降的幅度并不太大，十年中公有制成分与非公有制成分的比例变化，仅从99.5∶0.5变为90.2∶9.8。整个公有制成分在国民经济中仍占压倒地位，国有制成分也未丧失数量上的优势。

还要指出，公有制的主体地位和国有制的主导地位，不能只从数量上看，还要看国民经济战略部门是否能由国有制经济所控制，更重要的是看公有制经济能否以自己的经营质量和效益的优势，在国民经济中发挥其主体和主导的作用。从改革以来的情况看，集体经济特别是乡镇企业的经济效益和发展势头还是比较好的，问题在于国有企业这一部分活力不旺。在目前的情况下，不宜于急忙规定不同所有制的合理比例，更不应当以限制非国有、非公有经济的发展，来保持国有制、公有制在数量上的优势，而应当在政策措施上把不同所有制置于同等地位，在平等竞争中考验各自的效益和生命力，让优胜劣汰的市场机制从容地决定各种所有制成分的发展界限。这种办法对于目前在数量上、技术上、实力上都占优势的公有制特别是国有制经济，不是一种威胁，相反的却是促进其加速改革、提高效益的一种强大的压力和动力，从而有利于整个经济的发展。

三

改革以来，我国在坚持公有制为主体的同时，允许并鼓励各种非公有制经济成分的适当发展，发挥其对公有制经济的补充作用，这方面取得了不少的进展。

首先，个体经济有了迅速的发展。到1990年年底，个体经济占全国工业总产值的比重，由1980年几乎为零提高到1990年的5.4%，其在社会商品零售总额中所占比重由0.7%上升为18.9%。到1991年年底，全国个体工商户发展到1414.5万户，从业人员2246万人，分别比上年增长6.5%和7.3%。个体工商业主要活动领域在零售商业、饮食业、服务业、修理业等与人民群众日常生活关系密切，而国营和集体单位很难顺应的第三产业，其经营服务网点占社会总数的80%以上，绝大多数分布在农村，在全国个体工商户总数和从业人员总数中，农村都占到70%以上。

其次，在个体经济发展过程中，出现了一部分雇工经营的私营经济。私营企业从1988年开始注册登记，到1990年年底登记注册9.8万户，1991年年底发展到10.8万户，从业人员184万人。私营企业主要活动领域在第二产业，特别是加工工业。在私营企业单位数中，工业占68.6%。无论是从总体上看还是分行业看，目前私营经济所占比重都还不大。①但是由于相当一部分私营企业以集体所有制的名义注册登记，私营经济的实际比重比现在统计数据反映出来的更大些。

再次，外资企业（包括中外合资、中外合作和外商独资）得到很大发展。到1991年年底，在工商行政管理机关注册的外商投资企业已达37 189家，其中，中外合资企业22 791家，中外合作企业8497家，外商独资企业5901家。外商投资企业注册资本中，外商认缴出资额占50%左右。1990年，外商投资企业的工业总产值为448.95亿元，占全国工业总产值的1.88%，外商投资企业对引进国外资金和技术、促进我国外向型经济的发展具有重要作用。但是从总体上看，外商投资企业的平均规模不大，在总产值中所占比重仍很小。随着投资环境的进一步改善，这方面的发展余地还是很大的。

此外，近几年来还出现了一批多种经济成分互相渗透、混合组建的股份制经济、联营经济和企业集团等，其发展方兴未艾，并将对我国所有制结构的进一步演变发生重要影响。

总之，改革开放以来，我国非公有制经济有了一定程度的发展，发挥了有益的补充作用。我国所有制结构的变化是适应现阶段我国社会生产力发展水平和基本国情的，这些变化对于促进我国经济发展、繁荣城乡市场、扩大就业门路、改善人民生活，带来了明显的效果。前些时，有些地方以"赎买"的形式，将个体工商户、私营企业转变为集体经济，这是不符合党的政策的。发展个体经济、私人经济不能刹车；把发展"三资"企业看成是发展资本主义也是不对的。实践证明，我国实行的"在坚持以公有制为主体的前提下允许和鼓励其他经济成分适当发展"的方针政策是有效的。我认为，在今后相当长时期中，应继续在一定范围

---

① 1990年，在工业、建筑业、交通运输业三个部分的总产值中，私营只占0.43%；在社会商品零售总额中，私营比重仅为0.57%。

内发展个体经济、私营经济和其他非公有制经济成分，进一步发挥它们对社会主义经济有益的补充作用，同时加强引导、管理和监督，防止和克服它们的消极作用。

四

作为我国所有制结构主体部分的公有制经济中，集体（合作）所有制尤其是其中相当一部分具有集体经济性质的乡镇企业，由于自主经营和参与市场竞争的程度比较大，所以经营活力比较强，进一步改革的难度也不太大。公有制经济的难点和重点，主要是在国有经济部分。

改革初期，为了改变国家对国有企业管得过多、统得过死的状况，改革是从适当扩大企业自主权起步的。以后在改革的实践中，对如何使企业特别是国有大中型企业真正成为自主经营、自负盈亏的经济实体，采取了不同的方式，进行了积极的探索。近几年来，绝大部分国有企业实行承包经营责任制，对增强企业的活力起到一定的积极作用。但是，这些改革还远远没有从根本上解决企业自负盈亏、自我约束等问题。由于各个经济部门之间、各种经济形式之间的竞争加强，目前国有企业的确面临着严峻挑战，相当一部分国有企业效率不高甚至下降，国有经济的发展速度大大慢于其他经济成分。

国有企业缺乏活力的原因，既有外部条件问题，也有企业本身机制问题。就外部条件来说，主要是国有企业负担的国家指令性计划任务、向国家上缴税利的任务以及社会福利任务，远远高于非国有企业。仅以税负为例，税制规定的名义所得税率，国有大中型企业为55%，私营企业为35%，外商投资企业为33%。从企业本身机制看，《企业法》赋予企业的基本权利，包括生产经营自主权、用工自主权和分配自主权，在执行中难以落实，企业的经营管理仍然没有摆脱"大锅饭""铁饭碗""铁交椅"的局面。特别是国有资产产权管理制度的改革滞后，使国有资产的经营效果和保值、增值，仍然处于无人关心和负责的状态。

如何增强国有经济特别是大中型企业的活力，是我国经济改革中的一个重大问题。我认为，为了集中精力搞好大中型国有企业，首先要把个数众多但产值税利比重不大的小型国有企业，通过租赁、出售等方式，转变为非国有企业，把它们彻底推向市场，完全自负盈亏。国有小型企业"包""租""卖"给个人或集体的主张，已经提出多时，但进展缓慢，其中一个原因是怕"私有化"。其实这是一种误解。国有小型企业租、卖给集体，转化为集体所有制企业，固不用说不是私有化，即使出卖给私人，也并不是把国有资产化公为私。因为这里实行的是有偿转让，国家从出售中以货币资金形态收回资产的价值，这笔资金仍可用于大中型企业的投资。这一措施，不会影响国有经济的主导地位，同时对于加快竞争性市场环境的形成，也是有利的。

关于大中型国有企业的改革，要针对企业外部条件和本身机制存在的问题，研究采取一系列对策措施。概括起来说，就是在改革国有企业外部环境、减轻它们的负担、创造平等竞争条件的同时，着重转换企业自身的经营机制，增强其自我改造、自我创新的能力，把企业推向市场，在竞争中求得发展。

转换国有企业的经营机制，提高其经营活力，其核心问题就是真正按照"政企职责分开""两权适当分离"的原则，理顺国有资产的产权关系。这里面包含了三重互相联系的机制转换：第一，是把政府所承担的国家行政管理者职能与全民财产所有者职能分开，改变两个职能系统紊乱和互相牵制的局面。第二，是把国有资产的所有权分解为"终极所有权"（属于国家）和"法人所有权"（属于企业）。第三，是企业在拥有"法人所有权"的基础上，在企业内部进一步实现所有权与经营权的分解和统一，使两权能够在企业内部互相制约，保证企业行为的合理化。只有完成这三个转换，企业才有可能成为真正自主经营、自负盈亏的市场主体。

当然，对于大中型国有企业，我们还要区别不同类型，探索国有制的不同实现形式。少数公益性、自然垄断性较强的企业，可以由国家直接经营，但也要政企职责分开；极大多数竞争性的大中型企业，国家只保留"终极所有权"，由企业法人完全自主经营。要找到体现政企职责分开和两权适当分离的要求的具体组织形式，国际经验表明，股份制可以成为这种形式。我国《国民经济和社会发展十年规划和第八个五年计划纲要》规定了要继续进行股份制试点，目前正抓紧制定股份制试点的有关政策规定，提出对股份制试点实行分类指导：积极推进法人持股的股份制，有计划有步骤地扩大企业内部职工持股的股份制，以及搞好向社会发行股票的股份制试点，等等。这项试验，正在稳步推进。

五

最后谈谈农村所有制改革问题。我国经济改革是从农村开始的。20世纪80年代初，农村结束了政企合一的"公社所有制"，普遍实行了以家庭承包为主的责任制，除了土地集体所有、农户承包经营外，其他生产资料允许农户私人拥有。在此基础上，逐步建立起包括农户家庭经营和集体统一经营的统分结合的双层经营体制。农村改革获得了巨大的成功，推动了整个经济的发展与改革。根据前十年我国农村改革的经验并考虑到我国农村生产力现状，今后的农村改革，仍要继续稳定以家庭承包为主的责任制，不断完善统分结合的双层经营体制，积极发展社会化服务体系，逐步壮大集体经济实力，以引导农民走共同富裕的道路。

目前，多数地方集体统一经营层次还比较薄弱，这就需要在稳定家庭承包经营的基础上，逐步充实集体统一经营的内容，壮大集体经济实力。但是，怎样才能稳妥而有效地解决好这个问题呢？这主要靠利用当地资源进行开发性生产，发展服务事业，靠集体自身的积累来解决，而决不可以重复过去人民公社平调农户财产的错误做法。

目前有少数地方，通过逐步集中农户土地，发展农业生产领域的合作，不断扩大土地经营规模，实行统一的规模经营。这一实践，对提高农业生产的社会化水平产生了良好效果，北京顺义县、山东平度县等地在这方面取得了成功的经验。这种农业规模经营方式，适用于目前集体经济实力雄厚、乡镇企业较为发达、农业劳动力转到非农产业的条件比较好的地方。而在广大农村，这种方式目前还没有多大的推广可能。

加快改革　促进发展*

——《中国工商》杂志记者专访
（1992年4月）

记者（孟详琳）：治理整顿的任务已经基本完成。今后的工作重点应当放在改革上，改革的步伐会加快。首先，请您对目前的经济形势做一个基本的判断。

刘国光：当前，总的经济形势是比较好的。去年（1991年）是我国"八五"计划和十年规划的第一年，头开得很好，同时，又顺利地完成了治理整顿的任务。表现的方面很多了，大家都是知道的。虽然华东地区遇到了特大洪灾，但全国农业生产还不错，赢得了第二个丰收年，粮食生产达4.35亿吨。工业恢复了正常增长，国民生产总值取得7%的增长速度，经过前两年的治理整顿，物价也很平稳。外贸增长非常快，外汇储备增加，各项事业欣欣向荣。

当然也要看到现在还有一些困难，目前效益还没有上去，财政困难，赤字每年都有所增加，还有经济结构不适应的问题，工业上"三角债"和产品积压问题也没有完全解决。为了更好地完成"八五"计划和十年规划，实现第二步战略目标，就要把目前存在的这些问题，特别是结构问题和效益问题很好地解决。解决这些问题的最根本途径还是深化改革。

记者：您一贯强调要为改革和发展创造一个宽松的经济环

　* 原载《中国工商》1992年第4期。

境，中国的经济要以改革来促进稳定，在稳定中求得发展。当前我国的经济逐渐摆脱了低速增长，呈现出稳定发展的势头，可否这样认为，现在又迎来了中国经济体制改革的"黄金时期"呢？

刘国光： 治理整顿的任务完成了，我们又进入了一个新的阶段，新阶段开了个好头。我们要更好地搞经济建设，更快地把经济搞上去。经济上去了是根本问题，是关系到我们国家长治久安、社会主义命运的最根本问题。

深化改革是社会各方面的呼声，也是党中央最主要的精神。现在要进一步加快改革的步伐，思想要更解放一点，胆子要更大一点，步子要更快一点，三个"一点"提出得很及时。实现第二步战略目标，要解决结构和效益问题，必须要加大、加快改革，从必要性上讲必须这样去干。如果我们不进一步深化改革，不解决结构上和效益上的问题，经济上不去，我们国家的长治久安、稳定的发展就无从谈起。老百姓尝不到甜头，生活改善不了就会有意见。经济没有搞上去就是没有认真地搞改革。所以，现在我们提出深化改革、扩大开放很有必要，意义很重大。

另一方面，我们现在也有这个条件。经过三年的治理整顿，经济环境比以前好了，经济秩序也好了，总的讲形成了一个经济比较宽松、人心比较安定、总需求和总供给比较平衡的环境。在这个环境之下，比较容易、比较适于进行体制改革和结构改革，可以放手来搞。假如我们在经济形势上很紧张、很不宽松，物价狂涨、通货膨胀，政治上又不稳定，人心又比较乱，那就没法搞改革。现在第一个是政治稳定，第二个是社会安定，第三个是经济发展很宽松。所以，可以认为出现了一个非常好的改革的环境，也可以说是出现了加快改革的"黄金时期"。

但是，搞改革也不能冒进，任何事情都不能盲目地急于求成，欲速则不达，想快反而慢了。经济体制的构成、运行、变迁也有个内在的规律。比如说不能下一道命令，就会有一个市场，市场的培育还要有时间。我强调尊重客观规律，不是说凡事都要拖上一万年。治理整顿期间，我也主张要抓住时机，适时、适度地推进改革，我们的改革必须只争朝夕，不能含糊，这是涉及我们社会主义命运的问题。

现在，要求我们把经济发展搞得快一点。我的意见，经济发展应该快一点，6%~7%从全国来讲是适中的。但有条件的地区可以更快一点，特别是广东、福建等沿海地区要求在比较短的时期赶上亚洲"四小龙"，内地的经济也要搞上去。当然要实事求是，齐步走很困难，先上去的地区要逐渐地做出一些贡献，帮助落后的地区把经济搞上去。

从国际上来看，旧的格局已经解体，新的格局还没有形成，新格局的形成还需要相当长的时期。世界局势动荡，困难、矛盾很多，欧洲过去是三十多个国家，现在是五十多个国家，矛盾重重，日美、欧美矛盾加剧，这些问题他们一下子消化不了。我们可以利用比较好的和平的国际环境，把我国的经济搞上去。

记者：为了正确处理稳定、改革与发展的关系，请您谈谈如何进一步深化改革。

刘国光：我认为中国的经济要以改革来促进稳定，在稳定中求得发展，这样才能真正实现国民经济的持续、稳定、协调发展。事实证明，我们国家只有在稳定的前提之下，才能搞经济建设和经济改革，建设和改革的成果才能实现更长久的稳定。经济上也需要先求稳定，然后才能够深化改革，加快经济发展。比如，在1988年治理整顿前，那个时候，急于求成，出现了大起的局面，经济过热，物价飞涨。那时候，我们的改革很困难，发展也很困难，不得不进行治理整顿，以便为我国改革和发展创造一个良好的经济环境和秩序。那时，我们提出三年治理整顿，实际上也是这样做的。所以说，首先要稳定，然后才谈得上发展。反过来说，治理整顿也不是不要发展、不要改革。治理整顿就是为改革开放和经济发展创造一个好的环境，实践证明这是对的。

另一方面，我们要有长久的稳定就必须把改革和发展抓起来。稳定、改革和发展是有机辩证的统一，要通过改革形成有利于经济稳定和经济发展的新的机制。为什么我们能渡过1989年春夏之交那场政治风波？其中很重要的一条就是经过改革，经济取得了成就，人民生活大大提高了，广大工人农民是基本稳定的。稳定是前提，只有在这个前提下才能为改革、发展创造条件。要长期稳定就必须搞改革，这个关系不理顺，经济就上不去，长期的稳定就谈不上。政治稳定很重要，我们要抓政治和经济稳定，同时抓深化经济改革和经济发展。须知，稳定是相对的，改革是手段，发展才是我们的目标。我们应当争取每过几年，在经济发展上能上一个新的台阶。

记者： 最后，请您展望一下今后我国的经济体制改革和经济发展。

刘国光： 从世界上来看，社会主义是进入了低潮，我们中国的社会主义事业却欣欣向荣。看来，只要我们按照党中央的既定方针，路线正确，解放思想，深化改革，扩大开放，把经济工作放在第一位，上下团结一心，我们完全可以实现我们的战略目标，社会主义在中国会开出鲜艳的花朵。

改革是第二次革命[*]

（1992年4月）

　　我国的经济体制改革已经进行了十余个年头，改革大大促进了我国社会生产力的发展，给整个社会经济生活带来了很大变化。这场改革究竟是什么性质的社会变革？它的意义何在？我国社会主义现代化事业总设计师邓小平同志作了精辟的阐述："改革是解放生产力""改革是一场革命""改革是中国的第二次革命"。这一系列科学的命题，像灯塔一样，拨开对于改革理解上的迷雾，照亮了改革的航程。

　　十余年来，国内国外，对于我国经济改革的性质有种种不同的议论。比如，有一些人把中国的改革看成是社会制度的根本变革，即从公有制为基础的社会主义制度变革为私有制为基础的资本主义制度，并且以此为标志来评判中国改革的进退得失。这种看法完全不符合中国改革的实际，完全是错误的。实际上中国的经济改革从一开始就明确是在社会主义基本制度范围内进行的，今后仍然要坚持社会主义道路，正如邓小平同志指出，中国改革是社会主义制度的自我完善，在一定范围内也发生了某些程度的革命性变革。

　　对于在社会主义基本制度范围内进行的改革，又应该怎样理解？有些同志认为，在社会主义基本制度建立以后，随着生产力的不断发展，社会主义生产关系和上层建筑中会不断出现一些不

　*　原载《改革》1992年第4期。

完善和不适应生产力发展的环节，需要不断地加以改进和完善。这种不断改进和完善生产关系和上层建筑具体环节，以适应社会生产力不断发展的过程，就是改革。这样，改革就被理解成为无所不包的变革，包括枝节的、局部的改善，并且贯穿于整个社会主义社会（包括初级阶段）的始终。我认为，这种理解也不符合我国正在进行的改革的实际。我国的改革，作为一个历史性任务，并不是从来就有的，也不着眼于遥远的未来；它也不是以枝节的、局部的完善为己任。中国当前的改革，是在20世纪70年代末期提出并开始进行的，它要求在一个不太长的历史时期（比如三四十年）从整体上完成对社会主义经济体制的根本改造。从历史的长河看，中国的改革不应该是时间无限拖延的缓进的量变，而应当是时间比较集中的急进的质变。我想，"改革是革命"的真谛，可能就在于此。

改革是第二次革命

　　几十年前，中国人民在中国共产党领导下，夺取了政权，建立了社会主义制度，解放了在旧社会剥削压迫制度桎梏下的社会生产力，促进了我国社会经济的发展。这是第一次革命。那么，几十年后的今天，为什么还要进行第二次革命呢？我体会，这不仅与旧社会遗留下来的束缚生产力发展的观念和制度残余（如封建残余）尚未完全肃清有关，更重要的是由于社会主义还很年轻，人们建设社会主义的经验不足。基于对社会主义不正确理解的传统观念建立起来的传统的计划经济体制，虽然在新中国成立初期国内外阶级斗争形势严峻、生产力发展水平较低而结构又比较简单的条件下，还能在一定程度上适应经济建设的要求，但在后来经济规模增大，结构日趋复杂，而国际国内条件又容许我们集中精力把经济搞上去的历史阶段，那种基于传统观念建立起来的传统计划经济体制就日益显现出僵化不灵，阻碍社会生产力的发展，难以迎击西方市场经济的挑战。这是历史的现实证明了的。这就需要进行以再次解放生产力为任务的第二次革命，就是从根本上变革束缚生产力发展的僵化不灵的旧经济体制，建立充满生机与活力的新经济体制。

历来的社会革命都负有把僵化体制变革为有活力的体制的使命。当前进行的第二次革命与历来革命的不同之处就是这种体制变革不与社会经济基本形态、基本制度的更迭相联系，不与政权的更迭相联系；相反，它要求以政局的稳定和民主法制的强化为条件，以进一步发挥社会主义的优越性、巩固和发展社会主义的基本制度为目标。邓小平同志在谈到机构改革也是一场革命时说，"这不是对人的革命，而是对体制的革命"。这个命题适用于整个改革事业。当然，对体制的革命，不可避免地涉及作为体制模式理论基础的人们思想观念的更新，涉及作为经济机制内核的人们利益关系的调整。实践证明，思想观念的更新和利益关系的调整，正是体制改革自始至终都要遇到的两大难题，也是改革的整个进程中必须着力解决好、处理好的问题。

从我国当前正在进行的改革来说，要从根本上变革经济体制，我认为必须把传统的社会主义经济模式来一个大的转换，即从过去在自然经济和产品经济观念基础上形成的排斥市场的计划经济模式，逐步地转换为以有计划商品经济理论为基础的社会主义商品经济即市场经济模式。当然，这里讲的是社会主义的市场经济模式，它具有公有制和按劳分配为主体等社会主义的基本特征，以区别于资本主义的市场经济。这一模式转换已经进行了十余年，颇有进展，但看来仍需二三十年，才能基本到位。这一转换过程之所以如此步履维艰，曲折复杂，关键仍在于某些传统观念不易摆脱，某些集团权益受到影响。所以，目前要加快改革步伐，关键仍然是坚持实事求是，进一步解放思想，并审慎处理好各方面的权益关系。

关于国家机关、事业单位工资
改革的几个问题*

（1992年5月）

在国家机关、事业单位如何贯彻按劳分配原则，克服平均主义，建立适应有计划商品经济发展要求的新型工资体制模式，是目前经济理论界和实际部门共同探讨的重大课题。为完成这一课题，需要集结各方面的智慧，求得共识。这里，我只就该课题的若干方面谈一些看法。

一

在具体研究和设计"八五"计划和20世纪90年代国家机关、事业单位工资改革方案时，需要有一个明确的指导思想，对总体思路、实施步骤以及长期和短期的关系，需要有一个清晰的认识，不能满足于就事论事，而应当在汲取前期改革合理成分的基础上，在工资形成和增长机制等方面有所突破。这就有两个问题首先要考虑：一是如何评价1985年的工资改革方案；二是怎样认识当前工资工作中的新矛盾和新问题。

从改革的延续要求看，我们没有必要完全否定1985年的方案。实际上，1985年的方案仍有一些值得总结的东西，包括：

---

* 原载《中国人事》1992年第5期。在写作过程中，刘福垣、解书森、陈东琪同志参加了讨论，提供了一些资料。

（1）建立以职务为主的结构工资制，把工作人员的工资同其职务、责任联系起来，从而初步突破了近30年的职级不符、工资与职务脱节的工资体制模式。（2）把工资分为基础工资、职务工资、工龄津贴、奖励工资四个部分，初步解决了传统工资制度中工资标准过多、规定过繁和工资职能混乱的弊端。（3）提出事业单位工资实行分级、分类管理原则，鼓励有条件的事业单位向独立核算、自主经营、自负盈亏、自主分配的企业化方向发展，从而为改革事业单位传统的高度集中分配模式提供了思路。（4）确定职工工资总额随着生产的发展与国民收入的增加适当增长的原则，提出了建立正常晋级增资制度的设想。

1985—1990年，通过工资改革和工资调整，国家机关、事业单位中部分较为突出的工资矛盾有所缓解。

从改革的递进性要求看，1985年工资改革还有很大局限性，尤其是在企业工资分配决策权下放后，国家机关、事业单位的工资机制与有计划商品经济的发展要求愈益不适应，需要进一步改革。现在看来，在现行工资体制下，产生了一些新的矛盾和问题，它们是：（1）死与乱并存。一方面，统的方面过强，把国家机关、事业单位每个工作人员的工资都管起来，工资内卡死而工资标准存在很强的刚性，不同部门和地区不能根据自己的特点调整其档案工资结构；另一方面，工资外收入失去控制，不仅补贴、津贴、奖金等名目繁多，而且创收收入、福利性和实物性收入分配的渠道也光怪陆离。单位主管的工资外分配权非常大。整个宏观工资形成和增长既不透明，又表现出严重的无政府状态。（2）内部平均主义方式的分配不公和社会分配不公同时存在。现在结构工资制内部级差小，忽视年功贡献，没有适当拉开档次，工资的"平台"扩展为"平原"，加上补贴、津贴和奖金等"工资外收入"一般是平均发放，形成了新的平均主义倾向。这种平均主义严重破坏按劳分配原则，挫伤了职工的积极性，也是分配不公的一种表现。与此同时，社会上不同所有制之间，公有制内部不同单位、行业，不同企业，企业与机关、事业单位之间，由于对资源占用、占用机会不均，政策宽严不等，税收调节不力，造成收入严重不公。少数人不是靠劳动、不是靠自有财产致富，而是靠钻政策空子，靠公有的、他人的财产牟取暴利。虽然人数少但影响大，这种社会分配不公是社会秩序稳定的破坏因素。国家机关、事业单位职工的工资收入较大幅度低于生产、经营部门同类人员工资收入，这种分配不公对提高机关、事业单位人员素质、工作效率和廉政建设极为不利，应当引起我们高度重视。（3）实际工资大起大落。1985年以来，国家机关、事业单位平均实际工资表现出明显波动，有的年份陡增为两位数，有的年份出现负增长，最高年度与最低年度工资增降幅度的绝对差达16.87%。实际工资大起大落，波动剧烈，这说明现行工资模式没有形成正常的工资增长机制。

二

国家机关、事业单位工资分配中诸多问题的产生不是偶然的，而是复杂的主客观因素交错作用的产物。改革是一个利益调整过程，它总是要破除传统体制下以行政决策为特征的不合理利益格局，逐步培育符合有计划商品经济要求的新利益格局。这势必出现一个过渡性的新旧分配体制并存的阶段，形成两种分配秩序之间的摩擦，这有一定的必然性。和其他改革一样，分配体制改革也不可能一步到位。在不同改革阶段，对工资关系的调整有不同针对性，有不同的重点。例如，在实行产业、行业和部门倾斜政策时，随着资金、技术等投入的倾斜，工资也势必发生相应倾斜，以引导劳动要素的流动。有倾斜，就会出现倾斜强调部门的职工工资"增长更快"的情形。另外，改革是一个学习和摸索的过程，很多问题在改革过程中解决了，但随之又会产生新的问题，尤其是当分配体制的改革尚未触动机制，而只是做一些贯彻按劳分配原则的行政调整时，并由此而出现分配领域的"改革周期"。在这个意义上说，分配领域以加速机制转控为重点，尤为重要。我们不能只是在既定的行政分配框架内调整来调整去，分配机制转换同样是国家机关、事业单位工资改革的主要任务。

同时，我们在分配观念上也存在偏离生产力标准、过分迁就平均主义的倾向。以往，在调整国家机关、事业单位与其他行业工资关系时，主要不是根据国家机关在经济、社会管理中的地位和作用，科研、教育、卫生等部门对推动现代经济增长的地位和作用来考虑问题；而更多考虑的是传统心理下社会承受能力，尤其是以财政开支能力作为方案设计和实施的关键因素。"工资改革由财政决定"的思想一直支配着我们的观念。当然，在进行工资调整改革时考虑社会承受能力和财政状况是必要的，否则会造成社会不安定和宏观工资控制失衡。但是，如果不是从转换分配机制这个长远目标出发，不是从机构设置、人员安排和总工资形成与工资内部档次结构统一来考虑问题，在工资增长和国民收入与劳动生产率增长之间建立自动协调的机制，工资改革就将无休无止。尤其是，如果企业这一块的工资形成和增长更多地受市场调节，而国家机关、事业单位这一块老是在原来的行政框架内进行几年一次的大调整，不但会产生两个领域之间工资分配的人为不平等，而且会使国家机关、事业单位的工资增长出现大起大落，要么是工资总额不调整，职工实际工资不长甚至下降，要么是做一次大调整。从前几次工资调整来看，主要办法是通过纵向关系，利用行政手段解决浅层次矛盾。除1985年工资改革初步涉及机制调整外，其后几次只不过是加一加资金和物价补贴，增一增工龄工资。这些做法有其必然性，因为一般来说，如果价格改革使职工实际工资下降时，不给职工物价补贴是不合理的。但按绝对量给补贴（每人几元钱）而不是按工资量函数补贴，事实上造成了新的平均主义。另外，最近几年物价总水平每年上涨只有2%~4%，在这样的情况下，是不是每搞一次价格改革就非要给居民以物价补贴呢？这是个值得研究的问题。但有一点可以肯定，前几年的补贴的的确确带来了新的平均主义。

从以上的分析可以看出，目前讨论国家机关、事业单位工资改革，一方面要全面把握它与企业工资分配总体格局的新特征、新矛盾，同时要从分配改革的指导思想上做一些转变。这就要从实际出发，寻找与企业工资形式和增长机制大体协调的国家机关、事业单位工资改革的途径和实现模式。

三

目前工资分配领域中的双重体制摩擦，特别是国家机关、事业单位工资分配机制转控滞后的问题需要通过深化改革来解决。这就要求我们摸清情况，转换观念，汲取各方面的力量来共同讨论一个行之有效的改革思路。然而在形成思路和方案前，似乎有几个方面的问题需要有一个基本共识。

1. 关于在分配中落实"科技是第一生产力"思想，体现宏观管理人才和其他知识分子在四化建设中的作用问题。邓小平同志早在改革初期就提出了"尊重知识、尊重人才"的战略任务；1988年8月，提出"科学技术是第一生产力"的科学论断，提醒全党、全国人民高度重视这一事关社会主义现代化建设全局的重大问题。但是，如何在分配中贯彻落实"尊重知识、尊重人才"和"科学技术是第一生产力"的思想，我们的工作做得还很不够，在具体实行时还有一些认识不一致，存在一定程度的思想僵化。"只有物质生产过程中的劳动才是劳动"的传统理论观点还在或多或少地影响我们的分配政策的形成，没能充分注意到现代经济增长源泉的变化趋势，没有看到现代化任务完成的主要推动力是管理（特别是宏观管理）和科技对质量和效益提高的作用。我们较多注意的是体制方面，而对管理和科技有一定程度的忽视。

在我国，国家机关是行政管理和经济管理的职能部门，能否拥有一支稳定、精干、廉洁、高效的公务员队伍，直接决定国家机关管理职能的发挥，始终关系国家的安危与兴衰。当前双重模式的转换，对国家机关工作提出更高的要求，吸引、稳定优秀人才从事国家行政管理工作显得更为重要。科研、教育、卫生、新闻出版等事业单位一般具有知识密集型的特点。在科学技术成为第一生产力的大背景下，我国经济能否在20世纪90年代和21世纪前十年顺利实现效益型高度增长，社会主义四个现代化能否顺利实现，关键在于科学技术对劳动生产率和国民经济增长份额贡献的扩大程度。要有效发挥科学技术作用以促进生产力发展，其关键又在于能否持续扩大知识密集型劳动队伍。可见，吸引人才、稳定人才、扩大人才队伍，已成为中华民族命运前途关系之所系。

在有计划商品经济条件下，收入分配直接影响劳动要素的配置和社会成员成长类型的选择。体现知识价值的分配政策不仅会起到正确的人才导向作用，而且能塑造出崇尚知识、励人成才的社会环境；降低乃至忽视知识价值的分配政策，则会造成知识无用的氛围，使人才外流，降低全民族的平均文化素质。由此可见，其对知识分子的工资政策影响很大，意义久远。因此，必须下决心在工资分配上落实"尊重知识、尊重人才"，理直气壮地提高管理者和知识分子的工资待遇。

2. 关于国家机关、事业单位工资分配贯彻计划和市场调节相结合原则的问题。改革以前，工资分配中的完全行政决定和国家统一工资制度，使工资不可能反映劳动市场供求状况，造成铁工资，培育了平均主义。在有计划商品经济条件下，国家机关、事业单位要破除铁饭碗、铁工资、铁交椅，设计一个合理的工资结构体系，确定一套受政府有计划指导的统一工资标准是必要的。但这还需要根据国家机关、事业单位的特点引进市场机制，通过对国家机关、事业单位劳动就业制度进行改革，来革新其工资体制。这里的关键问题是，不能单纯就工资谈工资改革，还要把工资改革同机构改革、干部人事制度改革结合起来。要创造一个劳动供求关系影响工资变动，而工资又对劳动供求平衡具有灵活、自动调节功能的机制。不建立这样的相互影响的调节机制，只是加工资，其后果，一是财政有困难，二是企业会攀比，特别重要的是，如果不把机构改革考虑进来，即使增加工资总量，到头来还是国家机关、事业单位工资水平大大低于企业人均工资水平。以前我们主要是对国家机关、事业单位和企业这两块的工资总额算总账，注重两个工资总额各自所占份额，这无疑是要考虑的。但是，如果国家机关、事业单位工作人员膨胀增长很快，即使工资总额保持不变，人均工资水平也还是要下降的。因此，"吃皇粮"这一块的就业制度要改，要考虑逐步引进市场调节。它要与工资改革同步或者略早一些，加快改革步伐。如果它的就业体制改革滞后，工资改革的实际意义就会降低，平均主义的格局就要延续下来。

我们注意到，国家机关、事业单位具有与企业不同的劳动特点，其劳动成果不能直接在市场显示，劳动的投入和产出量难以计量和比较。但经过仔细分析，我们发现，在国家机关、事业单位与企业分配上，可以采用模拟市场分配的办法，通过与企业同类人员收入进行比较，便可以较方便地引入市场分配机制。其比照的基础是企业这一块的市场平均工资水平。其实，这也是实行公务员制度国家通用的"平衡比较"方法。当然，我们没有必要完全照搬西方市场工资制，在"吃皇粮"和企业这两块的工资总额的确定，工资内部的行政、技术类别、工资增长与国民收入增长关系的确定等方面，可以保留比较强的计划指导的政府干预。因此，有中国特色的工资分配模式同样应贯彻计划和市场相结合的原则。

3. 关于建立宏观分配调控体系的问题。模式转换期间经济运行的不规范和分配格局的多元化，加大了搞好工资改革的难度。要有效地推动机关、事业单位工资改革，建立既有助于发挥工资职能，又便于搞好宏观调节的分配调控体系，极为重要。

宏观分配调控体系的主要职能是搞好总量控制和优化分配结构。所谓搞好总量控制，是指在国民经济总体关系上，要保持生产和消费的合理比例关系，使消费基金随着社会经济的发展适度增长，防止社会消费的膨胀或萎缩。模式转换前期，消费膨胀是社会消费的主要倾向，应以抑制社会个人收入膨胀为宏观控制的主要目标；所谓优化分配结构，是指合理调节国家机关、事业单位与非公有制分配形式之间，不同地区之间，不同部门、行业、企业之间，不同人员之间的收入关系，克服平均主义和苦乐不均，防止社会分配不公现象的蔓延。

个人收入分配宏观调控体系在体制上要实行集中与分散、集权与分权、控制与变通相结合，做到管而不死、活而不乱；要综合利用经济手段、法律手段、行政手段，并根据不同阶段不同特点，使用手段有所区别。但无论在什么时候，都必须重视税收对调节个人收入的作用，充分发挥税收的功能。税收是覆盖全社会的，因此，不仅要加强对个人收入的税收调节，还要建立和完善对企业和其他经济组织的税收调节体系。

个人分配宏观调控体系有效运转的基础在于培育合理的调控机制，包括激励机制和约束机制；与此同时，应该重视预警工作，建立宏观预警系统，预测社会消费的发展趋势，对消费过热、消费疲软及消费结构变化做出超前警告，为合理进行国家机关、事业单位工资调整提供依据。

在中国社会科学院日本研究基金
首届颁奖大会上的讲话*

（1992年5月19日）

尊敬的隅谷三喜男教授和夫人，各位学者，女士们，同志们：

今天我们在这里隆重举行中国社会科学院日本研究基金首届颁奖大会，请首先允许我以中国社会科学院日本研究基金理事会的名义，并代表中国社会科学院，向慷慨赠款我院设立日本研究基金的隅谷三喜男教授表示衷心的感谢！向所有关心和支持中国社会科学院日本研究基金工作的日本和中国的朋友们表示衷心的感谢！

隅谷先生是日本著名的经济学家和社会活动家，特别在劳动经济学和亚洲经济开发研究等方面，成就尤为卓著。他著作等身，著有《劳动经济论》等70多部论著，发表有250多篇论文，是深受日本学术界尊敬的学者，被称为日本劳动经济学的奠基人之一。隅谷先生以其令人敬佩的精力，活跃在日本社会，特别是日本学术界。他曾同时担任日本学士院院士、东京女子大学校长、东京大学名誉教授、日本社会保障制度审议会会长、物价安全政策会议议长、日本劳动协会会长、日本和平构想委员会委员长等多种职务。

---

* 原载《社科书讯》1992年第5期。

刘国光

经济论著全集

第
9
卷

隅谷先生是中国人民尊敬的老朋友。他在繁忙的工作日程中，经常安排有支持中国人民、促进中日友好的活动，做了许多卓有成效的工作。他青年时代就同情中国人民，反抗和抵制帝国主义，曾因此被捕入狱。大学毕业后，他怀着"成为被压在社会最底层的人们的朋友"的愿望，来到处于日本半殖民统治之下的中国东北鞍钢前身的日属制铁所，努力"做过一些为改善中国工人的工作和生活条件的事，结交了不少中国朋友"。1976年，他作为东京大学教授访华时，对中国的沧桑剧变和人民丰衣足食的景象表示由衷高兴，并对中国社会发展和经济建设表示深切关心。他在担任日本劳动协会会长之后，把劳动协会变成了对中国交流的窗口，与我国劳动部、全国总工会建立了密切关系。20世纪70年代末，在担任东京女子大学校长时，他在学校专门设立了中国留学生奖学金。前些年，他见到中国自费留日学生因经济条件不稳定给学习造成的困难，便在《朝日新闻》上撰文呼吁社会各界解囊相助，并联合日本社会知名人士发起成立了旨在为中国留学生提供奖学金的东方学术交流协会，亲自担任会长，为中国留学生排忧解难，并鼓励留学生为祖国发展潜心学习，学成回国参加祖国建设。隅谷教授现已75岁高龄，仍热心于促进中日友好，增进中日友谊。今年年初，他将花费一生心血收藏的近万册珍贵图书赠送给了北京大学。我院的日本研究基金也是以隅谷教授的赠款为基础建立的。现在他还在积极扩大基金，希望日本研究基金工作进一步发展，不仅奖励日本研究优秀成果，而且能逐步开展资助日本研究课题和资助日本研究优秀成果的出版，并计划结合资助的课题研究，由中国社会科学院日本研究基金理事会遴选推荐人员到日本学习、考察、进修。他还是北京大学、辽宁大学名誉教授。朋友们，我相信我国从事日本研究的广大学者，一定和我一样，对隅谷先生如此关心中国的日本研究事业，热心于增进中日友谊的美好感情，感到十分高兴和鼓舞。

我提议，让我们用热烈的掌声，对隅谷先生的深情厚谊，再次表示诚挚的感谢！

我还高兴地报告大家，隅谷教授的传记①，不久将由我院社会科学出版社出版。大家会从这本书中更清楚地认识一位把全部身心奉献给科学事业、奉献给劳动人民、奉献给中日友好事业的学者，他和我们一样，祈愿中日两国"在信赖和友爱之中结出更多硕果"。

刚才，朱崇利先生代表日本研究基金评审委员会报告了评选结果，有六部著作获奖。我代表中国社会科学院日本研究基金理事会和中国社会科学院，向获奖作品的作者表示热烈的祝贺！祝贺你们取得的良好成绩！感谢你们为我国的日本研究做出的贡献。

日本是东方经济发达的国家，是我国一衣带水的邻邦，两国的文化传统关系源远流长，极为密切，中国政府和人民十分重视中日友好，十分重视对日本的研究和两国关系的研究。特别是实行改革开放政策以后，我国对日本的研究，有了可喜的发展。从中央到地方，已经形成一批研究力量，北京和沿海省市相继建立了一批研究机构，创办了专门的学术刊物，并且已经出版了一批学术研究成果。这对我们借鉴日本经济社会建设经验，对发展中日友谊，对亚洲地区的和平稳定，无疑都具有积极意义。这次评奖，虽然入选作品不多，但还是表明已经开始出现一批质量较好的研究成果了。尤其令人高兴的是，有志于日本研究的人越来越多，研究的领域越来越广，其发展势头，方兴未艾。我相信，在隅谷三喜男为代表的日本朋友的关心与协助下，在中日友好人士的共同努力下，中国社会科学院日本研究基金的事业将得到发展，中国学者对日本问题的研究水平将进一步提高。我们有理

在中国社会科学院日本研究基金首届颁奖大会上的讲话

---

① 作为"当代日本名人丛书"的第一本《学问、信仰与人生——隅谷三喜男传》，即将与读者见面。

由、有信心期待下一次评奖时，有更多的水平更高的优秀研究成果出现。

我的讲话完了。

谢谢大家。

德国国有企业的管理和改造*

——访德纪要

（1992年5月30日）

一、国家在经济领域中的作用

社会市场经济是20世纪50年代以来联邦德国经济学家和政治家们引以为自豪的创造。它的特征是社会保障网与自由竞争相辅相成，既与19世纪的经济制度相区别，又与指令性计划经济有差异。

国家在经济领域中的作用，首先是建立秩序，即确定国民自由进行经济活动的范围。它与实行指令性计划经济的国家不同，并不规定国民该干什么，而是用法律框架指明不该做什么。例如，消费自由但是不准吸毒；经营自由但是不准走私；择业自由但是不准"打黑工"；等等。构造和维护这样的法律框架，正是立法和司法机构的任务。

其次，国家通过宏观调节引导经济活动朝着预期的方向运行，以求在经济持续增长的同时，保持币值稳定、物价稳定、高

---

* 刘国光等于1992年3月7—17日应邀赴德，对柏林、基尔、汉堡和慕尼黑的经济研究所，布来梅和波恩的公共参股企业，以及联邦经济部和财政部，艾尔哈德基金会和德意志研究联合会等进行了访问。此系就德国的经济政策、原民主德国有企业的调整和原联邦德国公共参股企业的管理问题撰写的访问纪要，得到中国社会科学院经济所朱玲的协助；原载《光明日报》。

就业率和对外贸易平衡。联邦德国的宏观调节系统制度的特色是：官方、半官方和民间机构多方参与、相互制衡。联邦银行是法定的货币发行银行，其作用在于保持币值稳定。该行的股份资本属于联邦，但它并不听命于政府的指令，而是独立地制定货币和信贷政策。当然，联邦银行在履行职能的过程中支持着政府的一般经济政策。值得强调的是，40多年来尽管政府换届数次，执政党也并非总是同一家，联邦银行却不受政治风云变幻的影响，一直奉行反通货膨胀政策，严格控制货币发行量，并通过最低储备金、再筹资和公开市场等调节手段对信贷和投资行为施加影响。20世纪70年代至80年代末，用消费物价指数衡量的通货膨胀率平均每年不超过1.5%。虽然德意志马克的稳定还取决于其他因素，但是联邦银行的独立地位，无疑为达到这一目标提供了制度保障。

联邦政府对经济事务的管理，由于不直接干预企业经济活动，相对于该国强大的经济可以说是小政府。东西德统一之前只有17个部，统一之后也不超过20个部。其中，经济部和财政部在经济管理中举足轻重。经济部的职能是，通过推行经济政策来保证市场竞争规则不被侵犯。他们认为，市场竞争犹如足球赛，政府的角色是充当裁判，而不应混在球员中踢球。国家管理经济的原则是：尽可能少地干预，只是在必需的地方参与。例如，为了维护竞争就必须反垄断，联邦于1957年颁布了卡特尔法，专司监督、管理之职。大企业之间的联合与兼并行为都必须向政府申报、登记，私下缔结协定便是犯规，自有司法部门制裁。

在联邦德国，"国家"的概念并不仅仅指联邦，它还包括16个州和社区（市或区）。宪法规定了这三个层次的职权范围，相应实行三级分税。1990年全部税收的分割比率为：联邦47.1%，州35.3%，社区13.7%。还有3.9%的税额上缴欧洲共同体财政，这笔税额来自关税、农产品进口关税附加、增值税和成员国国民生产总值税。1990年以来，联邦、州和社区三级税收总额每年约占国民生产总值的24%。1990年国民生产总值达24255亿马克，税收占22.7%。就三级政府的财政支出和社会保险支出总额占国民生产总值的份额而言，1969年为39.0%，1982年提高到50.1%，1989年降至45.3%；1991年由于对原东德地区的大规模资助，又增加到49%。在全部国家支出中，政府财政支出约占2/3，其余1/3为社会保险支出。联邦政府财政部除了在编制财政预算、制定和推行财政政策方面发挥管家作用外，还在国有资产管理中充当协调员。其协调作用一方面在于，其他政府职能部门作为联邦的代表在有关企业中参股，批准权在财政部；另一方面，财政部给予这些部门财政管理指导。国家的参股原则是：只在不盈利或不以利润为目标的领域（如公共交通和邮政）做股东。之所以确定这一原则，他们认为，在企业经济活动中，个人积极性和企业家精神远比国家直接操纵高明得多。

总之，国家的主要作用，一是制定市场竞争规则，监督经济主体遵守法律。二是通过调整政策影响企业和个人的经济行为。三是直接投资于公共基础设施建设，提供服务，并以参股的方式控制那些对国民经济至关重要的企业。四是以社会保障制度和政府的财政手段校正竞争的偏差，例如结构性失业和地区差别等。五是部分有关国计民生的商品价格管理，例如与欧共体其他成员国商定牛奶和粮食价格。

如此看来，尽管社会市场经济制度建立在个人财产所有权和个人主动性的基础之上，国家的作用却几乎无所不在。不过，就国家与个人的关系而言，它与中央计划经济体制的一个显著差别是，赋予个人自主决策的自由，又使其承担对国家和社会的义务（例如依法纳税）。这样，个人并不依赖于国家，市场机制始终保持对个人创造性和积极性的刺激。对这一背景的掌握，将有助于理解联邦德国改造国有企业的理论和实践。

二、德国西部国有企业的民营化进程

与英、法等国不同，西德（以下简称德国西部为西德）的国有企业来自以往德意志帝国的遗产，例如民营化之前的大众汽车公司、煤炭电力股份联合公司和普鲁士矿冶股份公司等。与其邻国在第二次世界大战后都曾推行过国有化政策相反，西德早在20世纪50年代末就开始了国有企业民营化进程。

当时的西德经济部长艾尔哈德奠定了民营化的理论基础。他认为，必须采用民营化手段将国家与企业分离，使前者返回其应有的职能范围，将后者送入市场，并置于众多股东的监督之下，引入独立于政府的经理集团，在市场竞争中提高效率。民营化的企业将由于自负其责而发挥主动性，谋求技术创新和经济增长，从而扩大资本和增加就业。艾尔哈德建议，在民营化的同时，分散资产所有权，使低收入阶层也能分享生产资本。这些建议导致了民营化和人民股份的诞生。

1959年，西德政府将普鲁士矿冶公司以票面价值8100万马克的股份出售给大约22万人。1961年，大约155万人购买了大众汽车公司票面价值3.6亿马克的股份，这笔资本占当时大众汽车公司资本的60%。1965年，购买煤炭电力公司股份的公众达2600万人。到1987年，西德全部售出所持有的上述企业的股份。这些企业民营化后的经营状况与民营化开始时相比，普鲁士矿冶公司的年利润由520万马克增加到1991年的1.2亿马克；大众汽车公司的年利润由1961年的720万马克增加到1991年的10亿马克。1958年，普鲁士矿冶公司的雇员为21682人，如今达到72000人。1960年，大众汽车公司的雇员总计64139人，目前仅在德国就雇用了13.1万人。

作为民营化进程的副产品，联邦政府用出售大众汽车公司

刘国光

经济论著全集

第
9
卷

股份所得的资金建立了大众汽车基金会，专门资助自然科学和人文科学研究。30年来，其已经提供了34亿马克的科研资金。1990年，其又用出售萨尔斯格特股份公司的收入建立了环境保护基金，预计每年可支付2亿马克资助科研和环保技术应用项目。1991年，它将7.2亿马克用于原东德地区的环境保护项目。

1990年年底，联邦直接或间接参股的公司还有411个。在每个公司的股份总额中，联邦持股至少占25%，票面价值最低达10万马克。联邦参股的重点是托管局、联邦的工业资产、银行、交通运输、科学研究和发展中国家援助领域。铁路和邮政是联邦参与最大的资产。在这411个公司中，具有公法和私法（民法、商法等）规定的法律形式的企业只有202个。余者虽按公司形式组织和管理，但是并不具备法人资格或并非是企业，例如联邦的科研管理组织和基金会。

这202个企业的股份资本总额达144亿马克，其经济活动主要涉及银行信贷、公用基础设施建设和管理以及公共服务领域。它们当中知名度较高的有汉莎航空公司、法兰克福机场、联邦邮政、联邦铁路和所属企业、德意志契据和地产抵押银行、莱茵—美茵—多瑙水电公司等。1991年，联邦政府在年度经济报告中宣布，将重新审议所有联邦参股的企业，逐一权衡是否继续持股和参股的程度。1992年，纳入民营化计划的企业有12个，其中包括汉莎航空公司和法兰克福机场。

民营化并非是经济政策的目的，而是改善企业经营管理的手段。就这些国有企业的所有者而言，个人股东的参与，必将增强企业提高效率的推动力；国家股的存在，则为维护公共利益提供了监督权。法律规定持股25%以上的股东，有对股东大会决议的否决权；持股51%以上的股东，企业经理会有义务向其报告一切重大决策；持股75%的股东实际上就完全控制了企业。据此，联邦依据企业的性质，将有的股份全部出售，例如大众汽车公司；

而对有的企业则保留绝对多数，例如，联邦只把它在德意志交通信贷银行的股份降至51.1%；还有些企业的民营化目标，是将联邦持股减少到25.1%，例如Schenker&Co铁路运输有限公司。可见，民营化并非意味着将国有资产全部变为私有财产，而是调整国家对企业直接控制的程度。即使民营化计划全部完成，联邦德国经济仍将是多种所有权并存的经济，但保留下来的国有企业和程度不等的国家参股企业必须减少依赖性，更加主动地迎接市场竞争的挑战。

联邦德国现有国有企业的经营管理，与非国有企业没有什么不同。政府制定的原则是：其一，企业必须进入市场，基于成本—收益的计算进行运转；其二，执行公共职能的企业必须形成资产所有者意识，用自有资本满足公众逐渐增加的需求。国有企业具体的管理方式，并非只有一个简单的模式，而是按其所属行业及对当地经济发展的影响不同而千差万别。这从以下两例中可略见一斑。

例1，联邦高速公路附属企业有限公司的资产100%归联邦所有，它的职能是投资和管理全国高速公路沿线的加油站、汽车旅馆、快餐店和休息场地。公司监事会有政府交通部的官员作为联邦利益的代表参加；但是经理会成员则都是招聘来的专业技术人才，并无公职人员。宪法和国家公路法规定，联邦负责高速公路的规划、土地的购买和公路的修筑，路段所有的州承接联邦的委托，参与建设和管理。这也是该公司经营活动的法律依据。以此为基础，公司于1953年与联邦政府签订了合同。按照合同规定，公司负责高速公路附属服务设施的规划和投资，这些设施则出租给个人经营。如果用我国习惯的术语概括，这种资产管理形式可以说是承包加租赁。

例2，布来梅港储运股份公司。布来梅是一个港口城市，享有州的地位，市内经济多与港务相关，有史以来港口一直归该市所有。它与储运公司既有租赁，又有参股，还有行政管理关系。港口土地由布来梅市出租给储运公司，租赁条约明确规定了双方的投资责任，地基建设投资由市政承担，而地面建筑由公司投资。布来梅市持有公司51%的股份，因而公司所有重大投资决策都必须通知市政府有关部门。此外，市政府在港口设有管理站，公司的引水业务接受其行政管理。

三、德国东部国有企业的改造

自1990年10月3日东西德统一之时起，联邦政府便开始了对原东德国有企业的改造，目的在于把西德的社会市场经济制度延伸覆盖到东部地区。虽然这一进程也称为民营化，其内涵却与西德在同一名称下所发生的事情大不相同。

1990年7月，西德货币联盟生效，东德马克一夜之间大约升值400%，这就使劳动生产率低于西德同行的东德企业顿时失去在世界市场竞争的能力。同时，东德的消费者用西德马克集中购买西方产品，使原东德企业失去了国内市场。更为严重的是，实行货币联盟后产品必须以西方货币支付，而与东德进行贸易的原经互会成员国都缺少硬通货，这使东德企业失去了传统的贸易伙伴。如此沉重的打击，顷刻间将东德大多数企业推向绝境。

在此基础上，联邦政府按社会市场经济制度思想，重申国家参与原则，决定通过民营化和多样化的企业结构手段，把市场机制引入东部经济，促使东部企业增强竞争能力。

根据托管法，联邦成立了托管局，接管了原东德国家所有的8000个联合企业、20 000个商业服务行业的小企业和7500个旅馆，并负责这些企业的民营化。托管局本身按照企业形式组织和运转，创始资本全部属于联邦，由财政部作为所有权代表。经理会成员绝大多数是招聘的专家，其他雇员来自德国本土和西方主要工业国。联邦政府经济部和财政部分别选派了高级官员参加托管局的管理委员会和监事会，以便保持政府对托管系统业务的影响。

与西部国有企业通过资本市场转移所有权的方式不同，托管局对东部企业的民营化采取的是整体出售单个企业的办法。因为，其一，若要实行股份制，这些股份由于企业效益差而无人问津；其二，对企业进行现代化改造，需要大规模追加投资，单个企业的买主必须承担投资的责任；其三，托管局希图通过这种出售方式多保留一些企业的就业岗位，并把高质量的管理人员引向东部地区。

企业价格用现值计算法确定，即用目前的资产扣除负债得出净资产价值。但售价高低并非是卖方所考虑的首要因素，而着重要求买主必须在向托管局递交报价书中写明如下四个方面的设想：（1）购买价格；（2）企业发展规划；（3）最近3~5年所能保障的就业岗位；（4）投资计划。报价书由托管局雇用的专家组分行业逐一评价排队，按排序商谈买卖条件，若谈判成功，买主与托管局就上述内容签订购买条约。如果在规定期间未履行上述承诺，卖方将收回企业。

为了吸引买主，联邦政府做出了有关贷款担保、投资补贴、减免税收、企业咨询费和雇员培训费补贴等优惠规定。这就形成了不同于西部民营化进程的又一个特点，即政府不仅得不到收入，还必须为企业的所有权转移做出大规模的财政支出。到1991年9月底，仅通过托管局就向企业注入254亿马克流动资金，支出85亿社会保障金。到1992年年底，托管局将承担所有企业遗留债务的2/3（700亿马克），政府的财政援助累计将达到1730亿马克。

可是，企业的改造并非有了资助便能一蹴而就。托管局在一年内为75%以上的杂货店、饭馆、小旅店、药房、书店和电影院等小企业找到买主，当地居民占买主的80%。连锁旅馆在1992年3月前也已售出。难点是8000个联合企业，它们共有45 000个工厂，可是并未按生产的链条和适度经济规模组织起来。因此，工业企业的民营化还存在着调整企业规模和把单纯的生产组织转化为市场组织的问题。与此相比，西部国有企业在发达的市场机制下实现民营化就简单得多了。

托管局首先将这些联合企业中的公共服务部门移交给当地社区重组，由社区充当所有者，与西部的制度保持一致。然后将8000家企业拆解为11 000多家。这一步骤既包括对企业本身经济规模的考虑，又遵循联邦政府用优惠政策促进中小企业发展的一贯原则。到1991年年底，拆解后的企业已售出5210家，获得投资承诺1000亿马克。买主绝大部分为西德的企业，只有640家为原企业管理人员，另有248家是西欧、北欧、美国和日本等工业国。

尚未出售的将近6000家企业主要属于矿山、化工、钢铁、造船、光学电子和服装纺织工业。在未出售前，托管局负责这些企业的清理和关闭事务。该做法遭到西部五大经济研究所的批评，认为是用中央计划经济的办法改造计划经济机制。建议规定统一的补贴时限，让企业自谋生路，否则予以停产关闭。

伴随着东部国有企业改造而来的最大社会难题是大规模失业。托管企业原有就业人员408万，其中出售的5000余家企业保留了100万个岗位，解雇人数143万，仍然留在待售企业的劳动力将近165万。在解雇者中有15.4%提前退休，25.8%的人找到了其他工作，政府组织的公共就业项目吸收了16.4%，还有18.9%的劳动者在西部找到工作，余者则进行了失业登记。到今年（1992年）2月，东部地区登记的失业率约为17%（西部地区的失业率不足7%）。为此，政府必须继续支付大量失业保险、社会救济和职业再培训费用。

虽然柏林墙拆毁了，然而东西部之间在政治、经济、文化等各方面还存在着一道无形的鸿沟。联邦政府改造东部经济，财政支出迅速增加，对此联邦银行频频敲响警钟，为了保持货币稳定便提高贴现率。经济学家预言，其后果可能带来西部的经济衰退。在向东部转移资源的同时，政府提高了西部人口的税收，引起普遍的不满。东部人口的生活虽然有保障，但是大规模失业造成的心理压力，抵消了当初对统一之后迅速改善生活状况的预期。因此，一些经济学家将原东德发生的这种跳跃式的机制转换，称为冷酷的开端。

对90年代我国经济增长速度的再思考*

——在中国城市生态经济效益研讨会上的发言
（1992年8月1日）

抓住时机，加快我国的经济发展，是邓小平同志今年（1992年）南方谈话的一个重点。现在，各方面都在根据邓小平同志谈话精神，研究加快我国经济发展的思路和方案，并准备在工作实践中加以贯彻。这里，我想就加快经济发展的有关问题，谈点个人的看法。

一、1991年全国人大七届四次会议通过的"八五"计划和十年规划纲要，原来规定国民生产总值平均每年增长6%

对于计划原定的这一速度，应当怎么看？"八五"计划和十年规划的思考和拟订，主要是在1990年进行的。当时定6%的经济增长率，是鉴于这样几个因素：一是制订计划时，国内外政治经济形势比较严峻。经济上针对1988年的通货膨胀而实行的治理整顿，此时已使我国经济进入低谷，发生了结构性疲软问题，经济上要强调稳定增长。政治上经历了1989年春夏之交的政治风波，接着东欧剧变、苏联解体，也要强调稳定。所以，在研究20世纪90年代我国经济发展的方针时，不少同志提出了"中速增长、

---

* 原载《改革》1992年第6期。

稳中求进"的发展思路。二是在拟订"八五"计划和十年规划时，考虑到1980—2000年国民生产总值翻两番的战略目标，20年平均每年需要增长7.2%，但在80年代，实际增长速度平均每年达到9%，10年间GNP增长1.36倍。这样在后10年，如果还按原来的要求，只要每年平均增长5.5%，就可以完成翻两番的战略任务。当时就选定了6%的速度，比翻两番所需略高一点。第三个考虑是，要进一步深化体制改革，调整产业结构，需要一个比较宽松、比较良好的经济环境，速度不可定得过高。当时一些单位和个人对经济增长速度进行了测算，根据各种条件，认为争取比6%高的增长潜力是存在的，有的人提出7%，有的人提出8%，也有个别的测算达到9%。但是，考虑到定计划要留有余地，留有后备，不可把经济绷得太紧，所以计划定的速度是每年增长6%，可以让实际执行当中超过一两个百分点，达到7%~8%的速度。从实践看来，计划定的6%的增长速度，确实是偏低了一些。

二、根据当前国际国内形势的分析，20世纪90年代我国经济增长速度应比计划原定6%的速度加快

邓小平同志要我们抓紧国内国际有利时机，加快经济发展。应该说，当前和整个20世纪90年代，是一个难得的有利时机。这个有利时机，我们不能再错过。20世纪60—70年代，曾经出现国际产业结构调整等有利条件，可是我们错过了机会，在"以阶级斗争为纲"中折腾了几十年。直到中共十一届三中全会以后，才把工作重心转换到经济建设上来，80年代我国经济的发展就大有起色，上了一个大台阶。

为什么说我们现在还面临着一个有利时机呢？

首先，当今国际上两极格局已经终结，各种力量重新分化组

合，世界正朝着多极化、集团化方向发展，美国独霸世界也不行了，所以世界格局尚未形成。尽管目前国际形势仍然动荡不安，国际争端十分激烈，但我国在当中回旋余地较大，可以在相当长时期中争取一个有利于改革、开放和发展的国际环境，集中精力搞经济建设。

其次，新的科技革命在继续发展，产业结构继续在国际范围进行调整。先进工业国家的产业重点向高精尖产业转移，而把一些劳动密集型的一般产业向经济后进的国家转移。世界经济发展的重点在向环太平洋地带特别是东亚一带转移。这个发展趋势将继续进行下去，估计要持续到21世纪。中国、日本、"四小龙"都在这个地带。从世界经济发展史看，不能老是某个地区发展快，这个地区的快速发展看来也就是持续30~50年。所以我们要紧紧抓住这个时机，不能放过。

再次，当前国际竞争的实质是以经济和科技实力为基础的综合国力的竞赛和较量。如果我们不抓住当前难得的机遇，又搞什么"阶级斗争为纲"，经济搞不上去，那我们中华人民共和国和社会主义就站不住。过去我们说，只有社会主义能够救中国；现在有人说，只有中国能够救社会主义。中国怎么救社会主义？只有靠把经济搞上去。

还要看到，在当前的综合国力竞技中，世界上许多国家，特别是我们周边一些国家和地区都在加快发展。20世纪80年代"四小龙"的平均发展速度是8%。我国是9%，略快一点。"四小龙"中，韩国更快一点，平均为8.8%，个别年份比我们高。90年代，它们的发展速度可能有所减缓，但也不低于7%~8%。如果我们还按原计划6%的速度去发展，那么同它们的差距就会拉大，老百姓看了就会有意见。周边国家和地区发展形势咄咄逼人！再有，90年代，香港、澳门地区要回归祖国，大陆同台湾地区也要加强经济、文化交流，以后它也要回归祖国。这里有个在经济发

对90年代我国经济增长速度的再思考

展水平上如何缩小差距，以便顺利对接的问题。台湾地区现在有些人在翘尾巴，无非是财大气粗。所以我们把经济搞上去，也有利于祖国统一大业的实现。

三、20世纪90年代加快我国经济发展，实现比原计划更高的速度，是必要且可能的

1. 90年代我国经济体制改革的步子，将要比80年代加大。80年代我们提出了"有计划商品经济"理论，促进了以市场为取向的改革，在企业机制的转换、市场体系的培育和宏观管理的改革上，都前进了一大步，从而使我国的经济上了一个大的台阶。90年代，在邓小平同志南方谈话的启示下，又提出社会主义市场经济理论。从社会主义商品经济理论发展到社会主义市场经济理论，必将进一步解放生产力，释放被旧体制束缚的经济潜力。我们也要看到，80年代基数比较低，90年代基数高了，每增加一个百分点就更不容易。但市场取向改革步伐的加快，必将更全面提高整个经济体制的效率，有可能在改善资源配置效率的基础上，实现比原来计划预定更快的中长期增长速度。

2. 扩大对外开放的效应。90年代我国经济的对外开放度要进一步提高，这将推动整个经济的更快发展。过去封闭、半封闭型的经济一旦开放，活力马上显现出来了。1981—1990年，我国进出口总值占国民生产总值的比重由15%提高到30%以上，其中出口总值提高到15%~16%以上，达到17%。这个比重，90年代不会下降。现在对外开放从沿海向沿江、沿边、沿线及内地逐渐延伸。东南沿海地带通过外向型发展战略而引发的经济高速增长，使广东、山东、浙江、江苏等省的经济增长很快。80年代全国平均增长9%，这些地区增长10%以上，有的省增长达12%。这样一个高速增长的开放效益，可能很快带动内地和沿边经济发展。我

国虽然出口率不低，但在全世界出口总额中所占比例很小，80年代由不到1%提高到只占2%，而我国人口占世界人口总数近1/4，很不相称。由此也可看出，我国出口潜力很大。如果90年代再提高一个百分点，从2%提高到3%，我国的出口势头还要加快，平均每年增长率，将从80年代的11%，提高到90年代的12%。这样一个出口势头，对整个经济增长的推动力会保持甚至超过80年代的势头。

3. 产业结构调整的效应。国际经验证明，产业结构的大调整，会推动经济增长，带动经济水平的提高。仅以第三产业为例，目前我国第三产业发展滞后，经济增长主要依靠第二产业推动，这种产业格局，难以使国民经济以比较高的速度持续增长。20世纪80年代我国第三产业发展速度有所加快，达到平均每年10.9%的增长率，比国民生产总值的增长率快一点。但是由于基数低，所占份额提高不多，1990年第三产业总值只占国民生产总值的27%，比80年代初的21%只增加了6个百分点。这不但大大落后于发达国家，也低于一些发展中国家。1988年第三产业占GNP的比重，发达国家如美国为65%，日本为57%；上中等收入国家如阿根廷为40%，葡萄牙为54%；下中等收入国家如墨西哥为56%，巴西为49%；低收入国家如印度为38%，巴基斯坦为49%，而中国只有26%。90年代，我国经济发展处于从低收入水平向中等收入水平迈进阶段，经济体制改革也将转向社会主义市场经济，这将为第三产业的发展开拓广阔的前景。由于第三产业投入少、产出大，它带动整个经济增长的效应是比较大的。预计90年代我国第三产业的发展速度可提高到12%~15%，这样第三产业占整个国民生产总值的比重可从27%提高到40%左右。发展第三产业，包括商贸、旅游、金融、房地产、科技、交通、生活服务等。原来第二产业"大而全""小而全"中的设计、维修和企业办社会一大套的东西实际是很浪费的，把它们分离出来，独立经营或由社会来办，是一种社会进步，是社会分工的必然趋势。这些产业从第二产业中分离出来，也是扩大第三产业的一个途径，是推动经济更快增长的一个因素。

4. 传统产业的设备、技术更新换代和新兴产业的开发，也是推动90年代经济高速增长的一个不可忽视的因素。目前我国传统产业的设备相当一部分还停留在20世纪50—60年代的水平，属于国际先进水平的不到10%，属国内先进水平的也只有19%~20%，一般水平的占48%，落后水平的占20%以上。即使是对占20%的落后水平的设备进行更新改造，也会形成超过80年代固定资产更新投资的需求。这种需求，可从两方面推动经济增长，一是投资需求的扩大，一是新设备效率提高了可以提高资产—产出率，增加供给，从而对整个经济形成需求、供给共同推动的两刃效益。

就新兴产业开发来说，随着企业信息管理、办公设备现代化、部分家庭的文娱以及教育、科研的现代化对电脑需求的扩大，电话的普及、小轿车进入居民家庭以及房地产市场推动房屋建设扩大，等等，所有这些可以带动一大批产业的发展，使整个经济保持较高的增长率。此外，我国高科技产业的发展潜力也很大，其带动整个经济增长的积极效应，就更不用多说了。

5. 非国有经济和民间资本的加速发展，是促进20世纪90年代经济较快增长的又一个源泉。现在非国有经济的活力是比较强的，乡镇企业、个体、私营、"三资"企业主要是靠市场机制调节，它们在资源配置与经营活动上有很大灵活性，劳动效率、资本收益都比较高。随着它们在整个经济中所占份额的适当扩大，整个国民经济增长的动力也将扩大。现在，国有经济比重在下降，1981—1990年国有经济占工业产值的比重从75%降到52%，很快就要降到50%以下。有人估计，到2000年国有经济比重将降到30%，但国有经济绝对量还是在上升的。非国有经济这部分发展得快，这对于整个国民经济发展速度是有利的，在90年代也还存在这个趋向。随着非国有经济的加快发展，它们对整个经济增长的带动力加大了，但是，非国有经济的基数也加大了，因此"三资"企业、私营企业的增长速度不一定像80年代那样快，但其势头还是不可忽视的。我们必然认识到，国有经济本身的主导地位，主要不靠数量比重，而靠在市场竞争中提高经营效率和质量。非国有经济同国有经济的竞争和不同形式上的联合，将有助于国有经济本身的机制转换和提高效率，这对整个经济增长也是有利的。

此外，还有一些情况，也是有增长效应的。整个经济的商品化、市场化在扩大，在我们统计上会反映为国民收入的扩大。城市居民相当一部分消费原来是免费、半免费供应的，能源、原材料也是低价，这些偏低的价格都没有反映到产值上来。如果改由市场来调节，变为市场均衡价格，当然比原来高了，相应产值也上去了。这不仅是统计数字上的变化，实际上也会促使国民经济水平提高，因为价格放开，就会使活力增大，增加经济增长的效应。

80年代的改革开放使我国经济发展上了一个新台阶，为90年代的经济增长打下了比较雄厚的基础，提供了良好的市场背景。市场供给从总体上看比过去充裕了，与改革开放前不可同日而语。粮食在过去十二年上了三个中台阶（以5000万吨为一个中台阶），从1978年的3亿吨提高到1990年的4.35亿吨。能源产业规模扩大，增长了2/3，按标准煤计算从1978年的6.3亿吨提高到1990年的10亿多吨。许多产品居世界前列。特别是这10年改革开放有成功的经验，也有失败的教训，但成功的经验多一些，这些都是我们加快发展的出发点。邓小平同志讲，基本路线一百年不变，那就是要紧紧抓住"一个中心，两个基本点"长期不变，这将带来长期政治稳定的效应，使我们在后10年以至更长时间中能以更快的速度实现经济发展的战略目标。

四、20世纪90年代加快发展的制约因素

1. 能源制约。20世纪80年代的10年中，我国能源消费增长63.8%（每年平均增长5.06%），略高于能源生产的增长（10年增长63.1%，每年平均增长5.01%）。90年代能源消费趋势可能加强。这首先是因为，90年代，我国重工业和化学工业的发展速度需要超过轻工业的速度。80年代是轻工业的增长快于重工业的增长，那是调整过去重工业偏重的结构所必要的。但80年代，基础设施、基础工业相对落后了，所以90年代，以能源、原材料为主的重工业和化学工业以及交通运输等基础设施的发展，应快于轻工业的发展，而重工业和化学工业是耗能较大的产业部门。其次是因为，旅游服务业的发展，民用汽车的增加，家用电器的普及，等等，都需要消耗能源。据统计，一个大饭店耗电比一个普通工厂多得多。另一方面，90年代能源供应难度加大。（1）沿海油田接近衰减，原油生产西移，开发新油田困难条件较大，投资多、成本高、运距远；（2）煤炭生产由于地质勘探及基建投资不足，目前在建规模小，后续能力弱，同时受到交通运输条件制约；（3）发电设备老化，急需更新改造。所以，90年代能源供求关系将趋于紧张，这将在一定程度上制约工业和整个经济的增长。这要从以下几个方面来缓解这种制约：一是开发能源，扩大生产能力，保持90年代能源生产以不低于80年代的速度继续增长，同时要调节石油、煤炭的进口和出口，调减能源的净出口量，沿海有条件的地方，争取多利用一些国外资源。二是调整能源结构，降低一次能源（主要是煤炭）在总能源生产和消费中的比重，提高能源加工转换成电能的比例（1990年这一比例不到20%）。三是节约能源的消费，这是更重要的。目前我国能源浪费很大，节约能源的潜力也很大。我国单位GNP的能源消耗仍然

大大高于工业发达国家，能源有效利用率，发达国家一般在50%以上，我国只有30%，如果能把能源利用率提高到40%，即相当于节能2.5亿吨标准煤。只要改进能源消费管理，调整结构，改进技术，使能源的有效利用率有显著提高，那么90年代能源供求紧张对整个经济增长带来的制约压力，就可以适当缓解。

2. 原材料制约。根据80年代的经验，经济增长率接近或超过10%时，原材料的供求关系就趋于紧张，不得不通过扩大进口来弥补不足。经过治理整顿，90年代初原材料紧张情况有所缓解，并曾出现了结构性生产过剩，库存积压。但只要经济增长超过10%时，原材料过剩状况很快就消失。1992年上半年工业产值增长18.2%，国民生产总值增长到10%以上，这时原材料又开始紧张，库存减少，价格上涨。如果这种情况继续下去，原材料短缺必然会发展到难以为继，最终不得不以较大幅度减速，使本来可以比较平稳的波纹变成大的波动。

3. 交通运输的制约。这是目前我国经济中的最大的"瓶颈"问题。对于20世纪90年代的高速增长，能源、原材料只是一种相对的约束，而交通运输则是一种绝对的约束。1992年上半年经济刚由回升转向较快增长，便立即碰到铁路运输卡脖子的紧张情况，货运满足率不到70%，比1991年同期下降10个百分点。能源、原材料不足可以进口，但交通运输能力，属于工具方面的可以进口，属于基础设施方面的，没有办法进口。而目前货运能力短缺，主要是因为交通运输的基础设施能力严重不足，而其供给形成周期又较长，90年代扩展投资所带来的供给在本期只能实现一部分。长期以来我国运力供应特别是铁路营运里程的增长速度呈下降趋势，全民所有制单位基本建设投资总额中，交通运输业所占比重，"一五"时期约为15%；"四五"时期最高，占17%；以后逐渐下降，"七五"时期占13%，1989—1990年只占10%左右。这将造成90年代初交通运输能力供应增长的进一步减速，从而给90年代加快经济发展以很大的制约。因此，必须从现在起就要大大增加这方面的投资。考虑到交通运输业的投资不能很快见效，要解决"八五"时期运输紧张的矛盾，还必须采取一些短平快的措施，提高现有运输设施的能力。

4. 资金制约。80年代，国民生产总值中投资年平均为27%，国民收入中的积累率平均为32.8%，虽然积累率比1952—1980年的平均28%提高了不少，但仍承受得住，因为人民收入提高了，生活改善不少，储蓄水平也提高了，现在居民储蓄余额达到1万多亿元，近几年每年以2000亿元的速度增长。这是积累的重要来源。20世纪90年代国内总储蓄（占国民生产总值的比重）有可能保持在35%左右的较高水平。另外，在利用外资上，我们的资信很好，目前我国负债率为97.4%，还贷率只有8.5%，低于国际上通常认为负债率不能超过100%、还贷率不能超过25%的警戒线。再加上金融改革的深化、信用化程度的提高等，90年代我国资金供给，保持略高于30%的积累率，和略低于30%的固定资产投资率，从宏观上说问题不大。问题在于积累和投资的效益上不去。积累效益系数在80年代是下降趋势。每个百分点的积累率可以提供的国民收入增长率，"六五"时期是0.32%，"七五"时期下降到0.22%。从企业看，资金使用效率下降，"六五"时期为23.7%，"七五"时期为18.3%，1990年只有12%。90年代即使保持80年代的积累率，也不能保持80年代的经济增长率。从资金条件来说，90年代经济增长的前景如何，在更大的程度上将取决于我们在提高投资效果和资金使用效率上的措施及其落实的情况如何。

5. 市场制约。由于改革开放带来国民经济前所未有的繁荣和发展，加上80年代末90年代初的治理整顿，我国经济格局正由卖方市场向有限的买方市场转化。总量经济增长愈益受市场需求的制约。90年代带动经济增长的首要力量将是投资需求的扩展，投资品市场问题不是太大，主要问题在于消费品市场和出口市场。80年代，我国生产企业和商业的库存呈增加趋势。以社会商业年末库存与GNP之比为例，"六五"期间库存率为28.17%，"七五"期间达到35.81%。另一方面，城乡居民储蓄与GNP的比例，从"六五"到"七五"提高了15.28个百分点，由15.57%上升到31.03%。这两方面的情况说明，消费品市场供给数量和买者潜在购买力都在迅速扩大，但实际购买和市场需求未相应跟随加速增长。看来，这一趋势将继续存在于90年代。调整生产结构，提高产品质量，疏通销售渠道，引导消费结构，刺激购买欲望，培育合理的消费热点等，将是缓解市场需求约束的基本途径。这里一个重要问题是，通过深化改革（如住房商业化等改革）来排除消费体制上的障碍，增加购买力，特别要发展潜力很大的农村市场。近几年，家用电器（如彩电、电扇）和部分食品（如食糖）过剩，主要原因是农民购买力不足。目前，我国占人口80%以上的农民只占有全国总消费者购买力的50%左右。农民购买力不足，主要与收入水平提高不快紧密相关。1988—1990年，城市居民人均收入增长5.2个百分点，而农民人均纯收入只增长0.2个百分点，提高农民购买力的根本途径是全面发展包括农、林、牧、副、渔在内的农业和包括第一、第二、第三产业在内的农村经济，把剩余劳动力向非农产业转移，用大力发展农村市场经济及工商服务业来提高农民收入形成水平，拓宽农村市场。

随着我国经济对外依存度的提高，出口市场对经济增长的推动和制约作用越来越大。鉴于国际局势变化多端，应当继续推行外贸多元化的发展战略，在采取灵活的贸易政策，继续巩固和发展美、欧、日市场的同时，要努力在东欧、独联体及亚非国家和地区开拓市场。20世纪90年代，我国将加入关贸总协定，由于关税税率降低，进出口贸易自由度提高，出口扩展和进口扩展会同时产生。问题是，如果企业机制不迅速转换，产品质量及其在国际市场的竞争力不迅速提高，不但出口需求会受影响，而且可能出现的进口加速会提高国内市场供给的压力。这两方面都将冲击我们的企业生产和国内市场。这是需要认真对待、切实解决的问题。

五、关于20世纪90年代我国经济的增长

现在，一些单位在对90年代我国经济的增长进行分析预测，中国社会科学院也有两个小组分别作了测算。一个小组提出8%~9%的增长率，另一个小组提出9%~10%的增长率。平均下来，大约是9%上下。一致意见是，如果平均低于8%，则一些经济发展潜力可能得不到发挥；如果平均高于10%，会导致经济过热和严重的通货膨胀。看来9%比较合适。但为了稳妥和留有余地，以提8%~9%为好。年度之间免不了有所波动，也不排除个别年份低于8%，或高于10%，但应避免大起大落。现代经济复杂多变，有许多不确定的因素，一时不能预见清楚。有利因素与制约因素的作用，也要看人们的行为如何。所以，测算的速度只有参考的意义。实际结果如何，在很大程度上取决于我们的努力。

邓小平同志今年（1992年）南方谈话指出，"有条件的地方要尽可能搞快点，只要是讲效益，讲质量，搞外向型经济，就没有什么可以担心的"；又指出："我国的经济发展，总要力争隔几年上一个台阶。当然，不是鼓动不切实际的高速度，还是要扎扎实实，讲求效益，稳步协调地发展。"我们要全面地、正确地理解小平同志的讲话精神。他说的加快经济发展，不单纯是上速度，而且要讲效益，讲质量，讲符合国内外市场需求，讲稳步协调。所以，要达到健康地加快经济发展的目的，就必须：第一要注意总量平衡，以保证经济能够稳步协调发展；第二要注意结构调整，以保证生产能够适应国内外市场的变化；第三要注意提高

效益、质量和整个经济的素质。要解决这三个问题，目前主要障碍仍在体制，关键仍在改革。所以，加快经济发展，首要的是加快改革的步伐，通过改革开放来促进经济发展。决不可一说加快发展，就是争项目、铺摊子，以及在上速度上互相攀比。现在这个苗头已经出来了。1992年上半年与1991年同期相比，全民所有制单位固定资产投资增长32.9%，在投资膨胀的带动下，上半年全国乡及乡以上工业总产值增长了17.2%，国民生产总值增长了12%。1992年我国经济处于景气周期的上升阶段，在改革开放大潮推动下，在前几年经济增长相对较低的基础上，显示出强劲的增长态势。从表面上看，目前整体经济发展尚属正常。但我们不能不注意以下一些迹象：（1）新开工项目增长过快，在建规模迅速扩大；（2）投资结构再度扭曲，向一般加工工业倾斜；（3）一些重要生产资料开始货紧价涨，铁路运输缺口扩大；（4）银行贷款规模大大超过计划；等等。这些情况尚在继续发展，虽然目前还没有出现特别异常现象，但其滞后效应决不能忽视。如果这种势头继续下去，经济必将重新过热，今年不发生，明年、后年也会发生，引起再一轮的大起大落。所以，目前我们讲加快发展，重点不应放在扩张投资加大速度上，而应放在加强宏观控制和深化体制改革上。要利用20世纪90年代的有利时机，积极地、稳步地推进经济体制的转换，建立社会主义市场经济新体制，这样才能真正促进我国社会主义现代化事业加速发展。

社会主义市场经济*

——在新疆维吾尔自治区党委组织的干部
报告会上的讲话
（1992年8月18日）

社会主义商品经济理论是我们20世纪80年代政治经济学理论的一个重大突破。在这个基础上，90年代又有进一步的突破，提出了社会主义市场经济理论。这两个理论是我们改革的理论基础，因此各方面都很关注。这两个理论的突破（当然第二个理论的突破现在还在发展的过程中），都是经过长期实践和理论探索的结果，对改革实践有着重大的影响。

我们的经典作家马克思、恩格斯，过去曾经设想未来的社会主义经济不再有商品经济，而是有计划发展的经济。长期以来，人们把计划经济和商品经济对立起来了，说商品经济是很犯忌的，认为是资本主义的东西。

我国的社会主义经济体制，是高度集中的计划经济体制，是建立在非商品经济观念基础之上的。非商品经济观念就是自然经济观、产品经济观。这种体制排斥市场机制的作用，同商品经济观念格格不入，更不用说市场经济了。这种情况持续了几十年，一直到十一届三中全会以后才有所松动。起初，我们强调社会主义经济中仍然存在着商品生产和商品交换。这过去在斯大林的社会主义经济问题著作中也有论述，当然其范围受到很大限制。

 * 原载《新疆财经通报》1992年第7期（总第47期）。

十一届三中全会以后，开始强调商品生产和价值规律，但仍是不承认、不接受"商品经济"的概念。到十一届六中全会，关于"历史问题"的决议里面，只提到社会主义经济中存在着商品生产和商品交换，在计划经济范围内开始允许一部分市场调节的存在。但是，那时仍把市场调节限制在一个辅助和从属的地位上。比如十二大的报告里，提法是"以计划经济为主，市场调节为辅"。大家对社会主义社会存在商品经济问题一直都在讨论，争论得很激烈。一直到十二届三中全会，才做出结论：社会主义阶段存在着商品经济。十二届三中全会关于经济体制改革的决议，第一次在党的文件里正式确认社会主义经济是公有制基础上有计划的商品经济。联想到马克思、恩格斯过去曾设想的未来社会主义不再有商品经济，再联想到社会主义几十年的实践，在相当长的时间里排斥商品经济和市场调节这样一个历史背景，可以说，十二届三中全会关于社会主义经济是公有制基础上的有计划的商品经济的论断，是具有划时代意义的。这对统一大家对社会主义性质的认识，对社会主义经济体制改革方向的确定，是很重要的。

十二届三中全会以后，人们对什么是有计划的商品经济的理解，包括经济理论界的理解，并不是一致的。究竟什么是有计划的商品经济呢？有的同志倾向于强调商品经济的一面，有的同志倾向于强调计划经济的一面。前些年有一位知名的教授，在论文里这样说：我们改革的思路，社会主义首先是商品经济，然后才是有计划发展的商品经济。他是把重点放在商品经济上了，但并没有否定"有计划"的这一面。与此同时，另一位教授也发表了一篇文章，这样讲：计划经济或者计划调节，应该始终在社会主义经济中占主导地位。他是把重点放在计划经济方面了，而不是商品经济。强调的重点不同，对社会主义本质特征的理解也就会有差异。另外还有一种观点，就是计划和市场不必强调何者为主，何者为辅，只要两者结合起来即可，或者是两者统一起来就行了。至于结合的方式，结合的程度，在不同的产品、部门、所有制、地区有所差异。小平同志1989年在军以上干部大会上提出，计划经济与市场调节相结合，这一直到最近都是我们的政策。小平同志当时口头讲的是计划经济与市场经济相结合，不是计划经济与市场调节相结合。计划经济与市场经济相结合，小平同志以前多次讲过，符合他历来的思想，公开发表时，可能由于种种因素，改为计划经济与市场调节相结合，当然对此小平同志是同意的了。从此以后，强调计划经济的议论多些了，如谈社会主义本质上是计划经济，只不过现在还带有某些商品经济的属性罢了。这是近几年比较典型的说法。但是另一种思想还是存在的，即仍然坚持商品经济也是社会主义经济的本质特征，认为商品经济同公有制、按劳分配一样都是社会主义的本质所在。双方的论据都没有超过前几年，所以这是个老问题。对计划经济与市场调节这样一个提法，不是没有不同意见的，当然这是内部讨论，说是计划经济与市场调节不是属于同一个层次、同一个序列的问题。计划经济原来讲的是一种制度，而市场调节是指经济调节的一种机制和手段。如果说是计划调节与市场调节相结合，计划经济与市场经济相结合还可以说得通，而计划经济与市场调节相结合就叫人难以理解了。对此，理论界有人写信给中央，中央说已经定了，就不要再争了，学者专家可以保留自己的意见。所以，在公开发表的文章上，大家还是使用计划经济与市场调节这个提法，当然各人在使用这个提法时赋予了不同的含义。强调计划经济是社会主义本质特征的同志，认为计划经济与市场调节相结合的提法是很科学的，这与十二大关于计划经济为主、市场调节为辅的提法衔接起来了。这不是削弱、放弃计划经济，而是在坚持计划经济的前提下，实行一定的市场调节。

这段时间以后，讨论逐渐集中到两个问题，一是中国的改革是不是以市场为取向；二是能不能提社会主义的市场经济。这两个问题的讨论都是在理论界层次上进行的。改革的取向就是从改革起点的体制转向目标的体制，其转换方向是什么？改革以前，我们是以自然经济、产品经济为基础的高度集中的计划经济体制，这种体制是排斥市场经济的。我们十几年来改革的进程可以说是不断地引进、扩大市场的作用范围，从消费品到生产资料，到一些生产要素，包括资金、信息、房地产等；另一方面是利用市场的规则改造我们传统的、管得比较死的计划经济体制。在这个意义上讲，我们的改革就是不断扩大市场机制的市场取向的改革。社会主义到底能否有市场经济？改革的目的是不是以市场经济为目标？这两个问题的讨论实际上一个是讲过程，一个是讲目标。市场取向讲的是改革过程，是指我们的改革是以扩大市场机制的作用为取向的；市场经济讲的是目标，是指我们最终要建立的经济体制是社会主义的市场经济体制。两个问题是联系在一起的，两个问题都有对立的观点。一种看法是赞成我们的改革走市场取向的改革，把不断建立和扩大社会主义市场机制作为改革的目标。这种看法把计划与市场看成一个手段，看成是资源配置的一种方式，不是制度性的问题。另一种看法反对把我们的改革看成是一个市场取向的改革，也反对社会主义市场经济的概念，这些意见的实质就是把计划与市场看成是一个社会制度的问题，认为计划经济是社会主义的，市场经济是资本主义的，是姓"社"还是姓"资"的问题。这两种意见在理论界争论了好几年。理论界一些代表人物对这个问题的不同意见，我可以介绍一下。马洪同志在前几年有本书的代序上讲过，我们改革所要建立的有计划的商品经济，是一种有宏观管理的、市场配置资源的经济，在这个意义上也可以叫作社会主义的市场经济；薛暮桥同志在1991年年初对《特区时报》记者讲，"市场调节与市场经济两者本质相同，都不能等同于资本主义。要以公有制划分，不能以市场和计划来划分"。他还说科学研究不能有禁区，应当允许自由讨论这个问题，而不是回避这个问题。有的同志则认为市场经济是制度性概念，市场调节不是市场经济，因为他们查过日本的经济辞典，查过联合国的统计资料。联合国把各国经济分为两种，中央计划经济的国家为社会主义国家，市场经济的国家为资本主义国家。西方人都是这个看法，我们为什么还要引入市场经济的概念？所以有人认为，市场经济是以私有制为基础的，社会主义市场经济提法不科学。有的同志认为，只有在资本主义条件下，商品经济才是市场经济。后来小平同志南方谈话指出计划经济不等于社会主义，市场经济不等于资本主义，计划和市场都是手段，两者都可以用。计划多一点还是市场多一点，这不是区分社会主义和资本主义的标志。之后，两种对立意见慢慢地就没有了，大家都统一到或转到社会主义可以有市场经济的观念上来了。对这个问题，从思想上解决还要有个过程。总之，在小平同志谈话的启示下，经济理论界对市场取向、市场经济的讨论形成了第二次大突破。第二次突破对于20世纪90年代社会主义商品经济发展和改革开放将是一个大的推动，有很大的影响。

以上讲的是讨论沿革、经过的情况，下面我讲的是对市场经济本身理解的问题。因为现在有很多讨论，我自己也在学习。我只介绍三个问题：一是为什么我们原来提的有计划商品经济要改成市场经济？二是既然计划与市场都是经济调节的手段，为什么要把计划经济改为市场经济？三是既然市场经济不是制度性问题，即不是姓"社"姓"资"的问题，资本主义可以有，社会主义也可以有，为什么在市场经济前面还要加上社会主义？

第一个问题。从商品经济转为市场经济，不是简单地从字面上改变，有其深刻的含义。首先要把商品经济和市场经济的含义弄清楚，两者是一回事情，又不是一回事情。商品经济是与自然经济、产品经济相对而言。人类在社会经济活动中的商品交换行为是不是等价的？是不是有偿的？如果不是等价的、有偿的，就是自然经济和产品经济。产品经济把整个社会看成是一个大工厂，各企业只是一个车间，彼此间关系只是一个生产流程关系，而商品经济是要等价补偿的。市场经济的对立面是计划经济，是从资源配置来说的。资源配置是个新名词，需要广大经济工作者熟悉。这里的资源，不是单指自然资源，如矿山等，而是社会已经掌握的、可供支配的包括资金、物资、劳动力等资源。土地是自然资源，没有开发的自然资源不是资源。社会掌握的资源在任何时候都是有限的。用各种资源生产出满足各种需求的物质是无限的。如何使有限的人、财、物资源有效地满足各种需求，进行优化配置，这是经济生产的核心问题。进行资源配置的方法只有两种，一是市场方式，一是计划方式。由政府制定指令计划，以计划为主去配置资源是计划经济；以市场方式为主（或为基础），按照价格的变动和供求规律进行资源配置就是市场经济。市场经济是商品经济比较发展的一种现象形态。从历史上看，商品经济由来已久，商品交换从原始公社末期就开始了，经过奴隶社会、封建社会的长期发展，直到近代现代。历史上，由于种种人为关卡的限制，或者由于交通不便，商品经济不能形成统一市场，人、财、物不能在一个统一市场上自由流动。但是，商品经济的发展需要冲破这种束缚，而且商品经济越发展，越需要一个统一的国内市场，使各种资源能够自由地流通，而且逐步伸向国际市场。这样就形成了市场经济。国内统一市场形成以后，资源可以在统一市场里面自由地流通、配置，这是统一市场形成的历史背景，同时也是市场经济形成的历史背景。所以说，市场经济是商品经济高度发展的产物。要发展商品经济，就不能有条条块块经济的限制，要能使资源在统一市场里进行自由的、有效的配置。所以，要发展商品经济，必须发展市场经济，道理就是这样。我们把商品经济改成市场经济，就是要在资源配置上逐步做到以市场配置作为主要的资源配置方式。过去那种提法——有计划的商品经济，没有讲清计划与市场谁是资源配置的主要方式，怎么理解都可以。我们社会主义经济在改革开放形势下发展到今天，光数量发展还不够，还要结构合理化，效益要提高。因此必须发挥市场机制的作用，要更多地由市场进行配置。过去，上海的经济基础比广东好得多，但广东的经济发展比上海快，这是过去广东市场取向的改革比上海更深入的结果，这是明摆的事实。

第二个问题。既然计划和市场都是经济的方式，都是资源配置的方式、经济调节的手段，都要同时结合利用，那么为什么要把计划经济改成市场经济呢？回答这个问题，就要分析、比较市场经济与计划经济各自的长短、特点、优劣，还要考察它们在实际经济发展中的历史较量，在世界范围内的较量到底如何。

我们从以下五个方面来分析和理解这个问题。

1. 市场经济和计划经济的长处和短处。市场经济的特征表现在资源配置是遵照价值规律的要求，适应供求关系的变化，并且发挥竞争机制的功能。市场经济的长处，就是通过杠杆的变动和竞争机制给企业带来压力和动力，促进企业优胜劣汰，把资源、能源配置到效益好的企业里去。计划经济的特征表现在资源的配置是由政府按照预先的计划和行政指令来实现的。其长处是集中力量办大事，有可能从整体利益上进行协调。赞成计划经济的人强调计划经济的优势，赞成市场经济的人强调市场经济的优势，很难说到一起。实际生活中，有部分人认为市场经济好得不得了，而有些人又非常喜欢计划经济。我们在推进市场取向的改革，但不能迷信市场。市场有缺陷，有些事情它办不到，或者办不好，办糟了。我们要坚持计划经济，必要时还要坚持政府的宏观计划管理，但是不能偏信计划，因为计划也有很大的局限性，搞不好也会造成经济的重大损失。

2. 市场经济是否能完成我国大的结构调整。大的结构调整包括农、轻、重的关系，第一、第二、第三产业的关系，消费和积累的关系，加工工业和基础工业的关系。我们希望在一二十年内，以比较小的代价，实现我国产业结构的合理化、现代化、高度化。产业结构调整，市场机制能做到，日本、美国都实行过，但是我们如果仿效，就会时间很长，代价很大，经济要来回地、周期地波动。所以，我们不能完全交给市场去实现。

3. 市场经济能否保证公平竞争。迷信市场的人认为市场能够保证合理竞争，这是神话。市场经济是大鱼吃小鱼，结果是形成垄断，不能公平竞争。所以，现代资本主义国家也在制定反垄断法，保护公平竞争，我们社会主义国家更应该这样做了。

4. 有关生态平衡、环境保护、资源保证问题。一些经济学家提出外部不经济的问题。所谓外部不经济，即是说，对单个企业来说是得利的，但对社会造成了环境的恶果、资源的恶果。这些企业的短期行为造成我们社会长期利益的损害。如滥开煤矿把资源浪费了，把环境破坏了；又如空气污染、水污染、城市污染等。市场经济必然会造成这种结局，对此，它是无能力解决的。

5. 公平与效率的关系。市场经济不可能实现真正的公平，只是等价交换上机会均等的公平，这有利于促进进步，提高效率。但是它必然带来社会的两极分化，贫富的悬殊。我们在进行市场取向改革过程中，已经出现了这样的苗头，有分配不合理的现象，有发财的，当然有的是通过诚实劳动，有的是钻空子，这些现象引起社会的不安，影响人民的积极性，政府应该采取一定措施，防止这种现象的恶性发展。

以上所列举的这五个方面，都是市场所办不好的、无能为力的，或是市场的缺陷。因此，经济发展不能完全交给市场这只看不见的手去操纵，必须有国家和政府的干预。

另一面，坚持计划调节也不能迷信计划，迷信计划同样也会犯错误。社会主义经济只是在公有制基础上提供自觉地按比例发展的可能性，但不能保证经济一定会按比例发展。如果政府的宏观管理不考虑客观规律，特别是市场供求规律和价值规律，同样会发生失控，这方面我们有很多经验教训。在过去传统的计划经济中，曾不止一次地发生过重大比例的失调，经济大起大落。如20世纪50年代的"大跃进"，60年代后期的"三个突破"，70年代后期的"洋跃进"等。80年代后期的"经济过热"，仍是在政府计划的管理下，许多条彩电、冰箱生产线重复引进上马，利用率不足60%，造成很大浪费，同样出现了失误。这是因为：（1）计划既然是人做的，就难免有局限性，有许多不可克服的矛盾，主客观方面的都有。主观对客观的反映程度有差异，使我们犯过脱离国情和急于求成的错误。（2）客观本身矛盾的暴露有个过程，因为掌握的信息有局限性。政府的决策、计划都要靠信息，而信息的传递、搜集、加工，任何时候都不可能达到完善，而是有限的，不一定是及时的，即使使用计算机也一样。因为经济是不断发展变化的，不可能将所有的经济信息及时搜集、加工、处理，有些信息待加工处理后，到决策时形势又变了。（3）在利益关系及观察问题的立场和角度上有局限性。政府的宏观计划管理机构不是属于这个地区就是那个地区，不是属于这个部门就是属于那个部门，不是站在这个角度就是站在那个角度，各自代表局部的观点，受到一定利益关系的约束，政府领导和计划工作人员都不可能超越这种局限性。综合部门如财政、银行等都有各自的角度，各自代表一定的利益，因此管理不可能万无一失。以上讲的多种局限性使得他们的行为不可能完全符合客观规律，有可能偏离客观规律，造成宏观计划管理的重大失误。因此，我们要不断提高认识水平，破除两种迷信，改进计划工作，使之符合客观规律和形势要求。通过计划与市场的结合，发挥两者的长处和优点，克服两者的短处和缺点。当然，这是很复杂的任务，实践过程中往往不是优点结合，而是缺点结合起来了，造成工作中既无计划又无市场。这需要做多方面的探索和研究。

　　既然计划经济和市场经济各有长处和短处，何必要把计划经济改成市场经济呢？这不是个信念问题。什么办法能够最好地把经济搞上去，能达到小平同志讲的三个有利：有利于发展社会主义社会生产力；有利于社会主义国家综合国力的提高；有利于人民生活水平的提高？这就要由它们在历史上的较量去判断。计划经济与市场经济不能公说公有理，婆说婆有理，不能光靠信念，即从姓"社"姓"资"的角度去考虑。

　　历史上，市场经济形成以后，确实促进了资本主义经济的大发展，同时也暴露了资本主义的矛盾，主要是周期性危机的出现，造成社会财富的浪费。到了19世纪中叶，科学社会主义思想针对资本主义矛盾——周期性危机，提出了计划经济思想：节约社会劳动和合理分配劳动时间。时间就是资源，劳动时间的分配，包括资金、劳动力、物资、土地的分配依靠计划进行，以抑制市场经济的缺点。这些思想在20世纪初叶，十月革命以后的苏联计划经济当中得到了实践，在30年代至50年代是很成功的。苏联依靠自己的力量把重工业和国防工业搞上去了，顶住了第二次世界大战法西斯的进攻，经济实力在第二次世界大战后提高到世界第二位。这些都是靠计划经济。但是在第二次世界大战后不久，发展到了极限，60年代开始，速度和效益逐步下降，商品物资匮乏，人民生活问题长期得不到解决。我五六十年代时正好在苏联，那时他们不断地发表决定，如加强农业的决定、加强轻工业的决定，决定一个接一个地发，经济就是扭转不过来。这是为什么？因为这个体制只对搞重工业和搞国防工业是有效的，许多其他问题解决不了。当然，最后他们政治上失误了，政治思想上出了大问题。另一方面在资本主义世界，西方的经济危机在继续发展，到1929年发生了大危机，随之成千上万人失业，因此他们开始采取政府干预，进行宏观管理。到了第二次世界大战时，日本、德国等同盟国家实行的就是将人力、物力、资金和外汇都控制起来的高度集中的统制经济，也即计划经济。其他参战国家也都这样做了。战后西方国家普遍接受凯恩斯的宏观管理理论，采取宏观政策调控经济的运行。有的国家还采取了社会经济保障政策，实行指导性的计划，这样做确实弥补了它过去的不足和毛病，在一定程度上缓解了周期危机和社会对抗。又加上战后理论强调的科技进步这一条，因此他们的发展还具有相当的生命力。而前苏联仍坚持计划经济那一套，一直到1990年，我到苏联工厂去考察时，那里的管理还是老一套。苏联的所谓走向市场经济只是到1990年下半年，才在纸上谈出来，以后又犯了错误，党的领导不要了，去年（1991年）发生"政变"就乱套了。前苏联没有及时进行市场取向的改革，仍然实行管得很死的计划经济，所以效率、生活问题都不能解决。当然，最根本的原因是在政治上放弃了党的领导。去年苏共中央解散，竟没有人出来说话，许多人无动于衷。这里面很重要一个问题就是经济问题没有解决。传统计划经济与现代市场经济在历史的较量上打了败仗。

中国自十一届三中全会后，由于及时拨乱反正，开始了改革开放，进行市场取向的改革，使得我们的经济不断地上新台阶，加上我们正确地处理了1989年的政治风波，避免了苏联的结局。发生1989年政治风波时工人、农民是稳的，因为他们得到了我们进行市场取向改革的实惠。当然，我们不能彻底否定计划经济，计划经济也有成功的时候。计划经济适用于建设规模比较小、生产水平比较低、需求结构比较简单的发展阶段；计划经济对备战、备荒、搞重工业、国防工业是有效的，这已被历史证明；在战争时期是有效的；在经济发生大危机时，也是有效的。一旦经济水平提高了，规模大了，不是几个企业，而是成千上万的企业，成千上万的项目，产品又是很丰富多彩的，花样品种又很多，计划就难以控制了。在这种情况下，必须用市场配置的办法，通过价格和信息进行灵敏反应，把资源配置到比较有效的发展水平上。

过去，我们总是把国际、国内阶段斗争形势估计得过于严重，当然一定的估计还是必要的，但不能过重，否则大量精力用于阶级斗争，搞经济的精力就会减弱，应该把主要精力用于发展经济，把人民生活改善放在首位。现在是和平时期，而且国际形势由两极向多极转化了，西方主要资本主义国家虽然把我们看作是他们最后的眼中钉，但若干年内他们不会集中精力对付我们，因为他们连自己的许多矛盾都无暇顾及，像南斯拉夫等世界热点已经把他们搞得焦头烂额了。

我们正处于一个比较和平的环境里，要利用市场的办法来提高我们的效益，使得我们的生产结构能够适应人民生活水平不断提高的需要。依靠政府搞的只能是那些比较大的基础设施、项目，即市场管不了、管不好的，应当由政府去管；凡是市场能管好的，资源能够配置好的由市场去调节。我们现在是不该管的管了很多，而该管的事情还没有很好地管起来，这涉及我们政府机构职能的转换问题。

第三个问题。市场经济前面为什么还要加上社会主义？不是说市场经济不姓"社"也不姓"资"吗？为什么还要叫社会主义的市场经济呢？价值规律、供求规律、竞争规律，在资本主义和社会主义条件下都是一样的。应该说我们要建立的，是社会主义条件下的市场经济体制，或者是社会主义制度下的市场经济体制。我看这个主张也没有什么不好的。我看社会主义市场经济就是社会主义制度下的市场经济，并不是说它姓"社"，因为这涉及共性和特性的问题。比如，人是一个大类，黄种人和白种人都是人；企业在资本主义和社会主义都有，只要合乎企业的定义，不论在资本主义还是在社会主义，都是企业。但是，我们还是讲社会主义企业不同于资本主义企业。一些共性的东西体现在不同的事物中，也表现出特殊性。所以，我们叫社会主义市场经济也不是不可以的，就像我们讲社会主义现代化，讲社会主义企业一样。因为在社会主义条件下，市场经济所表现出的特征确实有与资本主义不同的地方，这主要是上层建筑与经济基础不同而影响的。社会主义上层建筑最重要的特征是党的领导和人民政权，经济基础最重要的表现是以公有制和按劳分配为主体。这两条对市场经济运行机制的影响是不能忽视的。有了这两条，在社会主义市场经济里，政府才有可能从整体利益出发，而不是从集团利益出发。资本主义政府是受利益集团影响的，是代表资本家的。相比之下，社会主义市场经济更有可能在计划与市场的关系上，在微观放活与宏观协调的关系上，以及在刺激效益的提高与实现社会公正的关系上，比资本主义市场经济做得更有成效。我们有这个信心，因为通过全面改革，这是能够做到的。

我们要坚持以公有制为主体，坚持公有制的优越性，共产党的信念不能丢掉，社会主义的优越性不能丢掉。要不然，我们还搞什么社会主义的市场经济。当然，这不是说一句话就行了，必须坚持改革，要搞经济改革，政治改革，不改革是做不到这一点的。经济体制的改革，企业机制的改革，市场宏观调控手段的建立，政府职能的转变，这是一个伟大的变化的社会系统工程，涉及许多方面。每个大方面都有几个子课题，每个子课题下面有许多小课题。这方方面面的改革都需要以市场经济为取向来进行。市场取向的改革，我们进行了十几年了，我们还要走下去，进一步解放思想，把改革推向前进，逐步建立社会主义市场经济体制，以推动有中国特色社会主义建设的伟大事业的完成。

关于计划与市场的几个问题*

——《解放日报》记者专访

（1992年9月）

记者： 据我所知，计划与市场问题是一个世界性的问题，更是改革开放以来我国经济学界的一个经久不衰的热门话题。有人说计划与市场几乎成了经济学界永恒的主题；还有人把它喻为"经济学的哥德巴赫猜想"。前不久，邓小平同志在南方谈话中重提"计划经济不等于社会主义，资本主义也有计划，市场经济不等于资本主义，社会主义也有市场"。在计划与市场问题上，人们的认识正在深化。今天想就几个具体提法听听你的意见。第一个问题是：可不可以把"社会主义的商品经济"叫作"社会主义市场经济"，或者"有计划的市场经济"？

刘国光： 这个问题过去争论较多，现在认识也不一致。有一批学者认为，商品经济与市场密不可分。既然承认社会主义经济是有计划的商品经济，自然可以说社会主义经济是有计划的市场经济。他们认为可以用"社会主义市场经济"这个概念。例如，马洪在为1988年出版的《社会主义初级阶段的市场经济》一书写的代序中就说："我们要通过改革建立的社会主义有计划的商品经济，是一种有宏观管理的由市场来配置资源的经济。我认为，在这个意义上也可以叫作社会主义的市场经济。"另一些同志则认为市场经济是制度性的概念，"市场经济"并不等于"商品经

* 原载《著名学者论社会主义市场经济》，人民出版社1992年9月版。

济"，有"市场"或者有"市场调节"，并不等于就是市场经济。他们援引《日本经济事典》的说法和联合国统计上的分类，认为国外也是把中央计划经济的国家等同于社会主义国家，而把市场经济国家等同于资本主义国家。因而，反对用社会主义市场经济的概念。他们认为，市场经济是以私有制为基础的，只有在资本主义生产方式的条件下，商品经济才是市场经济。但是，薛暮桥等不少经济学家仍然坚持前一种看法。1991年薛暮桥仍说：市场调节跟市场经济"本质相同，都不能够等同于资本主义，只要保持生产资料公有制为主体，就不能说它是资本主义的市场经济。所以还是以公有制来划分，不是以市场、计划来划分"。

在这个问题上的争论，近两年来特别是十三届七中全会以来有了相当大的变化。人们越来越多地把计划和市场的问题当作是资源配置方式、经济运行方式的问题来看待，而不把它看作区别资本主义和社会主义的制度性的问题。能不能提"社会主义市场经济"或"有计划的市场经济"这个概念？对这个问题现在已不难做出结论，特别是邓小平同志今年（1992年）年初的南方谈话为我们进一步解放思想、正确解决这个问题提供了理论依据。我个人认为，商品经济与市场经济既是一回事，又有区别。商品经济是与自然经济、产品经济相对而言的，讲的是人类经济活动的交换方式是否采取商品等价交换的方式。市场经济与计划经济相对应，是作为一种资源配置的方式来说的。也就是说，人、财、物三大资源如何分配到社会的各个方面（如三大产业、两大部类）中去。分配资源的手段与机制目前只有两种方式：计划方式和市场方式。商品经济与市场经济这两者的关系是，商品经济发展到一定高度即国内统一市场并与世界市场联系日趋紧密的高度，就要把市场作为资源配置的主要方式，形成市场经济。市场经济作为资源配置的方式不是区别社会制度的标志。

关于计划与市场问题，邓小平同志有过多次讲话。早在1979

年11月26日，他在会见美国《不列颠百科全书》副总编吉布尼时就说得很明确，说市场经济只限于资本主义社会，资本主义的市场经济，这肯定是不正确的。社会主义为什么不可以搞市场经济？1985年他在回答美国企业家代表团团长格隆瓦尔德的提问时又说："过去我们搞计划经济，这当然是一个好办法，但多年的经验表明，光用这个办法会束缚生产力的发展。应该把计划经济与市场经济结合起来，这样就能进一步解放生产力，加速生产力的发展。"回顾经济理论界在能不能提"社会主义市场经济"这个问题上的争论，我感到观念的转换是一个很艰难复杂的过程，思想上的惰性不可小看。20世纪50年代孙冶方提出社会主义利润引起轩然大波，当时不少人认为利润既然是剩余价值的转化，它就是资本主义专有的概念，社会主义只能用"盈利"的概念。孙冶方提倡的社会主义利润理论因此就被批判为"修正主义"。70年代末80年代初，人们都承认社会主义社会存在商品生产和商品交换，却不允许把社会主义经济概括为商品经济；到了1984年十二届三中全会才在这个问题上有了突破。我相信，随着改革的前进，人们的观念将逐步变化，我们将不断地刷新理论认识，不断地丰富社会主义经济学的内容；反过来又将促进改革的不断深化。

记者：与市场经济相联系的还有一个"市场取向"的提法。近年来，对"市场取向"这一提法批评很多，有人认为把经济体制改革的取向归结为"市场取向"就是要搞资本主义的市场经济。我理解，改革就是要铲除过度集中的计划经济体制的弊端，扩大市场调节范围，建立起计划与市场相结合的有计划商品经济的新体制。就这一点说，将经济体制改革的取向归结为"市场取向"，应该说是符合实际的。对"市场取向"这一提法该怎样看待？许多读者都很关心，请你详细说说。

刘国光：这又是一个经济学界有争议的问题。不同的学者对

"市场取向"概念赋予的含义不尽相同。一些同志主张把市场调节作为资源配置的主要方式，他们往往把自己的主张叫作"市场取向"，另外还有不少经济学者也采用"市场取向"这个概念。有些经济学家把计划与市场看作制度性的概念，他们反对"市场取向"的提法。有的同志甚至把市场取向与非市场取向纳入社会主义道路和资本主义道路两条道路斗争的范畴中去。

究竟应当怎样看待"市场取向"呢？有的经济学家，把我国的经济体制改革的取向归纳为三种思路：计划取向论、市场取向论、计划与市场结合论。这种归纳给人以简洁明快的印象，但不尽确切、不完全符合经济理论界的实际分野。现在，经济理论界都承认计划与市场可以结合，而且应该结合。照上述的划分，前两种思路似乎不赞成计划与市场的结合，好像只有第三种思路才赞成结合，这是不符合实际的。其次，理论界提出"市场取向"的改革是见诸文字和发言的，但未见有哪一位同志明确提出"计划取向"的。文字上见到的和讨论中听到的强调计划经济的一面是有的，而"计划取向"提法却是没有的。因为我们原来就是高度集中的计划经济体制，要改革的是这种体制，怎么可以把这种体制作为改革的取向呢？那是说不通的。提出上面三种划分法的同志可能对改革取向的含义有自己特殊的理解，似乎改革取向就是指对改革的目标模式中的计划与市场的重点选择问题，计划为主是计划取向，市场为主是市场取向，两者平起平坐就是计划与市场结合论。但我认为，改革取向并不是指改革目标模式中计划与市场的重点选择问题，而是指改革的动向或趋向，即改革中新老模式转换方向，也就是作为改革起点的模式与改革目标模式在转换过程中的转换方向。从总体上讲，改革是使我国经济体制模式所发生的变化，从本质上说，是从过去自然经济、产品经济为基础的、排斥市场的、过度集中的计划经济的体制，向着引进市场机制并按商品经济市场规律的要求来改造我们的计划体制的方向转化。一方面，我们要引进商品经济，扩大市场调节范围；另一方面，我们在对传统的计划体制进行的改造中要更多考虑商品经济、市场规律的要求，以此实现向计划与市场相结合的社会主义商品经济或市场经济的新体制过渡。这种由原来排斥市场经济、否定商品经济引进市场机制并按照商品经济和市场规律的要求来改造计划经济，简单地说就是从排斥、限制市场机制在资源配置中的作用到发挥和强化市场机制作用的改革，从一定的意义上讲，不是不可以看作是"市场取向"的改革。

成果首先表现在我国经济在市场取向上的进步。在改革以前，经济运行机制主要是实行指令性计划管理和直接的行政控制。这种体制在新中国成立初相当时期是必要的，而且起了积极作用。但这种体制在本性上是排斥市场和市场机制的作用的。改革以后，我国所有制出现了以公有制为主体的多元所有制结构，公有制内部企业自主权有了扩大，这为企业能按市场规律进行活动提供了一定的条件。同时，我们的市场体系、市场机制也逐步地发育成长，宏观经济管理开始注重间接管理。所谓"间接管理"说到底无非是通过市场、利用市场机制、利用价值杠杆进行管理。经济体制改革的这些变化，处处表现为改革的进程就是市场取向不断扩大和深化的过程。当然，市场取向不是以私有制为基础的，而是以公有制为基础的；不是取向到无政府主义的盲目市场经济中去，而是取向到有宏观控制、计划管理的市场体系中去。所以，前述三分法的同志，把市场取向作为与计划相对立的概念，给"市场取向"赋予了反计划的含义，这至少是出于一种不甚精确的理解。

中国的改革与苏联过去的改革相比，为什么中国取得了成功，而苏联则发生剧变、解体了？原因是多方面的，很重要的一条是在经济上，中国这些年来进行市场取向的改革，尽管遇到了这样或那样的困难，但在改革中取得了真正的进步，而苏联没有做到。改革以来，中国的经济生活相当活跃，市场商品十分丰富，人民得到了实惠。苏联改革则没有这些，其经济甚为困难，市场商品比过去所谓短缺经济更为匮乏。其尽管前几年在经济上提了不少口号，提出加速战略，等等，但从来没有认真地搞市场取向的改革。再从我们国内情况看，哪一个地区、部门、企业的市场取向越大，其经济就越活跃。治理整顿后，从1991年3月份，经济回升。回升比较快和比较早的经济成分、经济部门、经济地区主要是同市场联系比较紧密的部分。而与市场比较疏远、渗入市场比较少、利用市场比较差的部分的经济回升和发展就比较慢，这些都是明摆着的不能回避的事实。由此看来，今后10年，我们的改革还要朝着前十一二年走过的改革道路，即有宏观控制、有计划指导的市场取向改革的方向前进，在已取得相当程度进展的基础上，把市场取向的改革推向前进，扩大市场的作用，按商品经济市场规律的要求进一步改造我们的计划工作，逐步建立起计划与市场有机结合的社会主义商品经济或市场经济新体制。

记者： 在计划与市场结合的问题上，学术界的专家学者有不同的看法，可以保留自己的观点；在制定政策或执行政策的时候，我们应该力求把它们结合好，使两者的长处、优点都发挥出来。怎样才能做到这一点？请你谈一下对计划和市场应采取何种态度？

刘国光： 建立计划与市场相结合的经济体制，目的是要把计划与市场两者的长处、优点都发挥出来。计划的长处就是能在全社会的范围内集中必要的财力、人力、物力干几件大事情，还可调节收入，保持社会公正；市场的长处就是能够通过竞争、优胜劣汰来促进技术的进步和管理的进步，实现生产和需求的衔接。但是，在实践中，计划与市场往往结合得不好，不是把两者长处结合起来，而是往往把两者短处结合起来了，形成了"一统就死、一放就乱"的状况。计划与市场结合难度很大。要把计划与市场很好结合起来，重要的是要正确把握计划与市场各自的优缺长短。对此，我有两点意见：一是要坚持"计划调控"，但不要迷信计划；二是要推进"市场取向"的改革，但不能迷信市场。

首先讲讲不要迷信市场。所谓市场调节，就是亚当·斯密讲的"看不见的手"，即价值规律的自发调节。我们应当重视价值规律，但不要认为价值规律自己能把一切事情管好，并把一切事情都交给价值规律去管。我想，至少有这么几件事是不能交给或者不能完全交给价值规律去管的。第一件事是经济总量的平衡——总需求、总供给的调控。如果这件事完全让价值规律自发去调节，其结果只能是来回的周期震荡和频繁的经济危机。第二件事是大的结构调整，包括农业、工业，重工业、轻工业，第一、第二、第三产业，消费与积累，加工工业与基础工业等大的结构调整。这方面的调整，通过市场自发配置人力、物力、资源不是不能实现，但这将是一个非常缓慢的过程，要经过多次大的反复，要付出很大的代价。我们是经不起这么长的时间拖延的，也付不起这么沉重的代价。第三件事是公平竞争问题。认为市场能够保证合理竞争，是一个神话，即使是自由资本主义时期也不可能保证竞争，因为市场的规律是大鱼吃小鱼，必然走向垄断，即不公平竞争。所以，现在一些资本主义国家也在制定反垄断法、保护公平竞争法等。第四件事是有关生态平衡、环境保护以及"外部不经济"问题。所谓"外部不经济"，就是从企业内看是有利的，但从企业外看却破坏了生态平衡、资源等，造成水、空气污染等，这种短期行为危害社会利益甚至人类的生存。对这些问题，市场机制是无能力解决的。第五件事是公正与效率关系问题。市场不可能真正实现公平，市场只能实现等价交换，只能是等价交换意义上机会均等的平等精神，这有利于促进效率，促进进步。但市场作用必然带来社会两极分化、贫富悬殊。以上所列举的五个方面都说明，我们不能完全交给市场由那只"看不见的手"自发起作用的，必须有看得见的手即国家、政府的干预来解决这些事情，完全的、纯粹的市场经济不是我们改革的方向。所谓完全的、纯粹的市场经济在西方资本主义国家也是不存在的。

政府的政策或计划的干预使市场经济不那么完全，不像19世纪那么典型。可见，我们在实行市场取向改革的时候，不能迷信市场，不能忽视政府管理和计划指导的作用。所谓市场取向的改革本身就包含着对计划体制的改革，使之适应商品经济发展，加强有效的计划管理。

其次，我们要坚持"计划调控"，但也不能迷信计划，社会主义经济只是在公有制的基础上提供了自觉地按比例发展的可能性，但不能保证经济按比例发展的必然性。若不考虑客观规律特别是市场供求、价值规律等，计划同样会出现失控、失误。在这方面，我们有很多经验教训。在过去传统计划经济中，我们不止一次地出现过重大的比例失调，大起大落。这几年，县以上项目的审批权都在各级政府手里，是各级计划机构审批的。我们现在有160多条彩电生产线、90多条电冰箱生产线、许许多多乳胶手套、啤酒生产线等，重复引进、盲目上马同样也是计划工作的失误。计划工作是人做的，难免有局限性，有许多不可克服的矛盾。第一，由于主观的局限性，对客观形势、客观规律的认识有一个过程。在这方面，我们曾犯过脱离国情、急于求成的错误。第二，由于客观信息本身的局限性，计划工作依靠信息，信息的搜集与传递任何时候都不可能完善、不可能很及时。第三，在利益关系上，观察问题的立场和角度上有局限性。计划机构、宏观管理机构不是属于这个地区就是属于那个地区，不是属于这个部门就是属于那个部门，不是站在这个角度就是站在那个角度，各自代表一定利益关系，受到一定利益关系的约束。综合部门也有不同的角度，他们各自代表一定的利益关系并受其约束。政府领导和计划工作人员都不可能是万无一失的。上述各种局限性使他们的行为不能完全符合却有可能偏离客观规律，甚至有可能大大偏离，造成计划工作和宏观管理上的重大失误。这是我们几十年来不止一次已经历过的事情。

　　总之，我们要坚持计划调控，但又不能迷信计划；要实行市场取向的改革，但又不能迷信市场。要通过计划与市场的结合，不仅发挥两者的长处和优点，还要克服两者的短处和缺点。这是一个非常复杂的任务，需要做很多方面的探索和研究，需要各有关部门以及上上下下各个方面的共同努力，逐步解决好这一问题。

继续推进证券市场的完善和发展*

（1992年9月）

党的十一届三中全会以来，我国金融体制改革取得了巨大的成就，如打破了大一统的银行体系，建立了以中央银行为领导的、以专业银行为主体的、以非银行金融机构为补充的新型的金融体系；打破了一切信用集中于银行的单一信用格局，初步形成了以银行信用为主体，多种信用形式同时并存的多元信用体系；信贷资金管理由统存统贷、统收统支，开始转向独立核算，自求平衡；固定的利率体系也开始变得灵敏而富有弹性；信用工具日益多样化，直接融资规模不断扩大，等等。这些都是人所共知的事实。

在这些成就中，我认为，金融市场（主要是证券市场）的开拓和发展，是一项真正具有突破性意义的改革。

1981年，我国开始发行国库券，随后又发行了企业债券、金融债券和股票等多种系列数十个品种的各种证券；上海证券交易所、深圳股票交易所以及全国证券交易自动报价系统的先后成立并正式营运，都标志着我国证券市场体系逐步科学化、统一化和规范化；城乡居民以及企业（包括各专业银行）单位金融观念日趋成熟，投资意识已显著增强。到1991年年底，我国证券市场已初具规模，全国已累计发行各类有价证券近3000亿元，证券上市交易总额200多亿元。目前，证券市场已经成为我国筹措建设资

* 原载《中国改革全书·金融体制改革卷》，大连出版社1992年9月版。起草时何德旭同志协助提供素材。

金的一条重要渠道。

最近几年，不时听到一些公开的或私下的议论，有人认为我国证券市场搞早了、搞乱了、搞糟了，它冲击了银行的正常的业务经营活动，扰乱了金融秩序；也有人认为证券市场是造成宏观失控、通货膨胀、经济过热的罪魁；还有人认为发展证券市场是脱离国情，是盲目照搬西方资本主义的东西；甚至有人认为证券市场与社会主义是根本不相容的；如此等等，不一而足。

在这里，我想讲以下几点看法：

第一，证券市场乃至金融市场是商品经济的必然产物，既然我们要发展社会主义的有计划商品经济，那么，发展证券市场就是一种必然选择，或者说是发展商品经济的题中应有之意。

第二，我国证券市场还处于起步阶段或初始阶段，这样就不可避免地存在这样或那样的问题。如地区、部门封锁使跨地区、跨部门的证券发行与交易受到一定限制，在一定程度上妨碍了全国统一市场的形成；多头管理以及管理制度、法律法规不健全、不配套导致证券市场管理出现一些真空和漏洞；证券市场运行机制不完善，发行和交易都还不规范、不完善等。但是，我们应该看到而且也必须看到，这些问题是前进中的问题，是发展中的问题，是通过努力可以克服的问题；如果以这些问题的存在为理由，怀疑甚至否定发展证券市场这一金融体制改革的正确方向，我认为是不妥当的。

第三，到目前为止，证券市场还没有被人们完全认识。就人们一般的理解而言，证券市场只不过是间接融资以外的又一条筹集资金的渠道，而且从我国这些年的现实来看，证券市场也主要是发挥了筹集资金的功能。事实上，证券市场的作用远不止于此，它在其他方面具有更为重要、更为显著的作用。证券市场的发展，一方面，为中央银行在国债市场上买卖国债调节货币供应量从而调控宏观经济创造最基本的条件，即为中央银行操作公开市场业务手段提供必要的作用环境；另一方面，在股票市场上，能够有效地实现资产由低效益部门向高效益部门的流动，从而促进经济结构的调整；再一方面，为储蓄转化为投资提供新的通道，有助于提高投资效益，分散投资风险，约束投资行为，降低投资成本。当然，由于我国证券市场起步晚，证券市场的多方位功能还不可能充分地发挥出来。但是，可以坚信，只要我们坚持不懈地促进证券市场的完善和发展，证券市场在我国经济运行中也必然会发挥越来越大的作用。因此，我们也不能因为我国证券市场作用的暂时的有限性而全盘否定证券市场。

第四，拓展证券市场的"突破性意义"还在于在金融领域乃至整个经济生活中引入市场机制，有利于充分发挥市场调节的作用，提高资金配置效益，增强金融业的生机和活力，同时还有利于推动金融体制其他方面的改革。

至此，可以得出一个基本的结论：发展证券市场，作为金融体制改革的一个重要内容，是完全正确的，这项改革应当坚持进行下去。

这些年来，我们在培育和发展证券市场上已经取得了初步的成效，也积累了一些宝贵的经验。但我们没有理由满足于现状，停滞不前。随着有计划商品经济的发展，随着金融体制、经济体制改革的深化，我们还要继续推进证券市场的完善和发展。

如何推进呢？我想大致可以从以下几方面着手：

一是在证券发行市场方面，有必要进一步扩大证券发行规模。目前的证券发行规模无论是同间接融资规模相比，还是同发达国家的证券发行规模相比，都很狭小；国债（内债）的发行已有一定的规模，但弥补财政赤字和满足国家经济建设的资金需要仍有必要继续扩大国债的发行，在这点上，传统的观念是应该更新的。只要国债的发行不是由超经济需要多发货币来支持，一般都不会带来通货膨胀，只要十分注重提高债务收入的使用效率并尽量减少将债务收入用于扩大政府的经常性支出，政府一般也不会陷入债务危机，做到这两点，进一步扩大国债发行也不会带来什么问题；股票的发行规模似乎微不足道，这主要是由于股份制在我国尚处于试点摸索阶段，我相信，随着时间的推移，股份制旺盛的生命力终会显现出来，推广股份制、扩大股票的发行规模也会是发展我国经济的必由之路。在扩大证券发行规模的同时，还要相应地改变证券（尤其是国债）的发行方式，通过市场投标竞价发行，并协调好证券发行价格与银行利率的关系，做到证券期限和种类的多样化。

二是在证券流通市场方面，着力解决流通规模过小，有行无市和流通秩序混乱的问题。在这方面，要增加可供交易的证券种类和数量，放开证券转让价格，尽量减少人为的证券价格限制，规范证券中介机构的行为，建立严格的财务公开、财务会计和审计制度，还要实现证券流通手段由传统的、落后的手工操作向先进的、现代化的操作手段的转变。

三是在证券市场的管理方面，要综合运用经济手段、法律手段和行政手段，对证券中介机构以及证券的发行、买卖等进行控制、协调和监督，防止和打击不良的证券市场行为，减少市场波动，稳定流通秩序，避免证券市场行为紊乱对整个经济产生消极影响。这当然需要成立专门的管理机构，加强制度性建设，以保证证券市场的运行有法可依，有章可循。

最后，我还想说明的是，在证券市场的进一步完善和发展过程中还应注意几点：（1）加强证券市场开拓和发展的计划性，有步骤地使我国证券市场走向成熟，避免一哄而起和急于求成的倾向；（2）发展证券市场固然要吸收国外的成功经验和某些适用的现成规则，但不能简单地全盘照抄照搬，要结合我国的国情不断完善，以建成有中国特色的社会主义的证券市场；（3）发展证券市场要有其他方面的协调配套，而不能单项突进。

483

谈提高产品质量问题*

——《人民日报》记者专访

（1992年9月7日）

　　"大快人心事，质量万里行""万里行，天天行"这两句话不仅反映了群众的愿望，也反映了商品经济发展到一定阶段的社会需求。

　　近代世界经济大约都经历了从数量经济向质量经济发展的阶段。第二次世界大战以后，世界经济发展的客观条件发生了变化：科学技术迅速发展并且介入经济的运行，人们生活需求的变化，资源相对的减少以及有效合理利用资源问题的提出，经济领域国际竞争局面的形成，等等。经济的竞争，实际就是综合国力的竞争，因此，不仅需要数量，而且必须有质量作保证。随着经济水平的提高、人们需求的提高，产品数量及价格的地位逐渐让位于产品的质量（包括性能、品质等）。换句话说，质量成为产品竞争能力的最重要的因素。正因为质量在经济竞争中的作用如此之大，所以，发达国家在发展经济的同时，都曾花大力气，采取有效措施打击和禁止假冒伪劣产品，提高产品质量。如日本20世纪60年代的质量月，英国20世纪80年代的质量月活动，以及美国20世纪80年代出台的质量管理条例等。

　　我们国家搞了四十几年的社会主义经济，为什么到现在质量问题忽然严峻地摆在大家面前，显得如此突出呢？原因大致有两

　　* 本文系《人民日报》记者柏生、孙晓阳专访，发表于该报。

个，一是市场的转换，正在从卖方市场向买方市场过渡。过去是配给经济、短缺型经济，因而是"皇帝的女儿不愁嫁""萝卜快了不洗泥"。1988年发生抢购风时，买东西是不问质量的。现在市场转换了，东西不仅多了，还有积压；不仅积压，还有一些生产能力没有利用。人们的需求以及选择性大大增加，自然对产品的质量提出了更高的要求。二是市场机制的发展。产品一旦进入市场，参与竞争，质量问题自然而然就突出了。也就是说，商品从匮乏到丰富，市场机制从脆弱到健全的发展过程中，必然经过大江东去、泥沙俱下的阶段。这中间有个人道德品质的因素，但更重要的，是企业素质、企业管理水平、市场机制及法制的不够健全，再有就是地方保护主义。

质量问题是在经济上了一个新台阶，商品相对丰富起来以后提出的。质量万里行活动之所以深入人心，产生轰动效应，也说明这个问题的提出有它历史的必然性。第二次世界大战之前，东洋货是劣质产品的代名词。但是，当日本将质量问题提高到民族生死存亡的高度去认真对待之后，找出一条新生之路。质量问题同样是关系到我们民族生存与发展的重大问题，也是使我国商品经济摆脱长期的低层次发展，向高层次发展的关键。

我国抓质量也有十几年了，成立了相应的职能部门，制定了一些相应的法规条例。但是还没有有效地遏制假冒伪劣这股风，除了前面讲到的一些原因外，还有一个原因，就是各个部门孤军奋战，单打一。不是有句话叫"综合治理"吗？这次"质量万里行"活动不仅是首都二十余家新闻单位的联合行动，而且是新闻单位与政府职能部门一次成功的协作，是全社会的一次协作。"质量万里行"活动在综合治理质量问题方面找到了一个新方法、好方法，"质量万里行"活动要长期搞下去。